中学思维可视化教学理论与实践研究

厦门市教育科研专著资助出版项目

陈宗成 ◎ 著

厦门大学出版社　国家一级出版社　全国百佳图书出版单位

图书在版编目（CIP）数据

中学思维可视化教学理论与实践研究 / 陈宗成著
. -- 厦门：厦门大学出版社，2024.5
ISBN 978-7-5615-9369-1

Ⅰ．①中… Ⅱ．①陈… Ⅲ．①中学-教学研究 Ⅳ．
①G632.0

中国国家版本馆CIP数据核字(2024)第089955号

策划编辑	陈进才
责任编辑	李峰伟
美术编辑	张雨秋
技术编辑	许克华

出版发行 厦门大学出版社

社　　址	厦门市软件园二期望海路 39 号
邮政编码	361008
总　　机	0592-2181111　0592-2181406(传真)
营销中心	0592-2184458　0592-2181365
网　　址	http://www.xmupress.com
邮　　箱	xmup@xmupress.com
印　　刷	厦门市竞成印刷有限公司

开本	787 mm×1 092 mm　1/16
印张	21
字数	500 千字
版次	2024 年 5 月第 1 版
印次	2024 年 5 月第 1 次印刷
定价	59.00 元

厦门大学出版社
微信二维码

厦门大学出版社
微博二维码

序

　　自从夸美纽斯提出教学要"把一切事物交给一切人"，并明确了直观性教学的方法和思想，直观性便成为衡量教学成败的重要指标和特征。从实物模型到信息可视化、知识可视化再到思维可视化，是直观性教学的进阶历程。思维可视化是其中最重要也是最难的层级和类型，为此，陈宗成老师在这方面进行了广泛阅读、深入思考、大胆实践，并将成果汇聚成《中学思维可视化教学理论与实践研究》，该书对理论思考和实践探索都具有一定的促进作用。

　　专门的思维可视化教学是新生事物，相关的研究、实践也处在摸索阶段，对思维可视化教学的理论研究、模式建立和实践指导还远未成型。本书可以说是一部富于创见的有关中学思维可视化教学的著作。作者依据深广的理论视角和丰富的实践经验，系统地论述了中学思维可视化教学的基本理论、教学模式及具体实践策略，对中学思维可视化教学有较大的启示，甚至具有引领意义。

　　总体而言，这本书有以下几个显著的特点。

一、全面系统

　　本书从理论思考到模式建构再到实践策略，进行了较为立体、深入、全面的分析、阐释，全面、系统是其重要而鲜明的特点。在理论思考方面，本书对思维可视教学的内涵进行明确的界定，指出了思维可视化教学的显著特征，从认知功能、创造功能、生命功能对思维可视化教学的功能进行定位，指出了思维可视化教学哲学、心理学及教育学的意义指向，提出了思维可视化教学的基本原则和主要的学习方式。作者指出，要培养高阶思维，提升个体的创新水平，首要应建立产生式的认知链条，从日常与专业两个范畴，通过正向、逆向及侧向充分发动日常联想、学科联想乃至跨学科联想，推动个体的思维系统做好经验思维系统与理论思维系统、模糊思维系统与清晰思维系统、常规思维系统与创造思维系统之间的转化与融合。因此，在教学中必须本着"重思维"原则，注重五大思维的培养，即证据性思维、实践性思维、结构性思维、创造性思维和反思性思维的培养，这抓住了事物的核心。令人印象深刻的是，与此相配套，作者提出了"三画高阶思维"这一学生的主要学习方式，通过"笔的思考"，即通过"独画高阶思维"来培养思维的独立性、独特性与独创性,通过"共画高阶思维"来培养思维的发散性、批判性与融合性及通过"创画高阶思维"来培养思维的灵活性、变通性与创新性,最终推动创造力的产生。

在模式建构方面,作者创立了"1体·3段·8环"这一"1体化"中学思维可视化教学模式,将课前的教学筹划(传统的备课与教学设计)、课后目标进阶(传统的作业巩固)两个时段也纳入了整体的设计模式中,解决了传统教学模式往往只囿于课堂教学的问题。同时,对课堂的教学操作凝练地概括为"3段·8环"(3个阶段8个基本环节),并将"创画迁移"作为课堂不可或缺的环节以保障创新能力在课堂上得以实现。

在实践策略方面,作者所提出的理论与模式创新不是为创新而创新,而是更好地为教学实践服务,为教学实践创新服务。理论创新改变了教师的教育教学理念,对教学实践进行系统的指导,而模式创新即给教师一套完整的操作系统,在理论与实践之间架设了一条坦途,让教学有法可依,有章可循,帮助个体顺利开展思维可视化教学。但作者的实践创新不止于此,还提出了中学思维可视化教学的核心策略与所必备的教学技能及其训练方式,中学思维可视化教学的评价、校本开发及必要的师生培训等内容,给思维可视化教学提供了一张实实在在的施工图。其中,如何画思路,如何培养联想技能、推理技能,如何开展师生培训等,都体现出作者的别具匠心和实践指向。

二、层次分明

本书从宏观、中观和微观3个层面展开论述,层次分明,联系紧密,步步深入,浑然一体,阅读起来条理清晰,层次分明,引人入胜。

在宏观上,形成了"理论、模式与实践"的完整系统,思维可视化教学有理论指导,有模式引领,有实践方略;在中观上,形成了"课前·课堂·课后"的一体化教学模式,发挥了教学的系统性功能;在微观上,在课堂教学这一时段,甚至在课堂的每一环节,均可以看出作者这方面的努力——课堂从"出示目标"到"创画迁移"可看成是一个完整的学习系统,而每一环节往往又从"教学目的、实施流程、教学重点、教学策略及注意点"形成了完整的教学系统。

同时,作者基于数十年的教学实践,结合哲学、社会学、教育学、脑神经科学、认知科学及心理学等基本原理展开论证,对理论的论证是深刻的,对模式的创立是精到的,对实践的把握是切中要害的,不落俗套,避免了空泛的理论、僵化的模式和碎片化的实践等以往研究的窠臼。

三、关注实践

作者是一位资深的老教师,从事高中教学工作12年,初中教学工作8年,中学教研员工作 15 年，这使得作者有了一种"实用主义"追求：一切教研活动都是为了提高教师的专业水平，提高学生的学习能力，提升教学效率。正是本着这样的目标，作者从一线教师、学生及研究者的角度展开探索，这又使得本书具有很强的实用价值，能给一线的教师、学生和研究者的教学实践与研究提供切实有益的指南和良好的启迪。如本书提出如何进行日常联想、学科联想与跨学科联想，如何进行日常推理、学科推理与跨学科推理，不仅能较好地帮助一线教师和研究者厘清关系，指导他们开展相关的教学实践或研究，也能给他们有益的启迪，进一步拓展教师视野，对弥补教师相关理念、知识与能力的缺陷大有裨益。

虽然这是一本带着"实用主义"取向的一线教学研究著作，但是书中的论证还是很讲究学理，很严谨的。这种严谨不仅表现在从理论到模式，到环节，到重要细节的逐步推进，还表现在对重要内容的反复论证上。如对知识建构问题，作者遵循奥苏伯尔的分类方法（上位知识、下位知识和同位知识），分别在理论研究部分、模式研究部分及实践研究部分展开了论述；对"三画高阶思维"，作者同样做了如此处理。这种处理方法有助于读者更好地把握相关内容，显示了作者的匠心和苦心，具有重要的实践指导意义。

大家都知道陈宗成老师爱写诗，是位诗人，也知道陈宗成老师是个摄影"达人"，更知道陈宗成老师是一位不知疲倦的学习者、研究者和践行者。本书是陈宗成老师长达 35 年教学研究的结晶，从无意的"画图解题"的教学行为到有意识的"课堂画思路"的教学理念，再到"三画高阶思维"的教学主张，最后到"中学思维可视化教学"的研究成果呈现，他的教学研究逐步得到校级、区级、市级、省级乃至国家级课题的立项支持，其间的努力与付出、探索与迷茫、收获与喜悦，也只有陈宗成老师能深切感知。陈宗成老师是我带的厦门市专家型教师培养对象，一同学习、研究、合作了三年多的时间。陈宗成老师，严谨、认真，敢于创新、甘于寂寞，我想，这就是新时代中小学学者型、研究型教师的特质。

是为序。

于海波

于东北师范大学

2024 年 4 月

（于海波　东北师范大学物理学院教授、博士生导师，教育部义务教育物理课标修订组核心成员）

前　言

　　世界面临百年未遇之大变局，大国博弈已不可避免。在中学阶段如何在课堂上培养学生的创新能力，回答钱学森之问以强国富民是每个有良知教育工作者的时代使命。本书基于哲学、社会学和教育学，从脑神经科学、视觉心理学、创新心理学及众多基础心理学(包含认知心理学、学习心理学、社会心理学、人格心理学、青少年发展心理学等)等基本原理出发，结合35年的教学实践与研究，从理论、模式和实践3个层面，试图系统建立中学思维可视化教学理论、教学模式和实践方略，探索中学阶段如何通过"三画高阶思维"的方式，同时发挥"形象思维、抽象思维与灵感思维"的特长，激发个体的天赋秉性和创造欲望，培养个体思维的独立性、独特性和独创性，培养个体思维的发散性、借鉴性和融合性，培养个体思维的灵活性、变通性和批判性，探索如何通过课堂上独立设置的"创画迁移"环节，培养个体的创造意识、创造方法、创造策略和创造习惯，使个体成为一个既具有家国情怀与社会道义，又具有个性理想与审美意味的人，成为一个学业优异、身心健全，又勇于创新、善于创新的人，真正完成"立德树人"的时代使命。

　　本书分成理论研究、模式研究与实践研究3部分。

一、理论研究

　　理论研究部分致力于探究中学思维可视化教学的基本原理，旨在系统建立中学思维可视化教学的基本理论(第一章至第五章)。

　　本部分主要解决以下问题：

　　1. 界定了中学思维可视化教学的内涵特征。指出中学思维可视化教学的本质内涵是"直观的素养培育"，其显著特征是"看得见的建构全程"，即教学全程看得见、重要行为看得见、建构纠偏看得见及习得成果看得见等。

　　2. 明确了中学思维可视化教学的功能定位。指出中学思维可视化教学具有三大功能：认知功能——会成长的认知发展链条，创造功能——可转化的学习创造系统，生命功能——自健全的教育社会品格。

　　3. 厘清了中学思维可视化教学的意义指向。其哲学意义在于建立了全新的教学本体(本体论的角度)、全新的认识范畴(认识论的角度)和全新的思维方式(方法论的角度);其心理学意义在于通过视觉初步完成认知(视觉心理学)、降低心理资源损耗促进思维展开(脑神经科学、认知心理学、逻辑学)、保障了问题的适切表征激发创造产生(创造心理学)、克服自我中心形成正确自我认同(人格心理学、青少年发展心理学)、进行社会化并产生社会归属感(社会心理学);其教育学意义在于对"育"树立了个体的主体地位,对"教"实现了对学生最大限度的教导,对"学"实现了个体的深度学习,对"思"全面培养个体的高阶思维,对"评"全面培养了个体的元认知能力。

4. 建立了中学思维可视化教学的基本原则。指出了中学思维可视化教学的四大基本原则:重思维原则(即注重证据性思维、实践性思维、结构化思维、创造性思维及反思性思维)、三合一原则(三线合一、各有侧重)、全建构原则(全方位建构、全过程建构、全体系建构)、勤记录原则(及时记录、全面记录、清晰记录)。

5. 创立了中学思维可视化教学的主要方式。开创性地提出了"三画高阶思维"的学习方式,即通过"独画高阶思维"来实现深刻的自主思辨,通过"共画高阶思维"来激发激烈的智慧融合,通过"创画高阶思维"来实现自信的智能创造。

二、模式研究

模式研究部分致力于中学思维可视化教学模式的研究,全面探索并创设中学思维可视化教学的基本模式及课堂实施模式,旨在基本理论与教学实践间架设起过渡的桥梁(第六章至第八章)。

本部分主要解决以下几个问题:

1. 创立了中学思维可视化教学的基本模式:1体·3段·8环。指出一个完整的教学模式应该完全覆盖课前、课堂和课后3个时段,形成系统性的一体化结构,而不能只局限于课堂这单一时段。因为这样做不仅容易将课堂与课前、课后两个阶段切割开来无法发挥整体教学的优势,而且课堂教学模式也有沦为教学活动附庸的风险。创设了"课前'学习目标预设'可视化、课堂'学习目标生成'可视化和课后'学成目标应用'可视化"的"课前·课堂·课后"的"一体化"基本教学模式,并将课堂分成"目标引入可视化、建构探究可视化、应用创新可视化"的3个阶段,再细化为具体的8个基本教学环节。

2. 阐述了中学思维可视化教学的教学筹划:"1体化"设计。通过"1体化"的课前学习目标预设可视化、"1体化"的课堂学习目标生成可视化、"1体化"的课后学成目标应用可视化,最大限度地发挥教育的整体功能。

3. 细化了中学思维可视化教学的课堂操作:3段·8环。将目光聚焦在课堂教学上,将较为宏观的3个阶段,再细分为"出示目标、引入情境、探画问题、构画本质……"8个基本教学环节,十分详尽地提出了每一环节的教学目的、教学重点、教学策略、实施流程及注意点,给教师以明确的教学指南。

三、实践研究

实践研究部分侧重于中学思维可视化教学的实践研究,旨在探明开展中学思维可视化教学完整的实践路径,即探明中学思维可视化教学所需的核心教学策略、必备的基本教学技能,探明如何开展中学思维可视化教学的评价、如何开发相关的校本课程以及如何进行必要的师生培训等(第九章至第十三章)。

本部分主要解决以下问题:

1. 确立了中学思维可视化教学的核心策略。在教学实践中,通过理念性策略、组织性策略和行动性策略,推动中学思维可视化教学的产生和发展,并取得应有的成绩。创新之处在于提出了只有通过"行动才能改变理念"的观点,即通过理念性、组织性、行动性策略不仅改变教学的教学模式、教学行为,而且通过教学模式和教学行为的改变倒逼教师改变教学理念。

2. 探讨了中学思维可视化教学的必备技能。与传统教学不同,思维可视化教学有其内在的特殊性,不具备一些诸如画、联想、推理及交流这些必要的技能,教师难以开展教学。

3. 探讨并确立了中学思维可视化教学的教学评价。从评价内容、评价方式、评价实施和评价运用4个纬度,教师与学生两个层面,建立了思维可视化教学的评价机制,帮助师生有效地展开教学评价。

4. 探讨了中学思维可视化教学的校本开发。阐发了中学思维可视化教学校本课程开发的意义,确立校本课程开发的原则和主体,进一步指出在实践初期,为了顺利推动思维可视化教学发展,应该开发的常见校本课程类型。

5. 探讨了中学思维可视化教学的师生培训。主要提出了师生培训的内容、基本策略和注意事项,强调通过持续的培训,有效培养师生思维可视化教学的意识、技能、能力和素养。

无论是理论的提出、模式的建立,还是实践方略的确定,无不专业性高、难度大、任务重,实非我一人之力所能胜任。本书虽然经过了35年的教学实践与研究,从课堂到课题再回到课堂,从实践到理论再回到实践,不断循环往复,虽呕心沥血,偶有所得,却自知难登大雅之堂。一孔之见,恳请大家批评指正。若幸能给人微末启迪,发挥抛砖引玉之功效,实乃"幸甚至哉",亦足慰韶华。

陈宗成

于厦门

2024 年 5 月

目　录

第一章 中学思维可视化教学的内涵特征

第一节 中学思维可视化教学的内涵界定:能直观的素养培育

一、思维可视化教学相关概念

(一)思维的定义

人们普遍地将思维定义为"人脑借助于语言并以知识为中介,对客观现实的概括的间接的反映"(朱智贤,1989)。现代认知科学则认为,思维是一种信息加工过程,并且侧重于问题解决过程(张春兴,1994;汪安圣,1992);思维是指通过心理运算的操作获得新的表征的过程(Kantowitz et al.,1997)。近年的认知心理学认为,心理运算过程包含"判断、抽象、推理、想象和问题解决"等要素,因此罗伯特将思维定义为思维(thinking)是通过判断、抽象、推理、想象和问题解决这些心理特征之间复杂的相互作用来实现信息转换,从而进行新的心理表征的过程(罗伯特 等,2019)。

思维具有概括性和间接性的特点。一般说来,可从深刻性、灵活性、独创性、批判性和敏捷性5个方面来区分个体思维品质的差异。

(二)思维的分类

对于思维,按照不同的标准有多种的分类方法。众多的学者认为(Guilford,1959;汪馥郁,1982;朱智贤,林崇德,1986;张大松,2008),根据抽象程度可将思维分为直观行动思维(具身思维)、具体形象思维和抽象逻辑思维;根据问题求解的数量可将思维分为辐合思维和发散思维;根据智力品质可将思维分为再现性思维和创造性思维;根据进程取向可将思维分为横向思维和纵向思维;根据形成与应用领域可将思维分为日常思维和科学思维;等等(米广春,2011)。

1. 学科思维与日常思维

根据思维的依据,思维可分成学科思维与日常思维。此时,学科思维作为一个专有名词出现,与日常思维同为思维的下位概念,将思维划分成两部分。

学科思维一般被认为是属于认知心理学的范畴,有着特定的内涵,指的是通过"判断、抽象、推理、想象",根据学科知识,寻找运用"算子"来解决问题。其内在机制可以这样描述:根据……(学科知识),可以得出……(结论)。

日常思维则往往是根据经验、常识甚至主观想象来解决问题,具有明显的经验性、自发性和自在性等特质(余炳元,2005)。其内在机制可以这样描述:根据……(以往的经验、做法、常识等),可以得出……(想法)。有学者(王国有,2005)认为,日常思维"本质上是一种非创造性的重复性思维"。也有学者(衣俊卿,2005)认为,日常思维是"一种自在的、带有无意识性质的思维"。

在思维可视化教学中,这两种思维方式都很重要。其中,学科思维是主要的思维方式,保障了思维的正确性;而日常思维是学科思维的有益补充,可以打开思维的空间,促进创造性思维的产生。

学科思维的提出可以追溯到文艺复兴时期的伽利略(Galileo Galilei)。伽利略认为思维可分为自然思维与科学思维,前者主要侧重于事物对人思维的激发——感觉(senses),揭示的是一种主客体的关联(the relations of things to our senses);后者则侧重于寻找事物之间的关系,旨在寻找一种因果的关联(the relation: things to one anther)。可以看出,伽利略的自然思维正是日常思维,而其科学思维则属于学科思维。

2. 形象思维与抽象思维

以思考依据的抽象程度,思维可分为形象思维与抽象思维。有学者(王跃新,2010)认为,创新思维往往是形象思维与抽象思维相互作用的辩证统一的思维过程。

形象思维是一种基于具体事物、图像和视觉的思考方式,它在人类思维中占据着重要的地位。形象思维的主要特点在于具体性。它是通过具体的事物、场景、模型、图像、图形或图表等看得见的对象,将理念、知识、概念或规律进行具象化或实例化来构建有效思维路径,帮助个体能够直观地理解和认识问题,更好地把握事物的本质和内在规律。形象思维的内核是想象性。它强调通过想象来构建或创造出新的形象和场景,以突破客观实际的限制,让人们超越现实,将思维推向无限与未知的领域。形象思维的这一特征使其成为创新和创造的源泉。

从本质上看,形象思维是把概念类的东西以一种特例或近似的事物进行表达,是一种从一般到特殊的认知过程。形象思维常见的方法还有比喻、类比、隐喻等。

抽象思维是人们在认识活动中运用概念、判断、推理等思维形式,对客观现实进行间接的、概括的反映过程。抽象思维是一种高级的认知活动,是通过抽取事物的基本属性和本质关系,忽略非本质的要素,将具体的事物转化为概念性认知的思维形式。

抽象思维具有间接性、抽象性和概括性3个基本特征。

抽象思维是在对事物的本质属性进行分析、综合、比较的基础上,抽取出事物内在的规定性,而撇开其非本质属性,使人们通过认识活动获得远远超出仅靠感觉器官直接感知的知识。抽象思维以词为中介来反映现实,具有间接性。

抽象思维通过比较与判断、分析与综合,准确地抽取事物的基本的内在属性,使其获得共性的普遍意义。抽象思维用词进行判断,脱离了某一事物的具体特征,脱离了某一感官的具体感知,具有高度的抽象性。

抽象思维是对一类事物共同本质的把握。它通过分类、归纳,将同一类众多的事物放在一起,抽取出同一类事物的本质特征,因此具有高度的概括性。

一般说来,抽象思维按其深入程度可分为浅层抽象思维、中层抽象思维和深层抽象思维。

浅层抽象思维最为常见,也最容易达到。浅层抽象思维主要是对同类事物、规律、联系的归纳与总结,把一些具有相同属性、行为和联系的事物归纳为一个具有结构化的集合。浅层抽象思维对学生成长非常重要,只有具备浅层抽象思维,学生才可能逐步发展出更为复杂的思维。

中层抽象思维也称理论思维。理论思维是指将理论作为更高层次的行为准则,用来指导实践探索。实际上这是一种思维方式的飞跃,因为具体的事物总具有特殊性,难以形成普遍的迁移。这要求师生在教学实践中主动运用相关理论来指导自己的行为,以获取最大的教学效益。特别是碰到复杂情境时,个体更要克服经验主义,有意应用理论思维来提高探究的成功率。理论是对实践的进一步抽象,这使其进一步远离具体的事物,更加难懂和不好掌握,容易让人产生畏难心理。这一点,要努力加以克服。

深层抽象思维就是方法论思维。方法论是一般理论的基础,是通过对大量实践活动的观测和分析,总结出的一般性的规律。比起普通理论,方法论具有更普遍的指导意义。从本质来看,方法论思维已经属于哲学思维。

3. 低阶思维与高阶思维

所谓高阶思维,是指发生在较高认知水平层次上的心智活动或认知能力。

20世纪60年代,布鲁姆在其教育名著《教育目标分类学》中对认知领域的教育目标进行分层,由低到高为识记、领会、应用、分析、综合、评价6个层次(布卢姆 等,1986),其中后3项就是高阶思维能力,后来又被修订为"分析、评价、创造"。20世纪80年代到90年代,研究者倾向于认为高阶思维是种超越信息查询和识记的认知活动,其本质是一种在非常规情境中发现问题、解决问题的思维综合能力。

但从总体情况来看,各个学派对高阶思维的定义没有超出布鲁姆定义的范畴。因此,可以根据布鲁姆的分类方法,将思维分为低阶思维与高阶思维。其中,识记、领会、应用(特别是指简单应用)为低阶思维,而分析、综合、评价与创造则为高阶思维。

高阶思维至少具有如下特征:①面对非常规情境;②目的指向问题解决而非简单的知识传授;③以个体为认知主体,个体必须对原有认知结构进行提炼与重组;④表现出一种综合性、复杂性、创新性的思维特征。特别地,从认知机制来看高阶思维是"非算法"的、在心理上,路径是"不可见"的(Resnick,1987)。

这里要特别指出的是,低阶思维是高阶思维的基础,要发展高阶思维首先就要掌握低阶思维。没有对学科知识的准确掌握、深刻领会和熟练应用,面对复杂的非常规情境,个体就难以展开高层次的认知活动,调动自己的高阶思维。

4. 常规思维与创新思维

根据新颖性与独创性,我们可以把思维分为常规思维与创新思维。

常规思维是指人们站在常规的角度,以自己惯常的方式思考问题、解决问题的过程。常规思维往往根据常识和经验做出判断,具有稳定性。

创新思维是指个体打破常规思路,从别人意想不到的角度展开思考,用新颖独特的方法解决问题并产生"有社会价值的产品"的思维过程(夏凤琴,姜淑梅,2015)。创新思维往往是"逻辑思维与非逻辑思维的有机组合",创新的过程往往也是"逻辑思维和非逻辑思维联系协作和整合突破的复合过程"(陶国富,2010)。创新思维能够打破思维定势,以超常规甚至反常规的立场、视角与方法进行分析判断,进而提出与众不同的解决方案,产生新颖的、有社会价值的成果。因此,创新思维从本质上说是"根据一定目的,运用一切已知信息,产生某种新颖、独特、有社会或个人价值产品的心理品质"(林崇德,2013)。

创新思维的核心是批判性思维与变通性思维。批判性思维是指基于实事求是的立场,对已有的产品、观点和思想展开质疑,并提出不同的看法。批判性思维打开了思想对个体的禁锢,为思维的变通打下基础。变通性思维就是人们克服头脑固有的思维定势,打破思维惯性,突破思维封闭,从新的角度看待事物和思考问题的过程。

英国心理学家华莱士(Wallas,1926)认为,创新思维往往要经过准备期、酝酿期、豁然期和验证期4个阶段。

5. 发散思维与收敛思维

根据思维的收敛性,我们可以将思维分为发散思维与收敛思维。吉尔福特(Guilford,1990)认为有两种思维,即聚合性思维(提出一个好主意)和发散性思维(产生多个解决方案)是创造力思维的重要成分。刘卫平(2007)则指出"人类的思维创新活动从某种意义上来说,是一种思维发散与思维收敛内在统一的运动整合状态。或者说,思维发散与思维收敛对于思维创新来说,都是缺一不可的"。

发散思维又称辐射思维、放射思维或多向思维,在本质上是一种"求异思维"。发散思维指的是从一个目标出发,沿着各条不同的路径展开思考,从不同侧面、不同层次、不同立场思考同一问题,以期获取足够多的问题解决方案。简单地说,"发散思维就是从思考对象这个点出发,向周围的其他事物进行联系思考的一种思维形式"(王跃新,2010)。认知心理学认为,发散思维是创新思维的显著特征。吉尔福特(1990)指出,"凡有发散性加工或转化的地方,都表明发生了创造性思维"。

发散思维的特性是流畅性、灵活性和独特性,它与个体的大脑结构、知识储备及生活经验有着密切的关系。

收敛思维又名聚焦思维、凑集思维或集中思维,在本质上是一种"求同思维"。收敛思维是这样的一种思维形式,对由发散思维所提出的各种方案,分别进行判断、分析、综合、抽象与概括,以获取解决问题的唯一或最佳方案。收敛思维像一位精明的筛选师,为了获得这个唯一或最佳的方案,它把问题摆在中心,然后动用各种方法、技巧和知识,从不同的方向、角度进行深度分析,将思维直指问题解决,最终找到一个最合理、最精妙的解决方案。

收敛思维以发散思维为基础,是一种理性思维。

发散思维与收敛思维是创造性思维两种不可缺少的手段。王跃新(2010)认为它们往往在不同的阶段发挥作用。"发散是用于寻找各种可能解决方案的酝酿阶段,而收敛应用于选定解决方案和验证每一种可能性解决方案的可靠性阶段和可行性的验证、确定阶段。"创造性思维活动实际上是发散思维和收敛思维有机结合、循环往复而构成的思维活动。其活动过程是:发散—收敛—再发散—再收敛或是收敛—发散—再收敛—再发散。

6. 正向思维、逆向思维与侧向思维

按照思维的方向性，我们可以将思维分为正向思维、逆向思维与侧向思维。

所谓的正向思维，是指从已有的情境、已知的条件入手，开动脑筋，根据已有的知识，按事物发展的进程或逻辑关系，按部就班进行思考、判断，来揭示未知事物本质、解决问题的思维方法。正向思维是一种从已知探求未知的思维方式。

所谓的逆向思维，是指从要探究的未知事物或要解决的问题入手，开动脑筋，逆着事物发展或问题解决的进程，通过反向推理进行思考、判断，来寻找相关的知识、所需的情境和必备的条件，进而达到揭示未知事物本质、解决问题的思维方法。逆向思维是一种从未知探求已知的思维方式。

侧向思维也称横向思维或旁通思维。它是发散思维的一种表现形式，是从侧面展开发散思维。与从已知到未知的正向思维或从未知到已知的逆向思维不同，侧向思维是在"已知到未知"或"未知到已知"的主干思路的旁侧开拓出新思路。它是受到与解决问题要素没有必然关系要素的启发，甚至是利用其他领域里的知识和资讯，从侧向迂回地解决问题的一种思维形式。常见的侧向思维方法有类比、打比方、隐喻等方式，其中最主要的方法是类比。

二、思维可视化教学内涵界定

(一)定义

所谓的思维可视化教学，就是借助可视化手段来进行课前、课堂、课后一体化教学设计，从根本上树立学生主体地位，运用"笔"的思考方式展开自主学习、合作学习和社会学习，充分激发和培养个体的高阶思维和创造性思维，使每一个体都得到全面的、应有的充分发展，以实现课程目标。

在此过程中，师生充分利用可视化手段，使用思维可视化教学模式，通过"独画高阶思维"、"共画高阶思维"和"创画高阶思维"等方式展开教学，充分激发个体的联想推理能力，努力调动各学科思想方法、知识技能、方法策略、经验假设等，进行分析判断，解决富有挑战性的真实问题，进而实现知识建构、思维建模、问题解决或项目推进等任务。

在此过程中，个体利用可视化工具的形象性，实际上完成了一种"识别"的作用，不仅把相关的"特征组合成一个连续的整体"，而且"这个整体会引发记忆"(Gazzaniga et al.，2020)。这样，有效调动出相关的知识、经验、图式与体验，对知识建构、思维建模、问题解决或项目推进的思维全程进行充分激发、揭示与完整记录并直观地显示出来，形成思维痕迹，让思维产生的每一节点、每一环节及每一推进阶段的成效、内容、方法、策略以及相关的灵感、想法可以被个体直观看到并把握。

在此过程中，这些记录下来的思维痕迹，不仅能够及时保留已生成的成果，而且能够形成看得见的思维支架，有效地将形象思维、抽象思维和灵感思维紧密结合起来，充分发挥三者之长，激发个体的内在学习动机，推动高阶思维和创造性思维的产生，帮助个体有效地解决有挑战性的问题，提高个体的学业水平，培养个体的健全人格、终身学习的能力和合作精神，使学科核心素养的培育和人的全面发展直观可见。

要指出的是,这里"支架"的含义与《现代汉语词典》里"支架"的含义相同。《现代汉语词典》里支架共有 3 个含义:支持物体用的架子;支撑、架起;招架、抵挡(中国社会科学院语言研究所词典编辑室,2016)。因此,思维支架可理解为是思维的架子,它支撑思维往下推进,而当思维限于停滞时,它又起着"抵挡"的作用,避免思路消退(抵挡使思路不消失)。

(二) 内涵

思维可视化教学的内涵包含:①以人的必要的全面发展为根本目的;②以培养高阶思维和创新思维为核心;③以完成课程知识教学为基本目标;④以复杂的真实情境为教学载体;⑤以挑战性任务为主要学习问题;⑥以可视化手段为主要思考工具;⑦以"三画高阶思维"为主要学习方式;⑧以教学全程看得见为显著特征。

1. 以人的必要的全面发展为根本目的

思维可视化教学的根本目的指向核心素养的培养与人的全面发展。

(1)指向核心素养的培养

在教学过程中不仅要培养个体的关键能力,还要培养其必备品格,更要培养个体正确的价值观。

在教学中,要全面发展个体的智力因素。培养个体的分析判断、联想推理能力,培养形象思维、抽象思维和灵感思维,推动高阶思维和创新思维的发展,以提高个体知识建构、思维建模、问题解决和项目推进的水平,提高个体在复杂的真实情境中解决富有挑战性问题的能力。

在教学中,要努力发展个体的非智力因素。努力激发个体的好奇心与求知欲,激发其内在学习动机;培养个体正确的情绪认知,学会正确归因;培养端正的学习情感态度;大力培养个体的学习兴趣、意志品质,以及个体质疑意识、批判意识和实事求是的精神;努力培养个体的必备品格。

在教学中,要扎实培养个体正确的价值观。树立客观的社会镜像参考,进行心理统一性整合,建立正确的自我图式,完成自我认同;培养个体抗挫折能力与健康的心理素质,树立健全的人格;培养个体的交流沟通和分工合作能力,顺利完成个体社会化,树立起正确的世界观、社会观和人生观,进而扎实地培养个体正确的价值观。

(2)指向人的全面发展

思维可视化教学还指向人的全面发展。

在教学中,个体不仅要学好知识,形成素养,养成正确价值观,而且还要锻炼身体,形成良好的劳动意识、习惯和素养及审美情操,使自己得以全面发展。

2. 以培养高阶思维和创新思维为核心

以培养高阶思维和创新思维为核心指的是教学要紧扣思维培养这一中心要素,通过各种手段激发其产生,推动其发展,促进其升华,在达成学科课程知识目标的同时培养高阶思维并促成创新思维的产生。

3. 以完成课程知识教学为基本目标

思维可视化教学紧扣高阶思维、创新思维这个核心,以培养个体学科核心素养、促进人的全面发展为最终目的;但这并不意味着不重视学科知识的学习。恰恰相反,对思维可视化教学而言,知识习得不仅是培养思维的重要手段,也是课堂学习的重要目的。

任何将知识学习与智能培养和高阶思维发展对立起来的做法都是错误的。

一方面,知识学习是文化传承的需要。任何学科都需要知识的传承与创新。传承就是指知识的传承,创新同样是在原有知识基础上的创新。只有充分保证知识的传递,才能够完成学科文化的传承与创新。另一方面,高阶思维和创新思维以学科知识为前提,也离不开学科知识。心理学家斯腾伯格在其"创造力多因素理论"(叶一舵,2002)中,将知识作为影响创造力六大因素之一(智力、知识、认知风格、人格特征、动机、环境)。只有深刻理解并掌握了学科知识,才能够灵活应用学科知识进行高阶思维和创新思维。而实际上,知识学习的过程也往往是高阶思维激发和创造力培养的过程。

因此,知识习得是思维可视化教学最主要甚至是最重要的任务,是思维可视化教学的核心目标之一。

4. 以复杂的真实情境为教学载体

思维可视化教学强调将教学建立在真实的情境之上,强调通过相对复杂的真实情境来培养个体解决实际问题的能力。诺曼指出,人类的知识和互动不能与这个世界分割开来(Norman,1993)。情境认知主义者则认为,思维也具有情境性的,如果知识与情境分开,则会处于惰性的和不被使用的状态(德里斯科尔,2008)。很显然,良好的教学过程离不开情境。思维可视化教学提倡教学情境真实化,要求主要素材来源于学习生活、生产科技、社会活动等真实情境。在教学中,教师要尽量少用脱离真实情况的单纯的学科情境。教师要努力使用、建构或模拟一种相对复杂的真实情境,让个体身临其中,以培养个体适应真实环境、解决真实问题的意识、策略和能力。

5. 以挑战性任务为主要学习问题

思维可视化教学紧紧围绕培养高阶思维和创新思维这个核心,这意味着教学活动必须与挑战性任务紧密相关,让个体面对复杂的情境去解决富有挑战性的任务。当然,这里的挑战性任务基于个体实际,与个体的知识基础、学习能力和意志品质紧密相关。教师应立足于个体的最近发展区来确定挑战性任务,以推动每一层次的个体得到真实的、应有的发展。换言之,这种挑战性任务是针对个体而言的,具有很强的个性化的特征。

6. 以可视化手段为主要思考工具

在教学过程中,教师通过思维导图、概念图、表格、图形等可视化工具来激发个体思维的产生,记录思维的结果,梳理思维的过程,整合思维的方向,让思维的全程看得见,帮助个体建立起可视化的思维支架。

唐孝威指出,形象思维本身是一个概念的范畴,其"典型成员是从心象到心象的思维活动,非典型成员是从非形象信息到心象,或从心象到非形象信息的思维活动。形象思维和抽象思维两个范畴是部分重叠的……大而复杂的思维活动往往是两种思维的交织……它们既可以以串联的形式穿插交替进行,也可以以并联形式同时推进"(唐孝威 等,2014)。很显然,在思维支架的支持下,个体能够同时发挥两种思维的优势。在此支架的支持下,个体发动形象思维的视觉优势,在视觉的直观关照下,用眼、用笔不断寻找各思维节点之间的关联,寻找思维环节之间的关联,寻找各条思路之间的关联,通过画的形式,尝试着对知识、方法、策略、思路等思维内容进行重组,来揭示其内在的本质的联系,使思维围绕着要解决的问题,既能不断发散,又能持续聚焦,逐步往前推进,直到完成任务。

这里要指出的是,可视化工具不只局限于常见的思维导图、概念图和思维地图这些相对专业的工具。实际上,更为常见和广泛应用的视频、课件、图形、表格、草图、鱼骨图等也能够将思维的内容、过程和方法显示出来,也是重要的可视化工具,不能忽略。这些可视化工具各有各的长处。

思维导图的长处是帮助个体不断地进行发散性思维,让思维在某一个激发点逐级向外推进而形成爆发式的联想结构;概念图的长处是能较好地梳理概念之间的层次关系,将各级联想放在学科的概念体系内形成连接紧密、逻辑关系明确、层次分明的有序化图谱;流程图可以勾勒出思维产生的节点、环节和结果,让人清晰地看到思维推进的整个过程;而草图则能快速记录下一些零星的想法,以此为激发点,串联思维,努力去寻找这些零星想法之间的联系,以发现解决问题的突破口;鱼骨图则能致力于寻找事物发生的原因,确定事物之间的必然联系等。在教学中,要充分利用各可视化工具的不同特性,取长补短,以最大限度发挥出它们最大价值。

另外,可视化思维软件可以较为便捷地画出思维的过程,节省时间。

7. 以"三画高阶思维"为主要学习方式

所谓的"三画高阶思维",指的是通过"独画高阶思维"、"共画高阶思维"和"创画高阶思维"3 种形式,在不同的教学环节,使用可视化手段,揭示知识建构、思维建模、问题解决和项目推进的思维进程,并直观显示出来。在此过程中,培养思维的独特性、独立性和深刻性,培养思维的发散性、广阔性和融合性,培养思维的灵活性、变通性和创造性,进而推动高阶思维的发展和创造性思维的产生。

8. 以教学全程看得见为显著特征

思维可视化教学可用"1 体·3 段·8 环"加以概括。

思维可视化教学的显著特征表现在教学的"1 体·3 段·8 环"全程看得见。

"1 体"看得见。"1 体"指的是思维可视化的教学模式贯穿课前、课堂和课后 3 个阶段,形成一个完整教学结构。"1 体"看得见,就是通过可视化手段,对课程目标进行系统的一体化设计,让课前、课堂和课后这 3 个教学阶段连成一个整体,完整地呈现出来。让教学的筹备看得见,让学习的过程看得见,让课程目标课外推进看得见。

"3 段·8 环"看得见。"3 段·8 环"指的是将课堂分为 3 个阶段 8 个环节。在课堂教学阶段,思维可视化教学充分地记录了个体学习的全过程:利用可视化技术,开展教学,及时记录知识建构、思维建模、问题解决和项目推进的每一个环节,使每一环节的产生、开展和结果都能展示出来,直观可见。一句话,就是让教学目标看得见、教学行为看得见、教学成果看得见和教学评价看得见。

第二节　中学思维可视化教学的显著特征:看得见的建构全程

思维可视化教学的课堂过程一般包括以下 8 个环节:学习目标可视化、情境引入可视化、问题指向可视化、内涵建构可视化、结果生成可视化、目标评测可视化、知识运用可视化、迁移创新可视化。这显示出它与传统教学不同的显著特征。我们可以将它分成3个阶段：一是学习目标引入阶段，包含学习目标可视化、情境引入可视化2个环节；二是目标建构生成阶段，包括问题指向可视化、内涵建构可视化、结果生成可视化、目标评测可视化4个环节；三是知识应用创新阶段，包括知识运用可视化、迁移创新可视化2个阶段。建构全程看得见不仅是让此3个阶段明确显示，清楚可见，而且还要突出重要的环节和要素，让学习行为看得见、学习成果看得见、学习评价看得见。

一、教学全程看得见

（一）目标引入看得见

1. 学习目标看得见

通过学习案例、PPT或者课件展示，让全班都看得见。在这里，个体不仅要看到全班的共性目标，更要看到自己的个性目标。因此，教师要根据生源情况，设置足够多的目标群，对每个目标所要达到的层次标准、所实现的方式手段、所需要的资源素材，都要做出明确的具体的说明，并清楚地展示出来。这样，不仅能让每个学生都清楚看到课程总体目标和各学业层次标准，而且便于他们看清各层次目标之间的关系，以便选择合适的学习目标，初步确定学习策略。很显然，这样有助于更好地推动分层教学。

2. 情境引入看得见

通过可视化手段增加情境的可见度、可感度，让个体产生充分的视觉、听觉、触觉、肤觉等感官刺激，以建立起明确的、丰富的感性认识；通过任务设问等方式勾勒问题线索，揭示所要解决的问题，并及时记录下来，让问题看得见。"问题看得见"保证了以问题为导向，以任务为驱动学习方式的确立，进一步提高了目标的指向性，为个体的知识建构、思维建模、问题解决和项目推进提供了有效的认知指南。

（二）探究建构看得见

1. 建构过程看得见

联合国教科文组织国际教育发展委员会在被誉为当代教育思想发展里程碑的论著《学会生存》中就明确指出，"教学过程的变化是：学习过程现在正趋向于代替教学过程"（联合国教科文组织国际教育发展委员会，1996）。这种学习过程就体现为个体的建构过程。让建构过程看得见，就是让学习过程看得见。通过个体独画、小组共画、班级展画、师生评画等环节，诸如知识建构或问题解决等课堂探究建构行为得以激发、产生并完整外显出来，让人看得见。具体地说，通过视频、图表、图示、关键字等可视化工具推动纸笔思考行为的产生，提高知识建构的指向性和问题解决方案的合理性，提高知识内涵建构的准确性和问题解决的科学性，提高知识界定的学科性和问题解决的效益性，保障探究建构的真正产生。

2. 反馈矫正看得见

通过个体学习建构图进行诊断，对个体学习的得失成败进行评价，并反馈给个体，帮助个体对出现的问题及时进行纠偏，以完成正确的建构。

3. 练习巩固看得见

通过适量的练习,做题或画思路或画关键步或指出关键内涵本质等方式,进行针对性训练,促进个体对知识的巩固与内化,培养个体应用知识解决问题的能力。这里更提倡"画思路+指出关键步"的方式,因为这种方式不仅节省时间,而且聚焦问题核心,把握住问题的关键。

4. 诊断评价看得见

根据课堂具体情况,设计一系列与课程内容紧密相关的问题,以检验学生对知识的理解和掌握情况。通过可视化手段,展示个体问题解决的过程,由此展开诊断性评价和生成性评价,帮助个体了解自己学习的真正成效。

(三)迁移创造看得见

迁移创造阶段包含知识应用和创造迁移2个环节。知识应用环节主要是通过一定的变式,使用新学的知识解决不同于课堂出现过的情境问题,使知识得到巩固。在此环节,要画出情境与知识的匹配条件,让这种匹配条件看得见,以加深个体对知识成立前提及知识应用范围的理解;在创造迁移环节,通过可视化手段进行个体补画、知识结构化、思维建模化、编题、项目设计等,吸收集体的智慧,用个体创画的方式,对自己的思维进行补充完善、变通优化,使个体的创造性得以展示出来。在迁移时,主要关注迁移的路径;而在创造时,则突出批判性、独创性要素,让迁移创造看得见。

二、重要行为看得见

对于教学而言,只有出现正确的行为才能出现正确的效果。课堂的学习行为包括思考、阅读、练习、操作、交流、讨论、质疑、批判、评价等。这些行为都可以外显的方式体现出来,也只有这些行为以适当的外显方式表现出来,学习的行为才能得以深刻地被激发和确立,才是有效的,也才能带来预期的效果。

(一)思考行为看得见

思考是课堂上最宝贵的行为之一,也是教师要大力推动产生的行为之一。不论什么学科,什么教学内容,出于什么教学目的,使用什么教学方式,动用什么教学资源,在教学中,思维总是占据核心地位,这一点无可辩驳,也无须辩驳;不论什么学科,什么教学内容,出于什么教学目的,使用什么教学方式,动用什么教学资源,在教学中,学科思维和创新思维的培养总是占据学科教学的核心地位,这一点无可辩驳,也无须辩驳。因此,无论是知识建构、思维建模、问题解决还是项目推进,思考总是占据核心的位置,这一点无可辩驳,也无须辩驳。

这要求在课堂上教师充分激发学生思维,推动学生积极思考,让思考看得见。教师要注重培养学生独立思考能力,训练学生独立思考策略,在课堂上,创造努力思考的学习环境,营造独立思考的学习氛围,激发学生独立思考的意识,将他们引进思考状态,促进学生出现独思、深思、凝思的行为。当学生进入思考状态后,教师不要随意走动,不要随意发出指令或提出新的问题,以免打断学生的思路,以维持学生的思考行为。

学生独立思考素养的培养往往需要经历以下几个阶段:激发独立思考的意识、创造独立思考的机会、制定训练独立思考的策略、培养独立思考的能力、形成独立思考的习惯。

1. 激发独立思考的意识

缺少独立思考意识是造成个体独立思考能力丧失的根本原因。因此,教师要利用一切机会来激发学生独立思考的意识。在课堂上,教师不能用知识讲解来代替学生思维,更不能替代学生进行思考;教师应该尽量避免提出那些共问齐答的问题,以培养学生思考的独立性。

2. 创造独立思考的机会

教师要善于提出问题,引导、推动学生进行独立思考;教师要"按住"那些思考能力较强、头脑反应较快又急着发言的学生,让他们不要提早喊出答案,以免破坏其他人的思考;教师要创造条件,营造独立思考的气氛;教师应明确要求每个学生都要进行独立思考,让每个学生都进入独立思考的状态。

教师要明白,讨论和交流会削弱思考的独立性。因此,应该尽量减少不必要的讨论。对于那些要讨论的问题,教师也应将它建立在学生独立思考的基础上。教师要提出这样的要求:只有经过独立思考之后有了自己确切的观点、方法或困惑,才能开展进一步的讨论。教师一定要让学生充分领会独立思考对于讨论的重要性,以免发生用讨论代替思考的现象。对于交流环节,教师更要精心设置,同样要杜绝以交流代替思维行为的产生,控制好交流的方式、内容与时长,给学生留下充分的独立思考空间。一句话,无论是讨论还是交流,个体都要有独立思考的警觉,要能够确保独立思考,只讨论靠个人独立思考无法解决的问题,只交流个人独立思考的成果。

3. 制定训练独立思考的策略

教师要花大力气去培养学生独立思考的能力。教师要明白思维模型、思维方法和思维策略的欠缺是阻碍学生思考能力成长的主要原因。教师要从这3方面入手加以突破。教师要有意识、有步骤地展开专题教学与训练活动,传授思维模型、思维方法和思维策略,并让学生有效地进行针对性的练习。

教师要从思维模型入手,着重培养学生的思维建模能力,使学生拥有独立思考的主要思维框架和稳定的推进路径,以确保独立思维的产生;教师要有意识地培养学生各类思维方法,丰富学生解决问题的工具箱,让学生有足够的方法去应对各种不同的问题;教师还要有意识地传授如何制定各种解决问题的思维策略,大力培养学生使用策略解决问题的能力,让学生在具体的环境中能够选择正确的策略解决问题;最后,教师还要有意识地培养学生的反思意识,在解决问题过程中及解决问题后及时展开元认知监控,以确保过程及结果的正确性。

同时,教师要用大量翔实的样例,仔细分析思维模型、思维方法和思维策略的选择过程,说明其使用依据,阐述其使用方式,解剖其使用原因,让学生看到在真实的情境思维模型、思维方法和思维策略选择的路径、条件和时机,进而获得直观的案例性经验。

4. 培养独立思考的能力

教师要创造足够的问题情境,让学生独自面对困难,去接受挑战。鼓励学生运用所学过的思维模型、思维方法和思维策略,调动本学科、各学科知识和种种经验展开深入的思考,提出不同的思考方案,在元认知监控下,尝试着独立去发现问题、分析问题、解决问题,直到发现解决问题的合适方法,以积累解决问题的直接经验。同时,教师还要鼓励个体,在此基础上建立起自己解决问题的主要思考框架、基本思维方法和策略,努力提取其中的普遍合理的要件、范式,努力发现其中的方法论要素,将其上升到方法论的层面,用以指导进一步的思考。只有这样,才能够培养出真正的独立思考能力。一旦遇到难题,学生便能进入深度思考状态,勇于思考,善于思考,及时拿出应对方案。

5. 形成独立思考的习惯

独立思考,是一种高级的心理智力动作技能,同样属于程序性知识。只有达到自动化程度,才能形成长期记忆而真正被个体掌握。努力形成独立思考的习惯就是形成思维的动作定型,实现思维自动化,让独立思考成为个体的下意识心理智能活动。这是一个特别重要的过程。如果没有促成自动化,个体独立思考的主动性便会逐步消退。这样,哪怕拥有再强大的独立思考能力,个体也无法充分发挥主观能动性,有意识地推动自己进入高水平的思考状态,也就无法取得应有的效益。因此,在教学中,无论是在课前预习、课堂学习还是课后作业中,教师都要关注思维习惯的培养,让思维渗透到教学的每一个内容,渗透进教学的每一个活动,渗透进教学的每一个环节,也渗透进学生的每一个学习行为中,让学生主动思考、积极思考,形成独立思考的习惯。

(二)阅读行为看得见

著名学者亚兰说,"任何人的思考,都是对别人的想法的思考……思想最深沉的人,总是从别人的想法中采撷适合自己的东西"(张国学,2002),从本质上说,阅读就是读取他人的想法或思想。因此,阅读是最基本的学习技能之一。余文森认为,阅读是思考的基础(余文森,2021)。一般说来,不善于阅读也就不善于思考。教师要创造机会推动学生阅读行为的产生,让学生阅读书本,阅读各类文本,阅读题目,阅读复杂情境。教师应传授学生丰富的阅读方法、策略与技巧,让学生学会用圈画、批注等可视化手段进行阅读,提高阅读的水平。

(三)练习行为看得见

练习是巩固知识、促进知识内化的有效途径。对于新知识学习,教师要布置针对性练习,让学生及时进行操练,帮助巩固和内化;对于知识应用,教师更要布置适当的练习,让学生及时进行操练,以培养学生应用知识解决问题的能力。对于特别重要的、特别容易出错和特别不易区分的知识,要配上针对性的练习,在课堂上完成,做到牢固掌握。在练习过程中,要侧重对本质内涵、关键思维节点的再现与突显,让这些内容能够明显地展示出来。同时,在进行课堂练习时,教师要充分考虑到分层教学问题,让不同层次的学生都能得到应有的发展。

(四)操作行为看得见

操作也是可视化的主要手段之一,对思维可视化教学起着重要的作用。无论什么学科,操作都必须是重点培养的技能。操作属于动作技能,是程序性知识的一种,只有亲历操练的过程才能真正习得。安德森认为,技能的形成需要经历认知、关联和自主3个阶段(安德森,2012)。其中,认知阶段为个体正确、完整、规范地学习新技能阶段;关联阶段为个体正确、完整、规范掌握了新技能,且达到了熟练的阶段;而自主阶段则是个体对新技能的运用达到了自动化的水平。我们可以简单地理解,一个技能的习得需要经过学习、熟练和自动化3个阶段。

1. 学习阶段

个体首先要通过认知,习得正确的、规范的动作,再形成正确而规范的动作并在此基础上进行强化。教师做出正确示范,让学生看清;学生认真模仿,教师及时进行反馈与矫正。

教师必须做出缓慢的示范或播放相关的录像,要求学生跟着正确的动作进行模仿。教师要给予学生充分的时间模仿、练习,对于错误的、不到位或不规范的动作要及时进行矫正,直到准确规范。这是习得动作技能最为重要的阶段,不能跳过,否则,错误的动作一旦定型,便难以纠正。另外,当学科动作与日常生活动作发生冲突时,教师只有具备足够的耐心反复进行矫正,才能取得较好的效果。

2. 熟练阶段

当"最初理解的错误被识别并被纠正"(安德森,2012)时,个体进入了"关联阶段";而成功操作所需要的各要素被自然"强化"(安德森,2012)时,个体则达到熟练的程度。当掌握了正确而规范的动作,个体还必须进一步进行练习。这样,那些多余的动作就会逐渐减少直至消失,个体可以较为流畅地按正确的动作和程序,规范地操作,不必边看示范边模仿,也不必边思考边操作。随着练习的增加,动作会越来越熟练,操作便会越来越流畅。

3. 自动化阶段

随着熟练程度的提高,个体的操作准确、规范、流畅娴熟。继续练习,操作可以到不假思索的程度,便形成了肌肉记忆,完成动作定型,自动化阶段也就达成。只有达到自动化,操作技能的培养才算真正完成。

三、建构纠偏看得见

知识建构、思维建模、问题解决与项目推进不会一帆风顺,发生错误是再正常不过的。因此,要及时进行纠偏,以保证目标的顺利达成。

教学纠偏包含了诊断、反馈和纠偏3个阶段。相应地,建构纠偏看得见也就包含了诊断看得见、反馈看得见和纠偏看得见。

(一)诊断看得见

在知识建构、思维建模、问题解决与项目推进过程中,个体通过可视化手段,对学习全程进行揭示记录,保障建构的过程和成果看得见。个体、教师及同伴对此展开全方位的诊断,可发现问题。诊断可以通过自我诊断、教师诊断和同伴诊断3个方面进行。

1. 自我诊断:个体校画

个体回溯整个建构过程。根据纸面上留下来的思维痕迹,个体对建构过程的每一个环节、每一个内容展开诊断,以判断其正确性。这是一种反思确证的过程,是一种以自己的认知过程与结果为认知对象的高阶认知,这正符合弗拉维尔"关于自己认知过程和结果的认识"这一元认知的定义(Flavell,1976)。因此,是一种元认知。通过自我校画,个体展开过程性的监控,以保证目标确定的合理性、内容选择的科学性、方向把握的正确性和策略运用的恰当性,进而顺利完成建构。

2. 教师诊断:巡视评画

在巡视过程中,教师有针对性地对学生进行诊断。教师根据学生纸面画下来的结果,对学生的学习情况进行诊断性评价,马上反馈给学生。一般说来,教师可以侧重3类学生:进度稍差一点的学生、处在最近发展区的学生以及快速发展的学生。通过巡视评画,教师可以为那些进度较差的学生提供及时的援助,及时纠正他们的错误、解答他们的困惑、补上他们理解上的不足,让他们能够及时赶上;可以让那些处在最近发展区的学生把握契机,及时帮助其提炼成果,把握下一步发展目标,快速取得突破;还可以对那些发展较快的学生提出更高的要求,制定更高的目标,促成他们更好的发展。这样,通过巡视评画,各类学生都能得到较好的发展。因此,巡视评画是教师课堂分层教学的有机组成部分。

3. 同伴诊断:相互校画

同伴诊断出现在2个阶段:小组共画和班级展画。在小组共画阶段,根据个体提供的独画成果,同一学习小组的成员可以对同伴进行诊断;在班级展画阶段,根据小组所展示的共画成果,全班的其他小组可以进行诊断。因为"同伴互评一方赋予学习者以审读者的角色为同伴审读作业任务并提供知识反馈,另一方赋予学习者作为任务者接收来自同伴的知识反馈"(宗正,2021)。因此,"学习者间有效的知识交互是同伴互评得以发挥效用的核心"(Cho et al.,2006)。同伴诊断让个体从自身的学习中抽开身来,从当局者转化成旁观者,以评判者的角度介入他人的学习。这样,他们获得了另一种建构、内化和评价的视角。在此角色转化中,个体会自觉地将他人的结果、自己的结果以及课本的知识放在一起加以评价。这是一种非常有效的社会学习。

(二)反馈看得见

布卢姆把反馈—矫正当成了教学的4个要素之一(施良方,2001),加涅也把"提供反馈"当成教学的九大事件之一(德里斯科尔,2008)。可见,反馈与纠偏在学习中的重要性。因此,思维可视化教学强调,让反馈看得见,让纠偏看得见。无论是教师、同伴还是个体本身,发现优点或问题后,要将问题突显出来。如果是教师或者同伴,可以在错误之处、问题出现之处进行圈定、标注,有时还可以写上相应的提示,再返回给个体。这样,个体可以直观地看到自己在他人眼里的优点、不足或问题所在,针对性地进行调整纠偏。在这里,要强调的是,要对点批注。将优点、错误或出现问题之处用红笔圈起来,让他人能够一眼看到。对优点、错误和出现问题之处圈定标注得越明确、越细致,反馈便越到位,反馈的效果也就越好。反馈要尽量明晰,不要进行笼统的点评(如令人痛恨万分的打个钩,再加个点)。

(三)纠偏看得见

1. 知识纠偏看得见

无论什么知识,都有其特定的学科规定性。对学科规定性的错误理解要及时纠偏。个体首先要仔细观察,将目光锁定在他人的反馈上,判断其正确性,明确自己的优点、不足和问题所在,并对问题进行针对性纠正。在此过程中,个体要紧紧盯住自己的问题,将它与正确的知识(最好是写下来)一一对应起来,逐一进行比对,精准地找出错误要素,然后一一进行纠正,直到问题全部解决为止。同时,个体还要根据留下的思维痕迹,深入分析错误的原因,并提出解决方法。换句话说,在此过程中,个体不但要十分清楚地看到错误所在,看到错误逐一订正的过程,更要看到错误的原因所在。经验告诉我们,往往是越抽象的知识、越缺少日常经验的知识,便越容易发生理解的错误。特别是当学科内涵与日常常识产生矛盾时,个体很难克服经验的定势,突破前概念错误。因此,教师应十分明确这一点,让个体在纠偏时,努力寻找前概念的要素,对症下药。

2. 行为纠偏看得见

行为是针对程序性知识而言的。个体出现了与学科规范性相悖的操作行为时,要进行动作纠偏,特别是科学学科,更要注意操作的准确性和规范性。个体一旦形成了错误或不规范的动作,结果就难以纠正。因此,在起始阶段,在个体动作定型之前,就要进行纠偏,让个体按照学科要求进行操作,并逐步达到动作定型。

某些动作具有日常图式,一旦与学科规定动作发生冲突,也会形成前概念。这种前概念图式,同样十分顽固,难以纠正,需要通过专项训练来纠偏。

因此,教师在传授一个新的操作时,一定要缓慢一些、细致一些,进行过度学习(莫雷,2007),经历一个先慢后对,先对后熟,先熟后快,直到自动化的过程。碰到复杂动作,教师一定要做好示范,还要注意高原期的突破(莫雷,2007)。教师要放慢节奏,在关键要点处不断加以强调,必要时甚至要手把手进行传授,让个体逐步模仿,直到动作完全正确为止。在此基础上,逐步增加训练次数,加大训练强度,让个体熟悉动作的每个要素、每个环节。在可能出现问题之处,让个体先想好动作要领,再进行操作,不要贪多求快,以逐步提高个体的熟练性。当个体能够较熟练地做出正确动作时,教师可以继续增大训练的强度,要求个体在一定的时间内达到相应的标准,以较快的速度完成动作,继续纠正出现的问题,使动作做得又好又快,直到形成自动化。

因此,在动作纠偏过程中,要让正确行为看得见,要让正确行为的要领动作看得见,要让那些容易出现问题的动作看得见,还要让那些出现问题动作的原因看得见。把这些行为以录像的方式保留下来,就会形成十分宝贵的可视化教育资源。因为它包含了理论性要素、规范性要素、问题性要素,也保留了教师的经验性要素、实践性要素、纠偏策略性要素和灵感性要素。这些要素只有在某一具体的实践中才能同时得以展现和揭示。有些要素往往难以再现,特别是那些灵感性要素和策略性要素。

3. 态度纠偏看得见

态度纠偏同样是教学中的重要组成部分。阿尔波特认为,"态度是心理和神经中枢的准备状态,它们通过经验来组织并施加直接的、间接的与所有对象或情境有关的个体反应"(吴红耘,皮连生,2020)。大多数心理学家认为,态度是由认知因素、情感因素和行为倾向因素所构成的(吴红耘,皮连生,2020)。这里的态度是广义的,包括价值观。对于中学生而言,态度对学习有较大的影响。及时对不端正的学习态度进行纠偏,可帮助个体认清学习的意义,形成学习的内在动机。中学生正处于价值观建立的关键阶段,在学习过程中,教师要特别注意对价值观的正确引导,当个体出现对人、对事、对社会、对国家、对世界有不当看法时要及时进行纠正,帮助个体修改完善自己的精神印记、自我肖像、情感小传和世界图景,以形成正确的价值观。

4. 策略纠偏看得见

对于学生而言,思维可视化教学涉及学习、认知和思维策略。其中,学习策略最为宏观,认知策略次之,思维策略再次之。学习策略,我们可以用都费的"内隐的学习规则系统"来定义它(莫雷,2007)。实际上,我们可以模仿此将认知策略与思维策略定义为"内隐的认知或思维的规则",由此,可以看出三者的重要意义——规则系统,一旦掌握将给学习、认知和思维带来巨大的好处,但同时也可以看出掌握的艰难——内隐,它们深藏在背后,是不容易得到的,是易错的。这就使得策略纠偏看得见成为必然。策略纠偏是对个体的学习、认知与思维的方法、对策展开矫正活动。教师要引导个体对思维过程所应用的方法、策略进行分析,判断其是否正确合理、是否科学有效。这是思维反思的重要内容,却是极容易被教师所忽略的。

传统的教学往往侧重于对知识的纠偏。但思维策略的纠偏至关重要,因为思维策略直接影响到个体知识建构、问题解决和项目推进的水平。好的策略能够取得事半功倍的效果,而不恰当的策略却会使个体多走弯路,甚至导致失败。

策略性知识教学,往往不是课程标准的显性内容。学校、教师不会为此设置专门课程以培养个体的思维策略。有经验的教师可能在知识教学中顺带进行传授,但也很少有意对思维策略进行纠偏。

为什么会造成这样的现象?除了策略知识不是课程标准的显性内容,更重要的原因是教师没有真正认识到思维教学的重要价值,没有把高阶思维与创造性思维的培养当成课堂的最根本任务。只要把教学重点转向思维,教师便会自然发现,思维策略是必不可少的,对学习起着举足轻重的作用。

因此,在思维可视化教学中,教师要把策略性知识作为一项重要的内容,要十分强调思维策略使用的重要性、必要性和合理性,并创设真实情境让学生不断加以应用。同时,还要鼓励引导个体对思维策略展开反思:是否有意识使用思维策略?所使用的思维策略是否正确有效、合理科学?优点是什么?缺点是什么?能否进一步进行完善?能否使用其他策略?有没有更好的策略?同时鼓励个体对背后的原因展开探究:是否策略性知识缺乏造成?如果是,应该如何调整?是否策略性知识无法灵活运用造成?如果是,又应该如何调整?

四、习得成果看得见

可以这么认为,习得成果是指经过一节课或一个阶段的学习个体学科收获的总和。习得成果包含了看得见的物化成果和看不见的非物化成果两个方面。习得成果看得见就是通过可视化手段,将这些物化成果与非物化成果进一步进行提炼,以物化形式呈现出来,让个体清晰看到。让习得成果看得见,有着诸多教育学意义。一方面,这不仅能够有效地巩固已取得的学习成果,而且还能够提供直接的依据,为个体今后的学习决策提供参考;另一方面,还能破除学生的苦恼,因为"学生学习的最大苦恼,是看不到自己的学习成果,得不到应有的回报"(崔成林,2015),增加学生学习的内在动机。

(一)物化成果看得见

物化成果是在学习中获得可用实物展现的学习成果。常见的物化成果有产品类、思维痕迹类和学习笔记类3种。其中,产品类包含项目产品、项目方案、已完成的中间产品(如小制作、海报)等;思维痕迹类包含知识结构图、思维建构图、典型解题思路图、创编微项目(含微小项目和创编题目)和错题集等;笔记类包含课堂笔记和读书笔记等。

通过物化成果的提炼,个体可以清晰地看到自己学习所获得的丰硕的成果。这不仅能够巩固个体学习效果,提高学习能力,而且能够大大增强个体的自尊,树立学习自信。

(二)非物化成果看得见

对学习过程中所形成的非物化成果,包括智力因素与非智力因素(如社会化因素、心理因素和人格特征因素等),通过记录策略系统、叙写情感小传、建立成长档案袋、刻画精神印记和描绘自我肖像等方式,并用可视化手段展示出来,形成诸如学习策略图谱、情感小传、成长档案、心理印记、自我肖像及世界图景等方面相关的成果。

非物化成果的突显,能充分提炼并发挥其育人价值,使个体能够清晰了解并把握自己的学习和成长的历程,帮助个体全面、客观、深刻地认识自己,促进自己成为更善于学习、品格优良、社会认同感强、心理健康和人格健全的全面发展的人,进而建立起正确的价值观、世界观和人生观。

第二章　中学思维可视化教学的功能定位

思维可视化教学能够促进产生式认知链条的产生,可从学科及日常 2 个领域培养个体的联想能力和推理能力,充分发挥个体的认知功能;思维可视化教学能够促进个体经验思维系统与理论思维系统之间、模糊思维系统与清晰思维系统之间、常规思维系统与创造性思维之间的自由转换,充分发挥个体的创造功能;在思维可视化教学中,个体既是主角,也是配角,既在亲历当下,也在策划未来,既为自己人格的独立而努力,也为社会的幸福而奋斗,充分地发挥个体的生命功能。

第一节　认知功能:会成长的认知发展链条

思维可视化教学能够较好地展开知识产生式模式,在日常联想和学科推理 2 个领域,通过正向、逆向和侧向 3 条路径,推动认知链条的自发成长。

一、可视化手段推动产生式认知链条顺利产生

(一)推动认知链条的自发产生:若 a 则 b

安德森认为人类的知识具有"if then"这一产生式特性,即"如果"部分规定了要执行第二部分——就是"那么"部分所必须满足的一些条件(索尔所 等,2019),可用"若 a 则 b"即"如果 a,那么 b"来表示。其含义为如果满足 a 这个条件,那么就会出现 b 这个结果。

这种"若 a,则 b"的认知范式具有绵延不断的产生能力。从认知心理学看,这种产生式联想,具有自发性特征。我们知道,孤立的事物是不存在的,事物总是普遍联系在一起的。只要准确把握其内在关系,就能把事物有机地联系起来。简单演绎这一过程:如果 a,那么 b;如果 b,那么 c;如果 c,那么 d……步步向下推进。这样,只要有个思维起点,通过内在关系,联想就会自发产生,观点就在不断衍生,直到形成所需的认知链条。

这个模型可以作为思维可视化教学的认知范式。在思维可视化教学中,当个体写下第一个激发点,就发动了从 a 到 b 的产生式机制:若 a,则 b。因为只要 a 满足了 b 成立的条件,满足了两者之间存在的内在的关联,a 就与 b 联系起来,从 a 这个起点就可自然推演出 b 这个结论,认知链条就自然向下延伸了。

实际上,这种产生式认知范式能够产生各学科观念知识,是一切观念的源泉。因为只

要将其建立在学科的基础上,发动学科联想,那么学科的观点就会源源不断地涌现,形成足够庞大的结构。在学科思想、学科方法的指引和规范下,进行组织整合,就能逐步梳理出知识框架,并在此基础上进一步形成学科观念。这种认知范式能够帮助个体很好地把握真实情境,展开认知。在真实的情境中,个体可根据学科知识展开产生式认知,分析情境要素,展开联想,如果情境满足条件a,则可以得出结论b(知识)。这样,通过产生式联想,就把某一情境要素与相关的特定的学科知识紧密联系起来,形成认知链条。如此步步推进,可以帮助个体进入情境的不同侧面,把不同的情境要素与各自相关的知识一一对应起来,通过可视化手段呈现出来,便可以全面准确地分析情境,不断挖掘掌握情境的本质,进而直观而准确地把握情境,形成问题解决的认知链条。可见,在思维可视化教学中,产生式联想链条是情境认知的基本范式,从内在机制上保障了认知的顺利推进。

很显然,这种产生式认知链条是建立在"a"对"b"满足的前提下,失去了这个前提,就必然会导致错误。换句话说,当b的成立前提a没有得到满足,就直接得出b这个结论,误判便产生了。在日常联想中,在非严格推理中,这种错误经常出现。教师要注意提醒学生进行纠正。

例 产生式认知链条若a,则b:春天,阳光明媚,到公园读书,有助于成绩提高。

可以看出,这一结论是成立的。因为从"阳光明媚→促进光合作用→释放氧气→提高公园里的氧气含量→头脑清醒,有利于背诵→记忆牢固→成绩提高"这一系列的推理(图2.1)都是满足"如果a,那么b"的产生式认知,而且其依据基本正确合理,因此也就可以得到合理的结论。

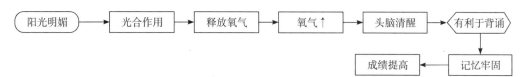

图2.1　产生式认知链条:阳光明媚→成绩提高

(二)保障认知链条的正确前提:学科知识

如何保证产生式认知链条的必然性呢?

从前面可以看出,此范式基于因果关系,只有因果关系得到保障,才能产生必然性:有其因,必有其果;有其果,必有其因。因此,只有满足正确的前提,才能出现正确的结果。换句话说,只有a是符合条件的,b才是必然的。如果前提a不符合相关条件,那么带来的结论b也必然是不正确的。

这意味着要保障认知结果的正确,必须确保认知前提的成立。这就要求必须从学科知识入手,根据学科知识发动认知链条。只有这样,才能形成正确的学科认知,建立起正确的推理链条。思维可视化教学要求个体在每个推理环节,都必须对条件进行严格的匹配判断,并用可视化手段呈现出来(一般是在连接推理环节的箭头上标明,而且越是难以判断,越需要认真标明),确保只有当成立的条件完全具备时,才继续将推理往下推进。

例 认知链条正确的前提——学科知识:春天,阳光明媚,到公园读书,有助于成绩提高。

为什么说上面的认知只能得出合理的结论,而不能得到必然的结论呢?这是因为,在某些认知的环节只有合理性,没有必然性。换句话说,虽然依据的是"若 a,则 b"的产生式认知范式,但其依据不是必然的学科知识,因此就得不到必然的结论。

上面的推理中,从"阳光明媚→促进光合作用→释放氧气→提高公园里的氧气含量→使头脑清醒"依据的是生物学、生理学的严格知识,因此得到的结论是必然的。但从"头脑清醒→有利于背诵→记忆牢固"这个联结便不具有学科的必然性,从"头脑清醒"这个前提产生"有利于背诵"这个结论,还有其他必要的条件,至少个体要去"认真背诵"。如果个体自律差,到公园里控制不了自己,根本不去读书,虽然具备了有利于背诵的条件,又如何能产生"记忆牢固"这一必然结果呢?

这样,可以把产生式认知链条完整表达为如果满足学科前提 a,那么必然出现学科结果 b。对于知识而言,a 就是知识的成立前提,b 就是知识指向的必然结果。请看下面的例子。

例 等腰三角形的底角相等。

用产生式认知链条,此命题可以表达为如果一个三角形是等腰三角形,那么它的两个底角相等。可用产生式认知模型分析,如图 2.2 所示。

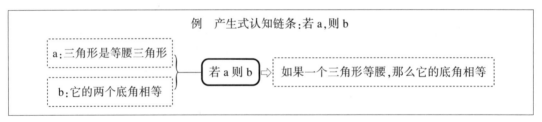

图 2.2 产生式认知链条:若 a,则 b("等腰三角形两底角相等"的产生式认知链的产生)

对于三角形而言,只要满足 a(等腰)这一条件,那么必然出现 b(两底角相等)这一结论。相反,如果不满足前提 a(等腰)这一条件,那么就不能得出 b(两底角相等)这一结论,即如果得出"两底角相等"这一结论,那么这一结论便是错误的。

二、自发式认知链条的基本范畴:两域三向

(一)两域:学科联想、学科推理与日常联想、日常推理

所谓的两域,就是根据联想的依据将产生式认知链条分为两大范畴:学科联想、学科推理与日常联想、日常推理。

学科联想是将联想限制在学科的范围内;学科推理依据学科知识与逻辑规律展开,它们都与学科知识紧密相关,具有严谨性。日常联想根据熟悉性或相似性原则,常按认知惯常展开;日常推理也往往根据经验和常识展开,不严谨,但具有较强的容错能力。两域本质不同,但有重叠的空间。个体的学术素养越好,个体越趋向从学科展开联想,两者的重叠区间也就越大。

1. 学科推理领域:根据严格的知识和逻辑

(1)学科联想

联想在同一学科内进行,让个体的思维沿着学科规定的特定方向展开,能够快速找到学科知识之间的关联,由此知识联想到彼知识。由于每个知识都属于同一学科范畴,这种

联想有利于将情境与学科知识紧密挂钩起来,快速完成一种从真实情境到学科知识的转化,将真实情境的问题转化成学科典型问题,进而找到解决问题的方法。

例如,在解决数学问题时,个体可以通过联想不同知识点之间的联系,形成解题的思路;在阅读文章时,个体可以通过联想文章中的主题、情节、人物等元素,深入理解文章的含义。

深化学科联想需要个体对学科知识的理解和掌握达到更高的水平。除了深入掌握每个知识点,个体还需要将相关知识联系起来,形成结构化体系。这样,在面对真实情境时,个体能够更快速、更准确地找到与问题相关的知识展开有效的联想。这也是知识结构化对创新的正面价值。

例 由草鲤鱼想到什么?

由草鲤鱼可以想到草鱼、青鱼、鲇鱼、鲈鱼……这属于学科联想,因为想到的对象都属于生物学领域。

> **由草鲤鱼想到什么?**
> 草鱼、青鱼、鲇鱼、鲈鱼……

(2)学科推理

学科推理是运用学科知识严格按照逻辑规律展开。

在学科推理中,唯一的依据便是学科知识,而不是经验、假设,更不能想当然。在推理的每个节点,所涉及的依据都必须是已经被确认的科学的知识。从思维节点到另一思维节点的联结依据只能是逻辑规律,遵循严格的内在逻辑。

例 学科推理:不等式传递。

因为 $a>b,b>c$,所以 $a>c$。

这是根据数学知识,通过逻辑进行严格推理。因此,这是个学科推理,结论是必然的。

> **学科推理:不等式传递。**
> 因为 $a>b,b>c$,
> 所以 $a>c$。

很显然,通过学科推理,我们可以保证产生式认知的必然结果,进而提高知识建构和问题解决的正确性。

例 学科推理:鲸鱼用肺呼吸。

因为鲸鱼是哺乳动物,而哺乳动物用肺呼吸,所以鲸鱼用肺呼吸。

这也是一个学科推理,得出的结论是正确的、必然的,因为它同样是根据学科知识和逻辑规律严格进行推理的。

这实际上是一个三段论推理,是严格的演绎推理。只要我们稍做转换,便容易看出这一点:

大前提:哺乳动物用肺呼吸,

小前提:鲸鱼是哺乳动物,

结论:鲸鱼用肺呼吸。

> **学科推理:鲸鱼用肺呼吸。**
> 因为鲸鱼是哺乳动物,又因为哺乳动物用肺呼吸,所以鲸鱼用肺呼吸。

> **学科推理:鲸鱼用肺呼吸**
> 因为哺乳动物用肺呼吸,又因为鲸鱼是哺乳动物,所以鲸鱼用肺呼吸。

(3)跨学科联想

联想不仅在同一个学科内进行,而且超越了本学科,在 2 个及多个学科展开,便是跨学科联想。跨学科联想能将不同学科相关的知识整合起来,打破学科知识的壁垒,在更宽广的知识视域里形成知识结构化,深刻地建立起相关观念。

例 跨学科联想:由水想到了什么?

如水资源重要性观念的建立(图 2.3)。各学科都会指出水资源的重要性,但没有从生物学"生命"的角度来阐释,个体难以产生深刻的认知;没有从政治、经济、社会发展的角度来阐释,个体难以感受到水资源在国家、社会中的巨大作用;没有从历史角度来阐释水资源对人类文明产生、推动和交流的价值,个体难以建立起相关的历史观;没有从地理学来说明全球水资源不足,水资源分布不均,个体就难以形成节约用水的紧迫感;没有说明人类在工农业生产、城市建设、能源开发、生活用水对水资源造成的严重污染,对水循环造成的严重破坏,个体、社会难以形成必要的危机感;没有从物理、化学、地理认识水的结构、性质、特点与其在自然的分布情况,个体就难以建立起节约用水、保护水源的科学体系。很显然,靠单一学科个体是难以形成这种深刻宏观又直指人心的观念的。

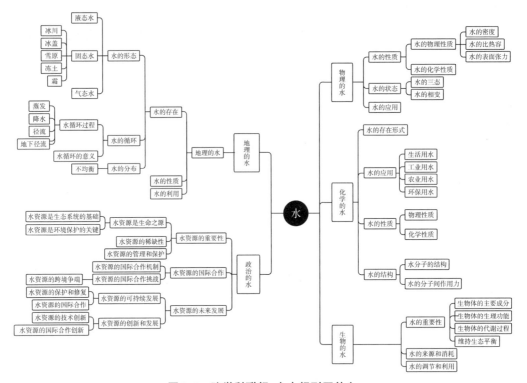

图2.3 跨学科联想:由水想到了什么

(4)跨学科推理

所谓的跨学科推理,就是使用多个学科的知识进行推理,直到问题解决。实际上真实的问题,哪怕是某一个学科的典型问题,解决时往往也需要涉及其他的学科,需要多个学科的知识共同参与。

例 制作一张满意的书签。

看起来这只是一个很小的手工活动,没有多少值得关注之处。但只要稍加分析,便会发现它涉及众多的学科。其解决问题的方案,经历了这样一个思考推理过程:确定目标(要做一张什么样的书签自己才满意)→设计方案(根据要求,设计满意书签的标准,如何开展活动)→寻找合适材料(来源、成本)→动手制作(测量、剪裁)→美化成品(边角钝化、色彩、画图或写格言、压膜)→产品展示(鉴赏交流、借鉴、改进)→再次制作(改善设计、适当调整、进行改良、精益求精)。从图2.4的分析可以看出,该活动涉及劳动、手工、语文、数学、物理、化学、生理、环保、材料、心理、思政、工艺……众多的学科与门类。很显然，这就是一个通过跨学科推理来解决问题的过程[如解决书签的安全问题便要进行以下推理：①不能有毒→选无害材料(生理、化学、材料)；②味道好闻(生理、物理、化学)→选择适当材料(材料)；③不被划破→压强↓→受力面积 S↑→边角钝化(物理)→剪裁打磨(手工)；④质地相对柔软(材料、物理)]。

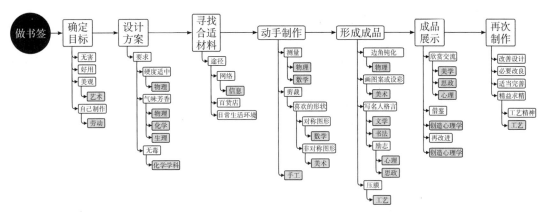

图 2.4　跨学科推理：制作一张满意的书签

同时，此过程是一个从无到有的制作和创新过程。在此过程中，个体要对自己设计、制作的整个过程进行监控、调整，以达到预期的目标，很好地体现了"做中学"、"用中学"和"创中学"的新课程理念。

再来看水资源这个例子。大家知道，水资源危机严重威胁到人类的生存。各国均通过立法保护水资源。从跨学科视野，个体很容易建立起这个观念，如图 2.5 所示。而如果只从思政学科入手，则有灌输之嫌，个体很难产生深刻体验，也就难以建立起牢固的观念。

例　跨学科推理：为什么要立法保护水资源？

①建立水资源重要性的观念

其一，从生物科学的角度。水是生命之源，细胞里含大量的水，动植物、生态离不开水。

其二，从社会学、经济学、物理学、化学、农学等的角度。水在工业、农业、城市建设、能源开发、日常生活中占有重要的地位，国民经济与生产生活离不开水。

其三，从历史的角度。人类文明的诞生离不开水，水利工程对文明发展、交流起重大的推动作用。为了水源，人类曾发动战争。

这样就容易建立起水资源重要的观念。

②建立水资源缺乏的观念

从地理学的角度，学生容易理解全球水资源有限、分布不均、有的地方严重缺乏。水资源的调整只能靠"水循环"，而水循环受地形、地貌和气候的影响，其他学科则难以建立此观念。

③建立防止水资源污染的观念(即建立人类是水资源严重污染者的观念)

其一，从化学学科的角度。工业生产产生大量的废水、废气，污染了水体与大气，破坏了水循环。

其二，从农学学科的角度。大量化肥的使用，污染了土壤、水体，破坏了水循环。

其三,从物理学、建筑学、化学及生物学的角度。城市建设、日常生活、能源开发产生了大量的废物、废水、废气,污染了水体与大气,破坏了水循环。

这样就容易建立起必须严格控制污染的观念。

④树立节约用水的观念

其一,从经济学的角度。由于水资源的价格相对低廉,人们难以树立起节水意识。

其二,从社会学、经济学、管理学的角度。生产时人们总倾向于降低成本,不会主动花大量资金对废水、废气进行治理。

其三,从社会学、行为学的角度。浪费水不容易被发现,获取相对容易,难以形成节水意识。

其四,从思政的角度。缺少必要的宣传教育,也难以形成节水意识。

通过上面4个环节的推理:水资源重要→水资源短缺→水资源污染严重→节水意识薄弱,经过多个学科的综合论证,通过跨学科推理,学生容易得出结论:没有强有力的手段,难以真正使水资源得到保护。于是,立法保护水资源成为必然的选项。

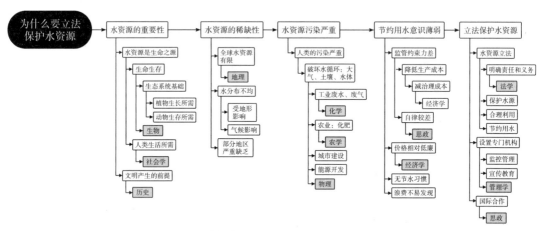

图2.5 跨学科推理:为什么要立法保护水资源

2. 日常联想领域:根据熟悉性或相似程度

(1)日常联想

日常联想是指个体在日常生活中形成的一种自然的、习惯性的联想方式。这种联想方式通常与个体的生活经验和文化背景密切相关。较好的日常联想,能够让个体更快速地适应新的情境,更迅捷地理解新的问题,更准确地找到问题、情境与学科知识的联系,进而较快地解决问题。

日常联想常常按照认知惯常,根据熟悉性或相似性原则展开。联想对象往往因为熟悉、经常联系或存在某些相似的要素而发生关联,并非存在严格的因果关系。事物之间往往是一方唤醒另一方的关系。个体可以根据熟悉性进行联想,也可以根据相似性进行联想。

一般说来,越熟悉的事物,个体越容易回顾起来;体会越深刻的事物,个体也越容易回顾起来;与自己关系越密切的事物,个体也越容易回顾起来。因此,日常联想表现出极其明显的个性化特征。同样,事物有某些相似性,个体就容易将它们联系起来。

例 由青鱼想到什么?

由青鱼可以想到草鱼、水煮活鱼、锅、火、太阳……这属于日常联想,因为这些对象都是靠关系接近或某些性质相似联想起来的。

> 由青鱼想到什么?
>
> 草鱼、水煮活鱼、锅、火、太阳……

由于不受某一特定学科规定的限制,日常联想有着学科推理所没有的优势:就是可以展开个体充分的想象,充分打开思考的区间,同时还能充分发挥个体的奇思妙想,通过"刻意连画"的方式,将一些看似不相干的事物联系起来,产生创造力。

(2)日常推理

日常推理往往根据生活经验与常识而非学科知识展开,进行推理时,也并非总严格按照逻辑规律,常会受到个体主观因素的影响。由于多方面的原因,日常推理所得出的结论可能是不严谨的,不够可靠和准确,甚至是完全错误的。因此,在运用日常推理时,审慎对待自己的经验和直觉,要结合其他信息进行综合判断。

例 天冷吃火锅。

小明:小李,你猜我昨天晚上吃什么?

小李:火锅。因为昨天太冷了!

小李运用的便是日常推理。过程可表达如下:

天一冷,小明晚上就会吃火锅。昨天天特别冷,所以小明会吃火锅。

> **日常推理:天冷吃火锅。**
>
> 天一冷,小明晚上就会吃火锅。
>
> 昨天天特别冷,所以小明会吃火锅。

很显然,这个推理不具有必然性,因为天冷与小明吃火锅没有必然的内在联系。

由于个体对生活的体验更深,对常识的记忆也更为牢固,因此依赖个体经验和常识来进行推理,也更契合个体的特性和生活阅历。根据自己的具体情况、个人经验和直觉等要素,个体可以选择更适合自己的方式,调动与已往相似的情境进行分析推理,灵活应对各种问题。这使得判断推理不仅更具灵活性,而且更具情境的适应性,能够与情境较好地融合起来。这是学科推理所不具备的优势。

总的来说,无论是知识建构还是问题解决,日常推理和学科推理都是不可或缺的重要工具。在学习中,个体需要保持开放的心态,基于知识建构与问题解决的不同特点,根据具体情况,合理选择所需要的推理方式。只有综合运用这两种推理方式,才能更好地发挥产生式认知的最大功能,完成学习任务。

(二)三向:正向推理、逆向分析与侧向拓展

所谓的三向,是指推理的3条主要路径:正向推理、逆向分析与侧向拓展(主要是类比推理)。这3条主要路径可以进一步发挥产生式认知链条的功能,推动思维的发展。其中,正向推理可以培养个体思维的发散性和广阔性;逆向分析可以培养个体思维的指向性和聚焦性;侧向拓展可以培养个体思维的跳跃性和创造性。

1. 正向推理

正向推理可以从已知的某个对象切入,让个体展开充分的想象,鼓励个体不断地展开

联想,从不同的角度、用不同的方式,通过联想打开思维的空间。

教师要鼓励学生通过气泡图,充分展开日常想象、学科想象,将联想层层向外推进,充分打开联想的空间,有效培养学生思维的发散性和广阔性。教师还要鼓励学生使用超日常、超学科的方式进行联想,展开奇思妙想,以激发学生创造性思维、批判性思维。

例 正向推理:暑假,小明从厦门去西藏旅游。

虽然这是一个很平常的日常事件,但是只要通过正向推理,就会发现这涉及方方面面的因素,可形成极其丰富的解决方案,给个体充分的选择空间(图2.6)。个体能够根据实际条件选择一个自己满意的方案。这正是正向推理的魅力。

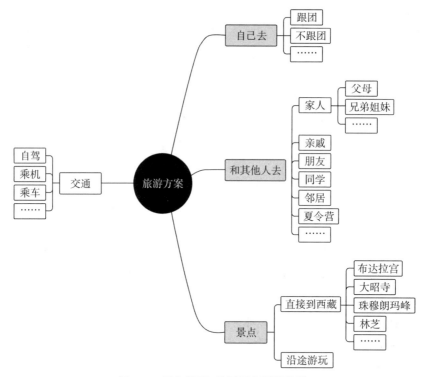

图2.6 正向推理:从厦门去西藏旅游

正向推理的一个显著特征是其发散空间跟要素的数量成倍增的关系,多一个要素或少一个要素,都会对方案的丰富性产生影响。例如,只要在"自己去"与"和其他人去"选择一种,方案便被压缩了一半。因此,用正向推理解决问题时,要遵循辩证思维,既要展开丰富的联想,以打开思维空间,又要发挥经验的作用,对方案展开合理的筛选,提高思路的指向性,这样才能提高问题解决的效益。

例 正向推理:黄河"黄"的一个成因(过度放牧)。

以"过度放牧"为起点,通过正向推理,我们可以得到以下推理:

过度放牧→植被稀少(黄土容易被雨水带走)→气候特征(温热带气候,雨水集中在夏季)→雨水充沛→容易造成水土流失→土质疏松容易溶于水→被冲入河中→河水含有大量黄土泥沙→水黄→黄河。可用流程图表达如图2.7所示。

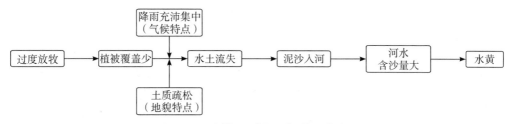

图 2.7　正向推理:黄河"黄"的一个成因

在上面的推理中,每个环节都可以形成众多的联想,但由于要解决的是地理学科的问题,个体自然而然地使用了众多的地理知识(植被、气候特征、地质特点等),在最后结论(黄河水黄)的引导下,对情境要素进行严格限制,大大提高了思维的指向性,使个体快速找到解决问题的方法。

2. 逆向分析

以结果作为联想的起点,逐步寻找其产生原因的一种想象方式称为逆向联想。逆向联想是一种分析思维,是通过结果倒推成因,因此逆向联想也常称为逆向分析。逆向分析可以训练个体思维精确聚焦的指向性——要得到 a 这一结果,需要 b 成立,要使 b 成立,必须 c 成立……如此层层推进,便可以不断梳理思维的指向,最终锁定最本质的原因。教师要引导学生画出分析过程的每一个节点、每一个环节,并用流程图串成严密的推理链条,直到锁定本质原因。

例　逆向推理:黄河"黄"的一个成因(过度放牧)。

同样,从黄河河水黄这一结果,通过逆向联想,我们可以分析出"过度放牧"(图 2.8)是黄河水黄的一个原因。

黄河水黄→水里含有黄土泥沙→河水冲刷带来→上游水土流失→黄土高原地貌特点:黄土结构(土质疏松,易溶于水)→雨水充沛→气候特征(温热带气候,雨水集中在夏季)→植被稀少(黄土容易被雨水带走)→过度放牧。

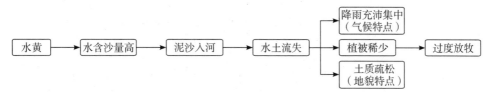

图 2.8　逆向推理:黄河"黄"的一个成因

在教学的初期,教师一定要学生明确画出流程图、箭头指向,并在箭头上标明判断依据,以培养学生有依据的逻辑思考方式和思维的指向性。

逆向联想作为分析思维,本质上是进行因果关系的确证。在推理过程中,个体要对每一环节因果关系做出确认,通过反思来判断所根据的知识条件是否成立。个体要十分清晰地意识到,前后两个思维节点之间的连接需要有严格的因果关系,也只有当这个严密的因果关系被确切地证实后,两个节点的联系才是符合逻辑的,两者的必然联系才能得到真正的建立,个体必须对此进行反思确证。从上面黄河这个例子,我们可以看出,每一步推理都是有依据的,都有着严格的逻辑关系,因此可以得出正确的结论。从上面这个例子,我们还可以看出,沿着任一环节往前回溯,理由都是充足的,都可以被确证,如从最后一个环节"过度放牧"到倒数第二个环节"植被稀少"的联系,理由是充足的。

由此可见,一个正确的分析过程包含了思维联想与思维反思两个部分,因此需要付出更多的时间。教师要引导学生舍得付出时间,以建立起正确的思维模式。

很显然,要提高思维的指向性与聚焦性,必须根据相应的情境,对联想范围进行限定。根据实际情境对方案进行限制,限定的因素越多,那么思路就越聚焦,解决问题的方案也就越符合实际,也就越有针对性。

如上面去西藏旅游的例子,如果个体的时间不充足,对西藏人土风情不熟悉,又想把景点玩得充分一些,那么他很有可能选择跟团、乘飞机、玩某一两个自己特别喜欢的景点。旅游的方案就大大地聚焦了,以致只要一句话就可以表达清楚:一个人跟团乘机直接到西藏游玩两个景点:布达拉宫及林芝。

个体可以分别用图 2.9、图 2.10、图 2.11 画出旅游方案联想图、正向推理图及逆向推理图。

图 2.9　旅游方案联想:从厦门去西藏

图 2.10　旅游方案正向推理:从厦门去西藏

图 2.11　旅游方案逆向推理:从厦门去西藏

3. 侧向拓展

除了正向推进与逆向推进,思维还可以通过类比进行侧向拓展。有时,无论是从正向还是逆向,思维都难以获得推进,可以尝试着从侧面展开思维。这时,类比联想就是一种良好的策略。

无论是科学类,还是文史类学科,使用侧向联想进行类比,都能拓展个体思维。在教学中教师要善于运用教材的材料展开类比联想,以培养学生侧向分析能力。

例　类比推理:邹忌讽齐王纳谏。

为了使齐王接受自己的观点,邹忌使用了以下的推理:

妻私臣,妾畏臣,客求臣,臣受了蒙蔽;

宫妇私王,朝廷之臣畏王,四境之内求王,所以,王也受蒙蔽。

这是典型的以理服人,其内核就是类比推理。因为三重相似的原因,自然就会触发"应该有相似的结论"这一侧向类比联想,其类比过程如图 2.12 所示。

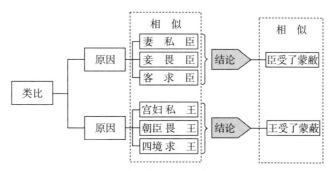

图 2.12　类比推理：邹忌讽齐王纳谏

邹忌的类比实在精彩，但从逻辑的角度来看，并不具备必然性。这是由类比推理的特性决定的。因为类比推理的本质是将一个事物的某一特性迁移到与之相似的事物上。如果两事物之间不具备本质的相似性，那么类比的结果就很不可靠。如在邹忌这个例子里，"私"、"畏"及"求"的结果不一定就要去"蒙蔽"对方。另外，邹忌与齐王之间也不具有本质的相似性。此推理是建立在人性"恶"的假设上，而且认为人都是理性的，类比的结论其实可靠性并不高——从魏徵与唐太宗的关系便可以看出这一点。

因此，要提高类比的可靠性，必须去探求类比的两个事物之间本质的相似性。两事物内在的相性的程度越高，类比所得到的结论就越具有必然性。

例　类比推理：电流的产生知识的建立。

电流是一个相对抽象的概念，初学者往往难以找到突破口。但通过较为熟悉的水路中水流的产生来进行类比，个体就容易理解。抽水机相当于电源，水轮机相当于灯泡，阀门相当于开关，而水管则相当于导线。一个完整的水路由抽水机、水轮机(用水设备)、阀门和水管组成，一个完整的电路由电源、灯泡(用电器)、开关、导线构成，两者在结构上具有极高的相似性。我们知道，水路中的水流是由于水在水压的作用下做定向移动形成的，那么可以自然做出类比推理：电路中的电流是电荷在电压的作用下做定向移动产生的，如图 2.13 所示。

电流：电荷定向移动形成　　水流：水定向移动形成

图 2.13　类比推理：电流的产生知识的建立

很显然，这个类比所得到的结论可靠性便比邹忌类比的结论要高，就是因为用水流的产生类比电流的产生具有更高的本质相似性。

第二节　创造功能：可转化的学习创造系统

无论是新知识建构还是问题解决，均需要动用到多个思维系统。根据不同的性质，我们可以把思维系统分为经验思维系统与理论思维系统、模糊思维系统与清晰思维系统、常规思维系统与创造思维系统等。

实际上,"三画高阶思维"的过程就是促进不同类型思维系统相互转换的过程。其中,最主要的是进行以下几类思维系统间的转换:一是经验思维系统与理论思维系统转换,二是模糊思维系统与清晰思维系统转换,三是常规思维系统与创造思维系统转换。

一、经验思维系统与理论思维系统转换

经验思维系统与理论思维系统转换是知识建构或问题解决最重要的一种思维转换。解决问题时,个体往往需要将思维由经验系统向理论系统转变,并侧重使用理论系统,以提高正确性;而在思路确切的时候,又会将思维由理论系统向经验系统转化,以提高解决问题的效益。在这里,思维可视化教学的意义在于,既能够用可视化手段通过日常联想调动个体经验,又能通过标注依据的形式,保证理论思维的正确性,而一旦个体进入熟悉的理论范畴,又能自然调动经验思维系统。这样使两个思维系统有机融合起来,能快速解决问题。

(一)经验思维直观但不严谨

通常,由于日常经验的强大作用,在知识建构或问题解决时,个体总是倾向于从已有的经验入手,寻找相似的情境,借鉴以往的方式来解决问题。这样做容易找到切入口,顺利进入问题处理的进程。

经验的形成往往有两种途径:

一种源于积累。相似的事件,问题往往也具有一定的相似性,解决问题的方案策略也会具有相似的特点。这些方案策略积累下来,会形成相对稳定的指向,这样就形成了经验。一旦再次碰到类似的问题,这些方案策略就会被个体提取出来,帮助个体顺利解决问题。由于没有进行深入的分析和归纳,没有经过精细的推演,这些经验往往停留在个体的体验上,很少会上升到理论的层面,不具有严谨性。

另一种源于成功或强烈的体验。大家都有这种体会:越是成功的事例,越是体验强烈的经历,越容易给自己留下深刻的印象,越容易形成持久记忆,也越容易被提取出来。而那些普通的事件和体验不强的经历,则很难给自己留下较深的印象。这些经验并不是从大量事例归纳出来的共同要素,而是带着强烈的个例特征,同样不具备严谨性。

可以看出,无论是哪一种经验,都缺乏严密性。这就使得经验缺乏普遍的共性,正如康德指出的那样,经验"缺乏严格的普遍性",而是"把大多数情况下的普遍性作为适应于所有情况的普遍性"(康德,2017),因此不具备大范围迁移的必然性。这也意味着,经验思维系统不具备严谨性。如果没有根据实际情况进行相应的分析和调整,单靠经验处理,盲目使用经验,便容易陷入经验主义,无法顺利解决问题。

为了提高迁移的必然性,就必须做好从经验思维向理论思维的转换。

(二)理论思维严谨但不直观

与经验不同的是,学科联想与推理是严谨的。学科知识的获取必须建立在学科内在的逻辑上。因此,在知识建构或问题解决时需要开启严谨的理论思维系统,严格地遵循学科规则和逻辑规律。从学科的知识出发,根据逻辑规律和学科思想方法,逐步进行分析、判断和推理,直到问题解决。这种方式很显然是正确的,具有普遍共性。因此,无论是什么情

境,无论要解决什么问题,在整个过程中,只要严格满足知识成立条件,得出的结论就是必然的,即产生了正确的迁移。而通过可视化思维支架的帮助,特别是对知识成立条件的一一配套验证,个体可以确保正确应用知识解决问题。

由于知识、理论是从具体的事物中总结提炼,以抽象的形式表现出来的,它们与实践的直接关联被切断了,因此它对事物的反映是间接的,不能与某一具体事物直接挂钩起来,直接进行呈现。在解决问题时,理论往往不能直接套用,而是需要根据实际情况进行判断、分析,必要时,还要做进一步的转换。这就需要将理论思维与经验思维结合起来,以提高效益。

(三)促进经验思维系统向理论思维系统转换

在知识建构或问题解决时,要努力做好从经验思维系统向理论思维系统的转换,让个体有意识地从学科知识入手,运用学科方法、学科思想,从情境中抽出知识要素,应用可视化手段,展开联想或刻意进行联系,把经验与相关的学科知识、理论紧密地联系起来,通过理论思维来进行严密的逻辑论证,以保证推理过程和推理结果的科学性和严谨性。这可以从以下两个方面入手:

其一,对经验要不断地进行提炼和提纯,推动它向理论转换。

个体要进一步确定经验的内涵和外延,拓展经验适用范围,进一步提高经验的迁移价值,提升用经验解决问题的准确性,使经验能够在更大的范畴内发挥作用。同时,不断对经验进行抽象化和概念化,使其尽可能上升到理论层面,将个体的经验系统与理论系统有效地进行衔接。当个体从经验系统切入之后,便能够较为顺利地转换成理论系统,应用相应的学科知识、理论解决问题。

其二,不断丰富个体个案经验,提高转换的成功率。

实践表明,个体的经验,特别是个案经验越丰富,个体对新情境的把握就越准确,对要解决的问题理解越深刻,从情境中提取出知识要素的契合度往往也越高,已往个案所提供的决策参考也越可行。换句话说,个案经验越丰富,与新情境相接近的个案也就越多,个体切入理论系统便有越多的方案供自己选择,就越容易切入正确的理论思维系统,也就能够越自然快捷地将经验正确地迁移到新的情境中。

传统的教学则经常忽略了这一点。教师更关注知识的传授,却没有提供足够多样的真实情境。这就使得学生的经验往往仅来自教师所提供的简单典型的学科情境。学生所解决的问题是简单的,所获取的知识是孤立的,所能产生的经验也就相对浅层有限,与真实的情境不具备足够多的相同或相似要素。这就意味着,个体经验适用的范围是相对有限的,只能在少量的情境中发生浅表性迁移。一旦问题情境发生较大的改变,由于相似性的匮乏,迁移便再难以产生。特别地,一旦进入真实的复杂情境,个体将面临更为巨大的信息、更为开放的结构、更为不确定的要素,更是难以找到相似的情境,难以找到所需要的经验要素,实现经验迁移。

同时,因为抽不出有效的信息进行判断,个体难以确认相关知识在新情境中的表现样式,也就很难切入相应的理论系统,顺利应用知识解决问题。

(四)做好经验思维系统与理论思维系统融合

通过经验系统解决问题直接、明了,但不严谨,容易限于经验主义,导致判断失误;通过理论系统解决问题严谨、指向性强,但不直观,如果缺少具体的经验指导,难以找到切入口,容易导致低效。

因此,为了提高效率,需要将经验系统与理论系统有机地结合起来,通过经验寻找切入口,选择合理的知识与理论,再用理论指导问题解决。实际上,这要求思维可视化教学要提供足够的复杂情境,在知识建构时积累丰富的经验,将两者有机地结合起来,推动个体成为既具有广博知识,又具有丰富经验的人。只有这样,才能真正使学生获得学习力,能够完成对经验的改造,将其上升到知识。正如杜威所指出的那样,"教育就是经验的改造或改组。这种改造或改组,既能增加经验的意义,又能提高指导后来经验进程的能力"(杜威,1990)。只有个体的经验思维系统与理论思维系统有机地融合起来,相互间灵活地进行切换,这样解决问题才能准确而且快速。

二、模糊思维系统与清晰思维系统转换

"每一时代的理论思维,都是一种历史的产物,在不同的时代具有非常不同的形式,并因而具有非常不同的内容。"(中共中央马克思恩格斯列宁斯大林著作编译局,1995)我们所处的这个时代,是从确定性走向不确定性、从精确性走向模糊性的时代(苗东升,1987)。当碰到复杂情境或挑战性问题时,个体很难一下子找到准确的切入口,运用适当的策略,进行知识建构或解决问题,个体只能尝试着从各个途径去处理问题。此时,个体启动的便是模糊思维系统。一旦个体确定具体的思维走向,便能较好地运用相关的知识解决问题。此时,思维便由模糊系统转向清晰系统。

(一)模糊思维系统是非线性的含混的不可控系统

模糊是指事物类属和性态的不分明性、不确定性、亦此亦彼性或中介过渡性(孙连仲等,1994)。模糊系统是一个复杂系统。在此系统中,思考并不是按线性方式展开的,事物与事物之间的关联是不明朗的,信息与信息的呼应是不清晰的,情境与知识的联系是不确定的。模糊思维系统的运作机制很难被人所掌握,个体很难发现思维规律,思维处于一种随机、无序的混沌状态,无论是在时间上还是在空间上都表现出一种"无规则性"(洛仑兹,1997)。有时,甚至表现为极其复杂的样式,其"复杂性不是能够用简单的方式来加以确定并取代的"(莫兰,2008),呈现出钱学森所说的"开放的复杂巨系统的特征"(钱学森,2001),无法按照常态的方式推进自己的思路。此时,个体找不到明确的理论指导,往往根据经验或凭直感进行决策,不得不采用试错的方式来解决问题,即提出一个又一个方法尝试着去解决问题。由于缺少确切的方向,个体的思路容易被不断出现的新要素所激发、影响或干扰,思维以发散的、跳跃的、随机的方式出现。个体的想法千头万绪,个体的思路繁复多变,呈现出一种难以把控的混沌样式。整个思维系统处于不可控制状态,个体难以获得明确的思路。

(二)清晰思维系统是有序化的明确的较可控系统

常见的清晰思维系统有两种：一种是学科理论系统，另一种是逻辑理论系统。它们共同的特点是有着完整自洽的知识体系和明确的指向性。

一旦思维进入清晰系统，事物与事物之间的关联是明确的，信息与信息之间的呼应是清晰的，情境与知识的联系是确定的。这样，个体容易找到相关的知识或理论，根据逻辑规律，指导自己展开分析、判断和推理，能够较快确认思维方向，有效建立起确切的思路，进而顺利解决问题。

(三)促成模糊思维系统向清晰思维系统转换

模糊思维与清晰性思维相互依存，是可以相互转化的(车永洙，2006)。个体只有把模糊思维系统转化成清晰思维系统，才能够较好地解决问题。因此，在学习过程中，个体要善于把模糊系统转化成清晰系统，正如赫尔巴特指出的那样，"用自己的方式并与其临近科学一样有力地说明自己的方向"(赫尔巴特，1989)，以学科知识和逻辑规律指导自己进行分析、判断和推理，以提高问题的指向性。

思维可视化教学能够较好地完成这方面的转换。

通过可视化手段，个体可以及时把突然想到的思维和一闪而过的灵感记录下来，形成视觉支架。有了可视化支架的帮助，个体可以及时把握瞬间的思维和零星的灵感，对无序、混乱、跳跃的思维进行初步整理，并紧抓其中较为成熟的部分往下推进，逐步促使思维形成有序的联系。

随着思维的展开，个体的思路越来越清晰，解决问题的途径也就越来越明确，便进入了较为清晰的思维系统。个体的思维往往按线性方式展开，出现了规律性：事物之间的关系明朗起来，信息与信息的联系突显出来，情境与知识的对应呈现出来了。此时，个体从某一情境要素入手，便能与相关的知识或理论联系起来，按照逻辑规律进行判断、分析和推理，便可逐步打开思路。哪怕遇见复杂的情境，在可视化支架的支持下，思维依然能够有序地完成激发、推进、衔接与转换，围绕着核心问题展开，个体也就容易整合出确切的方案。

从这里我们可以看出可视化思维支架的价值。在复杂的情境之下，思维支架不仅是一种记录结果的显示，更是一种重要的思维指向，为问题解决提供重要的索引启示，帮助个体找到情境与知识确切的关联，将模糊系统转化成清晰系统，获取明确的理论指导，将思维逐渐推进下去。

(四)做好模糊思维系统与清晰思维系统融合

清晰思维系统也要与模糊思维系统有机融合起来。

当情境过于复杂时，个体往往找不到切入口。此时，清晰系统便被搁置起来，个体只有开启模糊系统，凭经验或者直感不断进行探索，试探着一步一步地往前走，一步一步地寻找联系，才能逐步理顺思维，找到突破口，将思维切入清晰系统。这时，个体的感觉、经验和直觉就发挥着重要的作用，引导个体进行探究，如果个体的模糊系统不够强大，学科经验与学科感觉不足，凭经验或直觉就难以打开局面。这也是布鲁纳强调通过直感进行发现的本质原因。因此,只片面强调清晰思维系统,忽视模糊思维系统同样是不对的,不值得提倡。

三、常规思维系统与创造思维系统转换

当用通常的方法解决问题碰到困难时,就必须进行创造性思考,实现从常规思维系统向创造性思维系统转换,不走寻常路,用非常规的方法解决问题。思维可视化教学提倡并催生这种转换。思维可视化教学往往能够"遵循自然与自觉统一的创新思维发生逻辑"(王跃新,2010),顺利实现这种转化,进而推动个体创造性的产生。

(一)常规思维系统易激发提取、易陷入定势

解决问题时,个体容易按照惯常的方法展开思考,使用常见的策略处理相关信息。这些方法策略是个体熟悉的,容易被个体提取出来。如果不是针对复杂情境或挑战性问题,使用常见策略便能顺利解决。这样能提高解决问题的效率。

但由于不断重复使用,常规思维会形成一个强大的思考惯性,最终变成一个强大的思维封闭体系——思维定势,使个体沿着某一特定的思路,按照某一特定的方式去解读信息、解决问题。一旦被启动,个体就会不知不觉地进入此封闭体系中,思路就再难以挣脱惯常的束缚,个体只能沿着固有的思维去解读问题、把握情境;个体就很难调动新知识、从新的角度、使用新的方式思考问题,就很难发现新的有价值的问题,提出新的有意义的问题;个体就很难对已有的方案进行变通和灵活转化,以设计出新的解决问题方案,这样就难以取得创造性的成果。这意味着,当问题或情境发生改变时,个体就难以快速适应环境,提出有效的方案解决问题。

(二)创造思维系统易灵活运用、易转换变通

创造性思维则不然。不走寻常路是创造性思维的基本特征。创造性思维灵活多变,十分善于变通,能适应具体环境,能根据具体的情况而做出合适的响应,不会受到某一固定思维模式、认知方法和常见操作套路的约束。

当个体开启创造性思维系统时,个体就会挣脱思维定势的束缚,便会以非常态的目光看待问题,以非常规的方法思考问题,思维便不会被原有的定势所控制,不会只按照某一特定的样式开展,而是可以进行自由跃迁和重组。个体能够使用新知识、新方法,产生新的思路,设计新的解决问题的方案。这样,个体便能够对已有的思路进行调整和变通,用更灵活的方式解决问题。

(三)从常规思维系统向创造思维系统转换

要产生创造性思维,就必须克服思维定势,就必须努力摒弃常规的思维方式,用个体自己不太擅长、陌生甚至相反的方式进行思考,将自己的思维系统从常规的系统转向非常规系统,以产生创造性的联想。

当转向非常规思维系统,个体固有的思维方式、推理惯常都将被打破。个体可以挣脱思维定势,产生前所未有的观点,为创造性思维打下良好的基础。但这也会给个体带来较大的挑战:思维处于一种开放、发散甚至是混乱的非常规状态,此时就需要个体对思维内

容、思维方式、思维策略重新进行审视,仔细分析,将其有价值的部分挑选出来,而摒弃那些杂乱、没有价值的部分。这时,就需要通过可视化手段对相关想法、内容进行记录,以便反思、甄别、确证,去形成思维支架——要不,你怎么知道被保留下来的是有意义的,而被删掉的却是没有参考价值的呢?

在从常规思维向非常规思维转换的初期阶段,这种做法有特别的实际意义。因为这不仅可以帮助个体更好地进行分析判断,将那些真正有价值的部分筛选出来,而且也让个体积累了从常规思维向创造性思维转换的途径、方法和策略,进一步提高创新水平,帮助自己有效地建立起创造性思维系统。

(四)做好常规思维系统与创造思维系统融合

当个体有了较稳定的创造性思维,便能够有效地在常规思维与创造性思维之间进行切换,把握两者的切换方法、时机和策略。这时,个体可以有意识使用创造性思维进行分析判断,处理信息,解决问题,有效地将常规思维与创造性思维结合起来,去获取最大的效益。这里,明确的特征是:个体已经形成这样一种意识,当使用常规思维无法解决问题时,便会转入创造性思考。

这就意味着创造性思维并不排斥常规思维。恰恰相反,解决问题时,个体首先要注重常规思维。一方面在常态条件下,常规思维可以解决大部分问题而且成本较低;另一方面,"创新思维需要在经验中不断积累"(李鸽,2021),而这经验的积累往往离不开常规思维。实际上,这正是人在日常生活中逐步形成的生存策略,也是人的认知天性使然。因此,不必要为了创造而创造,除非是专门为了提升创造力而进行创造性训练;否则,会容易陷入另一个误区。

第三节 生命功能:自健全的教育社会品格

在思维可视化教学中,个体既是自己生命的主角,也是他人生命的配角,努力造就自己,也乐于成全他人;既亲历当下,认真把握成长的每一时刻,也筹划未来,为自己的明天谱写蓝图;既是为了自己人格的独立,铸造自由的思想,也是为了社会的幸福,勇挑人类的道义。这使得思维可视化教学赋予教育一种生命功能,帮助个体形成了健全的社会品格。正如联合国教科文组织指出的那样,"把一个人在体力、智力、情绪、伦理各方面的因素综合起来,使他成为一个完善的人",进而完成"广义"的"教育基本目的"(联合国教科文组织国际教育发展委员会,2003)。

一、生命主体:既是主角,也是配角

在学校中,个体既是主角也是配角。个体是主角,以自己为中心展开学习;个体也是配角,配合他人展开学习。个体是主角,努力去完成个性化的学习,做最好的自己;个体也必须是配角,努力去完成公共目标,去完成社会应尽的义务。

（一）个体是主角：成就自己

在学校生活中，每个人都是学习的主体，都应该得到最适当、最应当的发展。每个人都是主角，指的是每个人都是学校教育的中心，即"学习者成为教育活动的中心"（联合国教科文组织国际教育发展委员会，2003），每个人都以自己为核心展开学习，建立自己的学习系统。在此系统里，学校、教师和其他学习伙伴都是个体的协作者、配合者，是系统的配角。"学校必须把教育的对象变成自己教育自己的主体。受教育的人必须成为教育他自己的人；别人的教育必须成为这个人自己的教育。"在学习过程中，个体努力发展自己的个性，培养自己的学习能力，提高自己的学习自尊和自我效能感，培育自己的学习情趣，获得应有的学业成就，进而为未来奠定基础。为了达到这个目标，教育必须深切地明白这一点，学校必须深切地明白这一点，教师必须深切地明白这一点，个体也必须深切地明白这一点。社会、教育、学校、教师必须营造良好的环境，推动这个目标尽可能达成。

1. 坚守自己个性：做最好的自己

让苹果成为苹果，比让它成为梨子要好得多。对于个体来说，成为真实的自己比成为最好的他人要强得多。做最好的自己，就是从自己的个性出发，努力发展自己，使自己达到应有的高度，而并非成为完美的他人——实际上这根本做不到：成不了最好的自己，怎么会成为最好的他人？

（1）涵养天赋之长

每个人都是特殊的个体，都有自己的天赋特长，都有自己的独到之处。从这方面来说，没有一个人可以被代替。以自己为中心就是从自己的天赋特长入手，努力去发现天赋特长，去培育天赋特长，去涵养天赋特长，使自己得到最佳的发展。要指出的是，这种天赋之长不能仅仅只局限于重智力、体力方面，而应把它推广到性情、心理、伦理、道德等精神生命层面。从人的主体性方面来看，后者更代表了人的本真。因为"精神生命是人的本质的一部分，从而它是确定人的本性的特征"（马斯洛 等，1987）。个体一定要充分相信这一点，努力从常态的学校学习、普通的日常生活、正常的人际交往以及必要的社会参与中，去寻找自己的闪光点，去挖掘自己的优势特长，去捕捉自己的天性禀赋，努力栽培之、灌溉之、修剪之，使其茁壮成长，开花结果，将自己的天赋秉性发扬光大。

（2）克服个性之短

没有谁是天生的圣人。上苍赐给你优异的天赋，也可能给你致命的弱点。这些致命的人性弱点，不仅会给个体的生存带来不便，给发展带来重大的影响，甚至给个体的人生带来较大的挫折，也可能给家人带来不适，给他人带来不便，甚至给他人带来负面的影响，给社会带来破坏。当其触及道德和法律的底线时，将会给个体、给家人、给社会造成大的伤害。很显然，对于这些致命的弱点，个体一定要加以克服，也只有克服这些个性之短，个体的天性光辉才会进一步得到弘扬。从某种意义上说，这种个性的改良，是教育、学校必须面对和完成的重要任务之一，也是教师和个体必须面对和完成的重要任务之一。

（3）圆融性情之异

同样的道理，个体性格中也会有他人难以接受之处。如果没有触及社会底线，没有对他人造成伤害，则应该以辩证的方式加以对待。一方面，既要以宽容的心来接受自己这些特殊之处,因为这些短处可能是难言之隐,跟天性中顽固部分紧密相连,很难加以改造克服,个体只有以宽容之心悦纳之,以免给自己带来太大的压力;另一方面,要以警惕之心加以修养,努力加以改变,使其变得更为圆融一些、平和一些,更容易为他人接受一些,使主体间的互动变得更为顺畅、更为和睦,取得更良好的效果。如果确实无法改变,也要努力将其控制在一定的范围,控制在他人可接受的程度之内,不给自己和他人带来不便。

2. 做自己的事:筹划自己

以自己为中心的一个重要表现,就是个体做的是自己的事,做的是自己真正想做的事;以自己为中心的一个更重要的表现,就是迎接挑战,成为最好的自己。像古希腊哲人那样,将自己作为"万物的尺度"(普罗泰戈拉)开始,真正去"认知你自己"(苏格拉底)。而要真正能够做到这一点,只有通过做事,通过不断实践。在实践中,"他自己的生活对他来说是对象,他的活动才是自由的活动"(马克思,1979)。也只有这样,在实践中他才能去"证明自己思维的真理性"(中共中央马克思恩格斯列宁斯大林著作编译局,1995)。

(1)保障个体真目标:做自己的事

对于学习者,学习的目标必须具有高度的个性化特征,学习过程必须具有高度的针对性。这要求教师所确定的目标必须从每一个体的实际出发,细化公共课程目标,将其设置成层次足够、指向分明的目标体系。同时,学校还要提供充足的学习资源,让每一个体都能合理地制定个性化的学习目标,选择适当的学习内容,确定合适自己的学习策略,去达到自己应该达到的目标。

(2)确定自己实挑战:合适的挑战

两个关键词:合适、挑战,即要保证个体在学习中受到的挑战是真实的。一方面,所要完成的任务、所要达成的目标,对个体而言具有一定的难度,需要个体进入深度学习状态,发挥自己的创造性,努力去克服困难才能完成;另一方面,所要完成的任务、所要达成的目标是针对个体实际情况,其挑战性是针对个体而言的,并非针对班级,更并非针对他人,甚至也并非针对课程目标,而是紧紧围绕着个体最近发展区,只对个体本身有意义。

(3)确保自己保底线:最差的效果

做自己的事还意味着对做事的结果负责。做自己的事,并不意味着随心所欲,不意味着没有目标,更不意味着碰到困难就主动放弃。个体必须十分清楚自己的目标所在,责任所在,要对自己做事的结果负责。对学生而言,就是对自己的学习负责,个体必须站在社会道义的立场上,努力学习以达到最低的学习底线。

这种社会性的要求会不会削弱个体的内在动机,伤害到个体的独立性?答案显然是否定的。因为社会性也是人的本质特征之一,社会基本技能的习得也是个人基本权利之一。个体只有习得这些社会基本技能,才能帮助自己更好地融入社会,发展自己,提高自己的生活品质。因此,以此来要求自己,也是个体应尽的义务。

实际上,这涉及教育的合理性的问题。而合理性是教育学、社会学,乃至哲学的一大难题。著名的哲学家劳丹指出,"20世纪哲学最棘手的问题之一是合理性问题"(劳丹,1990)。因此,在这里,最重要的是要做好界限的区分,对到底什么才是个体必须达到的最低学业层次必须做详细的具有说服力的论证。同时,还必须留出足够丰富的选择空间,把最后的选择权交给个体。

3. 成自己的法：建立方法系统

同一种学习方法和策略对于不同的人所取得的效果不同，不存在放之四海而皆准的方法。因此，对于个体而言，没有最好的方法，只有最合适的办法。在教师的帮助下，个体必须确立合适的学习方法和策略。实际上，建立起自己的方法系统去迎接学习的挑战是个体重要的任务之一。由于天赋秉性不同，学力基础不一，学习经历迥异，哪怕学习的内容完全相同，个体所用的学习方法和策略也不会完全相同。这就意味着，个体只有发现、发展、完善自己的学习方法，才能取得良好的学习效果。个体必须努力树立起这种意识，努力去建立自己的学习方法系统。学习方法的形成过程，是一种学习与研究的过程，也是一种自身主体性的认知与形成的过程，正如哈贝马斯所指出的那样，"学习和研究过程的主体，这个主体直到对实在本身得出明确的和完美的认识时为止，[自身]都处在形成过程中"（哈贝马斯，1999）。

但学习方法与策略往往深藏于背后，不会轻易被人觉察。同时，影响学习成绩的要素众多，需要进行严格的归因才能确定，大多数学生并不具备这方面的能力。因此，帮助学生确立合适的学习方法和策略是教师的重要任务之一。教师必须以每个孩子为中心，帮助每个孩子完成这个艰巨的任务。在教学中，教师必须保持高度的洞察力，敏锐去发现学生合适的学习方法和策略，帮助个体有意识地确立起自己的方法体系，并在学习应用中逐步发展和完善，直到完全把握。

4. 了自己的愿：成就自己

学校必须具备这种功能，能够发现挖掘个人的个性特点和天赋特长，帮助个体树立自我效能感。因此，学校必须设置多元评价机制，提供足够多样的榜样参照群体，给个体提供足够多的自尊肯定和成长指南，保证个体发展的可能性和独特性。同样，在课堂上，在每一次教学中，教师必须设置多元评价标准，以提升个体的自我效能感而非拘于某一单一的标准或强制性要求。对于教育而言，任何单一的质量标准都不可避免地造成个性的压抑，造成心理伤害，甚至造成人格上的扭曲。因为单一的评价标准不能穷尽一切发展的可能，不会适合大多数人的特点，所以会大大削弱人发展的可能多样性，大大束缚了个体个性发展的丰富程度。而当此标准与个体的天性禀赋截然相反时，对个体造成严重的伤害也就是必然的。

成就自己，意味着在多元评价体系中找到自己合适的位置，努力发挥自己的天赋特长，得到他人的尊重、老师的认可和社会的肯定。

成就自己，并非意味着随心所欲。因为，作为"主体"的人，是社会存在物。马克思指出，人的本质在其现实性上"是一切社会关系的总和"（中共中央马克思恩格斯列宁斯大林著作编译局，1995）。社会性同样是学生的本质属性，个体离不开社会。因此，它意味着个体要主动接受社会主流价值观的规范，接受社会道义的要求，接受社会道德的约束，把自己的成长放到整个社会文化系统中加以衡量，使自己成为有益于自己的人，有益于家庭的人，有益于社会的人。

（二）个体是配角：成全他人

因为世界向来总是"我与他人共同分有的世界"（海德格尔，2006），所以教育其实是一种双向奔赴,是一种相互成全。不与其他人发生关系的个体就不是一个现实的个体,如同"完全离群索居也并不是人的正常的存在样态"(郭湛,2010)。在自己的生命里,自己是主角,他人是配角,他人成全自己;在他人的生命里,自己是配角,他人是主角,自己也要去成全他人。正因为这种相互成全,个体的存在才成为个体与他人的一种"共在",个体不再封闭于"自我"的世界,不再与他人分离,而是向他人敞开,形成了一种超越性——主体间性,进而使主体性得以完善。正如胡塞尔指出的那样,"主体性只有在主体间的共同性之中才是它所指的那个东西"(Husserl,1970)。

1. 尊重他人个性:不干涉他人

不干涉他人是最基本的底线。以他人为中心,首先就是要尊重对方的主体地位,尊重对方的个人意愿。不要以自己为中心,随便干预他人的行为,妨碍他人的行为,更不能伤害他人。

这在学习中表现为不妒忌对方,不能因为对方成绩比自己好,表现比自己抢眼,就心生怨恨,甚至表现出攻击性行为。

在学习中,这表现为不强求对方帮助自己。当碰到困难时,不能强求对方对自己施与援手。因为解决困难是个体本身要去面对的事,特别当这种事情不属于公共事务时。他人没有帮助自己的硬性要求和义务,"帮是情分,不帮是本分",说的就是这个道理。实际上,这也是个体对自己主体地位的一种尊重,对自己能力的一种自信和对自己尊严的一种维护。

在学习中,这表现为不干涉对方的学习。每个人都有选择自己行为方式的权利,都有自己独特的思考方式以及相对应的行为准则。因此,当对方采取某些难以理解的学习行为,也要保持足够的尊重。同样的道理,在日常生活中,要认识到对方也是一个具有独立人格的个体,任何人有权采取自己认为合适的方法处理事物。只要没有违反法律法规,没有违反社会公序良俗,他们的决定就应该得到尊重、得到保护的。这意味着哪怕对方做出多么不合情理、多么荒唐可笑的决定,表现出多么不合情理、多么荒唐可笑的行为,也都是值得尊重的,都是应该得到保护的。以他人为中心,个人要守住这条最基本的底线。

2. 进行分工协作:配合他人

配合他人同样是一个属于底线性质的行为,还没有进入道德的范畴。当学习任务必须以群体协作的方式来完成时,学习便进入了合作阶段。同伴间,也就开启了合作模式。此时,互相配合则成为最基本的要求。在合作学习中,为了完成共同的目标,个体分别扮演不同的角色,实施不同的行为,付出不同的努力。虽然发挥的作用有大有小,所克服的困难有高有低,但目的都是指向目标的完成。因此,这种互助行为,可认为是一种公平的社会等价交换,并非一部分人对另一部分人的额外付出。也就是说,不存在单方面的主动贡献,也就不存在什么道德上的高低。可以说,这种合作方式只是一种必需的、不得不采取的策略而已。因为没有这种团队的配合与协作,便无法完成学习任务,也就无法达到每个人的学习目标。当然,如果从公平的角度来要求,可以采用角色互换、任务统筹等方式,尽量保证每个人付出相当,不出现太大的差异。虽然如此,在这种绝对的等价交换中,也可形成马丁·布伯所神往的"我—你""相遇",让合作学习成为一种真正的存在,而"一切真正的存在皆是相遇","在活生生的、与你相遇的关系中,内在的你才得以被意识到"(王晓东,刘松,2002),

进而建立起共生共荣的共同体。

3. 提供道义支持：帮助他人

帮助他人，则表现出一种道德行为，表现为个体对他人主动、无偿的支持与援助。

首先，帮助是一种主动的行为，在情感上具有主动性和意愿性，而不是一种收获或不得不采取的行为。其次，帮助是一种付出的行为，无论是金钱上、物质上还是精神上、心理上都是施助者对被施助者的一种付出。这与配合不同，互相配合时，双方处在同一道德位置上，不一定存在道义感；而产生帮助行为时，双方的道德位置不同，帮助是一种道义行为。最后，帮助是一种无偿的付出。看到同伴碰到困难，要能主动施与援手。从精神上加以关心，心理上加以安慰，方法上加以协助，资源上加以支持，都有助于对方解决问题，这些都是一种帮助。因为没有要求对方回报，这种行为便具有了道义性，就值得称道，值得弘扬。实际上，助他行为正是社会道德得以建立和弘扬的重要途径之一。一般说来，帮助他人，要在自己力所能及的前提下，这样才能使帮助行为在常态下得以推广。中学生经济没有独立，因此这种帮助主要体现在对对方学习的指导上，或对对方精神的鼓舞上。

同时，应该看到帮助也是一种自助。帮助他人有助于自己道德的树立，培养自己高尚的人格，也有助于个人能力的提升、精神的强健和心理的强大。因为无偿的付出使个人的援助超越了功利层面，能有效地克服自我中心，能帮助个体摆脱自私自利的倾向，完成一种更加恢宏的社会性建设。另外，帮助他人也能提升自己的能力水平，使自己变得更加优异；激励对方，同时也在鼓舞着自己，能使自己的精神更加强健；安慰他人，同时也在安慰着自己，能帮助自己在相同情境下渡过难关，使自己变得更加强大。

因此，在教育过程中，社会、学校、教师要指出这一辩证关系，大力提倡帮助别人的行为，使个体在常态的生活、学习中自觉养成帮助他人的习惯，在力所能及的条件之下展开施助行为，主动去帮助那些应该帮助的人，并由此建立起个体的道德感，健全个体的人格。

4. 培养利他之心：成全他人

可以这么说，成全他人，成人之美是一种高尚的品德。我们总是同情弱者，对强者却抱着复杂的心态。这是由人的生物性决定的：比别人更为强大，可以保持在竞争中的优势地位。这是人性进化的结果，无可厚非。成全他人就意味着帮助别人变得更加强大，这存在让对方超越自己的可能性。这种可能性将使自己在竞争中处于不利的地位，这就对人性提出了挑战。因此，成全他人可以作为一种高尚的道德加以弘扬，却不可强求。教育、社会、教师要深刻地洞察这一点，努力去弘扬这种高尚的精神，树立起这方面的标杆，引领相应的文化氛围，使个体自觉地出现成全他人的行为。但不要做出过分的强制性要求，否则会受到人性的惩罚，引起负面的效果。

二、学习行为：既在亲历，也在筹划

很显然，学生是一个社会角色。成为学生意味着个体正经历着社会化的进程，但这不意味着学生沦为教育的客体。因为只有先保有个体的主体性，个体才能够成为学生。教育只要凸显学生的主体地位，社会化就不会使学生沦为客体。因此，成为学生是个体以学生的身份出场，以学生的身份建构自己的生命，以学生的身份开始自己的存在。这意味着学生不仅是个体的社会身份，也是个体存在的形式之一。

（一）亲历:亲历存在

我们认为,教育不是为未来,也不是为了发展,教育就是生活本身,就是存在本身。"无论是知觉还是抽象思维,都深深植根于身体活动之中"(孟伟,2007)。因此,亲历就意味着生活,就意味着生命建构,就意味着存在。亲历学习的每一分每一秒就意味着生活的每一分每一秒,就意味着生命建构的每一分每一秒,也同样就意味着存在的每一分每一秒。

因此,亲历,就是亲历生命,就是亲历生命的整体,就是在建构个体的整体生命。学习的过程,就是个体创造生命之河的过程。通过学习,个体的生命状态得以激发,生命内涵得以饱满,生命精神得以飞扬。通过学习行为,生命之河,源远流长,不可断绝。学习越深入,生命之河就越开阔;学习越持久,生命之波就越浩瀚。因此,亲历就是突出学生主体,就是回到学生个体本身;回到学生个体本身,就是回到学生存在本身;回到学生存在本身,就是回到学习本身。

1. 亲历学习行为:塑造个性的生命传统

谁塑造个体的生命传统? 是个体。个体如何塑造自己的生命传统? 是通过亲历学习行为,让自己生命在场。

(1)学习行为使个体成为真正的存在者

通过学习,个体成为学生,成为存在者。对于学生,学习不仅是个体的任务,而且是个体最重要的存在方式。因为只有亲历学习的行为,个体的主体地位才得到了确立,个体的生命才能最终得以把握。换句话说,只有通过学习行为,个体才能成为存在者,个体的存在才得以实现。因此,更确切地说,学习行为才是个体存在本身。离开了学习行为,个体的存在将不复存在。

(2)学习行为塑造生命在场的每一瞬间

通过学习行为,学习者使自己进入了上手状态(海德格尔),个体主动出击,与他的学习环境深度交互,与他的存在空间深度交互。个体必须应用学科知识,调动学科的思想与方法,形成正确的策略与方案,才能够创造出上手状态。在上手的那一瞬间,个体创造着认识对象,将自己的智能投射其中,推动着对象的发展并被自己越来越深刻地捕获,通过顺利解决问题,使其成为自己经验、学识的一部分。同时,被发展着的对象更深刻地作用于个体,调整个体的看法,改造个体的认知体系,完善个体的智能结构,个体自己反过来被自己的对象所改变、所推动,出现了新的学习状态,也形成了新的存在状态。这意味着,通过学习行为,在这一瞬间,自己改变着环境又被环境所改变,个体创造着对象又被对象所创造,个体自己、学科知识与价值、挑战性问题及环境融为一体,这正如海德格尔所描述的"在世作为操劳活动乃沉迷于它所操劳的世界"(海德格尔,2017)那样,塑造出生命在场的状态。

因此,学习的瞬间就是存在的瞬间,学习的状态就是存在的状态。把握当下学习的每一个学习行为,就是把握当下存在的每一个状态,就是提升当下的每一个学习行为效益,就是提升当下的每一个生命状态。因此,任何非学习行为都是非存在行为,任何非学习状态都是非存在状态,都会造成圆满生命的亏欠。

2. 亲历学习悲欢:创造饱满的生命状态

学习并不仅仅是智能的活动学习,也是情感的旅程。只有当个体深切亲历学习的情绪体验,个体的生命状态才可能是真实的、丰富的、饱满的和激情飞扬的。

学习行为使个体有了存在的上手状态,个体将自己投入其中,问题的难与易,情境的趣与乏,过程的繁与简,结果的成与败,会引起个体情绪的波动、情感的改变,给个体带来丰富而深刻的心理体验。

在学习中,个体与挑战性问题发生紧密关联,学习可能顺利,也可能陷入困境;个体可能成功,也可能失败。这些都处于不确定的状态。顺利带来的欢欣喜悦,困境带来的烦闷苦恼,成功带来的快乐鼓舞,失败带来的挫折颓丧,形成深切的学习体验。因此,在学习过程中,个体兴致有之,乏味有之,振奋有之,困顿有之,欲罢不能有之,浅尝辄止有之;时而平静,时而不安,时而激情澎湃,时而颓废消沉,时而信心百倍,时而无助彷徨。学习遭遇到的种种情况,也就制造出种种的情绪体验。这些心理体验不但包含着直接的学习情感体验,包含着深刻的学科智慧体验,还包含着深沉的文化传承体验,直接作用于个体的情感系统,使个体的生命状态真实、丰富、饱满、激情飞扬。

同时,在此飞扬的生命激情中,道义与价值性问题变得鲜明起来,个体会思考:学习的意义在哪里?为什么要学?为谁学?进而引发对社会文化传统和道德价值体系的道义性展开深层次的思考。

这些情感体验与思考伴随着个体的智能活动,渗透于学习行为的每一瞬间,与智能融为一体,被个体真真切切地感觉到,被个体真真切切地把握住,进一步铸造着个体生命的状态,丰盈着个体生命的内涵,滋养着个体生命的质地,完善着个体的整个生命系统,进而推动个体进入更高的生命境界。

可见,学生的角色不仅是社会的规定角色,也是自我的存在角色。在这两种角色辩证张力的作用下,个体为自己学习,也为社会学习,实现了从单一小我向社会大我的融通。

(二)筹划:指向未来

生命起于过去,立于当下,指向未来。亲历现在并不意味着个体的存在只限于现在。相反,亲历现在,意味着更开放的范畴,更宏伟的生命传统:立足于现在,回顾过去,并向未来开放。通过学习行为,个体更好地指向未来。亲历中,个体与环境进行深入互动,也就是说,个体的每一个当下行为,不仅发生在当下,而且源于过去的历史,并筹划向未来。

1. 创造个体的生命传统

正如恩格斯所说,"人们自己创造着自己的历史"(中共中央马克思恩格斯列宁斯大林著作编译局,1972)。思维可视化教学建构了一种历史的存在,让个体亲历学习,创造了历史,也创造了未来。因此,从生命构成的时间因素来看,个体用学习行为创造了自己的生命传统。

个体的每一个学习行为都发生于过去,生成于现在,并筹划于未来。因此,个体每一个学习行为所创造出的生命传统,都生成于现在,延续着过去,并筹划向未来。

学习行为发生在当下,必然连接着过去,绵延向未来。一个又一个的学习行为衔接起来,便建构起个人源源不绝的生命历程,塑造着个人源源不绝的生命传统。对于现在,学习行为发生于当下,个体塑造了上手状态,创造了生命的在场,也把握了生命的本真时刻;个体的现在就是过去的未来,对于过去,现在就是过去存在筹划的实现,生命向未来延续,时间就向未来绵延,存在就向未来开放;对于未来,个体的现在就是未来的筹划,也就是未来的传统。

2. 成就个体的生命传统

从生命构成的内容要素来看,个体用学习行为成就自己的生命传统。

学习成效与个体的性情、伙伴的友谊、社会的规范价值和传统的文化密切相关。因此,通过学习行为,存在必然承载于学习,涵养于性情,成长于友谊,发生于社会化过程并最后成全于文化。存在必然意味着学业的成长,学习能力的获取,性情的完善,友谊的建立,社会化规范的树立及传统文化的传承延续,进而构建起生命的智慧能力和价值观。从生命意义的角度来看,思维可视化教学要尽量避免"强迫儿童接受远离生命意义的现成学问和旧有的传统习惯"的"人为的教育"(佐藤正夫,1998),不让个体的主体性受到抑制。

因此,学习行为保障了未来筹划,个体有了价值标准和人生方向,知道自己应该往哪里去;自己有了学习基础和求索能力,推动着自己向着那里去。

三、社会指向:既为立己,更为弘道

个体是社会的有机组成部分。从社会功能来看,思维可视化教学不仅要指向自己,更要指向社会。学习不仅是为了自己人格独立和思想的自由,更是为了家国的道义和社会幸福。思维可视化教学不是使个体成为不食人间烟火的书呆子,而是要成为国家社会有力的建设者。

(一)建设独立人格

没有人格的独立,就没有思想的自由,就没有人的幸福生活。思维可视化教学有效建立了个体独立的社会信念和行为系统,培养了独立判断力、批判精神和批判意识,较好地克服了从众心理和对权威的盲从,使自己成为一个人格独立的人。

1. 建立了独立自主的社会信念和行为系统

(1)建立了独立自主的社会信念

自主学习以学生为中心,充分确立了学生的主体地位,培养了学生"在者"的立场,树立起自主的社会信念和效能感。

①树立了独立自主的社会意识:在自主学习中,学习目标的制定、学习方法的采用、学习策略的确立、学习成果的取得都紧扣个体的最近发展区,都与个体本身而非他人直接关联,都与个体的发展直接关联。在学习过程中,个体进行学习筹划,开展学习行为,迎接学习考验,力争最佳学习成果,体会成功的喜悦和失败的悲伤。在此过程中,个体的行为是主动的行为,个体的意识是自觉的意识,使个体成为一个存在者。这存在者立场的确定使学生在学校里、在学习中真正成为行动的主人。个体以主人翁的角色参与到学校的各种活动中,建立起自主性。久而久之,个体便能将这种自主性由学校迁移到日常生活、社群区生活的各个方面,进而全方位树立起主体性,有效地建立起个体独立自主的社会意识。

②培养了独立自主的社会效能:在自主学习中,个体要迎接有挑战的学习任务,克服困难,解决问题,直到完成预定的目标。在此过程中,个体要独自直面困难,充分发挥自己的主观能动性,开动脑筋,尝试着使用多种办法解决问题。这对个体的抽象思维能力、学科知

识整合能力以及整体方案设计能力提出了很高的挑战,对个体问题解决的策略、行动监控的水平以及对学习进展评估的能力提出了很高的挑战,对个体困难预判能力、克服困难的意志力以及抗挫折的心理能力也提出了很高的挑战。一旦历尽艰难获得成功,不仅个体的智力水平、非智力因素、心理素质等各方面都会得到极大的提升,而且个体的信念水平也会得到极大的提升,个体会由此产生战胜困难、不怕挑战的坚定信心。这种信心是如此坚定,以致会成为一种稳定的态度进入个人的信念系统,对信念系统产生极大的影响,甚至从根本上改变一个人的信念系统,产生"我能行"的坚定信念,进而有效地树立起稳定的自我效能感,自信地参与社会的各个活动。

(2)建立了独立自主的实践系统

①确立了独立自主的实践理性系统:通过自主学习,特别是富有挑战性的探究学习、发现学习、项目式学习,个体的理性精神、独立思考能力和元认知水平得以提升,个体独立自主的理性体系得以树立,个体能够用理性客观的方式参与社会活动,在社会活动中得到进一步的内化、检验和充实完善,不断积累并逐步提炼到方法论的层面。这有效地确立了个体独立自主的实践理性系统。

②培养了独立自主的实践行动系统:自主学习,特别是富有挑战性的学习,个体是靠具体的行动来推进的。个体必须投入具体的学习实践中,通过具体的行为一步一步进行探究,直到达到目标。此过程可培养个体的实践能力,完善个体的实践策略,丰富个体的实践技能,形成个体的实践行为框架,并逐步形成自己的行为体系,有效地树立起个体独立的实践行动系统,大大提升个体独立自主的能力。

2. 培养了独立判断力和批判精神、批判意识

正如布鲁克所说,"完善我们的思考的办法就是进行批判性思考,也就是说,像思维的教练一样对自己的思想展开批……批判性思维的目的在于得出正确的结论,达到这个目标的手段就是用理性的标准来评估我们的思维。当然,我们也可运用批判性思维评估他人的思维"(布鲁克·诺埃尔·摩尔,理查德·帕克,2015)。思维可视化教学有效培养了个体的理性精神,使个体拥有强大的判断力和敏锐的批判意识,提高了个体的批判性思维,使得个体在日常生活中能克服自我中心、从众或盲目服从权威等心理。

(1)以理性精神有效克服从众心理

从众是一个非常普遍的心理效应,也是一个难以克服的心理效应。

社会心理学认为,造成从众心理主要有三大因素:一是环境因素,二是群体因素,三是个人因素。外在环境越不清晰,个体就越难以做出确切的判断,就越容易"随大流",出现从众心理;群体的规模越大,群体的看法越相似,对个体越容易产生一种规范性,个体也越不敢偏离群体的观点,也就越容易出现从众心理;个体的独立性越弱,判断力越低,也越容易顺从多数人的观点,出现从众心理。

思维可视化教学培养了团队的理性精神,保证了团队的理性与民主,给足个体独立的空间,在前提上克服了从众心理的产生;思维可视化教学培养了个体强大的高阶思维和创造性思维,使个体能够全面准确深入地解读环境,提高了判断的确切性,因此不需要他人的帮助,便能够根据实际情况做出清晰的判断,克服了环境带来的从众压力。同时,思维可视化教学培养了个体学习的主体地位和独立的人格,培养了个体强大的独立思考能力,使个体习惯于独立思考,这使个体可以不受或少受他人意见的影响,对事物展开独立判断,这样也可以有效地克服从众心理。

(2)以批判精神有效克服权威盲从

权威盲从也是一种较难克服的心理效应。从人类发展的进程来看,服从权威是一种有效的生存策略。实际上,服从权威是一种对强者的服从。当一个人的地位、实力、学识、道德远远超过常人并得到承认时,他便成了权威。对权威的服从,便是对对方地位、实力、学识和道德的服从。因此,从本质上来看,服从权威有一定内在的合理性;但这种服从必须建立在独立思考的基础之上。一旦个体缺少独立思考精神和必要的批判意识,服从就会变成盲从。思维可视化教学有效地树立起个体强大的批判精神,使个体具有强大的独立释放能力和敏锐的批判意识。在处理事务时,个体会从客观实际出发,发挥理性判断力,往往能从辩证的角度来判断他人的观点。这样,个体会对权威的观点进行思考,将其作为对象进行客观评判,以进一步判断其正确性,这种辩证的方法"不崇拜任何东西,按其本质来说,它是批判的和革命的"(中共中央马克思恩格斯列宁斯大林著作编译局,1995),进而有效避免对权威的盲从。

(二)指向社会幸福

思维可视化教学以"立德树人"为根本宗旨,培养个体树立"为国为民"的远大志向,要求个体深入现实生活,有效培养个体正确的社会认知,进行社会化,建立亲社会人格;开展社会实践活动,培养个体社会服务意识,初步形成社会服务能力,并逐步培养个体的社会批判意识。

1. 培养远大理想抱负,形成家国社会认同

思维可视化教学本着"立德树人"的教育宗旨,致力于培养个体的远大理想。个体产生国家认同和文化认同,将国家富强、社会繁荣、人民幸福当成自己的终极目标,建立起正确的价值观,为自己将来服务社会、奉献社会提供强大的精神支持和方向指南,也为自己刻苦学习、努力奋斗提供源源不绝的推动力,鼓励自己勇于面对困难、克服困难,成为最好的自己。

2. 进行社会实践活动,培养社会服务能力

思维可视化教学要求个体深入生活,开展社会实践活动,有机地将学习与社会服务结合起来,在服务社会的实践活动中,培养自己解决富有挑战真实问题的能力。这样,既培养了个体社会服务的意识和能力,也很好地实现了课程目标。

一方面,个体可以运用所学的知识解决个体生活、家庭生活及社区生活的实际问题,以此来培养自己服务社会的意识、提高自己服务社会的能力、积累自己服务社会的经验;另一方面,可将社会的具体问题、社会的话题进行适当改造,成为教学情境引入课堂,进行深入的探讨与研究。这样,个体既完成了自己的学业,又提升了社会服务的能力。

3. 基于道义社会批判,初步培养改良意识

不是为了批判,而是为了建设。这句话道出了一种正确的批判观。思维可视化教学不仅可以培养个体社会批判的道义性,还能提出建设性意见,对社会的创新改良做出有益的贡献。

（1）正确价值观确保了批判改良的道义性

由于建立了"为国为民"的远大理想抱负，树立了正确的价值观，建立了深沉的社会道义，个体便能从完善的角度对社会展开批判，提出建议，而非为了批判而批判。这就使自己的批判获得了正确的立场，具有了道义性，进而可能产生良好的社会效应。

（2）强大批判力确保了批判改良的建设性

批判只有是正确的、合理的、有建设意义的，才能发挥真正有利于社会的发展创新功能，推动社会的进步。

①保障了批判改良前提的正确性：强大的批判能力赋予个体客观的观察视角、公平的立场，个体能够站在客观公正的角度展开研究，这保证了个体社会批判前提的正确性。由此进一步推动批判论证的充分性和改良实施的可行性，使得社会批判具有现实意义。

②保障了批判改良论证的深刻性：强大的批判能力还赋予个体敏锐的触角和深刻的洞察力，使个体能够对社会现象、社会事件展开深刻、全面、细致的剖析，管中窥豹，透过现象看本质，进而发现隐藏在纷繁复杂事物背后的规律性关联，从看似公平的背后发现不公平，从看似合理的背后发现不合理。这可以提高个体社会批判论证的本质性、充分性，确保社会批判的深刻性。

③保障了批判改良方案的建设性：强大的批判能力还赋予个体强大的判断力，能够较好克服自我中心、克服从众心理和对权威的盲目服从，进而提出独立正确的意见、合理的方案和有效的策略进行社会建设、改良及完善。这意味着个体不仅能够发现问题，还能够解决问题。很显然，这种建议不但具有独特性、创新性，还具有可行性，因此具有很强的建设意义。

第三章　中学思维可视化教学的意义指向

由于独特的教学理念、教学模式、教学方式和教学策略等,思维可视化教学在哲学、心理学及教育学都体现出与传统教学不同的意义指向,在哲学上,有着不同的本体论、认识论和方法论的意义;在心理学上,充分发挥了视觉心理学、认知心理学、创造心理学、青少年发展心理学及社会心理学功能;在教育学上,从"育""教""学""思""评"等方面,也产生了新的教育学意义。

第一节　哲学意义指向

思维可视化教学创造了新的教学存在,使学生、教师、课程及情境都成为不可替代的存在形式,形成了新的"4 合 1"教学本体;思维可视化教学创造了多级认识对象,展开了多级认识过程,取得了多级认识成果,创造了全新的认识范畴;通过"三画高阶思维",思维可视化教学使实践思维、理性思维、反思性思维和创造性思维得以交融,创造"4 合 1"的全新的思维方式。

一、从本体论的角度洞察,思维可视化教学创造了全新的教学本体

教学本体就是教学的存在形式。思维可视化教学通过"三画高阶思维"使学生、教师、课程和情境交融起来,成为统一的不可分离的教学存在要素,进而形成"4 合 1"的教学本体。其表现在学生是教学的本体,教师是教学的本体,课程是教学的本体,情境也是教学的本体。

(一)使学生成为本体

不言而喻,学生决定了学习的存在,是教学存在的基础。没有学生,就没有教学存在。因此,学生是组成教学本体的首要因素。但在实际教学中,这经常被忽视。思维可视化教学通过系统的教学设置,使学生成功地成为教学的本体。

1. 学生决定了自身的存在形式

学生不仅是个身份,更是一种存在的形式。个体以学生的身份出现,便决定了他以学生的形式存在,而非诸如父亲、志愿者等其他的形式出现。他的主要任务是学习,而不能是别的;他的行为必须符合学生的规范;他有权利,也有义务认真学习。换句话说,他是学习

的主体,也是责任的主体。他必须通过种种努力,去取得应有的学业成绩。

2. 学生决定了教学的存在形式

课程目标能否实现取决于学生。学生先天素质的高低、后天学习态度的优劣、认知能力的强弱以及现有基础的好坏直接决定了教学的存在状态。学生通过其主体地位有效地主导了课程目标、课程内容、学习方式,成为决定教学存在的内在要素。

(1)学生决定教学目标存在的样式

不同的学生构成,决定了不同的教学目标样式。

国家统一的课程标准会使教学样貌出现一定的相似性,但这并不意味着一切都要整齐划一。恰恰相反,课程标准中不同层次学业质量的提出意味着因材施教是硬性要求,而非柔性倡导。这就要求教学必须尽可能地使每一个体都得到最大程度的发展。因此,对于不同的学生群体,课程目标应该不同。基础较弱的学生、普通的学生与那些拔尖的学生,课程目标存在着巨大的差异。班级不同,学生的构成不尽相同,教师制定的教学目标也就不尽相同,学生决定了教学目标的存在样式。

(2)学生决定课程内容的存在样式

因材施教的一个显著特征便是,不同的学生有着不同的学习内容。学生不同,学习内容也就不同,因此学生决定了课程内容的存在样式。

拔尖学生、普通学生和学习相对较弱的学生,他们在课程内容学习上也会有着明显的不同。拔尖学生,课程内容可以从多、从难,以推动他们快速发展;普通学生,课程内容则要精简,难度适当,以保证他们能够得到正常的发展;而那些基础相对较弱的学生,内容则要更精简一些,难度要小一些,要特别注重基础的训练,以保障他们得到必要的发展。

(3)学生决定学习方式的存在样式

同样,学生决定了学习方式的存在样式。学生不同,学习的方式不同。

拔尖学生,学习方式相对自由多样。自主学习、合作学习、探究学习,无论是哪种样式,效果越好,就越侧重使用哪种方式。有人说对好的特别是拔尖学生要多采用研究式、项目式学习的方式,这其实是一个误区。

对于拔尖的学生,传授法有时是更好的选择。

因为拔尖学生学习力强,消化吸收力强,传授法能够在最短的时间内给予最大的信息,进而快速打开学生的视野,给他们提供足够多的养料,推动他们思维的升华和创造力的产生。此时,传授法效率往往是最高的,效果往往也是最好的。

普通学生则要认真选择学习方式,以更好地切入最近发展区,有效地调动他们已有的知识和经验,顺利展开学习。

而对于那些学习较弱的学生,教师则要精心选择适合他们的学习方式,通过多种多样的活动,有效地吸引他们的注意力,帮助他们进入学习状态。

(二)使教师成为本体

教学中,教师与学生组成辩证的统一体。没有教师,同样没有教学的存在。教师不同,教学存在也就不同。在思维可视化教学中,教师不仅要掌握课程标准,开展因材施教,完成常规教学所要完成的任务,还要培养学生思维可视化教学所需具备的能力。教师的教与学生的学形成了深刻的互动,因此教师绝不是处于从属位置的配角,可有可无的,同样是不可或缺的,是教学的本体之一。

1. 教师设计促成学生的学,是教的本体

学生的学业成就不仅取决于学生本身,也取决于教师。教师师德品质的好坏、专业水平的高低、教学态度的优劣、教学智慧的强弱、教学境界的高下直接影响着学生的发展。

(1)教师掌握课程标准,把握教学主要方向

国家课程标准通过学业质量标准、内容标准和活动标准规定了教学的总体方向,这个方向只有靠教师才能够把握。教师通过解读课程标准,掌握课程目标,把握学生的学业标准层次,并按照国家规定的课时来确定教学进度,进而把握教学的整个走向。

(2)教师设定教学目标,致力推动因材施教

教师通过深入解读内容标准、活动标准和质量标准,根据学校的现有条件和学生的实际情况进行教学内容筹设、教学方法选取以及教学资源配套,努力设置足够丰富的学习目标层次,设定足够多样的学习任务群,创设足够开放的真实教学情境,在常态的课堂时空上开展分层教学,帮助不同的学生开展个性化学习。

进行思维可视化教学时,教师要深刻洞察课堂,对教学全程进行监控,时时把握学习情况,既使每个人得到相应的发展,又使教学保持在合理的进度;教师还要展开评价,及时给学生提供反馈,帮助学生评估自己的学习,逐步将学习推向深入;教师还要对不同的学生提供必要的挑战、点拨、援助和辅导,实现个性化教学,让拔尖学生得到快速的发展,让普通学生得到充分的发展,让学习薄弱的学生得到应有的发展。

2. 教师设计促成自己的学,是学的本体

思维可视化教学是一种新型的教学形式。教师要胜任教学,首先得进行必要的学习,这让教师成为学的本体。

一方面,教师必须认真设计自己的学习,才能在较短时间内掌握思维可视化教学相关的教学理念、教学模式、教学原则、教学方式、教学策略、教学技能,才能顺利开展思维可视化教学。另一方面,教师要善于把握机会,在教学过程中,提高自己思维可视化教学水平,如要善于利用学生的思维的独特性来完善自己的智能结构;善于介入学生的头脑风暴来激发自己的联想冲动;善于借鉴班级的创新成果来提高自己的创造水平等。

(三)使课程成为本体

课程内容决定了教学方法、教学方式、教学策略、教学资源和教学情境。虽然不同的个体所选取的课程内容可以有所不同,但课程内容一旦确定,教学方法、教学方式、教学策略、教学资源,甚至教学情境也就随之确定。

思维可视化教学要求师生必须根据所确定的教学课程内容,来选择自己教与学的方法、方式和策略,来配备所需的教与学资源,来创设相关教与学的情境。因此,课程内容不同,教与学的指向、存在形式以及教学实施不同,思维可视化教学也就不同。因此,课程内容是思维可视化教学的本体之一。

(四)使情境成为本体

思维可视化教学将知识结构与问题解决置于复杂的真实情境中,就必须创设有挑战性

的情境展开教学。相同的课程内容,所设置的问题情境不同,思维可视化教学的指向、存在形式以及实施推进不同,个体的发展也就不同。

1. 好的问题情境,能充分实现深度的学

思维可视化教学提倡这样的问题情境:既具有学科性,又具有生活性;既具有复杂性,又具有引导性;既具有挑战性,又具有趣味性。因此,问题情境可以充分激发不同个体的学习动机,引发他们的学习欲望,驱动他们主动学习。同时,对于同一问题情境,不同个体所采取的问题解决策略可能不同,所提取的知识经验可能不同,所采取的探索方式可能不同,所调动的资源也可能不同,而这正是深度学习的显著特征。

2. 好的问题情境,能够充分实现深度的教

思维可视化教学的问题情境同样能够充分调动教师的积极性、主动性和创造性,使教师能够用最合适的方式展开教学,顺利引导学习的认知走向,进而有效地提升教学效益。因此,问题情境本身也成为教学的本体。

二、从认识论的角度洞察,思维可视化教学创造了全新的认识范畴

通过"三画高阶思维",思维可视化教学使人与情境、知识、思维之间发生了深度交互,创造了全新的认识对象,形成了全新的认识过程,取得了全新的认知成果。

(一)形成了多级新的认识对象

1. 独画思维产生初级认识对象

围绕问题,个体根据所占有的资源,对问题情境展开思考,调动相关的知识经验,使用合适的思维框架,进行探究。在这个过程中,个体充分发挥自己的主观能动性,问题与情境在知识、思维和个体经验的作用下发生了改变,个体与问题情境、知识、思维发生深度交互,形成了初级认识对象。很显然,个体不同,学习任务不同,所形成的初级认识对象也不尽相同。

2. 共画思维产生 2~4 级认识对象

在小组共画、班级展画、师生评画的过程中,师生使用知识、思维,调动经验重新进入初始情境中,让人与情境、知识、思维再次进行交互,于是产生了新的认识对象。在小组共画时,小组以个人的独画的成果(包括成效与困惑)作为认识对象展开探究,形成了第 2 级认识对象;在班级展画时,班级以小组的成果(包括成效与困惑)作为认识对象展开探讨,形成了第 3 级认识对象;在师生评画时,师生以班级所取得的认识成果(包括成效与困惑)作为研究对象展开探究,形成了第 4 级认识对象。

3. 创画思维产生了第 5 级认识对象

在创画思维阶段,特别是最后的应用创新阶段,个体再次进入情境之中,进一步开动脑筋,以师生的共同成果作为认识对象展开创造性学习,形成了第 5 级认识对象。

(二)开展了更深入的认识过程

1. 多重独立思考丰富深化了认识过程

在独画过程中,个体展开深入的独立思考。在小组对话时,个体必须先对自己的成果

进行确证。这是一种元认知,推动个体展开反思,再次进行独立思考。在小组意义协商时,个体必须对自己的学习成果进行完善,才能较好地表达自己的观点。这需要个体独立思考。同样,在班级展画、师生评画过程中,个体也必须进行独立思考,才能有效地展开质疑与反质疑、批判与反批判。

很显然,这多重的独立思考,大大丰富和深化了个体的认识过程。

2. 多重视域融合充实深化了认识过程

通过个体与问题、个体与情境、个体与知识、个体与个体、小组与小组、全班与教师之间的对话,形成了多重的视域融合:融合了新知与旧知的、个体与个体的、个体与小组的、小组与小组的、学生与教师的。

多重视域融合给了个体多个认识的角度,帮助个体打开认知的视野,给个体更准确和深入的认知,提高了个体认识的深度、高度和广度。

(三)取得了更全面高质的认识成果

1. 独画思维取得了高质的个性认识成果

独画思维阶段,个体与情境、知识、思维发生深度交互,产生初级认识成果,使认识逐步深化。

在此过程中,个体进入情境之中,与情境发生深度交互,这就使得个体与情境、知识、思维四者深度交融起来。在此过程中,由于深深地投入情境之中,个体、知识、思维都被情境所雕刻,都发生了改变:个体的心智因情境结构进行必要的调整,个体对知识的理解因情境要素发生改变,个体的思维因情境问题也进行相应的整合。同时,情境被分解成各要素后又不断进行重组,带上明显的个体的人的特征、知识的特征和思维的特征,获得了崭新的样式,形成了个体的情境,最后变成了个体的研究对象。与原来的单纯的问题情境相比,这已有了根本的不同。这种认知更全面、深刻,更具有个性化特征,是种更高质的个性认识成果。

2. 共画思维取得了高质的共性认识成果

共画思维阶段,师生将以初级的认识成果作为新的认识对象,通过倾听、咨询、协商、追问、头脑风暴、质疑与反质疑、批判与反批判、欣赏与借鉴,产生新的认识成果,推动全班认识不断发展。师生与情境、知识、思维多次发生深度交互,获取了 2 至 4 级研究成果。这种成果以个人独特的视域为前提,逐步增加视域的公共性,形成越来越大的视域空间,取得越来越大的共识成果。此成果往往代表了该团队认识当下所能取得的最高水平。这水平往往会超越部分的个体。对于那些拔尖的个体,公共性同样能使其受益。因此,共画思维展现出的是一种更全面的共性成果。

3. 创画思维取得了高质的创新认识成果

创画思维阶段,个体通过学习、借鉴,进行内化、吸收,与 2 至 4 级认识成果进行深度交互,完善自己的知识体系和思维策略,并以此为基础,来解决有挑战性的实际问题,实现相关的迁移与创新,产生了新的创造性,获取 5 级认识成果。在这种创新的作用下,任何个体,其认识准确性、深广性和批判性都得到巨大的提升,个体的认识水平进入新的境界。

三、从方法论的角度洞察，思维可视化教学创造了全新的思维方式

本模式通过"三画高阶思维"，使实践思维、理性思维、反思性思维和创造性思维得以交融，创造了一个"4合1"的全新的思维方式。此种思维方式以实践思维为基、以理性思维为体、以反思性思维为核、以创造性思维为魂。

（一）以实践性思维为基

本模式面对真实的情境，要解决的是实际问题，个体必须以解决问题为导向，充分调动知识经验，对情境进行解读，对实际情况展开全面深入的分析，进行可行性论证，定出确实可实施的方案，再根据方案进行探究。

在探究过程中，个体还必须时刻把握探究的方向，不断进行监控评估，对方案进行必要的调整，直到问题解决。在整个过程中，无论个体拥有如何高明的理论，也无论个体拥有多么丰富的经验，理论和经验都必须与实际情境紧密结合，不能离开所要解决的问题谈理论运用，也不能离开实际情况谈经验再现。理论、经验必须与实际情况紧密交融，不可分离。很显然，这是一个从实践中来再到实践中去的过程，是一种典型的实践性思维。

（二）以理性思维为体

本模式中，无论是独画思维、共画思维还是创画思维，其本质都是基于学科思想、学科方法，根据逻辑正确运用学科知识。因此，每一个思维环节，每一推理过程，都必须在学科思想的指导下，遵循学科方法，有效地运用逻辑规律，根据确切的学科知识展开，并非靠凭空想象或靠个人的主观感受，体现了理性思维的明显特征。

（三）以反思性思维为核

思维可视化教学将个体置于复杂的环境中，去解决有挑战性的问题，这让个体面临着巨大的不确定性。为了解决问题，个体必须确立适当的起点，步步为营，逐步进行推进。为了保障探究的正确性，个体就得时刻对自己的行为进行判断，对所取得的成效进行评估。同时，还要及时往回看，进行必要的回溯，判断以往的认知、行为是否科学合理，运用的知识是否正确无误、是否符合逻辑规律。这种及时评估、回看、追溯就是一种反思性思维。这种反思性思维贯穿探究的全程，是探究能否取得成功的关键。

（四）以创造性思维为魂

思维可视化教学的目的之一就是培养创造性思维。本模式甚至划分出一个独立的教学阶段，用以培养个体的创造性思维。独画思维，充分发挥个体的天赋秉性，个体用独特的方式、擅长的方式或喜爱的方式展开自主学习，有效地调动了个体的创造性；共画思维，通过头脑风暴，通过追问与反追问、质疑与反质疑、批判与反批判，展开激烈的思维碰撞和思想交锋，大大提高了全班的创造欲望和创新能力，让团队的智慧得以共享，有效地改善了个体的智能结构，让个体在更高水平上产生创造力；而在创画思维阶段（包含课堂和课后），个体将自己的创造性建立在师生（全班＋教师——教师实际上代表了以往师生的积累）的共同

成果之上,使创新思维有了更高的起点,进一步提高了自己的创造水平。很显然,创造性思维贯穿教学的全程,是本模式的精华所在。

第二节　心理学意义指向

思维可视化教学符合视觉心理学的原理,通过视觉进行表象感知,产生丰富的联想,促进分析判断和问题解决,完成监控反思,具有视觉心理学的意义;思维可视化教学可节省心理资源,推动认知发展,具有认知心理学的意义;思维可视化教学能进行合适的问题表征,推动创新思维的产生,具有创造性心理学的意义;思维可视化教学可以帮助个体建立正确的自我图式,克服个人中心主义,完成自我统一性整合,具有青少年发展心理学的意义;思维可视化教学能促成个体正确的社会认知,推动个体进行社会化,产生社会认同,建立亲社会人格,帮助个体较好地适应社会、融入社会,因此具有社会心理学的意义。

一、视觉心理学意义

根据视觉心理学原理,"看"的过程就是对事物进行感知的过程。阿恩海姆认为,"一切知觉都包含着思维,一切推理中都包含着直觉,一切观测中都包含着创造"(鲁道夫·阿恩海姆,1998)。个体从中获取信息,展开联想,对相关的现象进行分析、判断和归类,并由此得出结论。通过"看",个体还可以对自己的判断展开评估,因此"看"的过程,也是一个反思监控的过程。

(一)通过"看"进行表象感知

当某一情境、某一物体、某一画面、某一符号或某一文字出现在个体面前时,便能引发个体的注意,无论是有意注意还是无意注意,都能产生视觉感知,形成心理表象。思维可视化教学要求提供突出、生动、形象、有趣的教学要素。情境越是突出的,物体越是生动的,画面越是形象的,符号或文字越是有趣的,就越容易引起个体的注意,个体就看得越认真、越仔细,越能看出内部的联系,个体的感知也就越深刻,所产生的心理表象就越鲜明,就越能触发个体的进一步思考,使思维进入激发状态。换句话说,思维可视化教学通过"看"产生了思维的起点。这个起点是通过视觉选择出来的。通过此,我们发现,"画思维"充分地发挥了"视觉"这种"主动性强的感觉形式",发挥其"选择性"(鲁道夫·阿恩海姆,2019)。

(二)通过"看"产生多向联想

为什么看到某一情境、某一物体、某一画面、某一符号或某一文字能产生相应的甚至特定的心理表象?就是因为这些情境、物体、画面、符号或文字能够引起各方面的联想。此情境包含哪些要素?有什么特点?有什么功能和用途?是否与以往的情境相似或相关……此物体与彼物体有何关联?能否形成有机的组合?这个画面蕴含着什么含义?美吗?由此可以想到什么……此符号、文字代表什么意义?属于什么学科?由此符号和文字可以想到什么……这样，就使得思维从一个节点向另一个节点过渡，组成联想的链条，为思路的形成打下必要的基础。

（三）通过"看"进行判断归类

不同的情境、物体、画面、符号或文字呈现在个体面前的时候，特别是个体将联想的内容也写到纸面上的时候，看着越来越丰富的内容，个体便会想：现有的这些情境、物体、画面、符号和文字的含义是什么？各代表什么？有没有什么相似点？能否将其以某一标准加以归类？实际上这是对思维对象、思维节点和思维环节进行的必要的梳理与整合，逐步形成思维框架。

（四）通过"看"指向解决问题

画思维时，"看"与"画"紧密相连。个体不仅能看到展示出来的情境、物体、画面、符号或者文字等单一要素，而且通过联想还能同时意识到可能要画出的思维内容、策略等。因此，实际上看的过程就是结合已有的视觉内容，集中注意力，紧盯已经画下的思维结构图，对图上的每一思维节点和推理环节进行审查，判断其正确性和上下逻辑关系，去寻找答案或发现所隐藏的线索，用来解决问题的过程。在画思维的过程中，通过"看"，有时我们会期待"偶然发现了某种解决问题的办法"（鲁道夫·阿恩海姆，2019）。而实际上，这种现象确实经常发生。因此，看的过程也就是指向解决问题的过程。

（五）通过"看"进行监控反思

由于思维的内容、方法、策略、环节、前因后果及推进的逻辑关系，都被记录在纸面上形成了看得见的外化成果，这就给个体提供了便捷的监控、评估和审查的视觉要素。个体可以从任何一个环节、任一思维节点或思维内容切入，进行探看判断，对思维的全程展开监控和反思，有力地保证了个体知识建构或问题解决的正确走向和良好结果。

二、认知心理学意义

在视觉支架的支持下，思维可视化教学可以较好地节省心理资源，保障工作记忆，有效推动任务转换，推动思维按机制展开，将认知推向深入。

（一）控制心理资源的损耗

知识建构和问题解决与个体的心理资源密切关系。应对挑战，需要消耗大量的心理资源。当心理资源不足时，个体学习效率降低，甚至可能陷入停滞。思维可视化教学能够较好地帮助个体控制心理资源的损耗，为解决挑战问题提供足够的心理资源。

1. 节省心理资源，保障工作记忆

认知心理学认为，任何心理机制的运作都是在工作记忆平台上展开的，只有平台上有足够的资源，心理过程才能够得以顺利展开。

（1）提取信息，保障平台持续运作

当个体记下思维节点或画下联想思路时，便将信息从工作记忆平台上提取出来，不再占据平台资源,这样平台便有了足够的资源高效运作。

简单地设想一下,如果解决一个问题需要 5 个环节,与每个环节直接关联的要素为 5 个,与直接关联要素的下级要素也为 5 个的话,那么所需涉及的要素为 125 个。考虑到这些要素之间的可能联系,这是一个极为庞大的数字——会远远超过工作记忆平台的负荷。

通过思维可视化手段,可将其中较为明显的两三个环节提取出来,再将与它们的直接相关要素一一罗列出来,如此循环,则信息将减少为原来的 2/5!这对认知负荷的减少和个体信心的提升有着举足轻重的作用。如果通过可视化手段能够将与其直接关联的 5 个环节全部提取出来,如此步步推进,那么记忆的负荷将大大减小,控制在个体可承受范围之内,使个体完全有精力展开深度思考。

同时,对于某一特定环节突破,信息提取有着更为独特的长处。一旦被提取出来,那么它便成为个体唯一的思维对象,从众多的信息流中被分离了出来,个体便能够聚焦所有心理资源,着重处理该环节的任务。这样,便能容易发现本质关联,使其得到充分的突破,为最终解决问题打下基础。

(2)梳理思路,保障平台高效运作

值得注意的是,认知心理学还发现,心理运作越高效,问题处理得越到位彻底,所占用的心理资源就越少。通过可视化手段对思维进行梳理与整合,能够克服认知的混乱局面,推动心理以更高的效率运作。很显然,这反过来又会进一步节省资源。如此形成良性循环,能推动个体有效解决问题。

2. 便于注意控制,有利于任务转换

解决挑战性问题时,个体要进行注意控制,以便顺利实现任务转换。

(1)注意聚焦,实施控制

当个体处于较为复杂而陌生的情境时,问题的挑战性便显示出来。由于缺少相似的经验,个体需要有意识地协调两个心理机制:注意聚焦与信息抑制。

一方面,进行注意聚焦。将精力集中在所要解决的问题上;要解决的是什么问题?这些问题与哪些因素有关?本情境中提供了哪些相关的要素?用这些问题推动自己建立起问题解决的有效机制。

另一方面,进行信息抑制。个体还要同时发动抑制机制,将一些无关的要素排除在外。这样既能避免它们形成干扰,同时还减少了对心理资源的占用。

思维可视化教学通过可视化的手段,将问题记录下来使其明朗化,聚焦了注意,也排除了无关问题。画下思维节点,便形成了一种指向性导向,帮助个体步步推进,去寻找知识、情境之间的关联,准确地解读情境,筛选出需要的信息。而那些没有被筛选出来的,自然就被排除在外,成为无关要素。这就建立起良好的聚焦与抑制机制,实现了有效的注意控制。

(2)分解任务,实现转换

解决有挑战性的问题需要一个复杂的过程。操作时,往往需要分成众多的阶段,分阶段解决问题。一方面,个体必须进行必要的分解,将目标分解成相对独立的阶段性任务,以降低解决的难度;另一方面,还要保障不同任务的有效衔接,推动任务的顺利转化。这样,每个阶段都是整体的有机组成部分,每解决一个阶段性任务,个体就向总目标靠近一步,帮助个体实现最终的目的。

思维可视化教学能够对整体任务进行直观的刻画,帮助个体对整体任务进行直观把握;思维可视化教学还可以帮助个体将整体任务分解成相对独立的阶段性任务,让个体看得见,进行直观把握;思维可视化教学还可以勾勒出各阶段任务之间的衔接环节和转化机制,让任务衔接与转化清晰可见,让个体进行直观把握,进而有效实现任务的衔接和过渡。

(二)保证思维按机制展开

面临挑战性问题时,个体往往思维纷飞,思维处在混沌状态,难找到正确的思路。这里有两个重要的原因:一是缺少一个明确的切入点,思维得不到有力的激发;二是没有整合出大体的思考指向,思维不能顺利展开。通过画思维,画下思维节点,使个体能展开有效的联想,建立起产生式的思维线索,能对思路进行有效的梳理,将其归到某一统一的指向较好地解决问题。这样,从认知机制上保证思维的激发和顺利展开。

1. 画下思维节点,奠定了产生式思维的联想起点

画下一个思维的节点,就给个体一个明确的联想起点,便给联想生发立足之处。联想可以围绕着起点,沿着不同的方向展开,一个思维节点便可与众多节点保持联结。如此将逐级展开,源源不断,便能产生丰富的思维链条。联想能力越强的人,联想的点也就越多,思路也就越丰富,分析也就越全面,也就越容易找到解决问题的策略。

很显然,在这里思维可视化起到了不可替代的作用。设想一下,对于挑战性问题,如此巨量的思维连接,如果没有及时写下关键的节点,让它在头脑内清晰展开,谈何容易——非乱成一锅粥不可!这也是大部分人难以及时找到突破口的原因。通过思维可视化手段,从第1个节点入手逐一展开2级联想、3级联想……个体便能顺利地形成多级的联想网络。这种联想有序排列,有迹可循,哪怕网络再庞大,依然是清晰、明确的,而绝不会是混乱、模糊的,发挥着挖掘思维和梳理思路的重大功能,直到获取所需的线索与路径。

2. 写下联想依据,保证了产生式思维的正确推进

通常情况下,我们可以把思维列入程序性知识的范畴,用安德森的知识产生式模型"如果……那么……"来进行表征,可简单用"如果 a,那么 b"来表示。

(1)根据联想起点,准确建立思维链接

联想的短处是通过联想连接的要素之间没有"硬依据",两者之间不要求存在必然的联系,这就使得推理缺乏因果的保障。而"如果……那么……"的产生式思维则很好地保证了因果的必然性。根据产生式画下的前提,个体便能顺利地画下结果,让思维的因果性展现在面前,从而直观把握。在挑战性的情境之下,这种直观的因果性能够起到良好的支架功能,节省心理资源,让个体有能力继续推动后续的探究。

比较下面两个句子:

句子 1　某甲回去探望老父亲(某乙),他老父亲(某乙)脱口问:我孙子(某丙)呢?

句子 2　如果丙是甲的儿子,甲又是乙的儿子,那么丙是乙的孙子。

对于句子1,乙(老父亲)想到自己的孙子(丙)是一种自然的联系,没有任何推理。老父亲见到儿子,想起自己的孙子,对于"不孝有三,无后为大"传统观念深入心底的中国老人而言,这是一件很自然的事,大体与"如果……那么……"的推理无关。老父亲的心理不会这么想,我是你的父亲,所以你的儿子就是我的孙子,哪怕伦理关系确实是这样建立起来的。在这里,老父亲想起孙子,与因果推理依然没有任何的必然联系。这一次他问起的是孙子,下一次他可能问起儿媳妇。这要看儿子是跟谁一起回去而定。当儿子带儿媳妇而没有带孙子回去,老父亲自然会问及孙子;如果儿子带孙子没有带儿媳妇回去,老父亲提起的对象就大概率是儿媳妇了。这里包含着浓浓的亲情,但跟明确的逻辑推理并无关系。

很显然,对于句子2而言,情况就完全不同。这是一个典型的"如果……那么……"的产生式句式,有着严谨的前提条件和必然性的结果。只要丙是甲的儿子,甲又是乙的儿子,那么丙是乙的孙子。这是由内在的伦理逻辑规定的,跟儿子是否带着孙子回去探望老父亲没有任何关系。也就是说,只要满足了"丙是甲的儿子,甲又是乙的儿子"这个前提,那么就必然会出现"丙是乙的孙子"这个必然的结果。这个结果是客观存在的,是有着内在因果关联的,跟老父亲有没有想念孙子没有任何关系。

(2)根据前提条件,获取所需建构思路

与前面的章节论述过的一致,从上面的例子我们可以看出,"如果a那么b"的产生式模型能够较好地建立起思维的链条。如果以前一个结论b为条件,我们可以得到结论c;再以c为前提,得到结论d……如此不断推进,便能通过产生式模型使思维一直演绎下去,形成完整的思路。这样,我们得到了一个完整思路建设路径,可表达如下:

如果a,那么b;如果b,那么c;如果c,那么d……

可以看出,沿着不同的思维起点,同样能够建立起类似的产生式思维链接,梳理出不同的思路,为个体的决策提供依据。

例 浮力的产生。

对于初中的部分个体,浮力的产生是个难题,但用产生式模型,通过推理,可以快速帮助个体突破这一难点(图3.1)。

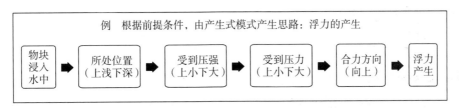

图3.1 根据知识前提发动产生式链条:浮力的产生

3. 遵循思维框架,保障了建构思维体系合理建立

一般说来,推理分为3个类型:归纳推理、演绎推理和类比推理。通过可视化手段,个体可以画出这3种推理的整个过程,根据建构对象的特点,逐步建立起相应的思维框架,顺利形成相关的思维体系。

三、创造心理学意义

创造心理学认为,人的创造性与问题的表征形式与思维的深刻性、独立性、独特性、发散性、聚焦性和灵活性密切相关,与创造性思维产生的时机、阶段整合和灵感激发整合紧密相连,同时还与团队高品质的思维有关。思维可视化教学能较好地对问题进行表征,较好地激发思维的深刻性、独特性、发散性、聚焦性和灵活性,能够适时整合创造性思维阶段,适时对灵感进行激发,还可以大幅度提升团队思维的品质,因此从机制上保障了创造性的产生。

(一)画思维保障了问题表征的适切

问题解决与问题表征密切相关。创造心理学指出,不同的问题表征直接影响到创造力的产生。一个适当的问题表征可以提高问题的指向性,较好地勾勒出解决问题的路径,进而大大降低问题的难度,引发独特深入的思考,从而问题得到快速解决并促进创造力的产生;一个不合适的问题表征,则容易会引起认知的混乱,这不仅难以降低问题的难度,而且还会将问题进一步遮蔽起来,无助于问题解决,阻碍创造力的产生;而一个错误的问题表征,则会将个体的思路引向错误的方向,哪怕个体花费再多的心力,问题也得不到解决,更谈不上产生创造了。对问题进行表征有外部表征与内部表征两种形式。这两种表征对问题解决发挥不同的作用:内部表征是解决问题的关键,而外部表征可激活个体内部复杂的认知(邓铸,余嘉元,2001)。思维可视化教学通过画思维,可以很好地把两种表征结合起来,既可以帮助个体进行内部表征,把握解决问题的关键,也可以进行外部表征,对内部复杂的认知起到激活作用,有效促进问题的解决。

1. 用可视化手段正确解读情境

在复杂的情境中,借助思维可视化手段可以将复杂的情境分解成较为简单的情境要素,用画图、标注等方法将它们各自从总情境中分离出来,逐一呈现在个体面前。这样,个体不仅能够直观看到情境的各组成要素,能够对各要素一一进行深入分析,发现其关键属性和内在性质,而且能够深入挖掘各要素之间必然的、内在的关联,把握主要矛盾和矛盾的主要方面,进而从本质上把握情境,而不被其中纷繁复杂的要素或关系所迷惑。同时从不同个体使用的可视化手段上可以看出各个个体的学习水平。

例 风吹柜门。

一阵风从柜门前吹过,柜门自动打开了。请说明其中的物理原理。

这是个日常常见的情境,但少有个体会将它与物理学的原理联系起来。从物理学的角度来设问,就容易诊断出个体的认知盲区。但如果引导学生使用可视化手段,一一对情境要素进行圈定,再用物理学的知识来解读,那么便容易解决。下面是3位学生的解读方式。

解读1:第1位学生只圈定了"刮"这个字,在下面标注"流速↑(增大)"(图3.2),这一下子就抓住了问题的关键,找到了解决问题的突破口:用"流速越大压强越小"这一规律来解决问题。风吹过柜门,柜门外部的空气流速增大,大气压强减少,从而小于柜子内部的大气压强,因此产生了一个向外的压力差,推开了柜门。很显然,这是一个优秀的孩子。

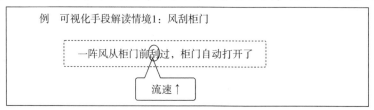

例 可视化手段解读情境1:风刮柜门

一阵风从柜门前刮过,柜门自动打开了

流速↑

图3.2 情境的可视化解读1:风刮柜门

解读 2：第 2 位学生只圈定了"风"这个字，在下面标注"流体"，这也同样抓住了问题的关键，找到了解决问题的突破口，即将日常的"风"与物理学的"流体"联系起来，直接调动出相关的知识——流体与流速的关系（图 3.3）。因此，推动个体去找跟"流速"相关的情境要素，于是，将"刮"也圈了起来。从个体标注的"流速？"到"流速增大！"可以判断，这一解读个体是经过思考最后确证的，并非那么简单直接，说明"吹"这个情境要素，是通过挖掘才得到的。

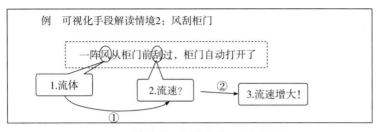

图 3.3　情境的可视化解读 2：风刮柜门

解读 3：第 3 位孩子先将"打开"圈定起来，在上面标注"运动状态改变：$F_{合} \neq 0$"，接着圈定"风"字，下面标注为"流体"，再用一根箭头将 1、2 两个的标注连接起来，然后把"刮"字圈起来，最后用一根箭头连接"流体"与"流速↑"这两个标注（图 3.4）。可以看出，个体首先是从牛顿第一定律入手，判定这是力学现象，由此来倒推出，前面的关键情境要素是"风"，调动出"流体"这一知识，接着才根据"流体"与"流速"的关联，提取出"刮"这一情境要素，解读出"流速增大"。这才把握了解决问题的关键。很显然，用可视化手段进行圈定、标注和线索引导的过程，正是帮助个体逐步提取情境要素，准确挖掘其知识要素的情境解读过程。在这一过程中，个体逐步把握了问题的关键，找到了解决问题的方案。

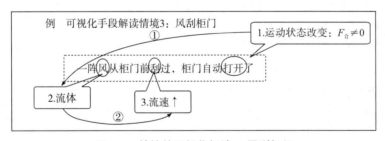

图 3.4　情境的可视化解读 3：风刮柜门

比较第 2 位与第 3 位学生的解读方案，我们可以看出第 2 位学生的总体水平会比第 3 位更高一点，但是对"刮"这一情境的解读却不如第 3 位顺利。

从纸面上留下的思维痕迹，教师可以判断出个体的学习结果、学习过程及内在的思维过程。

2. 用可视化手段正确表征问题

在准确把握情境的基础上，个体可以调动以往的知识和经验对问题进行表征。个体可以将每一个情境要素圈定出来，用连线、画图、标注等方式，寻找该情境要素与相关知识、案例、经验等的可能关联，尝试着对问题进行表征，使问题表征准确、全面。

　　例　完全平方公式的推导。

如要推导完全平方公式 $(a+b)^2 = (a+b)(a+b) = a^2 + 2ab + b^2$，使用乘法分配律，部分基

础较弱个体(还没有达到符号运算阶段)会感到困难,而使用思维可视化手段来表征:用数形结合的方式将平方转化成正方形的面积,这种表征方式可较好地促进个体理解,顺利完成相关构建。

将 a^2、b^2 对应于边长为 a 和 b 的正方形面积,将 $(a+b)^2$ 对应于边长为 $(a+b)$ 的正方形面积,画出 3 个相关的正方形,通过图形(图 3.5),个体容易发现,边长为 $(a+b)$ 的正方形面积由一个大方形、一个小正方形和 2 个矩形 4 部分组成,它们所对应的面积分别为 a^2、b^2 和 ab。这样就很容易得出结论:$(a+b)^2=a^2+b^2+2ab$,转化成常规的表达,便是 $(a+b)^2=a^2+2ab+b^2$。

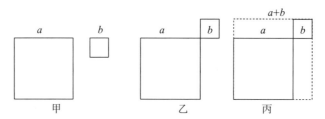

图 3.5　问题表征可视化 1:完全平方公式的推导

同样,在此例中,不同的表征方式直接影响到问题的解决。可以看出,图 3.5 乙是最恰当的表征方式,因为它很容易转化成图 3.5 丙,一下子就解决了问题。同样是用面积来表征,如果将 $(a+b)^2$ 表征为图 3.6 甲,则会增加不少难度,因为个体容易将其转化成图 3.6 乙,这就不如图 3.5 丙直观;而如果表征成图 3.7 甲,则学生将更难发现其中的规律,因为个体画出的图形往往是图 3.7 乙,面积之间的关系更为隐蔽复杂。

思维可视化可贵之处,就在于由于画出了图形,个体可以看着图形,尝试进行移动调整,这样就容易将图 3.7 乙调整到图 3.5 丙,进而找到较好的问题表征,顺利解决问题。实际上,也正是通过这具身行为,个体打破了问题表征的刻板性(布里奇特·罗宾逊-瑞格勒,格雷戈里·罗宾逊-瑞格勒,2020)——人们总是倾向于将两个正方形按图 3.5 甲而非 3.5 乙这样排列,从而突然获得顿悟(当逐步把图 3.5 甲画成图 3.5 乙时),思路的降临是突然、完整的,而随之解决的操作是流畅的、正确的(赫概汉等,2011)。从此也可以看出,思维可视化教学提供的是一个探索者的平台,推动个体去探究,去发现。学习的成果缘于探索的过程。在此过程中,个体的学习力,探究力都得到提升,并逐步出现新的做法,如把图 3.7 乙转化成图 3.5 丙,实现了创新,真正做到了"做中学""创中学"。

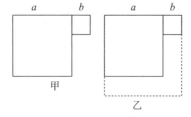

图 3.6　问题表征可视化 2:完全平方公式的推导

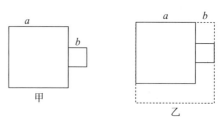

图 3.7　问题表征可视化 3:完全平方公式的推导

(二)画思维保障了创造思维的产生

本模式通过"三画高阶思维"的方式,有效地保障思维的独立性、独特性、独创性、发散性、灵活性和变通性,推动创造力的产生。

1. 画思维保障了思维的独立性、独特性和独创性

在画思维过程中,教师不断调强强调个体要独立进行思考,将知识建构、问题解决和创造迁移建立在自己的思考之上,保持思维的独立性。独画思维阶段,个体必须独立解决问题,充分发挥思维的独立性和独创性。在共画思维阶段,无论是小组共画、班级展画还是师生评画,其前提都是个体的独立思考。这使思维的独立性和独创性得到多层面的强化。同时,质疑和碰撞会进一步激发个体新的想法。而在最后的创画思维阶段,个体更要发挥自己的独立性和独创性,将思维提升到更高的境界。

2. 画思维保障了思维的发散性、灵活性和变通性

发散性是创造性思维的显著特征,思维越发散,越容易出现新颖的意义组合,越容易出现意想不到的独特想法,也越容易产生创造性。

(1)可视化手段保障了思维的发散性、灵活性和变通性

用可视化手段记录下一个思维的节点,就会产生一个联想及思维发散的中心。以此思维节点为核心,通过联想、演绎或类比,可以产生众多下一级关联的衔接节点。而每一个次级节点同样是一个联想与思维发散的中心,同样可以产生众多下一级衔接点。如此不断推进,衔接点便会以几何级数增长,这充分保证了思维的发散性。

通过可视化手段,个体思维可以在同一条思路随机从一个节点跳到另一个节点,也可以随机或刻意地从一条思路跳到另外一条思路,进而产生改良的方案或不同寻常的意义,体现出思维较好的变通性和灵活性。

(2)合作性学习发展了思维的发散性、灵活性和变通性

小组共画与班级展画,进一步拓展了思维的发散性。在小组共画环节,小组成员在自己的思考基础上,各抒己见,展开质疑与反质疑、批判与反批判,形成了头脑风暴,使思维得到进一步的拓展和发散。全班展示环节引发全班的头脑风暴,更是大大激发了思维的欲望,拓展大家的思维空间,有力地提高了思维的发散性和灵活性、变通性,也提高了整体智慧的质地。

(三)画思维保障了创造时机的把握

创造心理学将创造力的产生分为 4 个阶段:准备期、酝酿期、明朗期和验证期。通过"三画高阶思维",思维可视化教学不仅能较好地整合创造性思维的几个阶段,把握住创造时机,而且能有效地激发灵感、记录灵感,较好地推动创造性产生。

1. 画思维充分激发创新产生

通过画思维,创造性思维得到充分的准备、酝酿、激发和验证,创造阶段得到有效的整合,使创造成为可能。

(1)进行积极的创造准备

独画思维能发挥个体的主观能动性,充分调动个体的天赋秉性和学习特长,使思维得

到必要的准备；在小组共画、班级展画和师生评画过程中，疑难咨询、观点澄清使问题和意义更加清晰明了，为创造性思维的产生做了准备。

（2）进行充分的创造酝酿

通过小组共画、班级展画和师生评画，班级的思维得到充分的交流，个体与小组对原来的观点、看法再次进行回顾、审视，个体与团队的前期思维成果得到进一步的利用，个体与团队的思维也得到了更充分的酝酿。在这里，画思维的另一个价值在于充分发挥了"酝酿效应"，即在酝酿期，当个体碰到难以解决的问题，用画这一与问题没有直接关系的活动，如随手画或刻意连接，先把问题暂时放到一边，当再次尝试解决这个问题时，会发现问题的答案逐渐明朗（李子逸 等，2022）。

（3）进行及时的创造提取

通过共画思维、创画思维和头脑风暴，师生的思维得到进一步的发散和激发，创造性思维得到更充分的调动，这增加了个体和团队出现"顿悟"、产生"灵感"的可能。而"直觉、灵感和顿悟等非逻辑方法……在一刹那就能够将现象和本质、个别和一般、部分和整体等认知素材相互统一起来的发明创造能力"（张之沧，2008）。于是，个体与团队的想法越来越清晰，越来越明朗，产生了明确的具体的方案，推动个体及时解决问题。

（4）进行针对的创造验证

由于思维的准备、酝酿过程及明朗期的方案都以"画"的形式在纸面上得以呈现，个体能够较为快速解决问题。同时，个体可以根据"画下来"的设想，从任一环节切入，针对问题充分地展开针对性验证。

2. 画思维有效把握创造灵感

我们知道，灵感是一种"特殊的、创造性思维方式"（冯国瑞，2015），具有"突发性、闪时性的特点，不期而至，一闪而过，使人有一种欲盼而不可求、可望而不可即的神秘感"（卢家楣，2016），但通过画思维，不仅能激发出灵感，而且能够及时记录下灵感，使这些思维的精华得以保存，不至于一闪而过、转瞬即逝，以推动创造性思维的产生。

（1）激发灵感

思维可视化教学可以通过多种多样的方式进行联想与推理，进行常规与非常规的关联，寻找事物内在的联系，有效激发灵感的产生。

①多种推理激发灵感：思维可视化教学通过正向、逆向和类比等多种联想方式，可以尽可能地打开个体的想象空间；通过归纳、演绎和类比等多种推理形式，能够发挥个体思维的天性，推动个体产生独特的想法，较好地激发灵感。

②随机联系激发灵感：通过非常态的推理，将看似不相关的要素随机联系起来，去寻找看似不相关要素之间的内在联系，便能赋予自己思考问题新的视角；从另外的角度观察现象、分析问题，可以较好地破除思维定势，触发新的联想，产生新的思路，形成不入俗套的新颖的想法。这些都能较好地推动灵感的产生。

③刻意联系激发灵感：将看似不相关的想法刻意联系起来，跳出惯常思路、常见观点，较好地破除思维定势，出现与常规不同的联想，推动新的观点、新的想法的产生，较好地激发出新的灵感。

（2）保持灵感

通过画思维，本模式能够较好地将灵感保持下来。

①及时记录：灵感往往是在画思维的过程中被激发出来的。个体想到什么，就记录什么。因此，灵感激发的过程，也就是画的过程，两者同步进行。灵感一旦出现，便即刻被个体捕捉并记录下来。

②专题记录：除了配套记录——即将灵感标注在相关的思维节点或思维内容上，思维可视化教学要求个体对灵感进行分类，按照内容进行专题记录。

③专处记录：为了避免遗忘和其他痕迹的干扰，进一步凸显灵感，思维可视化教学还要求将灵感记录在某一特定的位置上，便于随时查阅。

（3）应用灵感

将保持下来的灵感进行整合，用以解决问题。

①整合灵感：灵感往往一闪而过，以零星碎片的方式出现，因此要对灵感进行适当的整合，进一步提纯其含义，挖掘其价值。

②使用灵感：围绕相关的问题，用灵感激发新想法，并与已有的想法、思路、方案进行对比分析，通过自然联想或刻意联想等方式对原有的想法、思路和方案进行必要的调整和更改，进一步寻找解决问题的方法、策略和途径。

四、青少年发展心理学意义

埃里克森认为人格的发展需要经过 8 个阶段，而青少年时期正是自我同一性形成的最关键阶段。青少年从各个方面进行探索，以整合成一个完整的自我概念，形成自我认同。自我同一性一旦形成，青少年就能有效地建立自尊自信，对未来充满憧憬；否则，就难以建立正确的自我图式，便会导致角色混乱，难以适应社会，对未来失去信心。

思维可视化教学不仅可以对个体的知识、思维进行画像，还可以对个体的行为、情绪、情感、心理、思想等方面进行画像，帮助个体直观、全面、深入地认识真实的自己，建立正确的自我图式，发展自己和完善自己，完成自我同一性认同，成为一个健全的、积极向上的人。

（一）形成正确自我认知，建立正确自我图式

社会学原理指出：人的自我认知图式的正确确立需要多个来源。其中最重要的是个人图式与通过社会观点采择形成的（主要源于重要他人）参照——"镜像自我"。正确自我认知（个人图式）和社会观点采择能够帮助形成自我认同的标准，建立起正确的自我图式，让个体在"现实的自我"与"理想的自我"、"真实的自我"与"虚假的自我"之间做出正确的区分。形成真正的自我。按照米德的观点，就是在"一般化他人"的帮助下，完成了"主我"与"客我"的统一（乔治·赫伯特·米德，2014）。

1. 画思维形成自我认知图式

合作学习和社会学习可以为个体提供多方面的参照使个体对自己的认知更加客观全面，形成正确的自我认知图式，建立正确的自我认同感（雷雳，张雷，2003），进而促进自我的发展。

（1）以己为镜，发现自己

三画高阶思维，发展了个体的理性思维，使自己进入深度的思考之中，对自己展开全

面、深入、有理有据的认知。这种认知既能够调动个体的天赋个性,看到自己的优点,又能够促进个体躬身自问,展开有效的反思,发现自己的短板。前者能够让个体把自己最优秀的部分释放出来,获取教师、同伴、家人或重要他人的尊重与欣赏,有效建立自我效能感,产生自尊自信的独立人格;后者又能让个体看到自己的不足,力求完善,使个体成为更开放、更上进的人。

(2)以人为镜,发现他人

通过合作学习和社会学习,个体能够自然看到他人的长处,这会促进个体真诚欣赏他人的优点,虚心吸收他人的长处。

以人为镜,个体能够更深入地展开反思性活动,进一步提高自我的认知水平,能看到未来的自我(可期待的自我)。这样,个体在"现实的自我"和"理想的自我"之间形成必要的张力,发展指向未来的积极的自我特征。

2. 画思维提升自我认知水平

思维可视化教学通过合作学习与社会学习,实现了人际亲和,提高了社会认知,能为个体提供社会参照,帮助个体完成社会自我采择。

(1)建立亲密的人际关系,形成个体社会采择基础

通过合作学习和社会学习,个体之间互相关心、互相尊重、互相支持、互相鞭策,大大密切了成员之间的人际关系,形成了真诚、友好、理性、奋发向上的团队价值观和文化。这样,容易出现"自己人"的认同,形成"一家人不说两家话"的氛围,团队所能够提供的社会认知更容易为个体所接受,能够帮助个体完成社会自我采择。

(2)提供全面的他者视角,帮助个体完成社会采择

通过小组共画、班级展画、师生评画,个体、小组、班级以及师生之间展开了深度的心灵交流、思想碰撞和智慧交锋。在真诚友好与人为善的学习氛围里,同伴、小组、班级以及教师给个体提供了直接的、深入的、尖锐的甚至是难以接受的意见和看法,个体的天赋水平、动机态度、人格特性得到了较为全面客观的评估,给个体的自我认知提供了一个较为全面客观的"他人视角"。这个全面客观的"他人视角",给个体提供了直接的自我参照,帮助个体完成社会自我采择,形成正确的"镜像自我"。这样,个体能将自己心目中的自己与别人眼睛中的自己有机地结合起来,反复进行审视,便能更全面深刻地认识自己,有效克服自我认知的偏差,促进个体修正自己不正确的自我图式。

(二)克服自我中心主义,实现自我统一认同

青少年时期,个体开始对自我展开探寻,他们在内心发现了一个完全不同的自己。他们渴望独立,慢慢远离父母、教师的视线,努力想发现真正的自我并寻找自己与社会之间的统一关系。但由于种种原因,青少年容易出现两种错误的认知——假想观众和个人神话形成自我中心,给自我的健康成长带来严重的问题。个体只有较好地克服自我中心,才能真正实现自我统一认同,树立起健全的人格。

1. 塑造社会角色,破除假想观众

所谓的假想观众,指的是个体认为每个人都像个体本人那样对自身的行为特别关注(Bell,Bromniek,2003)。

（1）关注自己，是社会角色塑造的需要

合作学习是思维可视化教学一种重要的学习形式。在合作学习过程中，要有明确的分工，个体的任务各自不同，却又组成协调的整体。每个人都在团队中扮演着不可替代的角色。个体意识到，每个人都有自己的任务，只有每个人都扮演好自己的角色，做好自己的工作，才能最终达成集体的整体目标。因此，每个人首先必须关注自己，而不是关注他人，这是任务分工的需要。关注自己，实际上关注的是自己承担的任务，关注的是自己所扮演的角色。思维可视化教学设置挑战性的任务，包含众多真实的社会情境要素，个体不但要与同伴合作，有时还要与学校以外的社会人员互动。这时，角色扮演就具有明显的社会特征，为个体真实的社会角色扮演提前做好准备。

（2）关注他人，是整体任务完成的需要

个体同样会意识到，合作中确实会包含着"他人"的关注；但这种关注是团队任务的需要。自己对他人的关注，主要是对他人任务的关注，关注他人是否在正常的时间内完成小组布置的任务。换句话说，自己对他人的关注，不是关注他人的"人的本身"。由此个体体会到，他人对"我"的关注同样是团队任务的需要，他者对"我"的关注，主要围绕着"我"的任务，而非"我"的"人的本身"。这就让每一个体清楚认识到：对他人的关注是有外在目的的，是有限度的，关注的是任务，而非"人本身"。

这样，每一个体都会深切地体会到，关注"我"本身，并非"他人"天生的义务。"他人"不可能像个体想象的那样特别关注自己，更不会时时刻刻盯着自己的一举一动。这就有效地破除了"假想观众"，建立起社会意识，让个体认识到自己和他人一样，都只是社会普通的一名成员，而不是万人瞩目的焦点，进而完成一种从"个体性的我"向"社会性的我们"社会角色的转化。

2. 学习他人优点，破除个人神话

个人神话是青少年自我中心的又一种典型表现。所谓的个人神话，是指青少年相信自己是独特的，直至是"独一无二"的感觉（Buis，Thompson，1989），是无懈可击的，甚至是无所不能的。出现个人神话的青少年，往往认为"别人无法理解我做的事""那种事不可能发生在我身上""我可以摆平一切"。

在合作学习中，通过深度的团队互动，同伴可以提供真实、全面、客观的社会信息，推动个体通过社会比较来进行自我评价，帮助个体清晰看到自己的优劣长短，进而破除个体神话。

（1）团队互动能够帮助个体得到充分理解

通过倾听、咨询和意义协商，个体有充分的时间思考自己的所作所为，有足够的机会向团队、班级阐述自己的观点和感受，让团队清晰了解自己的行为动机，理解自己。这样，会逐渐建立起一个观念：自己是独特的，但也是可以被人理解的。

（2）团队互动能够帮助个体把握事物规律

合作学习和社会学习能够深刻地挖掘出团队成员不同的社会文化要素。在激烈的思想交流中，团队的社会文化得到进一步的沟通与融合，形成共同的视域。这样，通过分析、判断与推理，个体能够较好地把握事物的规律。个体就会得出结论：那件事如果会发生在他人身上，那么也可能会发生在自己身上。

（3）团队互动能够帮助个体发现他人之长

通过优点展示和困难求助，通过追问与反追问、质疑与反质疑、批判与反批判，每个人的优势长处、天性禀赋和思维个性都得到充分的展示。个体既能发现自己之长，也能发现他人之长。在充分的展示中，个体可能发现自己的突出之处相对较少，而需要完善之处则相对较多；个体会发现他人有着超越自己的极其卓越之处；个体会发现那些看起来朴实平凡的人，竟然有着极其闪光的品质；个体还能够清晰地洞察发现个人的力量相对有限，而团队的智慧却是相当强大的。这样就破除了"我可以摆平一切"的个体神话。

五、社会心理学意义

思维可视化教学强调基于真实的情境，强调解决富有挑战的实际问题，要求个体深入生活，深入社会，开展社会实践活动，进行深刻的社会互动和团队协作，能够培养个体正确的社会认知，完成社会角色扮演，产生社会认同，建立亲社会人格，较好进行社会化。同时，还能培养个体较强的社会技能，让个体适应社会，顺利融入社会。

（一）切入真实生活场域，进行社会化

思维可视化教学以培养德、智、体、美、劳全面发展的人为宗旨，注意培养个体高阶思维能力，以提高个体的理性精神；思维可视化教学将学习建立在真实的生活情境和社会情境的基础上，让课堂接近生活，不至于脱节。同时，无论是德育学科、科学学科还是人文学科，思维可视化教学要求个体展开社会调查、社会活动、生产劳动和学科实践，使个体进入真实的生活场域，与社会形成深刻的互动。这让个体既看到了人性的光辉和社会的光明，也看到了人性的复杂和社会需要改良之处，进而形成正确的社会认知，有效地内化国家主流价值观、法律、法规、社会公德和良序风俗，完成社会化，在现实的社会环境中进一步培养个体正确的积极向上的价值观、世界观和人生观，培养个体优秀的爱国主义精神、社会道义和道德品质。

（二）产生社会情感归属，建立亲社会人格

在合作学习中，良好的互赖关系能够提供强大的情感支持。在团队里，大家互相尊重、互相关心，建立起深厚的友谊，个体感受到团队的温暖；在团队里，大家互相帮助、互相支持，去克服个体无法克服的困难，个体感到团队的智慧；在团队里，大家互相鼓舞、互相鞭策，确立了更加高远的目标，取得了更好的成效，个体感受到团队的力量。这样，大大增强了个体的团队认同意识。个体不仅会有意识地将自己看成是团队不可缺少的一员，也会将伙伴看成是团队不可缺少的一员，建立起强大的群体认同感，进而产生社会情感认同。

思维可视化教学特别强调团队的情感支持。情感支持，使个体感到团队的温暖、友爱和期望，能有效地克服个体的疏离、孤独与无助。在团队的感召下，个体不会游离于社会之外，有效地培养起个体的社会归属感。这不仅有助于个体进一步进行社会化，进一步内化主流社会价值观，进一步强化自己的初心远志，而且能帮助个体建立起亲社会人格，成为亲社会的人。

(三)培养必要社会技能,帮助顺利融入社会

在合作学习和社会互动中,个体不仅学会尊重他人,还能够有效地提升自己倾听、表达、沟通、协商能力,提升自己合作分工的水平,提升自己共生共赢的意识、能力和素养。这些重要的基本能力,可取得社会生活的资格,发展自己的社会性(费孝通,1984),能帮助个体准确进行社会角色定位,进行"社会角色的学习"(墨顿,2000),完成社会角色扮演,在社会上得到尊重、获得友谊,与他人展开友好合作,进而顺利融入社会。

1. 培养了尊重他人能力

学会尊重他人,尊重他人的个性、思想、行为。一种真正的尊重表现在对个体正确的辩证对待上,既要尊重对方的优点与长处,也要指出对方的缺点与不足;既要欣赏对方迷人的个性,也要接受对方令人厌烦的毛病。

这种尊重是对优异性的一种肯定。肯定对方优秀品质,肯定对方的迷人个性,肯定对方优异的成绩。这种尊重也是对不足的一种鞭策。对于同伴,个体要勇于指出对方存在的问题,并督促对方改掉必须改掉的缺点,推动对方不断进行自我完善。

这种尊重是求同存异的一种悦纳。对于不同的观点,要从客观理性而非主观情感的角度进行分析,可以探讨,可以争论,甚至可以批判,但要允许对方保留自己的看法,而且要学会尊重对方的这种不同看法。

这种尊重是对不同个性的一种宽容。对于那些难以忍受的个性,对于那些难以改掉的毛病,只要没有触及法律道德的底线,都应该以宽容的态度对待。

2. 培养了深度倾听能力

在小组共画、班级展画和师生评画过程中,无论是咨询、质疑、追问还是意义协商,其前提都是倾听。个体只有掌握了倾听的技能,才能较好地咨询、质疑、追问和意义协商。反过来,通过咨询、质疑、追问和意义协商,能够较好地推动倾听能力的发展:包含对对方观点、思想框架的把握,对对方真实意图的捕捉,对对方言外之意的洞察等,为沟通打下良好的基础。

3. 培养了表达沟通能力

佐藤学指出,"一切的学习都是内蕴了同他人之关系的社会性实践",是在"同他人沟通这种对话实践的社会过程中实现的"(佐藤学,2004)。在小组共画、班级展画和师生评画过程中,个体能勇于表达自己、善于表达自己,使表达能力得到较大的发展。个体能够清晰明了地阐述自己的思想、观点,表达自己的方法、策略,描述自己的成效、困惑,用关键词进行凸显,用结构化语言进行组织,可以用表情、动作加以烘托,对可能出现歧义含混之处进行意义澄清,使对方能够全面清晰地把握自己的看法。

思维可视化教学注重沟通能力的培养。进行观点交流、咨询、质疑、追问和意义协商,都是重要的沟通方式。除了交流知识和思想内容,思维可视化教学还注重情感上的沟通,谈谈生活,畅想未来,让彼此的心灵更加贴近。重要的是,个体还习得一种他者视角,能站在他人的立场看待问题,这使得个体的阐述更容易被他人所接受。

4. 培养了合作共赢素养

共赢是合作的最高境界,也是合作的最佳策略。思维可视化教学基于复杂的情境和挑

战性的问题,当个体无法独立应对时,分工与合作便产生了。通过分工合作,团队能够树立起合作共赢的意识,提升合作共赢的能力,形成合作共赢的习惯,而个体的素养得到沉淀,顺利地迁移到社会生活的方方面面,较好地融入社会。

很显然,这会给个体的成长带来不可估量的价值,不仅能帮助个体建立一种良好的社会合作态度,形成一种良好的社会生活技能,而且还从客观上帮助个体建立起社会建设的能力。

(1)培养合作共赢意识

联合国教科文组织将"学会共同生活,学会与他人一起生活"当成教育的"四大支柱"之一,并指出"这种学习可能是今日教育中的重大问题之一。要做到这一点,一种较好的方式是用"平静的合作,甚至是友谊"来消除偏见和敌对(联合国教科文组织,2014)。合作学习能够解决个体无法解决的学习困难,去完成个人无法完成的学习任务。可以说,合作的目的就是指向共赢。在合作学习中,每个人共同努力,各负其责,同甘共苦,共同迎接学习的挑战,共同克服学习的困难,共享合作的成果,充分体验到合作学习的魅力。合作学习将分散的个体组成了坚强的团队,产生彼此融合的"一家人"的意识。因此,这种合作学习是真诚的、理性的、富有建设意义的。同时,教师将整个团队作为评价的对象,以团队的合作意识、合作能力、合作水平和合作成果为评价的内容展开评价,让个体知道,只有通过团队合作,自己的价值才能够得以体现,自己的成果才能得到放大,自己的困难才能得到较好的克服,进而有效地激发个体合作的意愿,推动合作共赢意识的产生。

(2)培养合作共赢策略

合作学习涉及多方的协调。为了取得预期的效果,小组必须制订合理的方案,齐心协力开展学习。小组必须从实际出发,具体分析小组的情况,包括任务目的、所占据的资源、成员的长短处等,然后建立必要的规则,确定各成员的任务。在此基础上,选择正确的策略展开合作,做到以最小的成本获得最大的效益。在这里,合作策略起着总体的协调作用,促成任务的科学安排、角色的合理分布、进度的正常推进、评估和调整的及时展开,充分调动长处,克服短处,发挥着 1+1>2 的作用。

(3)培养合作共赢能力

通过任务安排、角色轮换等方式,个体强者更强,强项更强,弱者变强者,弱项变强项。初始时,为了使任务顺利进展,往往采取"用人之长"的策略,充分发挥个体的长处,去解决困难。这样,能使个体的强项在应用中得到进一步巩固、完善和提升。合作的后期,往往采取"弱项补偿策略",针对个体的短板安排任务,比如安排活跃的个体进行安静观察,安排沉默的个体多发言,有意识地去弥补个人的短板,使每个人都得到全面发展。

(4)形成合作共赢习惯

通过合作,个体能深刻地感受到团队的温暖、智慧和力量,形成团队的归属感和向心力。这种归属感和向心力能促进个体形成合作共赢的习惯。这样,当个体碰到自己无法克服的困难时,便会主动寻求团队的帮助,而不会闭门造车,逞一己之勇,使自己长久陷入困境,影响正常的学习进度。当然,这里要指出的是,合作学习要建立在自主学习的基础之上。教师要特别强调这一点:当仅靠自己能力无法完成任务时,个体才可以寻求必要的帮助,以免削弱解决问题的独立性,造成对他人和团队不必要的依赖。

合作共赢的另一好处是能够形成良性循环，以推动个体自身发展。合作学习中所形成的充分交流、无私分享的习惯，往往也会成为个体日常学习、生活交往的重要方式。在日常生活和社会活动中，个体乐于交往，无私分享，不仅能获取别人的尊重、赞誉，而且还会获取相应的回馈。很显然，这反过来会增强个体合作共赢的意愿，提高个体合作共赢的能力，进一步巩固合作共赢的习惯。

第三节　教育学意义指向

思维可视化教学的教育学意义在于，对"育"而言，真正树立了个体的主体地位；对"教"而言，实现了对学生最大程度的教导；对"学"而言，确确实实激发推进了个体的学习行为，实现了个体的深度学习；对"思"而言，全面发展了个体的高阶思维，使形象思维和抽象思维都得到发展；对"评"而言，通过对学习建构全程展开全方位的评价反思，全面培养了个体的元认知能力。

一、对"育"而言，树立了个体的主体地位

在教育功能上，思维可视化教学使学习立足于个体最近发展区，在主体性与教育之间的结合点，"充分尊重、发展受教育者的主体性，培养具有主体性的人"（张天宝，2002），这样就有效地确立了个体的主体地位，最大程度上实现了因材施教，使个体在学习、态度、人格和社会性方面都得到了应有的充分的发展，实现了教育的全面发展。

思维可视化教学致力于因材施教。对个人而言，所确定的目标是个体的发展目标，所选择的内容是针对个体的内容，所采用的学习方式是符合个体天性的方式，所制定的策略是最大程度推动个体发展的策略。一句话，是用最适合个体的学习内容、学习方式和学习策略来实现个体的学习目标，因而能够最大程度地确立个体的主体地位，提高学习效益，进而最大程度上实现了因材施教。

（一）思维可视化教学指向个体的充分发展

1. 思维可视化教学实现的是个体的课程目标

思维可视化教学能准确揭示个体的发展特征、学力水平、知识基础和经验基础，暴露其能力和知识上的不足，确定个体与课程目标之间的发展区间，进而帮助个体确定适切的目标层次，选择针对性的学习内容。这使得学习围绕个体的实际展开，所实现的是个体的目标，所解决的是个人自己的问题。因为个体要达成的是自己的目标，而非他者目标；不是教师要求达到的目标，更不是其他个体需要达成的目标，甚至也不是国家课程规定要达成的目标，而是在课程标准框架指引下个体所能达成的目标。同时，在学习过程中所要解决的是个体的问题，而非他者的问题；不是教师的问题，更不是其他个体的问题，甚至也不是国家课程要求的问题，而是在课程目标框架指引下个体所能解决的问题。这奠定了个体主体地位的基础。

2. 思维可视化教学可以实现个体的充分发展

思维可视化教学可以促使个体选择个性化的学习方式和学习策略,推动自己得到充分的发展。

不同的学习方式和学习策略,不可避免地对学习成效产生一定的影响。正确的、合适的学习方式和学习策略对学习起到了良好的促进作用,而错误的、不合适的学习方式和学习策略则对学习起到阻碍作用。思维可视化教学要求个体用自己喜欢的方式、擅长的方式展开学习,要求个体立足于自己的天赋特长、学习风格、思维特色展开小组讨论、合作探究等多种形式的合作学习与社会建构学习,进行学习。在这里,自主学习是一种最主要的学习方式和能力,与个体的长期发展有着密切的关系。正如 Knowles(1975)指出,"自主学习不再是一种教育领域的时尚概念,而是一种人类最为基本的竞争能力——依赖自己学习,终身学习"。思维可视化教学同时要求个体采用诸如小组讨论、合作探究等多种形式的合作学习、社会建构学习及合适的学习策略进行学习,进而最大程度地保障学习的效益,实现自己的充分发展。

(二)思维可视化教学确定了个性化学习目标

影响学习最大的因素是什么?这个问题见仁见智。但实践证明,学习目标是关键的一环。一个合适的目标,无疑能够清晰地指明个体发展应该到达的层次,给个体较好的指导,进而有效地激发个体学习的欲望。

1. 思维可视化教学揭示了个体的最近发展区域

思维可视化教学迫使个体立足"已会"向"将会"挺进。在思维可视化教学中,个体一定是从自己已经掌握之处入手画思维,逐步向未知的领域推进。这种推进是逐步加深,个体受到的挑战,也是逐步呈现出来:挑战性越来越大,有时甚至需要他者协助才能突破。很显然,这是个体逐步发现并突破最近发展区的过程。

2. 思维可视化教学帮助确定适切性的目标层次

在此过程中,个体逐渐发现自己所能够达到的学业水平,有意识地对学习的难度进行必要的控制,使其不至于过易或过难。这样,个体便能够制定出合适的目标:既不过高也不过低,将超过能力范畴的或对发展没有价值的任务排除在外,把目标控制在一个合理的区域,使其既具有一定的挑战性,又能够在要求的时空内实现,进而推动自己得到应有的充分的发展。

在这里,之所以不断强调合适的目标层次的重要性,就是为了实现因材施教——目标必须为个体量身定做:不同的个体,必须有不同的发展目标,都要立足于自己的最近发展区向着更高的具有挑战性的区域,进而使自己得到充分的发展。

(三)思维可视化教学确定了针对性的学习内容

思维可视化教学能诊断个体的能力基础和存在问题,帮助选择针对性的学习内容。思维可视化教学的过程,也是个体根据自己的能力调动自己已学知识、经验去解决问题的过程。在此过程中,通过"三画高阶思维",个体的能力水平、知识基础与经验储备都得到应有的揭示与呈现,个体的能力不足和知识缺陷,也得到应有的揭示与呈现。在课程目标的引领之下,通过教师充分的指导,个体对自己的学习现状有着清晰的认识,对自己所能达到的学业水平也有较为准确的判断,因而会选择合适的内容去达成课程目标。个体不会选择过于简单或过于艰深的内容,因为前者无法激起个体的兴趣,而后者障碍性过大又难以开展学习;个体选择的内容也不会过于宽泛或过于狭窄,因为前者无法聚焦目标,而后者又不足以实现目标的丰富性;个体还可能选择某些特定的内容进行学习,因为这些内容可能与个体的兴趣密切相关,也可能与个体的天赋特长有关,能够激发个体的好奇心和求知欲,产生驱动性问题,推动学习逐步展开,对于学习有较大的促进作用。一句话,思维可视化教学能够使个体选择针对性的学习内容:把握其难度、深广度,并与自己的兴趣爱好紧密结合,进而将学习控制在一个合理的难度范围。这样,学习既保留了必要的挑战要素,又能够得以顺利进行,使个体能在最大程度上发展自己,实现课程目标。

(四)思维可视化教学优化了个性化学习方式

所谓的个性化学习方式,就是充分地考虑到学生学习风格的倾向性,是靠听觉、视觉,还是运动感觉来学习?(蒂姆·奥布赖恩,丹尼斯·吉内,2006)思维可视化教学还考虑到学生的年龄特征,从宏观上确定了个体的学习方式。初中生,正处于皮亚杰所谓的具体运算向形式运算的过渡阶段,抽象思维较弱。高中生,虽然抽象思维得到了较大的发展,但复杂问题依然对他们提出了严峻的挑战。这就意味着外在的思维支持是必要的,甚至是必不可少的。思维可视化教学用画思维的方式,将形象思维与抽象思维联系起来,充分发挥两者的长处,给高阶思维和创新思维提供看得见的视觉支架。同时,画思维很好地调动个体的天赋特长,让个体能采用最适合自己的方式展开个性化学习,也提高了知识建构或解决问题的成功率。

1. 根据天赋特长学

思维可视化教学之所以强调根据天赋特长学,是因为天才学生的一个重要标志是其"作品有原创性"。个体通过"深入、长时间"的练习(安妮塔·伍尔福克,2019),根据天赋特长画,就能很好地激发其原创性。思维可视化教学要求个体根据自己的特长画思维、建思路,提出知识建构和问题解决的方案。画思维没有统一的刻板的模式,提倡个体用自己喜欢和擅长的方式进行。个体要采用什么样的方式、风格、样式画思维,没有明确的统一的要求;个体要采用什么样的思维框架捕捉思维线索、建立思路没有明确的统一的要求;个体要在什么时候画、用什么策略画也没有明确的统一的要求。因此,个体会使用自己擅长的方式展开思路,让思维沿着自己擅长的方向推进,使自己的天赋优势得以正常激发;个体往往会用自己所喜欢的方式画思维,这又会使得自己的天赋优势得到充分的发挥和进一步挖掘。这样既较高效地解决了问题,又很好地保护了个体的天赋特长,使其得到进一步的发展。

2. 根据天性风格学

思维可视化教学可以较好地促进个体采用自己偏好的学习风格展开学习。心理学证明,个体在学习上存在着不同的偏好,这与个人的性格特征有着密切的关系。如有人倾向于视觉学习,即通过观察、演示来解决问题,他们特别适合于直观性教学;有人倾向于听觉学习,他们善于倾听,更善于通过听来获得知识,他们也更喜欢倾听来自教师和伙伴的指导和建议,由此形成自己解决问题的有效方案;有人倾向于行动学习,他们喜欢自己动手进行探究学习,希望通过自身的独立探索而非以理论推演的方式来获取解决问题的策略;有人善于通过沉思来学习,他们希望拥有较长的时间独自思考问题,在学习的过程中不轻易被他人所扰,教师提问和被同学求助都不被欢迎;有人则善于通过交流来学习,在与同伴讨论的过程中,他们会获得学习的灵感,较好地解决问题。思维可视化教学给予个人足够的选择学习空间,给予个体足够的思考时间,能够促使个体按照自己的学习风格展开学习,进而有助于个体建构新的知识或解决有挑战性的问题。

(五)思维可视化教学优化了个性化学习策略

学习策略的优劣直接影响到个体知识建构与问题解决的高下。实践表明,正确的学习策略可让学习事半功倍,而错误的学习策略则相反。思维可视化教学可以帮助个体根据自己的学习能力、知识基础确定学习目标,选择学习内容,并根据自己的特长与学习偏好制定针对性的学习策略,使自己能够按照合理的方式进行,进而提高自己的知识建构和解决问题的效率。

按照人的独立性,心理学将人划分为两个类型:场依存型和场独立型。场独立型倾向于通过自我探索、独立思考来解决问题;而场依存型则更倾向于合作学习,希望通过团队合作,他们更擅长通过分工协作、讨论商议来解决问题。这样,在画思维的策略上,就有了不同。

1. 侧重"独画思维"的自主学习策略(场独立型)

个体如果是场独立型又是偏好通过沉思来解决问题的,则可以以自主学习为主要的学习策略,依靠自身的努力,突破那些关键性的挑战问题。那么,个体就要侧重"独画思维"的环节,充分利用独画思维的时间展开思考,充分发挥思考的独立性、独特性、独创性和深刻性。个体要多画、多"连"、多回看,通过"独画"来展开深入的探讨,力求基本上完成知识的建构或问题的解决,在后续的"共画思维"和"创画思维"中,个体以自己"画的内容"为核心,特别是在那些关键性的挑战问题上秉持自己的主体视角,深刻审视、评估自己思考的成果,根据自己"画的内容"充分追溯自己思考的依据、内容、方法与策略,在保持思考的独立性的基础上展开"共画",充分吸收众人的智慧,最后再以自己为核心进行"创画思维",创造性地解决问题。

2. 侧重"共画思维"的合作学习策略(场依存型)

个体如果是场依存型,更擅长通过合作交流展开学习,则可以采用合作学习为主的策略展开学习。那么,个体就要侧重"共画思维"这个环节,充分展开交流合作,充分展开头脑风暴,充分展开讨论与商议,尽可能地扩大交流的内容,尽可能地增加思维碰撞的强度。即个体可以多看"别人画的内容"、分析"别人画的思路"、借鉴"别人画的成果",在"自己的画上"融入"别人的画"甚至让他人在自己的画上进行"补充""修改",进而在最大程度上保障思维的质量和创造性。

在这里,要特别指出的是,合作学习以独立思考为前提,合作学习必须建立在自主学习的基础上,不能替代独立思考。因此,个体如果喜欢采用团队协作的方式展开学习,就要将它置于独立思考的基础之上。

可以看出,无论采取哪种学习策略,都应取长补短,不可偏废,以获取最好的学习效果。以自主学习为主要学习策略的,在保证个体探究的深度和创造性的基础上,要勇于、善于与人合作交流,多看别人的独特性和独创性,以融入更多的思维共性和集体智慧,使自己得到最大的滋养和充实。以合作学习为主要学习策略的,在充分发挥交流研讨和头脑风暴的长处的同时,要特别注重思维独立性的培养,将交流与合作建立在自己的独立的判断之上,不可人云亦云,轻易放弃自己独立思考的立场。特别是在"创画思维"环节,采用"合作学习"策略的个体,更要强调学习的独立性。

二、对"教"而言,实现了最大程度的教导

对于教,思维可视化教学能够充分发挥教师的价值和作用,实现最大程度的教导。思维可视化教学不仅要发挥教师的主导作用,展开启发式教学,对学生应"使之悱悱愤愤,然后启发也",使学生进入"愤"和"悱"的状态,达到想说而不知如何恰当表达、想做而不知如何去做的状态,而不是一味等待,因而更富于积极色彩(王炳照,阎国华,1994)。更重要的是,发挥思维可视化教学独特的传播优势、互动优势、诊断优势,使学生得到最大程度的教导。

(一)教学倡导,发挥传播优势

一图顶千文,思维可视化教学在信息传递上具有不可替代的优势。

1. 发挥表达优势

有时用图形来表示能够更为准确地揭示知识的内涵,传达出语言文字难以传达出的内容。有些知识,用语言很难准确进行内涵界定,用形象、图形、图表或图像却能够较好地揭示其内涵,发挥出文字所不具备的优势。有些信息只可意会不可言传,这时通过图像就能起着较好的引导作用,帮助个体理解。

2. 发挥容量优势

分析信息容量,图像具有天然的优势。有时,一个简易的图表、一个简单的图形、一段简短的视频便蕴藏着丰富的甚至巨大的教育信息,其容量远远超过语言文字。

3. 发掘功能优势

寓教于境,寓教于图。情境、形象与图形,能够让个体身临其境,得到深刻的智慧启迪、情感共鸣和心灵洗礼,从而深受教育。因此,情境、形象与图形具备巨大的教育功能。有时一个简易的图表、一个简单的图形、一段简短的视频便蕴藏着震撼的教育价值,这不是语言文字可以比拟的。

(二)教学互动,发挥立体优势

钟启泉认为,课堂互动"是调动参与课堂教学过程的各个主要要素,围绕教育教学目标的实现,形成彼此间良性的交互作用"(钟启泉,2010)。思维可视化教学可以充分激发教学互动,发挥多种形式的教学互动,建立起深刻的教育场景,推动教学往深层次发展。

1. 发挥互动形式多样的优势

(1)发动个体-自身互动

个体-自身互动指个体与自己的互动。通过"独画思维",个体进行独立思考。个体根

据学习目标,围绕要解决的问题,调动已有的知识和经验,展开独立的探索。实际上这是个体与自己的对话,是个体与问题、情境展开互动。这对个体的独立性、执行能力和监控水平都提出极高的要求,因此这是一种最为深刻的互动,是所有互动的基础。

（2）展开个体-他人互动

个体-他人互动指个体与某一他人进行互动,在"共画思维"阶段之外。其分为两种形式:一是个体与教师之间的互动,通过教师"诊画"产生。在"独画思维"过程中,通过巡视,教师对个体的"画"进行评价或诊断,与个体进行互动。这种互动随机穿插于教学过程中,通过此种互动,个体可以与教师互通信息,快速获得来自教师的准确诊断,得到教师及时的援助,推动知识的顺利建构和问题的有效解决。二是个体与团队某一成员进行互动,往往发生在"共画思维"之前。"共画思维"之前,团队合作学习还没有正式展开,由于需要,个体也可以与团队的某一组成员进行交流。

（3）推动个体-团队互动

个体-团队互动同样可以分为两种形式:一是个体与团队之间的互动;二是教师与团队之间的互动。个体与团队之间的互动经常发生在"共画思维"阶段,表现为个体与自身团队之间的对话,通过组内的"说画""论画""评画"等形式,进行交流、讨论与协商,来修正完善个体的观点,并取得团队共识,形成"团队的画——包含小组画的成果及全班的成果——在教师没有介入时"。教师与团队之间的互动往往发生在两个阶段:一是在"小组共画"之后与"班级展画"之前;二是在"班级展画"之后与"师生评画之前"。前者表现为教师对团队的指导、诊断、援助与评价,主要是基于该团队的个性化需要,解决该团队碰到的问题,帮助团队顺利推进学习或是根据团队特质推动团队更好地发展;后者表现为教师与全班之间的互动,在"班级展画"时,基于全班的共性问题和特点,立足于全班的最近发展区,发挥教师的教导作用,使全班在整体上能够得到进一步的提高。

（4）进行团队-团队互动

团队-团队互动是思维可视化教学中最重要的互动形式之一,发生在"班级展画"阶段。其表现为班级各团队之间的互动,通过全班的"说画""论画""评画"等形式,进行展示说明、碰撞交流与批判共成。这种"说画""论画""评画"其实是一种深刻的对话,是一种重要的教学关系,常以对话者持续的话语投入为特征,互动与反思贯穿于整个过程（Burbules, Bruce, 2001）。某一团队面向全班展示,说明"画的成果",包含画的内容、画的成效、画的过程、画的方法策略、画的灵感以及画思维过程碰到的困难与挑战等。其他团队认真倾听,掌握该团队的观点,对不明之处、疑难之处提出问题,追问其知识建构或问题解决的过程、方法、策略,追问其背后的原理依据,展开多个层面的质疑;其他团队还可以对展示团队的方案提出自己的看法,甚至展开批判。在明了对方观点后,展示方对展示成果、观点必须进一步进行解释,进一步澄清自己展示的内容,正面回答其他团队的质疑;当然,展示方同样可以对质疑的观点提出疑义,展开反问与反质疑,进行反批判。这样一来一往,反反复复,形成激烈的思维激荡。

2. 发挥互动内容丰富的优势

（1）发挥知识互动的优势

艾雪黎（B.J. Ashley）等人根据社会学家帕森斯的社会学理论把师生课堂互动行为分为

教师中心式、学生中心式、知识中心式 3 种(陈奎熹,1992)。从某种意义上看,这 3 种互动都围绕知识互动展开。知识互动是最主要的互动内容。在互动过程中,个体对知识的内涵与外延有了更深刻的认识。通过画,个体可以直接展示知识的内涵和外延。通过对画的对比、讨论、质疑与批判,个体进一步把握知识的本质要素,知识的适用前提条件,进而促进自己进一步地理解和内化知识。

在这里,通过"画"围绕具体问题对知识重新展开研讨是深化知识最关键的一环。我们知道,当知识被建构出来而具有普遍意义的时候,知识便脱离了具体的情境而以抽象的形式呈现出来,并由此进入个体的长期记忆结构中。这时,个体对知识的理解,同样是抽象的,脱离了具体的境域。这样,回忆知识时,个体往往不会继续追溯知识建构的过程,不会将知识与具体的情境结合起来,而是对知识的最后结果(或表达形式)进行再现。带来的问题便是,以抽象记忆代替了知识的真实建构。一旦碰到复杂的情境,便会由于缺少具体情境的支持,知识变得扑朔迷离起来。这时,"画"便有了独特的意义。

在解决某一问题时,个体必须面对具体的情境,去运用相关的知识。个体不得不这样考虑:要解决这个问题需要用到哪些知识? 这些知识是否符合本问题的情境? 需不需要调整? 如果通过"画"的形式将这些问题呈现出来,它们就变得明朗起来。可视化手段能快速帮助个体围绕具体的问题和情境,对知识的内涵要素和成立条件展开重新判断,判断知识与情境的匹配性。如果问题特别困难或情境特别容易混淆,可视化手段能够帮助个体重新回溯知识建构的过程,仔细分析知识的内涵,进一步明确知识成立的条件,这样就有力地促进个体对知识的重新理解和内化。

(2)发挥思维互动的优势

从表面来看,互动总是围绕着某一个具体知识、某一个具体观点或某一个具体问题展开互动的。而实际上,互动的本质是思维的碰撞。无论是展示、说明、解释、澄清、质疑还是反问与批判,都是以思维作为内核发动的。没有良好的思维,就无法正确地进行展示、说明、解释、澄清、质疑、反问与批判。试想一下,在面对挑战性问题时,一个思维能力低下、思路混乱的人,如何能够正确、顺畅地进行展示、说明、解释、澄清、质疑、反问与批判呢? 因此,思路广阔、思考深入、思维方式多样、判断性强正是高水平互动的体现。而思路广阔、思考深入、思维方式多样、判断性强正是思维可视化教学最有价值的部分。

(3)发挥情感互动的优势

通过共画思维,个体不仅进行知识协商、思维碰撞和思想交互,而且个体间的情感也得到深度交流。小组共画使小组成员站在同一条战壕上,容易产生自己人的感知,进而产生深厚的情感。班级共画使班级成员站在同一条战壕上,产生班级是一家人的观念。在完成挑战性任务时,无论是小组还是班级必须互相配合、密切协作,才能完成高质量的"共画"任务,这就使得每个人产生了离不开对方的思想认识,进而建立起团队意识。共画,还使班级不断取得共识,能够形成较为一致的思想观念,进而大大增加了认同感和凝聚力,使全班情感得到进一步的维系。而"问画"、"说画"、"论画"、"评画"与"赏画",能加深不同团队之间相互认识,发现对方的长处,产生敬佩之心、惺惺相惜之感,这是更为深刻的一种情感互动。最后,在班级共同体的作用之下,"创画"能为全班建立起良好的愿景,形成共同的价值观,进而产生较为深入的向心力与凝聚力,实现最深层次的情感交流与联系。

（4）发挥人格互动的优势

人格互动指的是在互动过程中，个体可以根据自己的性格特点展开活动。很显然，通过"问画"、"说画"、"论画"、"评画"与"赏画"，个体展示出不同的个性，这使得个体对人格特性有着更加深入广泛的理解：不仅能够发现不同的人格特征，且能够深刻地认识到不同人格特征的优劣长短，深刻认识到不同人格特征在知识建构、问题解决以及交往合作中的优劣长短，能发挥不同价值。这样，个体对不同的个性能够产生宽容之心，不仅能够包容不同的个性，甚至能够欣赏不同的个性，发挥性格互补的功能，吸收其他个性之长以补自己个性之短，使自己的人格在互动中得到健全发展与完善。

很显然，思维可视化教学能够很好地推动人格互动。

（5）发挥文化互动的优势

归根结底，教学互动从本质上都可以归到文化互动的范畴。维果斯基认为，学习的本质是社会文化建构。知识是文化的符号，知识建构就是形成新的意义连接，而这种意义连接只有与社会文化合拍，才能够为个体所接受并融入社会而成为有用的部分。更重要的是，社会文化深刻地影响着个体价值观，使个体按照相对固定的思维模式进行学习与交往。不同的文化造就不同价值观的个体，不同价值观的个体不仅对教育有着不同的理解，有着不同的诉求，而且会以不同的方式进行学习，会以不同的方式展开互动。

思维可视化教学通过"独画思维"、"共画思维"和"创画思维"发现了学习中的文化要素，梳理了个体天赋中的公共特性，挖掘了个体成长的社会要素，使文化互动得以充分展开。

3. 发挥互动程度深刻的优势

（1）发挥参与面广的优势：全员参与

思维可视化教学的基础是个体独画思维。思维可视化教学是围绕个体的学习这一核心发动的。换句话说，每个人都是学习的主人，每个人都是课堂的主人。无论个体的教育价值观和教学诉求如何，也无论个体的学力水平与知识基础如何，独画思维时，每个人都在学习，都在探究，都在实现自己的教学目标，无一例外。

（2）发挥卷入度高的优势：全神投入

个体的教育价值观、教学诉求、学力水平与知识基础不同，个体的课程目标也就不同。但每个人都在实现自己的目标，都在完成自己的任务，都在解决自己的问题，学习与个体自身而非他人高度相关，产生了深刻的意义感，激发了个体的深层动机，引导个体全身心投入。通过画，个体去看、去听、去说、去探索，以实现自己的发展。

（3）发挥激发性强的优势：全面激荡

由于参与面广、卷入度高，互动形式多样、互动内容丰富、互动程度激烈，因此能够产生强大的激发力。通过"共画思维"，个体、团队既勇于深度表现自我，又勇于展开质疑与批判，知识与知识的交流、观点与观点的交互、思维与思维的碰撞、思想与思想的交锋，推动人进入了高强度的激发态。个体的思维是敏锐的，个体的反应是快捷的，个体的表达是犀利的，创造了一个良好的学习激荡场。

（4）发挥创造性好的优势：批判共成

很显然，在高度的激发态中，通过"展画"、"论画"、"评画"、"赏画"与"创画"，通过质疑与反质疑、批判与反批判、欣赏与借鉴,知识与问题得到前所未有的聚焦与澄清,个体的思路得到前所未有的拓展与挖掘,个体的策略得到前所未有的丰富与优化。于是,知识与知识之间的壁垒得以打破,能够进行自由重组;思维的定势得以破除,能够进行自由转换,催生新的思路;做事的固有套路得以解放,个体可以尝试用不同的方法解决问题。所有的这一切,都大大地提高了创造水平。

(三)教学反馈,发挥诊断优势

思维可视化教学揭示了学习者的建构全程,便于教师进行教学诊断,及时进行反馈。在城镇化大班化条件下,个体的学力基础更趋复杂,对全班展开的统一教学不能适合于每一位学生,这使教学失去了针对性。而通过画思维可把每个人的思维过程完全展示出来,让本人和他人都看得见,这为教师的诊断提供了基础。

例 诊画:浮力的产生诊断表。

浮力的产生这一知识的建构往往需要6个思维节点,形成5个思维环节,如图3.8所示。教师可以根据学生画下来的思维节点情况来判断学生知识建构的水平与存在的问题,见表3.1。

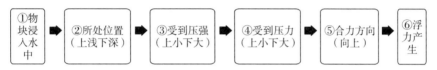

图3.8 诊画:浮力的产生思维

表3.1 浮力的产生诊断

看到画的情况	诊断出现问题	反馈意见
①无法画出第1个节点	找不到思维的激发点	充分感知联想找突破口
②无法画出第2个节点	没有捕捉到重要的经验	认真观察寻找联系
③无法画出第3个节点	没有掌握液体压强规律	复习"液体压强"相关知识
④无法画出第4个节点	没有掌握压强公式	复习"压强"概念
⑤无法画出第5个节点	没有掌握力的合成	复习"力的合成"相关知识
⑥无法画出第6个节点	没有掌握物理量定义的方法	学习物理量定义的方法

如果学生对诊断的内容还有所疑虑,那么只要将各思维节点连接的依据(推理依据)标注在箭头上,情况就一目了然了,如图3.9所示。

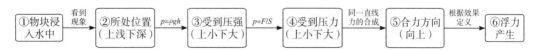

图3.9 诊画:浮力的产生思维(加上推理依据)

1. 发挥知识诊断的优势

通过画,个体的知识水平和存在的问题予以诊断。画思维是以知识为基础。个体画思维的过程就是画下"知识提取、应用、展开和重构"的过程。对画面上所呈现的知识进行诊断,可以判断出个体对知识掌握的水平和存在的缺陷。

教师通过个体画的内容,可以分析出个体对知识内涵与外延了解的真实情况,判断出个体知识与知识之间的连接体系与方式,判断出知识与常识、知识与个人经验之间的关系,还可以判断出个体知识的前概念结构以及其对个体知识的影响。

更妙的是,不仅不同层次的个体在画面上所展示出来的知识内容和缺陷不同,而且相同层次的个体由于思维个性和偏好不同,他们所展示出来的知识内容和问题也有所不同。这就使教师对个体知识的诊断基于个体的个性化特征,使因材施教成为可能。

例 知识诊断:汉译英——昨天上午八点他在骑马。

翻译时,教师通过查看学生写下的不同句子,可以直接诊断其知识掌握水平。下面的后3个句子,都产生错误,但错处不同。据此,教师可以展开教学诊断。因此,只要学生能把想到的句子完整地写下来,教师就能准确进行判断,并给以针对性的反馈意见,帮助学生及时纠正问题(表3.2)。

①He was riding a horse at 8 o'clock yesterday morning.

②He rode a horse at 8 o'clock yesterday morning.

③He was rideing a horse at 8 o'clock yesterday morning.

④He riding a horse at 8 o'clock yesterday morning.

表3.2　过去进行时诊断

看到画的情况	问题诊断	反馈意见
写出句子①	正确	注意巩固内化
写出句子②	时态运用错误	区分一般过去时与过去进行时
写出句子③	现在分词没有掌握	学习特殊词尾的现在分词
写出句子④	没有掌握过去进行时结构	重构过去进行时语法结构

2. 发挥思维诊断的优势

在纸面上更直接展示出来的是个体思维的全程,包括思维的整体路径和思维环节与每一个节点的链接方式以及所承载的思维方法和策略。因此,教师对学生画的诊断就是对学生思维的诊断。从宏观层面,教师可以判断出学生思维的整体水平,包括思维模式是否健全完善,思维是否具有批判性和创造性;从中观层面,教师可以判断学生某一项思维品质达到的水平,如思维的深刻性、广阔性、发散性、灵活性、灵敏性、独创性等,可以判断某一思维模型是否完整,某一思路是否清晰明了;从微观层面,教师可以判断某一思维环节、某一思维节点是否科学合理,是否准确可靠,是否具有独创性和启发性等。

很显然,个体的思维不仅与他掌握的知识密切相关,更与个体的思维模型和思维特质密切相关。通过思维诊断可以较好地判断个体的思维水平和独特个性,这对因材施教有着更为巨大的价值。

例 思维诊断:汉译英——昨天上午八点他在骑马。

除了句①正确的译法,有的孩子还这样翻译:

⑤He was riding his horse at 8 o'clock yesterday morning.

⑥He was riding the horse at 8 o'clock yesterday morning.

⑦He was riding(our/your…) horse at 8 o'clock yesterday morning.

可以判断,写出句①、句⑤的孩子思维的广度更好,更具有发散性;而如果写出句⑥,则说明个体思维更具情境性,显示出不同的思维特质。而一旦个体能够写出句⑤或句⑥,往往便能写出句⑥、句⑦或句⑤、句⑦,这说明个体的思维流畅性得到进一步的培养。在小组"共画思维"时,这种现象尤其容易发生。

3. 发挥生成诊断的优势

诊断个体的知识和思维,能够揭示与把握个体的知识和思维现状。画思维使个体思维的知识与思维的长处和短处都十分清晰地呈现在教师面前。教师可以对学生的生成水平进行较为准确的诊断:个体已经达到什么层次,即将达到什么层次或可能会达到什么层次。教师可以根据课程目标和学业水平的要求,对学生已经取得的学习成果进行准确评估,判断个体是否达到应有的学习要求。

例 生成诊断:汉译英——昨天上午八点他在骑马。

在上面的例子中,从句①至句④,我们很容易判断出个体"过去进行时"的生成水平:总体可以分成4个层次:句①表示个体已正确掌握,这是课堂要达成的目标;句③表明个体实际上掌握了过去进行时,可视为基本完成教学目标,问题出在相关知识基础有问题(现在分词没有掌握),这也是一个较好的水平;句④则表明个体知道应该用过去进行时态,但没有掌握正确的句式结构,问题较严重,但仍然属于知识欠缺而非判断错误的范畴,通过讲授可以较快调整过来;而句②表明个体无法判断出使用进行时,说明个体无法正确区分一般过去时和过去进行时的具体用法,这属于思维范畴,调整起来就相对困难。因此,通过可视化的展示,教师容易对个体学习生成的水平做出准确的判断,并由此展开针对性的教学。

4. 发挥发展诊断的优势

从长远的角度来看,思维可视化教学可以发挥发展诊断的优势。教师可以对个体的思维内容、途径和方法进一步进行诊断,进而准确把握个体的知识基础、思维特性及学习策略。教师可以在此基础上,抓住个体知识的强项进行深化提升,抓住个体的思维长处进行点拨升华,抓住策略的优势进行完善,以提升个体知识的理解力和思维的创造力,进一步改善个体的知识结构,将个体的发展建立在自己优质的知识、思维和策略基础之上,进而减少发展的阻力,有效把握发展的方向。

教师还可以在此基础上,对个体知识漏洞进行补救,使个体能够及时夯实自己的知识基础,形成相对完整的知识结构。教师还可以敏锐地抓住个体思维的弱项进行专门训练,以填补个体思维的漏洞,及时帮助个体建立起必要的思维模型,完善必要的思维策略,整合必要的思维方法,进而有效促使个体的思维水平上升到应有的层次。

这样,立足于每个具体的个体,教师对知识的纠正和完善是完全不同的,教师对个体思维的完善与提升也是完全不同的,两者都紧扣着某一个具体个体的最近发展区,都解决了某一个具体的个体发展中急需解决的问题。因此,这一种诊断对每一个体的发展都起到了积极的推动作用,具有极强的针对性。很显然,这也是一种典型的因材施教。

例 发展诊断:汉译英——昨天上午八点他在骑马。

在上面的例子中,句①至句⑥可以对学生的下一步发展提供进一步的指南:

写下句②的要认真学习一般过去时与过去进行时的用法并做好两者的区分;写下句③的要认真学习特殊动词现在分词的结构,并注意要认真细致;写下句④的要认真学习过去进行时的语法结构,并做到熟练记忆;写下句⑤、句⑥的发散性与情境性较高,要加强这方面的训练,以保持优势;而只能写下句①的个体,思维发散性不够,要注意训练,以补上短板。

三、对"学"而言,实现了深度的意义学习

从"学"的角度洞察,利用思维可视化进行学习建构是一种有意义的学习。它充分体现了个体的主体地位,切合个体的学习个性和发展需要,同时减轻了学习的负担,对个体主动建构知识有较大的帮助。

对于学习目标言,思维可视化实现了目标的自主性。

用"画思维"的方式进行学习,完全体现了个体的主体地位。个体从自己最近发展区开始建构,根据自己的需要,来确定自己的学习任务。在画思维的过程中,个体总是从自己已经掌握的知识入手寻找解决问题的方案。这意味着个体是立足于自己的现状,有针对性地"画思维"。个体的现状不同、学习的起点不同,在画思维过程中所碰到的问题也不尽相同,个体所能够达到的教学终点同样也就不尽相同。这意味着只要通过画思维进行探索,个体确立的学习目标就与他人无关,而总是与自己的学习现状、学习基础密切相关。一句话,个体所确定的学习目标是针对自己的,是个性化的目标。

对学习方式而言,思维可视化实现了个体的深度学习。

(一)画思维是一种有意义的主动建构过程

用"画思维"的方式进行知识建构或解决问题,个体的主体地位得到完全凸显。不仅在于学习任务是基于自己最近发展区,是由个体主动建构的,更重要的还在于学习完全基于个体主动展开——个体会主动地选择自己的学习策略,并用自己最熟悉、擅长或喜欢的画图的形式建构知识或解决问题。

不同的个体解决问题画思维所使用的策略、方式也不同。也就是说,在画思维的过程中,个体学习内容、学习策略和学习方式都与自己密切相关,都具有鲜明的个性化特征,具有高度的自主性,是一种主动学习。在此过程中,个体不仅表现出将学习内容与已有知识联系起来的"心向",而且能够将学习内容与已有的知识实质性而非人为性地联系起来(施良方,2001)。这正是奥苏伯尔所倡导的有意义的学习。同时,此过程也是个体思维逐步调动、提炼和外显的过程,是个体主动发现问题、解决问题的主动建构的过程。正如罗杰斯所指出的那样,在此过程中,逻辑与直觉、理智与情感、概念与经验、观念与意义等结合在一起,个体成为一个完整的人(施良方,2001)。因此,根据罗杰斯的观点,这种学习也是一种有意义的学习。由于学习跟自己密切关系,因此这种主动建构能够有效地维持个体的学习动机,使个体持续地将学习往下推进。

（二）画思维是一个有支架的思维建构过程

在学习过程中，思维可视化起到了支架的辅助作用。

通过画思维来学习，融合了形象思维与抽象思维，学习的激发、建构和生成都看得见，学习全程有一个良好的支架支持。在此过程中，个体记录了学习的每个重要环节，及时保留已有的成果不至于遗忘，为后续新的思考打下基础。而已取得的建构成果成为后续建构新的起点，个体可以凭着这个起点，集中全力向下推进，实现进一步的建构生成。这样，组成了环环相扣的思维支架。

由于重要成果和灵感的可视化，在面临复杂的情境或挑战性任务时，这种思维支架便成了个体向前推进的拐杖。当个体的思维发生混乱，处于无序或停顿不前时，个体可以快速地找到相关的记录痕迹，从上一环节寻找解决方案，接上中断思路。此时，思维可视化支架对个体获取新思路的支持作用不言而喻，具有重大的方法论意义。

思维可视化支架的作用还体现在对复杂情境解读的支持上。复杂情境对个体之所以造成巨大的挑战，往往是因为问题情境本身相对庞大陌生，其内部结构相对复杂，其过程阶段相对漫长，所包含的知识要素与情境要素相对众多，超过了个体惯常的认知水平。借助可视化手段则可以对情境进行逐步剖析，层层分解，直到将其还原到个体熟悉、能够驾驭的情境，挖掘情境要素和知识要素之间的关联。这些被分解、挖掘出来的部分保存在纸面上，使情境由大到小、由陌生到熟悉，知识与情境的关联由不确定到确定、由隐藏到明晰，一步步呈现出来，形成了层层递进的学习支架，进而帮助个体找到解决问题的有效策略。

（三）画思维是一个有内在逻辑的成果呈现

1. 帮助个体形成知识结构化

学习结束后，通过可视化手段画出知识结构，勾勒出知识的内涵要素及其相互的关联，个体对知识的结构一目了然，可以直观掌握。

通过思维可视化手段，个体还可以将所学的知识嵌入更大的知识体系中，以大概念为核心建立起相互联系的知识框架，进一步帮助个体形成知识结构化。这既是"利用外界支架组织的内部知识结构"的过程，也是"通过分层组织基础知识片段建构最优化的知识结构"的过程，而这正是"学习的认知研究中的十大里程碑式的发现"（汉纳·杜蒙 等，2020）。

2. 帮助个体形成思维建模化

通过可视化手段，个体可以完整地揭露每种思维模型的结构组成，使个体把握思维模型的来龙去脉，清晰地掌握每个模型的组成环节，认真去把握每个具体要求，帮助自己建立起完善的思维模型。

四、对"思"而言，发展了个体的高阶思维

个体的深度学习为何无法真正发生？是因为思维出现了以下的问题：

①无从入手。个体拿到问题后找不到思维的切入点，茫无头绪，头脑一片空白，根本不知道从何入手。

②思维混乱。个体经过一定的思考可以找到一些切入点（或切入路径），但这些切入点或切入路径毫无关联，不能有效地进行整合，思维杂乱无章，不能形成相对一致的思维指向，无法提炼出相关的思路，也就无法形成合理的解决问题方案。

③思维中断。个体的思维有一定的指向性，能沿着一定方向推进，但由于思维、技能或知识等原因导致思考中断，无法将思维进行到底。其中，知识引起的有：知识欠缺导致思路中断，知识混淆造成的思路选择困难，知识错误导致联系错误等。技能不足造成的有：不能将大问题分解成几个小问题分别进行解决，不能对复杂问题进行简化，不能对问题进行有效的表征等。而思维造成的有：思维的分析力不足导致思维内容选择不清，思维的概括力不足导致思维指向不够聚焦，思维模型缺乏导致思路难以整合，思维的反思力不够导致思维监控不及时使错误得不到及时的纠正等。

④思维固着。即出现定势，思维不能灵活转换。由于定势的影响，个体无法灵活转换思路而导致问题不能解决。因为"一个方法、一个规则只适合此时此地，彼时彼地择优另一个方法、另一个规则"（舒炜光，邱仁宗，1987）。思维固着有两种表现：其一，思路转换困难。个体按照某一惯常的方式展开思考，碰到问题，由于思维定势，无法及时改变思路，因而无法快速找到解决问题的策略。其二，方案单一。解决问题时，个体只会产生某一种方案，而不是多种方案，也就谈不上对方案进行优劣比较，以形成最优方案。

思维可视化工具可以充分地发挥学生形象思维的长处，有效地激发、提炼和发展学生的抽象思维，在"形象思维与抽象思维"之间架起了桥梁，在知识建构或问题解决的全程中将思考的内容、过程、方法和策略紧密地结合起来，促进了两者的融合和发展，提高了思维的水平。

（一）思维可视化工具具有形象性，可发挥形象思维之长

思维可视化工具的基本元件是图形（气泡状、桥梁状等）与线（直线、括号线），本身具有形象性。如思维地图的 8 种基本形式就是由基本图形与线组成，具有形象性。

这些形象性的图形本身对思维起着激发、引导、整理的作用。

1. 气泡图：进行激发，打开思路

气泡图能够以某一知识为核心将相关的知识组织起来。知识不是孤立存在的，知识与其他知识总有着各种各样的关系。个体只要写下一点知识，围绕着它展开联想，便可以找到众多的连接点（包含知识经验或图式）。而这些连接点又成为向外联想的二级激发点，帮助个体打开思路，从各个方向寻找解决问题的方案。

例 用气泡图激发：由水想到什么，基于化学学科的角度。

基于化学学科的视角，由水能够想到什么？可以从水结构、性质、存在的形式、应用等方面逐级展开联想，帮助个体打开思维空间（图 3.10）。

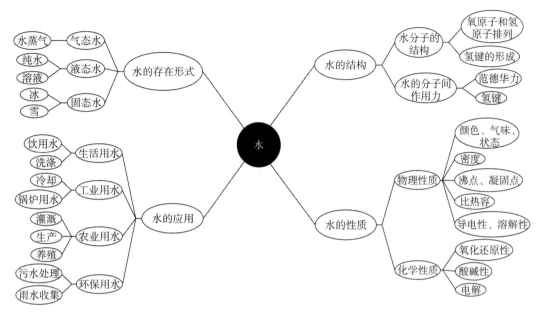

图 3.10　用气泡图激发联想:由水想到什么,基于化学学科视角

2. 流程图:勾勒思路,推动向前

流程图通过箭头串联。当个体画下一个箭头,实际上就是对自己提出一个特定的指令,一个将思路向下推进的指令:下一步应该往哪里去? 怎么去? 在箭头的逼迫下,思维会努力向下推进:写下 1 个激发点,通过箭头的提示,思维向第 2 个激发点延伸;当写下第 2 点,又推动思维走向第 3 点,这样,步步将思维推进向前。

例　请从地理学科说明水循环的过程。

从地理学科来看,水循环大概经历蒸发、降水、径流、渗透、蒸腾几个阶段,作答时用流程图具体展示出来(图 3.11),便能清晰地将思路完整勾勒出来,一目了然。

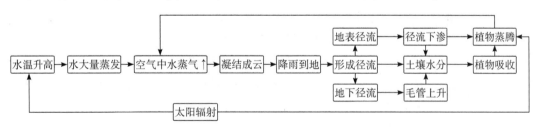

图 3.11　用流程图勾勒思路:自然界的水循环(地理)

3. 气泡图+流程图:多向发散,丰富思维

气泡图提供了众多的激发点,流程图又使这些不同的激发点沿着其内在的逻辑向前延伸,形成各自的思路。于是,一个激发点就可以产生一条思路。有多少个激发点,通过流程图,就可能产生多少条思路。将气泡图和流程图结合起来,可以形成一个十分广阔的思维空间。

4. 思维模型图：有序运作，产生框架

思维模型主要指归纳推理、演绎推理及类比推理3种。据此，可以按照模型图展开思考程序，将思维归到一个相对稳定的体系，形成思维框架。

5. 概念图：理顺逻辑，保持层次

概念图是按照概念的位次逻辑有序构成的，当思维涉及概念时便可以按位次进行上下或相邻联系。向上，可找位次更高的概念；向下，可找位置更低的概念；相邻则可以找到位次相同的概念。无论沿着哪一条逻辑线推进，也无论在某一条逻辑线上是如何进行跳跃的，这些推进都是非常有序的，不会带来任何混乱。这保证了思维层次的明确性。

例 力的概念图。

力概念位于这个概念体系的最顶层，场力、弹力和摩擦力为同位概念，它们又都作为力的下位概念（图3.12）。以弹力为例，它既是场力与摩擦力的同位概念，又是力的下位概念，同时还是压力、推力、拉力的上位概念。通过概念图，个体可以准确地确定各概念在学科体系中的逻辑位置，为思维做好定位。

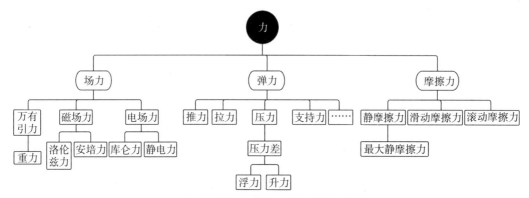

图3.12 用概念图梳理逻辑：力的概念体系梳理（物理）

6. 双气泡图：仔细辨析，精准区分

双气泡图能够将接近是容易混淆的思路放在一起进行比较甄别。根据双气泡图，个体可以将两条思路相同之处画在一起加以比较，将不同之处也画下来，进行标注区分处理。这样可以使个体清晰地看到两条相近或混淆的思路共同要素是什么？是什么造成这种共同？它们的不同之处在哪里？是什么造成这种不同？双气泡图的价值就在于让个体把握两条相近思路之间的异同，并努力去探寻其深层原因。而正是这种对深层原因的探讨，使个体更加精准把握思维的运作机制、可能走向和不同效果，进而正确地选择出最优思路。

例 双气泡图：比较异同。

对于初中生，漂浮与悬浮是容易混淆的两个概念。如果用双气泡图对它们的异同进行区分，把两者的共同点画在气泡图的中间，而将两者的不同点放在气泡图的两边，如图3.13(a)所示，则可以直观地看出两者的共同点（2个）以及不同点（3个），帮助学生抓住要点，较好地进行辨析理解。

同样,对于两次工业革命,我们也可以用双气泡图比较它们的异同,将相同点画在气泡图的中间,将不同点放在气泡图的两边,如图 3.13(b)所示,则学生可以直观把握两者的异同:相同点都是推动生产力的发展、变革生产关系、促进全球化进程,不同点则主要是核心技术不同、产业重心不同、生产组织管理形式及主导国家不同等。

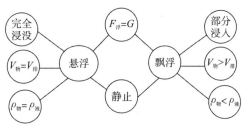

（a）悬浮与漂浮(物理)

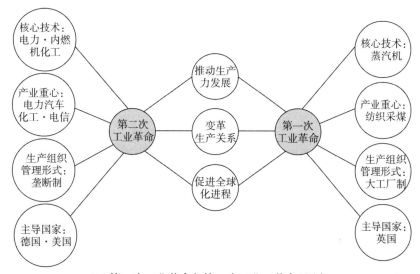

（b）第一次工业革命与第二次工业工革命(历史)

图 3.13　用双气泡图比较异同

7. 鱼骨图:思维聚焦,锁定思路

鱼骨图可以帮助寻找问题的各个方面原因,并使其沿某一方向推进,让个体的目光聚焦在所要解决的问题上。这样,便给联想发散划定了一个大体的范围,使思路有一个相对稳定的走向,而不致过于发散,减少思维整合的量,有效解决想法多却杂乱、丰富却缺少明确目的的问题。

鱼骨图还可以和思维模型图结合起来,形成思维建模指南。

例　鱼骨图:如何增强民族自信?

在百年未有之大变局的世界局势下,增强青少年的民族自信意义极为重大。我们可以从增强民族凝聚力、自豪感、竞争力等几个方面展开分析,用鱼骨图进行图解推导(图3.14),便能得出让学生信服的结论。

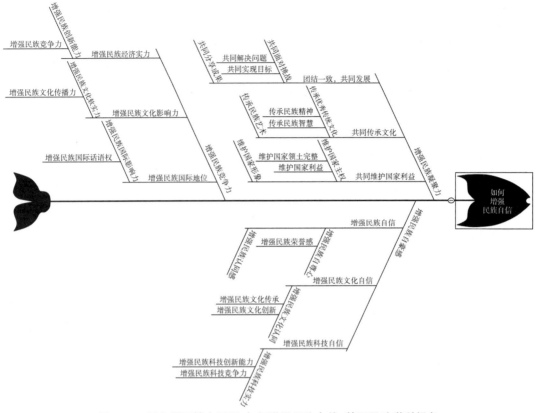

图 3.14　用鱼骨图锁定原因:如何增强民族自信,基于思政学科视角

8. 桥式图:相似类比,拓展思路

在知识建构时,如果思维难以推进,可以借助类比的手段,使用桥式图进行突破。类比就是根据两个或两类事物在某些性质或关系上的相同或相似,而且已知其中一个或一类对象还具有其他性质或关系,进而推出另一个或另一类对象也具有相同或相似的其他性质或关系(郭桥,资建民,2003)。个体通过类比,可以打开建构的思路。首先,找到相似的知识,按照相似性将两者的要素摆在桥式图的两边。其次,找到已学知识的结构体系和运作规律,将其与各要素之间的关系明确地解析出来。再次,可以判断两个类比知识要素和组成结构的相似程度。如果两者的相似程度越高,我们越有理由将已有知识的规律或内在逻辑关联迁移到将要建构的知识上。最后,提出相似的假设,展开探究对此假设进行验证。桥式图的价值就是让个体看到画在桥两边的知识要素之间的相似性,进而引发对内在原理和逻辑关联相似性的联想,并由此提供了假设的依据。实际上,这是为个体的探讨打开了新的思路。这也就是类比法为康德所欣赏的本质原因了。

对于解决困难问题,桥式图同样可以发挥重要作用。通过对问题情境的仔细分解,将问题剖析到相对独立的单元,在此基础上个体努力寻找与之相类似的情境或相类似的问题,用桥式图形成类比性联结。从寻找两者相似的要素开始切入,将已有解决问题的方法、策略、路径迁移到新的问题情境中,尝试着解决问题。在已有经验的支持下,个体较为容易找到解决问题的方案。

要提高类比的必然性就要注意从本质的相似性入手。事物之间越是具有本质(或内在结构)的相似性,类比所得出的结论也就越可靠;反之,结论就越不可靠。表面属性的相似性可启发思路,但无法得出必然性的结论。如图 3.15 所示,硫元素与氧元素的类比属于本质(内在结构)的相似性,得出的结论较为可靠;而化学键与桥梁的类比则属于表面属性的类似性,得到的结论便不如前者可靠。

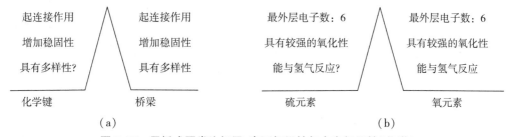

图 3.15　用桥式图类比拓展:表面相似性与内在相似性(化学)

例　桥式图:硫与氧的性质。

在元素周期表中,氧和硫都是第Ⅵ主族元素,它们的最外层电子数都是 6。我们知道,元素的化学性质由最外层的电子数决定,最外层的电子数相同,说明它们在化学性质上有许多相似之处。

这样,有理由将氧的性质迁移到硫:氧能与氢反应,那么硫应该能与氢反应。这个结论就是可靠的,因为两者有着本质的结构相似性(最外层电子数相同)。

9. 草图(构思图):冲破混沌,找到突破口

有些时候,知识建构或问题解决处于极度的混沌当中,难以找到突破口,甚至无从入手。这时,个体可以尝试着画一些草图。个体可以从任一看似相关的要素进入,通过联想画出草图,尝试着寻找切入口;个体可以变换入手要素画出草图,从各个方面寻找切入口;个体可以同时从几个点切入,画出草图,尝试着寻找它们之间的关联。

很显然,画草图的过程不但是有意调动个体思维的过程,更是一个努力寻找知识建构或问题解决的突破过程。随着个体信手涂鸦,草图被不断地展开与推进。被激发出来的点越来越多,个体的联想越来越丰富,思路也越来越广阔,个体的知识与相关的情境关联也越来越密切,个体知识建构或问题解决的可能性也就越大。一旦时机契合,真正的入口处便会突然暴露出来,个体便会顺利进入知识建构或解决问题的快车道。

(二)关键词完成建构的初步抽象,可调动抽象思维之长

抽象是"从许多事物中,舍弃个别的、非本质的属性,抽出共同的、本质的属性"的过程,是"形成概念的必要手段"(中国社会科学院语言研究所词典编辑室,2016)。概念研究领域中,抽象和具体概念多是通过词语或者词语的组合来表示的(Del Maschio et al.,2021)。在使用思维可视化工具进行思考时,个体往往运用了"合适"的"关键词"。寻找"合适"的关键词,就是完成了初步的概括与抽象,这有助于个体思维的激发。

在《文心雕龙·神思》篇有"枢机方通,则物无隐貌;关键将塞,则神有遁心",这里的"关键"与"枢机",比喻思维的核心位置。而这里的"关键词",并不是一种比喻而是一种学科学术性名词,特别是指核心的、重要的术语、概念、范畴和命题,这点与《文心雕龙》意义不同;

但这里的关键词同样对思维起着核心的作用,这一点又与《文心雕龙》一致。

1. 关键词是思维抽象的中转站

首先,关键词是思维的终点。在思维可视化过程中,思维节点往往是以关键词记录的。个体一边思维一边记录,想到关键之处便记录下来。这实际上记录的是已经思考的结果。

其次,关键词是思维的起点。之所以说关键词是思维抽象的中转站,是因为关键词不仅是思考结果的载体,也担负着向下推进的功能。当个体记录下关键词时,新的思路便在关键词所在之处产生,思路有了顺着关键词往下推进的可能性。这时,作为上一思维结果表征的关键词就成了下一思维激发切入的发生点。换句话说,关键词首先是前一思维的终点,但同时又是下一思维的起点。

2. 提取关键词是一种抽象过程

思维过程中,被提取出来的关键词往往能够代表一类事物的共性特点和本质特征,可以代表事物本身的某一些内在结构,也可以代表事物之间的某种逻辑关联。换句话说,关键词既起着概括的作用,又为知识抽象句式的诞生创造条件,因此本身就是一个抽象的过程。

(三)"画图+关键词"融合两者之长,使思维全面发展

在此过程中,思维可视化工具融合了形象思维与抽象思维。画图画下的是视觉元件,是形象思维;归纳关键词,是抽象思维。用"画图+关键词"的方式,则完成了两者基本要素的融合。用此方式着手思考,实际上是用形象因素对抽象思维进行激发,完成了思维起点的融合:通过画图的形式,找到思路,而画图(形象思维)的过程,完成了思维路径(过程)的融合。最终形成的学习到的知识等成果也用结构化的形式进行表达,这就完成了思维终点的融合,培养了创造性。

五、对"评"而言,培养了个体的元认知能力

从"评"的角度看,思维可视化记录了个体学习建构全程的各种信息,也记录了学习建构最后生成的结果。个体据此对学习建构的方方面面展开具体深入的反思评价,能全面培养自己的元认知能力。

例 培养元认知:探究影响电阻大小的因素。

可以说比起电路、电流与电压,电阻的概念更难以建立,这是因为涉及如何引入、如何猜想这两个入口问题。教学往往使用强硬灌输而非自然生成的方法。如果延伸教材前几节课类比的方式,就容易引发个体的自主探究,去发现问题、分析问题和解决问题(图3.16)。而这一过程特别适合个体展开全面的反思评价,全方位培养自己的元认知能力。

(一)对思维全程,个体可展开反思性评价

学习完成后,个体可就整个建构过程进行回溯式鉴别,判断每一建构环节依据是否准确,每一建构环节思维策略是否最佳,这是对结果的判断,是一种反思性评价。可以看出,画的过程,个体既要监督自己思维的正误,还要控制其走向。因此,这种反思性评价使得每一建构环节、每一建构结果的产生不仅得到了及时的监督,也得到了良好的控制。监督与

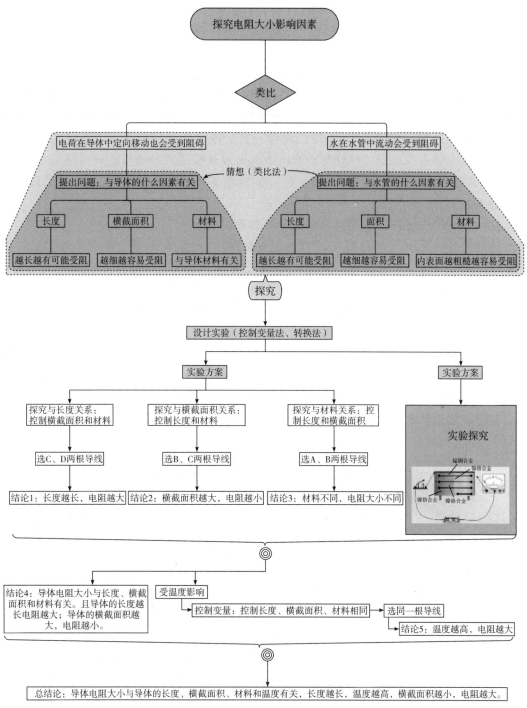

图 3.16 探究影响电阻大小因素思维总图

控制这两方面是互相依存的,而这正是元认知的实质(梁宁建,2014)。因此,对思维全程展开反思式评价,是典型的元认知。

1. 对思维起点:反思知识激发的合理性

俗话说万事开头难,良好的开端是成功的一半。无论是知识建构还是问题解决,如果找不到合适的切入点,都无法顺利展开。因此,对思维的起点进行反思,有助于个体积累相关的经验,帮助个体快速寻找到建构知识或解决问题的突破口,进而帮助个体建立起有效的策略。

个体要反思这个切入点是如何被激发出来的?即反思激发出来的依据、途径和方法。这种激发包含着思维的内在机制,也可能包含着思维的方法论要素以及个性化天赋倾向。也就是说,此处的思维激发可能受到情境的触动,可能是个体长期训练的结果,可能涉及认知的某些规律性要素,可能包含着一些个体较为稳定的思维方法策略,甚至还可能包含着个体自身思维的长处与爱好。认真梳理这些要素并进行进一步回应,可为个体后续的决策提供直接的依据。因此,进一步判断其背后的原因,并展开相应的反思性评价至关重要。

例 反思思维起点:探究影响电阻大小的因素。

问题的关键是,为什么要用"水管里水受到的阻碍"来类比"电流在导体里受到的阻碍"(图 3.17)。但如果我们追踪这个激发点,便会发现,此类比不是凭空产生的,而是有所凭借的:那就是电路、电流、电压概念的类比建立。由于电路、电流与电压与水路、水流与水压有着结构性(即内在)的相似性,用水路、水压与水流来类比电路、电压与电流有着较大的可靠性,所以用"水流受阻"来类比"电流受阻"就是一个自然的联想,而非外力灌输。那么,就能自然将"电流受阻与何因素有关"倒推追问"水流受阻与何因素有关",如果能解决后者,那么前者也可基于此进行猜想。这是该题最关键之处,也就是探究的起点才是决定要素。而这种激发是合理的、符合认知规律的。

这种反思能推动个体寻找思维起点的激发来源,并将前面知识建构的方法进行总结提炼。

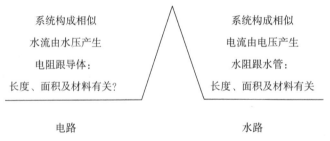

图 3.17 反思思维起点:探究影响电阻大小因素猜想(类比)

2. 对思维路径:反思思维推理的正确性

将思维的各个环节连接起来便形成了解决问题的整条思路。教师可以对整条思维路径展开诊断,判断:环节与环节之间的连接是否准确应用了学科知识?是否符合逻辑规律?如果是,就可以判断整个推理过程是正确的。

例 反思思维路径:探究影响电阻大小的因素。

重新梳理电阻概念的建构过程,反思其思维路径、思维环节所涉及的知识及逻辑规律,都没有错误,因此建构的过程是正确的。

路径反思:探究路径如图 3.18 所示,经过"提出问题→类比假设→设计方案→进行实验→得出结论"实验探究完整阶段,因此是正确的。

逻辑反思：通过水阻来类比电阻，思维是自然的。

方法反思：探究一个因素与多个因素有关，使用控制变量法，方法是正确的。

操作反思：探究与长度有关时，保持横截面积与材料相同；探究与横截面积有关时，保持长度与材料相同；探究与材料有关时，保持长度与横截面积相同，操作是正确的。

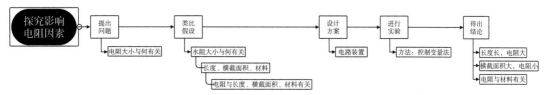

图 3.18　反思思维路径：探究影响电阻大小因素思维流程

(二) 对生成结果，个体可展开反思性评价

对生成的结果，逐步往回递推，每一结论是否正确无误，是否简练精当？这同样也是一种回溯式判断，是一种反思性评价。

1. 对生成结果的正确性展开反思

对生成结果的正确性展开反思是学习探究最重要的环节之一，但是这个环节经常被人忽视。个体可以从生成的最终结果，逆着思维的过程，一步一步往回追溯，形成一种回溯式反思。个体要确定每一节点是否准确无误，每一环节是否准确无误，一直追溯到与情境条件完全吻合为止。

2. 对生成结果的优劣性展开反思

对于最终的结果，还可以展开优劣性评价，这是优化思维的最重要环节。个体只有领悟不同想法的长短优劣，并探明它们产生的机制、运作的方法和使用的场合，才能更深刻地把握思维本身，才能在不同的场合、不同的条件使用合适的策略进行学习探究。也只有这样，个体才能根据实际情况，将思维进行优化组合以形成最佳方案。

个体可以根据记录下来的痕迹展开判断，是否只有唯一的结果？有没有别的有效结果？可能会有多少结果？哪一个结果是最佳的？

这些结果是不是只停留在学习目标本身？能否进行进一步的延伸和拓展？能否进行类似的知识迁移，以形成更加宏大的知识体系？能否进行必要的思维迁移，以建立更为精湛的思维模型？能否进行经验迁移，以形成更加有效的案例经验或方法论要素？

例　反思生成结果：探究影响电阻大小的因素。

正确性反思：本实验得到的电阻的大小与导体的长度、横截面积、材料和温度有关，且长度越长，横截面积越小，温度越高，电阻越大。这个结论客观实际，因此是正确的。

优劣性反思：本实验可得出 4 个层面的结论，水平层层进阶。层次 1 验证了部分相关的假设，没有得出相关物理量关系的结论，属于较低层面；层次 2 完整验证了相关的假设；层次 3 完整验证了相关的假设，还发现了新的问题——电阻可能与温度有关，这属于较高的层次；层次 4 除了取得与层次 3 一样的成果，还提出了有关物理量之间定量的猜想，属于最高层次。

层次 1：电阻的大小与导体的长度、横截面积、材料有关层次2:电阻的大小与导体的长度、横截面积、材料有关,且长度越长,电阻越大;横截面积越大,电阻越小。

层次3:电阻的大小与导体的长度、横截面积、材料及温度有关,且长度越长,电阻越大;横截面积越大,电阻越小;温度越高,电阻也越大。

层次4:电阻的大小与导体的长度、横截面积、材料及温度有关。导体的长度越长,电阻越大,两者之间可能成比;导体的横截面积越大,电阻越小,两者可能成反比;温度越高,电阻也越大。

(三)对思维策略,个体可展开反思性评价(效益性)

1. 对于思维策略:反思合理性、效益性

根据记录下来的思维痕迹,还原出思维建构过程所用的方法和策略并对其展开评价反思。用了什么策略? 是否有意识地使用这一策略? 此策略是否合理? 是否较好地解决了问题? 有没有别的更好的策略? 有没有使用特别的策略? 如果有,策略是如何产生的? 是根据以往的经验,还是根据一时的灵感? 这个特别的策略是否具有普遍性? 能否推广到以后的学习? 是否能够提取? 如果能够提取,要如何提取? 如何表达才能有利于后续的再使用?

例 思维策略反思:探究影响电阻大小的因素。

以层次4为例,在探究过程中使用了4种思维策略:

策略1:类比思维。通过类比水流在水管内受到的阻碍与水管的长度、横截面积、材料有关,提出导体的电阻与长度、横截面积、材料有关。类比策略的使用,打开了探究的思路。

策略2:使用学科方法思维。探究一个量跟几个量关系时,用控制变量进行,这是物理学最推荐的典型方法。使用学科方法,是一个重要的思维策略。

策略3:问题发现思维。在验证相关假设时,注意观察新现象,进而发现新问题,提高探究的水平。

策略4:量化思维。提出了量化有关的探究设想。

2. 对于支架策略:反思灵活性、流畅性

在视觉支架的支持下,个体可以将反思切入任意一个环节。也就是说,视觉支架为个体反思提供了足够的丰富的反思路径。对此,个体可以充分利用视觉直接对思维策略进行反思:所使用的策略是否帮助思维或思路进行灵活的跳跃、连接与转换? 是否使个体的思考更加顺利、流畅和便捷?

例 支架策略反思:探究影响电阻大小的因素。

从图3.15来看,探究的过程十分明确:类比联想→类比假设→实验设计→用控制变量逐一探究验证→得出相关结论→发现新问题、提出新猜想→得出最后结论。思路清晰,层次分明,线索指向明确。所画下的思维路径对探究推进、过程监控、进程评估、结果反思、判断回溯都有着明确提示、帮助或促进作用,连接准确自如,转换起来十分便捷、灵活。因此,此支架策略是成功的。

第四章　中学思维可视化教学的基本原则

思维可视化教学应本着以下几条原则：重思维原则、三合一原则、全建构原则和勤记录原则。

第一节　重思维原则

思维可视化教学旨在通过知识建构、思维建模和问题解决来培养高阶思维和创造性思维。因此，思维培养是其首要任务。中学思维可视化教学侧重于培养以下5种思维：证据性思维、实践性思维、结构化思维、创造性思维和反思性思维。

一、注重证据性思维培养

所谓的证据，就是"能够证明某事物的真实性的有关事实或材料"（中国社会科学院语言研究所词典编辑室，2016）。培养证据性思维即培养有依据的思维方式，而有依据的思维就是能够提供事实或材料来证明某事物的真实性的思维，这是理性思维的本质特征。培养证据性思维是指，无论是解释现象、建构知识还是解决问题，都要有充分的依据，一般说来都要根据学科思维，调动学科知识，进行正确的学科推理来完成，不能主观臆断，更不能凭空想象。

培养证据性思维可以从以下4个方面做起。

（一）将问题与学科专业挂钩

判明问题与学科的关系。要建构什么知识或解决什么问题，首先要判明此知识与问题属于哪一学科，将知识、问题与学科紧密联系起来。只有这样，才能在该学科观念、学科思想、学科知识、学科思维的框架下获取建构知识或解决问题的方法、策略与途径。

（二）将情境与学科知识挂钩

发掘情境与学科知识的关系。努力解读情境，将情境与学科知识关联起来，确定建构知识或解决问题所需要的相关知识。因此，无论是什么情境，都要尽量从情境中寻找学科知识的要素，梳理出情境与知识的关系，进一步判断相关的情境要素是否与知识前提相匹配。

(三)将推理与学科思维挂钩

整合推理与学科方法的关系。展开学科联想,将推理与学科思想、学科思维或学科方法联系起来。要建构什么学科知识或解决什么学科问题,都要展开有效的推理。这些推理都离不开学科思想、学科思维或学科方法。因此,要将推理与学科思想、学科思维或学科方法紧密挂钩起来。在推理过程中,除了要遵循逻辑规律,更要善于应用学科思想、学科思维和学科方法,充分展开学科联想,这样才能将推理引向深处,发挥其应有的作用与价值。

(四)将画思路与标依据挂钩

写下连接思维的依据。似乎这只是个策略,但其确乎是条原则——是一条培养证据思维的重要原则。在运用可视化手段勾勒完整思路的进程中,每个思维环节(从上一个节点向下一个节点)的推进,都需要充分的证据。此时,将证据标注在连接上下两个思维节点的连线上,让自己清清楚楚看到。这样,直观明了,不仅能够将证据充分地凸显出来(需要一个证据来完成环节推理),及时对证据展开元认知反思(这证据对不对),还能够通过具身认知,培养个体强有力的证据意识——通过写下证据这个"具身行为"强化了这么一个信息:任何思维环节的推进都需要确切的证据。

例 依据的标注:升力的产生。

从图 4.1 可以看出,在建构"升力"这一概念的过程中,将推理依据标注在箭头上,个体便能直观准确地把握推理的整个过程:经过了 6 个思维节点与 5 个思维环节。从图 4.1 中可以看出,第 1 个环节的推理依据是实验观察,第 2 至第 4 个环节的推理依据都是初中物理相关的知识,而第 5 个环节,其依据则是物理方法。只要将依据标注在箭头上,个体就能够直观地看到这些依据,进而直接展开反思确证。

图 4.1 依据的标注:升力的产生

实际上,图 4.1 展开了证据思维培养的 4 个方面,除了上述所指出的第 4 个方面——标注依据,还涵盖了证据思维培养的前 3 个方面——将问题与学科挂钩(把升力问题归到物理学科)、将情境与学科知识挂钩(把升力概念的建构与物理知识:物体形状、流体流速、流速与压强的关系、压强的定义、同一直线的力的合成这些物理知识联系起来)以及将推理与学科思维挂钩(在这 5 个推理环节中,第 2 至第 3 个环节的推理都是根据物理学知识展开,第 1 个环节根据的是物理学最重要的学科思想——实证思想,第 5 个环节则需要用到物理的学科方法——物理量的定义。仔细推敲,在第 2 至第 3 个环节中,还涉及"受力分析",而这正是物理学的一个重要技能)。

二、注重实践性思维培养

马克思认为,"全部社会生活在本质上是实践的"(中共中央马克思恩格斯列宁斯大林著作编译局,2009)。与理论思维从理论出发相对,实践思维"从实践观点出发的整合辩证思维,或许可简称为'实践思维'"(王干才,2007),目的是"使人和哲学回到现实的人和人的真实生活世界"(高清海,2002)。这里所谓的注重实践性思维包含两个方面的内容:一是以实践的方式思考;二是注重实践的实效性。对中学生而言,注重实践思维培养也就是侧重培养学以致用的思维意识、思维能力和思维习惯,培养个体有意识地运用学科知识解决真实的、有挑战性问题的基本素养,以克服高分低能的弊病,推动转识成智,进而有效培养个体的独立思考精神、批判意识和创新能力。

(一)激发解决实际问题的意识

高分低能的最大原因是没有树立学以致用的观念,将知识学习与知识应用及问题解决完全割裂开来,让知识静止于书本、习题和试卷上。因此,要培养学以致用的能力,首先要培养学以致用的意识。教师要引导个体在知识建构时不断地追问自己,所学知识的实际效用是什么? 能解释什么现象? 能解决什么问题? 在自己的学习和生活中有何应用? 应该如何使用?

教师要有意识地帮助个体树立起"一学即用"的观念,及时培养学生学以致用的意识,鼓励学生将所学的知识及时应用到自己的学习和日常生活中。一旦形成这个意识,在建构知识时,个体便会考虑到知识的使用趋向,自然而然将所学的知识有意识地应用到日常生活中,去主动解决相应的问题。

(二)培养解决实际问题的能力

教师要有意识地给出运用知识解决实际问题的方法和策略,丰富个体解决问题的工具箱;教师还需要提供足够的应用学科知识解决实际问题的范例与样本,增加个体应用知识解决实际问题的间接经验;教师应该从学习生活中,挖掘与布置实际问题,要求个体独立解决,亲历实际问题的解决过程,领会解决实际问题的方法与策略,形成解决实际问题的必要技能技巧,进一步积累解决实际问题的直接经验;教师还要创设真实复杂情境,将个体置身于问题情境之中,逼迫个体应用知识去解决富有挑战的任务,让个体真正习得一种转化机制,建立一种转化系统,形成一种转化的基本方法和路径——将学科理论知识转化成解决问题实际方案,使个体有意识、有办法、有能力、有效率解决问题,并在此基础上初步建立起解决实际问题的方法论,真正提高自己解决实际问题的能力。

(三)形成解决实际问题的习惯

俗话说良好的开端是成功的一半,我们还可以说良好的习惯保障了成功的另一半。"习惯成自然""习惯是人的第二天性",这些耳熟能详的话都说明了习惯的重要性。一旦形成学以致用的习惯,个体便获得了解决实际问题的学科视角。遇到问题,个体便会从学科观念、学科思想、学科方法入手,探寻解决问题的方法、策略和途径,尝试着去解决问题。因此,教师不仅要充分激发个体应用学科知识解决实际问题的意识,要大力培养应用学科知识解决问题的能力,更要推动个体牢固形成应用学科知识解决实际问题的习惯。

教师要推动个体形成这么一种习惯:应用知识随时随地解决实际问题。教师要让个体形成这么一个习惯:见到问题便展开自我追问,这问题与哪些学科知识有关,可以用哪些方法与策略进行解决？只有这样,学科知识、思想与方法才会进入他们的脑海中,融入个体的血液里,浑然一体,进而自然而然地体现在平日的学习和日常应用上。

三、注重结构化思维培养

所谓的"结构化思维",是指依据明确的目标,从整体与结构的角度出发,借助结构的组成要素实现整体和部分以及部分与部分间的逻辑联系,同时进行结构化的思考与表达,以有效解决问题的一种思维方式(胡贵英,2019)。注重结构化思维培养就是在知识建构或问题解决过程中,通过可视化手段对思维进行梳理,培养思维的条理性层次性和结构性,克服思维的混乱性、单一性和平面性。

(一) 目标梳理,培养思维的条理性

运用可视化工具,深入分析所要解决的问题,将其分解成有机组成部分,把一个较大的问题目标转化成几个较小的目标,通过合适的可视化工具,对目标进行梳理,形成相关的目标体系。从最容易的目标入手进行分析,判断解决问题的具体条件,找出切入口,由此进行有机的联想和发散,不断整合思维的碎片和片段,厘清思维的走向,尝试着形成一条相对清晰的思路。在此过程中,个体要紧扣目标,理顺问题与思路之间的关系,进一步确立解决问题的方法和路径,克服思维的模糊性与无序性,最后确定思维的准确方向和框架,培养思维的条理性。

(二) 思路发散,培养思维的层次性

运用可视化工具,通过不断联想,推动思路发散,提高思维的发散程度,使思维往不同方向、不同层面发展,努力促成足够丰富的思路,克服思路单一的不良习惯。

对思路进行不断梳理,根据逻辑,寻找各条思路之间的关系,对它们进行归类整合,将各条思路归到不同的层面,进一步丰富思维的层次,帮助个体逐步走出单一层面的思维样式,培养思维的层次性。

(三) 立体建构,培养思维的结构性

运用可视化工具,努力克服单点、单线、单面看待问题的思维缺陷,将思维的点、线、面有机地结合起来,建立洞察问题、解决问题的立体视角,形成思维的立体框架。

教师要引导学生有效地利用可视化工具,有效地运用基本思维模型,不断梳理思路,使思维由点到线、由线到面不断发展。教师要引导学生有意识地对各个层面的思维进行深入辨析,考量它们之间可能存在的各种关联,努力挖掘隐藏的联系。以解决问题为载体,将各个层次的思维连接起来,增加各层次思维之间的联动,推动思维从某一层面走向另一层面,并不断地走向更多的层面,让思维沿着不同层次的进展,互相交织、互相渗透,寻找和搭建各个层次思维之间的关联,建立起联结的枢纽,形成越来越高的关联性和紧密性,最终促使不同层次的思维融合成为有机的整体,有效地建立起思维的立体框架,培养思维的结构性。

四、注重创造性思维培养

思维可视化教学以培养个体高阶思维和创造力为主要目标,进行创新思维的培养是教学的基本任务。注重创造性思维培养,就是努力推动个体在知识建构与问题解决过程中,努力"形成具有首创性、开拓性、复合性认知成果的心智活动"(王跃新,2010),进而使"输出的结果在外界看来是独创的和实用的"(约翰·G.吉克,2020)。创造性思维的培养可以从课前、课堂和课后3个时段进行设计和推进。

(一)课前筹策要规划好创新目标

课前筹策指教师在进行教学设计时,要将创新目标作为一个硬性任务,列入课程计划,形成必备的课程目标,有意识地设计相关的课程内容和资源,并安排好相应的时间,在课堂上实施。

(二)课堂教学要落实好创新目标

在课堂上教师要有意识地落实创新目标。思维可视化教学在课堂正式的教学时间特别划出一个独立的时段,用于培养个体的创新思维,以保障创新目标的实现。

但这并非意味着教师只能在这一时段来培养个体的创新水平。相反,教师要有这么一种能力,能够围绕创新目标来组织整个课堂教学,就是将创新思维的培养贯穿"独画思维"、"共画思维"和"创画思维"的每一环节,贯穿课堂教学的始终,以有效提高迁移创新这个环节个体创造的效益。

(三)课后创编要升华创新目标

教师要有意识地发挥课前、课堂、课后教学一体化设计的优势,将创新目标从课前筹策、课堂落实与课后创编紧密挂钩起来,有效推动个体创造性水平在课后得到进一步的发展。

无论是课外的思维复盘、题目创编还是微小项目创编,都要保持这种创新的延续和进阶,以提高创造性水平。在课外思维复盘中,个体要充分提取课堂上的创造性;题目创编时,个体要充分应用全班的创新成果;而项目创编时,个体更要在师生共同创造的成果上,充分发挥自己的想象力和独创性,推动自己创造力水平进一步得到升华。

五、注重反思性思维培养

反思性思维最早是由杜威提出的,他指出反思性思维是"对某个问题进行反复的、严肃的、持续不断的深思"(单中惠,2002)。王春阳则认为,反思性思维是"人们对所经历的事进行自觉主动的、由外向内的高度意识警觉和意识敏感……是思维构成的逻辑支撑点,是高阶思维中引发问题的关键"(王春阳,王后雄,2021)。而张广君强调反思性思维是一种"溯本求源、由源及流"的"探寻"(张广君,2002)。思维可视化教学强调对反思性思维的培养,要求个体以批判的态度对知识结构与问题解决进行监控、评估、调整和反省、完善。

（一）在过程中的监控、评估和调整

这是一种及时性反思。在过程中，个体要及时对自己的思维进行监控。每一思维环节结束后，个体都要以批判的眼光展开审视，评估其正确性，判断其是否沿着正确的方向推进（主要是判断是否紧扣问题展开，是否应用正确的知识按照逻辑规律进行）；评估其进程，判断其是否达到预期的进度（主要是判断是否采取科学合理的方法与策略）；评估其效果，判断其是否取得应有的效益（主要是从成本的角度加以评估）。如果没有取得预期的成效，就要及时做出调整。

（二）在结束后的评估反省和完善

这是一种回看式反思。当问题解决之后，个体要对思维的全程展开评估。从全局的角度来反思，自己解决问题的方案是否合理，策略是否科学，进展是否顺利，效益是否良好，成果是否创新。通过这种回溯式反思，个体能不断总结、积累知识建构和问题解决的经验，使自己成为一个既知识渊博又富有经验的人，进而提高自己高阶思维能力和创造性。

第二节　三合一原则

一般说来，课堂教学可分成 3 个类型：知识建构型、知识应用型和思维建模型，以知识建构为主、以知识应用为辅，思维建模则随机穿插期间。但无论是何种教学，成功的课堂都存在着"任务、知识、思维" 3 条推进线索，都做到了"知识、任务、思维""三线合一"，各有侧重。

所谓三合一原则，指的是在课堂上将"任务、知识、思维" 3 条线索有机结合起来，形成一个协调的整体，推动教学的产生和发展，以取得应有的效益。三合一原则要求思维可视化教学同时做到"三线合一"与"各有侧重"。

一、三线合一

（一）课堂三线

具体地说，"课堂三线"指的是课堂教学推进的 3 条线索：任务线、知识线和思维线。一般来说，任务线是针对课堂组织或项目而言的；知识线是针对教学内容而言的；思维线是针对个体内在的认知运作而言的。在教学过程中，无论是什么课程内容，采用什么教学方式，推进时都必然同时包含着任务、知识、思维 3 个方面；因为课程目标往往以任务的形式呈现，无论是新知识建构还是问题解决，都需要调用相关的知识，运用思维逐步展开。这样，自然就形成任务、知识和思维这 3 条推进线索。在一般情况下，以知识建构为主的教学，往往采用以任务为主线、知识为明线、思维为暗线的推进方式；以思维培养为主的思维建模教学，往往是以思维为明线、任务为主线、知识为暗线进行推进；而以知识运用为主的探究性教学

(包括问题解决、项目设计或研究性学习),任务既是主线,又是明线,而思维与知识同为暗线,即以任务为主线和明线、以思维和知识同时为暗线进行推进。

(二)三线合一

所谓的三线合一,就是无论是什么类型的教学,在推进过程中都要以问题为导向,将目标转化成一系列具体的任务。通过任务驱动,开动脑筋,充分发挥人的能动作用,展开积极思维,调动相关的知识方法来解决问题,将任务、知识、思维紧密地融合起来,互为表里、互相渗透交织、互相推动,进而形成一个有机的认知整体,在完成任务的同时,完成知识建构、思维建模或解决问题,培养个体的高阶思维能力和创造性,而不能将此三者截然分开,仅为完成任务而完成任务,仅为建构知识而建构知识,或仅为思维建模而思维建模。

二、各有侧重

不同类型的课堂,三线各有侧重。知识教学型的课堂侧重于知识建构的完成,思维建模型的课堂侧重于思维建模的实现,而知识应用型则侧重于项目的成功。

(一)知识教学型:知识为明线,侧重于知识建构

知识教学型的教学目的是建构新的知识。教学指向十分明确,就是要建构具体的学科知识。为了完成此课程目标,必须将知识建构转化成一个个具体的任务,调动思维,推动教学展开。这样,就形成以知识为明线、任务为主线、思维为暗线的推进方式。此类教学,侧重点在于知识建构本身。此时,知识建构线与任务推进线基本重合,任务推进的过程也就是知识建构的过程。在此过程中,个体要将主要精力放在知识内涵的界定和外延的确立上,将精力放在知识与其他相近、容易混淆的知识的辨析上,将精力放在知识与其余知识的联系上。

在此过程中,知识与思维并非截然分开的。一方面,知识的建构是通过思维来完成的;另一方面,知识建构过程有时也是思维建模的过程,甚至需要通过完成思维建模来完成知识建构。如上位知识是通过归纳法来建构的,知识建构的过程,也就是归纳法这一思维模型建模的过程。此时,教师可以在知识建构的同时,兼顾进行归纳思维模型的培养与应用,使两者同时得到发展。但要注意,此时教学的起点依然是知识,教学的终点也依然是知识,知识建构是教学的重点,不能把归纳法当成教学重点,更不能喧宾夺主,在归纳建模时占用过多的教学时间,而应及时回到知识建构的主旨上。

如力概念的建构(见第七章第二节),用到了归纳法。在课前课后可以对归纳进行预热或巩固,但在课堂上,要通过归纳法得出"力是物体对物体的作用"这一内涵,在归纳时,要紧扣这一内涵,在概念生成时要突显这一内涵。在内涵归纳后,个体要回到各个具体的事例中去理解什么是"物体对物体的作用"这一本质内涵的。这才是教学的重心。同样,在升力概念的建构时(见第七章第二节),用到了演绎法,教师要强调正确使用演绎法,即把大前提、小前提都完整写出来,然后得出结论,但重点在于得出这个结论。个体要理解升力是力的下位观念,是受到力这个上位概念制约的。教学最后是要回到对升力的理解这一核心上。当然这两概念建构过程中,教师可以围绕如何正确使用归纳法或演绎法做适当的拓

展,使个体能够更好地掌握这两种思维方法。

(二)思维建模型:思维为明线,侧重于思维建模

在传统教学中,思维建模教学往往不被重视,甚至被忽略。但实际上,思维建模是学生高阶思维和创造性思维的基础,有意识地展开思维建模教学,对学生的学习力提升有着不言而喻的作用。

此时,思维建模是思维可视化教学的核心。此类教学的目的在于建立明确的思维指向,形成相对稳定的思维结构与体系。教学的重点是思维模型的建构,而非知识建构或知识应用。为了达成目的,必须明确所要建构的思维模型,将它转化成一个个任务。这样,就形成了以思维为明线、任务为主线、知识为暗线的推进方式。

很显然,思维建模型课堂,教学的侧重点在于如何顺利进行思维模型的建构,正确建立起思维模型,并保障思维模型运用的合理性和灵活性。此时,任务线与思维线基本重合,任务推进的过程往往也是思维建模的过程。在此过程中,个体要将精力放在思维模型的建构上,将精力放在掌握思维模型的真实内涵、应用范围的理解和掌握上,将精力放在思维模型使用方法的认知和掌握上,将精力放在思维模型应用条件的领会和内化上,将精力放在与其他思维模型的辨析上。只有个体掌握思维模型的真实内涵、应用范围、使用方法和适用场合并能与其他的思维模型准确区分开来,这样才谈得上牢固地把握一个思维模型。

这样,一个接一个逐一建构常见的思维模型。当掌握了常见的思维模型后,个体还要将精力放在不同思维模型正确选择和灵活应用上。只有能够根据实际情况正确选择所需的思维模型,并能够在各个思维模型之间灵活进行切换,个体的思维能力才称得上得到了应有的培养。

与知识教学相反,在思维建模中,个体是以知识为载体来完成思维模型建构的,在思维建模时,需要调动相关知识进行协同建构。为了牢固建立起某一思维模型,有时需要调动众多的知识。但同样需要注意的是,知识调动只是为思维建模服务。教师要让个体意识到这一点。在思维建模时,要紧扣教学目标,防止偏离思维建模这一主旨,不要让知识调动喧宾夺主,更不能将思维模型教学变成知识的复习教学。

如在进行归纳法教学时,较好的策略是进行跨学科的内容教学。这样能帮助个体理解归纳法的内涵、流程和注意事项,较好地掌握归纳法。如对初二的学生,可以通过归纳法得出物理学中"力是物体对物体的作用"这一概念,得出"勾股定理"这一数学知识,得出正在进行时的构成是"系动词+现在分词"这一英语结构,得出"基因的显性和隐性"生物学相关知识。通过对归纳法跨学科的运用,个体体会到归纳法是对不同事物相同性质的概括这一本质内涵,能掌握归纳法须要大量事物这一要点,能理解归纳法得出的结论只具有或然性而不具有必然性这一特征。

(三)知识应用型:问题为明线,侧重于问题解决

知识应用型教学通常可分为3种类型:一是实践探究类,二是应用知识解决实际问题类,三是项目式学习类。无论哪一类,主要目的都在于应用已学的知识解决问题。这些问题往往以任务的形式加以驱动。因此,知识应用型主要侧重于问题解决。

很显然,与知识教学型和思维建模型这两种教学相比,知识应用型具有一定的特殊性,要完成什么具体的任务,要解决什么具体的问题,成为明确的目标。这具体的任务与问题本身就是学习的目标,而不是通过它去完成其他目标。任务与问题本身就是目的而非手段,它并非由其他目标转化而成,具有直接性。

对比一下知识建构与思维建模,便可清晰地看出它们巨大的不同。在知识建构或思维建模时,知识建构与思维建模才是目标。为了达成此目标,必须将其转化成可完成的任务或需要解决的问题,通过完成任务或解决问题,来达成知识建构或思维建模。也就是说,任务和问题是为知识建构与思维建模服务的,是手段而非目的。

在知识应用型的课堂上,任务主线得到充分强调,被十分清晰地凸显出来,成为一条贯穿始末的明确纲领——明线。这意味着主线与明线重复,而为了解决问题或完成任务,则需要调动相关的知识和思维模型,即思维和知识往往隐藏在任务或问题的背面,同时成为暗线。因此,对于那些富有挑战性的任务,个体要把主要精力放在对任务的解读上,把精力放在对方案的设计与完善上,把精力放在对行动方向性和效益性的评估上,通过任务群的驱动来调动合适的思维模型和相关的知识,步步逼近,直到最后问题解决或项目完成。

同样要指出的是,在此类教学中,对思维模型的选择与运用和对相关知识的调动与整合也占据重要的地位。但思维模型的选择与运用和知识的调动与整合都是为了完成特定的任务,都是为了完成任务而存在的,都是为完成特定任务服务的。换句话说,思维模型的调动和相关知识的整合只是手段,而非目的。因此,个体要将精力聚焦在任务推进、问题解决的方法与策略上,聚焦在全过程的元认知监控上,而对相关的思维模型和知识建构不必做过多的关注。

这里要关注的是,知识应用型教学不能仅停留在对典型问题的解决上,而应鼓励个体勇于去解决复杂的问题,这样会推动个体调动大量的知识、经验,深度发掘自己的思维,去解决问题,同时要引导个体大胆发挥想象力和创造力,提出更多、更优化、更巧妙、更新颖的方案,以充分培养个体的创新水平。

第三节 全建构原则

思维可视化教学旨在实现人的全面发展,提倡将人的全面发展贯穿教学的全程。全建构原则指的是每一节课上,个体的各方面都得到发展,学习的全程都得到经历,各种学习方法都得到培养。

全建构原则包含3方面内容:人的全方位建构、学的全过程建构及法的全体系建构。

一、全方位建构

联合国教科文组织国际教育发展委员会指出,"教育应当促进每个人的全面发展,即身心、智力、敏感性、审美意识、个人责任感、精神价值等方面的发展,形成一种独立自主的、富有批判精神的思想意识,以及培养自己的判断能力"(联合国教科文组织国际教育发展委员会,1996)。思维可视化教学努力践行这一主张。所谓的全方位建构,是指在教学中人得到了全面发展。无论是什么课,在课上个体的德智体美劳都应该得到全面的、必要的发展。

(一)不同的课,都要实现全面的发展

不同的课,个体各方面都要得到发展。

这些方面包括价值观念、思想、社会责任、道德品质等,包括知识观念、认知水平、高阶思维、创新能力、交往能力等,包括学习能力、学习方法、学习策略等,包括学习动机、学习兴趣、学习态度等,也包括人格、精神和心理健康等。

这里必须克服的重大误区是:认为一节课,只有非常有限的几个目标,甚至只有一个目标。如要学知识则发展不了思维,要发展思维则培养不了思想和人格,要培养思想和人格则可能关注不到身体健康等。

实际上,这是一个相当错误的观念。在同一节课上,完全可以做到既关注人的价值、思想、道德等精神层面的要素,也可以关注到知识、思维和创造力等认知方面的要素,还可以关注到心理、人格和身体健康等身心层面的要素。只要做好通盘考虑,就可以推动人全面得到发展。

因此,在不同的课,无论是知识建构、思维建模还是应用知识解决问题,人的各个方面都必须得到同时关注,保持必要的完整性,使人得到全面发展,而不能用各种理由有意忽略其中的某些方面。

(二)不同的课,侧重不同方面的发展

当然,不同的课,功能不同,对人的全面发展的作用不一。因此,不同的课对人的全面发展,有着不同的侧重。教师要抓住课的不同功能,认真细致做好教学筹划,分清主次轻重,给不同的要素赋予不同的权重,匹配不同的情境任务,在保持全面发展的前提下,侧重发展个体的某些方面,以取得最佳的教育效益。

二、全过程建构

全过程建构指的是无论是知识建构、思维建模还是解决问题都要注重引导个体在学习从目标建立到学习效果评估的全程进行全方位的深度建构——包括目标建构、问题建构、方案建构、情境建构、对象建构、生成建构和评价建构等几个要素。

(一)知识建构课型

1. 目标建构

学习前,个体要根据教师所给予的教学目标任务群,根据自己的实际情况,进行细致的分析判断,选择难度适中、符合自己最近发展区的任务,作为自己的学习目标,并将其清晰地写下。

2. 问题建构

问题建构是一个重要的转换环节。

个体要认真分析自己所确定的目标,进行进一步解读,把它分解成一个个小目标,再将这些小目标转化成一个个相应的任务。然后追问自己,要完成这些任务,需要解决哪些问题,这样就将任务有效地转化成相应的问题,以问题驱动,展开学习。

3. 方案建构

根据教学目标、问题,个体展开联想,调动相关的知识,展开指向性假设,形成有关知识建构的猜测、设想;对这些猜测与设想,进行初步的论证,勾勒知识建构的主要脉络,设想需要的相关资源,尝试提出行动的大体进程和可能采用的主要步骤,形成知识建构的初始方案。

4. 情境建构

根据初始方案,个体进一步开动脑筋,调动相关的学科知识和典型学科情境,认真深入分析和把握教师所提供的情境和资源(包括自己所获取的资源),进行分解、筛选与重组,将其与有关的典型学科情境进行比较匹配,逐步建立与知识建构相关的最符合、最贴切或最接近的学科情境,把问题情境转化成学科情境。

5. 对象建构

对象建构,特别是判断、选定或构造思维切入的起始对象。有时这个对象需要进行重构。围绕任务,将问题与初步建构出来的学科情境结合起来,缩小研究的范围,聚焦于某一点,根据相关的学科知识、方法与思想确定研究对象。

由此,通过思维可视化手段进行充分联想激发,与初步的设想方案相配套,寻找认知的突破口。

6. 生成建构

利用思维可视化手段,从已建构的对象入手,将已建构的学科情境和已知的问题情境相比较,判断并确定要学知识的位次(上位知识、下位知识还是同位知识),用相关的学科知识、学科方法和思想,根据逻辑规律,选择合理的思维可视化手段,采用已建构的方法与策略,对问题进行适当的表征,通过"独画高阶思维、共画高阶思维和创画高阶思维",运用正确的思维模型,展开推理和探究,直到完成知识建构。

7. 评价建构

评价建构指根据自己建构的学习目标,对学习的效益及进度进行评估。

其包括对学习的最终成果,即对学习过程的每一任务、每一建构环节、每一生成结果,包括此过程中所用学习方法、学习策略的优劣得失展开评估,包括对此每一环节所用的时间合理性(教学进度)展开评估。

在评价时,要注意及时与准确这两个重要的指标。两者不可偏废,因为及时而准确的评估既保证了知识建构的正确方向,可以少走错路、弯路,提高了知识建构的精准度,也保证了知识建构的必要进度,可以推动知识建构顺利进行,提高了知识建构的效益。

(二)思维建模课型

思维建模也要遵循全过程建构的环节,与知识建构过程相似,同样要经历目标激发、问题确定、假设提出、情境确立、对象建构、结果生成和成效评估与完善7个环节,完成目标建构、问题建构、方案建构、情境建构、对象建构、生成建构和评价建构。

与知识建构注重知识内涵的精确性及外延的严格性不同的是,思维建模侧重于内在机制的把握,侧重于思维模型运用的迁移性与灵活性形成。

(三)知识应用课型

问题解决同样应该如此处理。要根据全过程建构展开教学,让个体领会并把握解决问题的全程,让个体经历问题解决时目标建构、问题建构、方案建构、情境建构、对象建构、生成建构和评价建构的全部过程,以培养个体应用知识解决问题的意识、方法、策略和能力。

知识应用课侧重知识运用和问题解决,因此要侧重于知识的迁移水平和问题解决的实际效果。

三、全体系建构

思维可视化教学主要是指将学习建立在个体自主学习的基础之上,在学习过程中如何采用合适的学习方式、方法与策略建构对个体而言尤其重要。因此,学习的过程,同时也是学习方式、学习方法与学习策略建构的过程。

(一)学习方式的建构

思维可视化教学是将独画思维、共画思维和创画思维作为主要的学习方式。这只是规定了大体的框架,要求个体首先进行自主学习,再进行小组合作,最后进行班级社会学习。但对个人自主学习、合作学习和班级社会学习的具体形式,并没有做出明确的要求。个体需要根据自己的天赋、特长、爱好、习惯以及具体情况去分析判断,进而选择或建构出最适合自己的学习方式,以取得最好的学业成绩。

(二)学习方法的建构

没有最好的方法,只有合适的方法。在思维可视化教学中,个性化的目标决定了个性化的学习方法。因此,在学习中,个体要分析各种学习方法的优劣及使用场景,仔细进行判断和筛选,选择合适自己的方法,并根据实际情况进行整合,根据学习进程进行调整,确定知识建构或问题解决的主要方法。

学习方法包括学、画、诊、评、议等方面的内容。

1. 学的方法建构

客观地说,传统的传授法给学生提供较少的学习空间。在大多数情况下,学生的学要从属于教师的教。从这个意义上说,学生的学并不重要;似乎只要认真听讲,多做题目就可以达到目的。思维可视化教学以自主学习为基础,学习方法对个体的学习成效起着至关重要的作用。要用什么方法学,如何展开学等,都是个体不能不考虑的问题。

2. 画的方法建构

对思维可视化教学而言,画思维是最基本也是最重要的学习方式。在学习过程中,个体要考虑以下问题:要使用哪一种思维可视化手段展开"独画思维"、"共画思维"和"创画思维"?自己擅长画的方式是什么?自己喜欢画的工具是什么?如何根据学习需要,选择自己所擅长的方式画思维?等等。

3. 诊的方法建构

诊的方法包含联想方法和思维建模方法。此两者都涉及高阶思维,在学习过程中,通过联想与思维建模方法的建构,可以较好地培养个体的高阶思维。

(1)联想方法

就是个体要采取什么方式进行联想?以学科联想为主,还是以日常联想为主?以直接联想为主,还是以刻意联想为主?等等。

(2)思维建模

要以哪一种思维模型来展开知识建构或问题解决呢?是以归纳推理为主,以演绎推理为主,还是以类比推理为主?等等。

4. 评的方法建构

评是对自己学习成效进行诊断、评价和反思。个体能采取合适的方法进行评价与反思直接关系到学习质量的高下。因此,在学习过程中,个体必须考虑:有没有取得预期的成效?是不是控制了合理的进度?能不能采用更科学合理的方法和策略?以什么方式进行评价?以谁为主体进行评价?等等,帮助自己建立起良好的评价与反思的方法。

5. 议的方法建构

议的方法主要就是语言交流的方法,包括用什么方式来进行观点表达、内容咨询、意义协商、质疑与反质疑等方面,其中涉及学生的阐述、说明、争论、说理等,也涉及教师的讲解、传授与点拨等。

小组合作学习与班级社会建构学习是思维可视化教学重要的学习手段,而其核心就是"议"。因此,"议"的方法建构与习得,能够提高个体小组合作学习与社会建构学习的质量,丰富与完善自己的学习。

(三)学习策略的建构

根据认知心理学的观点,学习策略一般包括复述、精加工、元认知 3 方面策略。我们可以认为,学习策略是信息加工的程序、方法或规则,是信息加工的技能与技巧,是对信息加工的监控与调整的总和(莫雷,2007)。

1. 复述策略建构

采取什么方法进行复述?在什么时候复述?是在总任务完成之后,是在阶段任务结束之后,还是在完成任务的每个环节?复述哪一些内容?是重要内容,是主干内容,还是某些重要细节内容?是否需要进行过度复述?等等。

2. 精加工策略建构

精加工策略是最重要的学习策略之一,也是思维可视化教学所不可或缺的。由于在传统教学中不被重视,精加工策略也是学生较为欠缺的。因此,在学习"画思维"的过程中,个体要考虑:如何进行精加工?采取什么方式进行精加工?是用关键词提炼还是通过细致的分解?用什么方式进行思维编码?用什么可视化工具进行思维梳理和结构化处理?如何对关键节点、关键环节进行强调?是用粗线条连接还是用色彩突显?使用标注的形式,还是用圈定的方法?等等,帮助自己尽快建立起精加工策略,提高学习的效益。

3. 元认知策略建构

元认知是对自己学习的全程进行有意识的监视、控制和调节,对象主要包括学习行为、效果及策略等内容。元认知监控包含 3 个重要的活动:计划、监测和调节。很显然,元认知对学习起着至关重要的作用。在学习中,随着"画"的激发、展开与深入,个体要不断提醒自己及时展开元认知监控,要制订明确的学习计划,对行为、进展及效果要及时进行评估,并根据监测反馈回来的信息进行必要的调整,采取包括纠正错误、排除障碍、调整思路等矫正性或补救性措施,推动学习顺利展开。个体要不断追问自己,"画"的目标是否明确,是否与计划保持一致,"画"是否正确,"画"是否保持合理的进度,并由此进行必要的调整。一句话,在思维可视化教学中,个体要不断积累元认知知识,增加元认知体验,提升自己的元认知监控水平,进而有效地促进自身认知能力的发展。

第四节　勤记录原则

在教学中,个体要善于使用可视化手段在第一手时间及时进行记录。及时记录学习过程中的所思所想,不仅能及时保存学习成果,能够帮助个体及时进行梳理整合,建立可视化支架,同时发挥形象思维与抽象思维的特长,以图促思,打开想象空间,而且,记还能够促进思维的产生,因为"心智从本质上讲是基于身体的,即心智从根本上讲是具身的"(叶浩生,2013),这会帮助进一步激发思路,推动认知向前发展。

勤记录原则包含 3 个方面内容:一是及时记录,二是全面记录,三是清晰记录。要求个体记录时要做到:快速、完整和清晰。

一、及时记录

及时记录指记录要及时、快速。在学习中,教师要求个体学会在第一时间进行记录,养成及时记录的习惯。越是不平常的想法,越是陌生的观点,越是崭新的视角,记录必须越快速、越详细,因为这些内容很难重现,也无法从常规的方式通过推理获取。

一旦有想法,就要马上记录下来,无论是什么内容。这一点,个体往往难以理解,以致不够重视。而实际上,对于思维可视化教学而言,及时记录非常重要,不管思维处于什么状态:是陷入困境,是正常展开,还是进入喷发阶段。

(一)思维陷入困境时,帮助打开思路

当思维陷入困境时,如果能够将一些零星的思维碎片及时记录下来,不仅能防止认知成果的遗失,而且这些零星的思维碎片还能够提供足够的形象支持,由此来调动个体开动脑筋,沿着各个方向进行联想,并尝试着沿某一条路径努力向前推进。这样,记录下来的思维碎片便可能形成较好的思维激发点,为个体打开思路。

(二)思维正常展开时,帮助整合指向

当思维正常展开时,其环节连接较为顺畅,及时记录能够让个体清晰地看到思考的脉络,帮助个体进一步理清思路,让思维推进得更加有序。这样能够帮助个体快速理顺思维走向,有效地促进个体认知的发展,推动个体找到解决问题的方案。

(三)思维进入喷发时,帮助保护成果

而当思维进入喷发时,及时记录更为重要。

此时,思维进入较好的激发状态,念头一个接一个冒出,想法一簇接一簇涌来,思路一条接一条迸发,灵感一片接一片闪出。一句话,思维成果以喷涌的方式呈现,丰富、高质、迅捷,甚至让人猝不及防。及时记录,便能够将这些成果快速保留下来,不至于丧失。这些优质的成果往往包含着批判性思维、创造性思维和灵感思维。

这些批判性思维、创造性思维和灵感思维,是思维可视化教学课堂最宝贵的财富。一方面,它们能帮助个体快速找到解决问题的通道,很好地完成学习任务;另一方面,它们又能够进一步地激发个体的创造欲望,培养个体的高阶思维和创新力。它们往往是在特定状态下产生的,而且稍纵即逝,难以再现。如果没有及时进行记录,就无法最大程度地发挥它们的价值,给学习带来较大的损失。

个体可以使用图形、图表、关键词、符号等手段来及时记录。这里强调的是记录的速度,要快速,以保证关键要点和难以再现内容的及时捕捉,而不必对记录的形式和规范做太多要求,特别是观点来得比较突然时。

这里提倡使用关键词或图形串接成思维线索,只要能把意思表达清晰,记录越简要越好。只有这样,才能记得足够快,才能跟上思维的节奏,才能把重要的想法全都及时记录下来。

在合作时,个体的想法可以通过团队来帮助及时记录。有时,个体在进行紧张操作时,突然有新的想法冒出,腾不出手来记录,便可将想法告诉同伴,请同伴帮忙记录。

二、全面记录

在画思维过程中,个体把想到的内容尽可能地记录下来,力求完整。这里强调的是记录的全面性,对内容产生的内在机制则不做要求——不管是通过逻辑推理获取,还是妙手偶得。其一般包含以下内容。

(一)记内容过程

记录思维的内容和过程,即把知识建构或问题解决的整个过程记录下来。思维的内容包含想到的知识、思考的途径和推理的逻辑等。思维的过程包括思维起点、环节推进和最终结果。它们构成了思维图的主干,也自然形成了看得见的思维支架,帮助个体进行知识建构和问题解决。记录时,记的内容越多越好,记得越全面越好,以备进一步的筛选整合。

(二)记想法灵感

对突如其来的想法、灵感或直觉要及时记录,因为这些内容是深度思考的结晶,蕴含着

众多创造性成分。记录它们,可以帮助个体发掘灵感的产生机制,有意识地推动灵感的产生,进而提高创造性水平。

(三)记方法策略

将个体知识建构和问题解决所用的方法与策略记录下来,并对此及时进行总结,这可以帮助个体积累宝贵的经验,丰富自己解决问题的工具箱,进一步提高自己知识建构和问题解决的能力。

(四)记问题困惑

建构过程碰到的问题和困惑要及时记录下来,因为这些内容可能位于个体最近发展区的上限,应该成为个体的个性化学习目标。通过同伴的帮助或教师的指导,一旦解决问题,就可以有力推动个体发展,因此对个体是最富有价值的部分。

三、清晰记录

清晰记录是指记录的过程,也是思维梳理的过程。因此,记录时,一方面要做到整洁快速;另一方面要进行必要的梳理整合,做到关键思维节点清晰明了,主要观点和次要观点清晰明了,思维的走向清晰明了,灵感创意清晰明了,方法策略清晰明了,问题困惑清晰明了等。

这里要指出的是,记录时,要力求清晰明显。无论画的内容是什么,也无论画的形式是什么,是图形文字还是符号、关键词,痕迹都要十分清晰明确,一看就懂,不能潦草;每一痕迹也不能过大,否则后续记录的空间不足,会增加记录的困难。

(一)记清框架:从主要观点到重要细节

比较好的方式就是先画主要思路,再画次要思路,最后指向具体的每一个思维环节,形成有序的记录指向。这样,便于思维的梳理,但比较难以做到,因为思路不可能按照这一人为的设想出现。在复杂情境中,思维更不可能按照这一模式有序产生,而是处于某种混沌状态,表现出较大的随机性,更不容易进行人为掌控。因此,在画思维时,不要按照想法出现的顺序进行。否则,一旦联想汹涌而出,记录便容易混乱,后续的梳理便会碰到困难。较好的方法便是有意识地将影响全局的、较大的思路放在前面,解决部分问题的、较小的思路放在后边,突破某一环节的细节放在最后。这就意味着在画思路前要对画的空间进行预先设计,留出相应的空间,并按思路的主、次排列。画思维时,再将主要思路、次要思路和思维细节,放在对应预留的位置上形成连接。

(二)隔清区域:将相同的思路放在一起

知识建构与问题解决可能有多个思路框架,它们又由许多环节组成。由于思维的发散性、随机性,一些内容容易掺杂起来。因此,在记录时,要将相关内容放在对应的思路框架之下;否则,便会造成混乱,不便整理。这里比较重要的技巧是,在不同的思路之间要留有足够的区隔空间,让人一眼便看得出来。隔离最好的方式是将相同的思路放在同一个方框里,不同的思路就自然形成了区隔。另外一种方式是可以将相同思路集中放在一起,然后用虚线画出界线,将它与不同的思路区分开来。

(三)标清依据:在箭头上标注推理依据

标清依据是原则,也是一个特别重要的技巧。当推理的确定性无法得到保障时,标注好依据能有效地起到辅助作用,帮助个体进行分析和判断。特别是解决复杂问题,推理往往包含众多的环节,对知识、思维和心理资源提出更大的挑战:个体容易碰到困难,推理难以推进,便出现了较大的不确定性。这时,将依据标记在连接两个思维节点的箭头之上,能让个体不断围绕问题、证据,反复进行分析、判断和反思确认,帮助推理得以顺利完成。

要注意的是,这里的依据是学科知识。因为学科推理要以学科知识为前提,在推理过程中,无论是哪一个环节,要使正确性得到保证,依据都是正确的学科知识。只有运用正确的学科知识,使用正确的逻辑进行推理,才能够得到正确的结果,而不能依据经验,也不能依据假设,更不能凭空想象。

(四)用清工具:使用关键词或图形图符

推理要将主要的精力放在思维的激发、思路的梳理和方向的整合上。过多的文字描述,会占用过长的时间,容易错失稍纵即逝的好想法和灵感。因此,记录时,最好使用关键词、图形或图符等方式,这样所记录的内容少,记录所用的时间短,而且便捷,能够很好地跟上思考的步伐,不会失去瞬间的想法。

第五章　中学思维可视化教学的主要方式：三画高阶思维

思维可视化教学,通过"独画高阶思维"、"共画高阶思维"和"创画高阶思维""三画高阶思维"的学习方式,培养个体独立的思考能力,融合集体智慧,推动个体批判性思维和创造力的产生,使思维能发生、有成果、会成长。

第一节　独画高阶思维,实现深刻的自主思辨(1)

自主学习在思维可视化教学中占有首要地位。

首先,自主学习是思维可视化教学最重要的学习手段。无论什么学科,什么课型,什么内容,要达到什么教学目的,自主学习都要贯穿教学的全程,自主学习的重要性都必须得到充分的强调,自主学习的深度、强度都必须得到特别的保障,自主学习的时间都必须得到足够的保障。这一点不能被反对,也不接受反对。

其次,自主学习是其他学习形式的基础。无论是讨论学习、小组学习、合作学习还是项目学习,都必须以自主学习为前提。没有高质量的自主学习,离开了个体的独立思考,无论何种形式的学习,教学质量都得不到应有的保障。这一点既为理论所证实,也为实践所证实。

所谓的"独画高阶思维",就是要求个体独自面对挑战性问题,借助可视化工具,调动自己的高阶思维,独立画出知识建构或解决问题的过程,去努力实现自己的学习目标。

独立思考,是思维的首要品质。康德甚至将"独立思考"作为启蒙思想的核心(朱高正,1999)。康德认为,启蒙就是鼓励每个人勇于运用自己的理性,公开地运用自己的理性到任何可以公开评论的事物上。独画思维不仅能够从行为上、方式上、时间上、心理上保障独立思考的实现,还充分激发独立思考的思维状态,提升个体独立思考的品质,进而推动个体高阶思维及创造性思维的发展,实现深刻的自主思辨。

一、独画思维充分树立学习主体,实现独立思维

(一)独画思维从行为上保证思维的独立性

独画思维时,个体依据已经习得的思维模型,按照自己惯常的联想方式,无拘无束、自

由自在地展开联想,使用自己喜欢或擅长的可视化工具将思维揭示出来并呈现在纸面上。在此过程中,个体要保持高度的思维专注,同时,教师不允许学生讨论,也不允许速度较快的学生提前叫破答案,使个体的独立思考不受到干扰,这有效地保障了思维的独立性。

(二)独画思维从方式上保证思维的独特性

独画思维时,个体能够按照自己的方式来解决问题,个体完全可以沿着自己擅长而非他人提供的思路前进,将解决问题的方法、策略和途径建立在自己的思考习惯、思维个性和画图特长上,而非建立在他人的要求上。这些都容易让思维进入个体的个性化频道,使之与课本、教师、同伴的想法区隔开来,进而进一步提高自己判断、分析、推理、评价的独立地位,有效地培养思维的独立性。而个体思维独立性的提升,又有利于将个体思维的个性优势发挥出来,进一步强化自己独特的思维方式、独特的思维特长、独特的思维策略,进而使个体思考的独特性得到更好的培养。

(三)独画思维从时间上保证思维的充分性

在思维可视化教学中,独画思维总是得到重点突显。独画思维的过程,往往也是分层教学的过程。在独画思维环节,教师会采用分层教学的策略,引导帮助个体建立适合自己的目标。不同的个体,学习任务、学习方式与学习策略也不尽相同,每个层次的个体都在自己的最近发展区上展开学习,都能获取足够的时间用以独立思考。这就在时间上有力地保障了独立思维的充分性。布卢姆(B.S. Bloom)认为,"能力倾向的差异与学习成绩没有必然的联系,它只是表明学生所需学习时间的量"(本杰明·S·布卢姆 等,1986),提出只要努力为每个学生提供适宜的教学时间,绝大多数学生都能达到掌握水平。很显然,这里最关键的是独立思考的时间。

(四)独画思维从心理上保证思维的生长性

可视化支架记录了个体思考的过程,既保留了当下众多的想法,记下已经获取的思考成果,也记录了一时的灵感。这样,哪怕思维被打断,个体也可从已记录的某一思维节点切入,沿着已记录下来的路径,无论是进行回看追溯,还是继续发散联想,都可以与原来的思路直接对接,而不需要耗费脑力心力重新构思。这样,便能节省脑力资源,使个体有足够的精力往下推进。

面临复杂问题时,独画思维显得尤为重要。在解决复杂问题时,个体必须耗费巨大的脑力资源,有时哪怕多一点点的消耗都可能导致整个思维的崩溃。这时,可视化支撑的宝贵价值就呈现出来了。在一个漫长的思考过程中,通过可视化手段,可以从各个节点、各个环节节省下一点又一点的脑资源,这对整个思维的进展起到最终的决定性作用。

二、独画思维激发良好思维状态,实现高阶思维

思维可视化教学让个体直接面临有挑战性的任务,让个体面临种种不确定因素,个体的思维往往进入混沌状态,很难快速找到恰当思路——有时甚至找不到切入点。借助可视化手段,通过画思维的方式,能够帮助个体充分开动脑筋,展开学科联想、日常联想甚至是

刻意联想,激发思维进入良好的状态,步步为营,层层推进,对知识、信息、经验和思路进行重组,及时抓住已获取的成果和瞬时的灵感,调整策略,推动产生式思维的产生,进而找到解决问题的合适途径。

(一)激发了思维的自立状态,维持思维的独立性

独画思维将个体抛进问题情境中,独自面对问题,迫使个体必须通过独立思考,才能解决问题。这就逼迫思维进入"自立"状态。

在个人独画环节,教师营造了这么一种独立的学习环境:个体思考不能借助外部的任何条件,比如不能参阅资料,不能咨询教师,也不能与伙伴交流讨论,只能凭一己之力,去独自面对问题。这样,缺少教师的指导和同伴的帮助,个体处于孤立无援状态,不得不去独立应对复杂情境和有挑战性问题。这就逼迫个体只能主动调动已学的知识、经验、方法、策略来建构知识或解决问题。

这样,就能逼迫个体不得不树立起主体地位,不得不努力调动自己的思维,发挥自己的天赋优势,让思维"自立"起来。

个体必须对情境展开深度的感知和充分解读,必须用原来的知识与情境展开有效的互动,分析情境中所包含的各方面要素,并将其与个体知识联系起来,去判断情境与知识的匹配程度。这不仅提高了个体解决问题的针对性,也促成了个体对知识深入的再理解,更精准细致地界定其本质内涵和外延,推动思维进入了较好的状态。

实际上,这是在真实情境中一种知识的再学习、再内化和再组合。通过这种知识的再学习和再内化,个体能更深刻地把握以往所学知识的情境性,使条件与知识、问题与情境紧密结合起来,准确地应用到当下的知识建构或问题解决中,真正从解决问题的角度调动知识、应用知识而非为调动而调动,为应用而应用,进而充分激发自身独立思考的意识,催生独立思考的行为,培养独立思考的能力,形成独立思考的习惯,有效地培养思维的独立性。

要指出的是,所谓的个体独立面对问题,是指不能破坏思维的个体独立性,并非不能为个体提供帮助。只要没有降低独立思考的要素,教师与同伴适当的帮助是受到提倡的。

(二)激发了思维的澄明状态,整合思维的方向性

面对挑战性问题,个体心中一片混沌,不明了,不确定,困惑甚至迷茫,思维呈现出无序甚至混乱的状态,个体无法快速找到破解难题的方向。

独画思维时,个体通过可视化手段,将思维画下来,并标上依据,可以有效地帮助个体进行梳理,将相关的分析、判断、推理、观点与想法归到同一范畴,与其他不同的范畴做出明确的区分。这样,个体能较好地进行条理性思考,让思维逐步清晰,进入一种较为"澄明"的状态,能够实现"潜意识与显意识、逻辑与非逻辑思维、发散与收敛思维的"统一(王跃新,2010),逐步找到知识建构或问题解决的方向。

这种"澄明"就表现在,个体每一个思维节点的确认、每一个思维环节的形成、每一条思路的建立都是确定、有序的;当个体画下一个思维节点,就是对思维的激发进行确认,使其发散有明确的指向;个体标注下往下一个节点的联系依据,就是对思维环节进行确认,使其因果联系有了明确的指向;个体依次串接起多个环节,形成较为完整的思维链条,就是对思

路进行确认，使其推进逻辑有了明确的指向；而当个体根据常见的思维模型，对已确定的思路进行整合，就是对解决问题的方案进行确认，使问题解决的本质关联也有了明确的指向。

这样，通过独画思维，个体的思维不再是混乱的、无序的，个体的思考是清晰的——由点到线，由线到面，再由面到体；思维是明朗的、有依据的、有把握的。

另外，要指出的是，培养思维澄明的一种有效策略就是及时进行思维建模。思维模型为考虑问题、探究解决方案提供一种基本的思维框架和思考程序。据此，个体能够沿着相对固定的路径有序展开思考，比较容易确认思考的方向，让思维快速"澄明"起来，而不至于处在弥漫、混乱和随意的状态。

（三）激发了思维的灵敏状态，调动思维的灵活性

个体通过独画思维形成思维链条，可以较好地让思维进入灵敏状态。跳跃与自如转换是思维灵敏性的重要特征。在思维可视化支架的帮助下，个体的思维极其容易进行跳跃与自如转换，进入灵敏状态。

1. 可以打破顺序进行跳跃

根据画下来的思路，个体的思维可以从一个环节向下一个环节依次衔接，也可以忽略其中一个环节或多个环节向后跳跃，使思维跳向更远的节点，表现出很强的跳跃特征。

2. 可以转换顺序进行跳跃

根据画下来的思路，个体可以沿着思考的指向从开始的节点向结束的节点跳跃；也可以逆着思考的方向，从结束的节点向开始的节点跳跃，表现出很强的跳跃特征。

3. 可以进行自如思路切换

自如思路切换主要表现在以下两个方面。

（1）同一思路间切换

个体的思维打破原来的秩序进行环节间跳跃。这就是一种思路的转换，而显然这种转换是自如的、不受限制的。

（2）不同思路间切换

通过思维可视化支架的支撑，个体的思维可以从一条思路直接跳往另外一条思路，直接实现思路间的转换。很显然，这种转换也是可以自如发生的、不受限制的。

三、独画思维有意展开刻意联想，催生创新思维

在解决富有挑战性的问题时，不仅需要常规思维，更需要创造性思维。但创造性思维的产生是艰难的，有时需要刻意联想才能实现。

（一）刻意联想催生了创新思维

要解决富有挑战性的问题，常规的视角、常规的思路、常规的思维模型、常规的策略往往难以达到目的，必须通过刻意联想来催生新思维。

个体不但要善于发挥专业的理论思维模式（主要知识模型、理论模型与思维模型），还要善于发挥日常实践思维模式（以前怎么做？怎么想？采取什么方案？使用什么办法？选择什么策略？），不仅要在学科范畴内进行转换（寻找本学科或者跨学科的知识联系与重

组),也要在日常经验范畴内寻找思路(寻找常识与常识或者经验与经验的联系与重组),更要展开刻意联想,努力逼迫自己转换视角,改变思维方式,充分发挥批判性思维,将常规的方式与非常规的途径结合起来,既要发挥理性因素,也要发挥非理性因素——这里特别要强调非理性因素,因为"非理性因素不是知识进步一个可有可无的成分,而是一种本质力量"(田云光,1986),将理性因素与非理性因素结合起来,进而促进灵感和创新思维的产生。这样,个体寻找到合适的突破口,确定解决问题的方向,选择解决问题的正确方法和策略,建立有效的解决问题的思路,最终解决问题,有效地培养思维的独创性。

但这种融合是艰难的,不容易形成。只有通过刻意联想,通过可视化手段,才能够较好地达成目标。

(二)可视化手段实现了刻意联想

在这里,可视化手段起到重要的作用,能够用刻意联系的方式将个体留在纸面上各种思维成果——包括完整的思路、不完整的思维链条、零星的记录或突然闪现的灵感等——刻意联系起来,打破常规,形成新的、意想不到的视角。

通过可视化手段,个体在纸面上留下思维痕迹,也就留下了创造性,形成思维各种宝贵的可能性。在此基础上,个体可以进行刻意联系,通过笔的思考来寻找突破,即用笔刻意画出各种各样连接的联系图,尝试着将这些思维节点、环节、主干以及零星的想法和一闪而过的灵感以非常规、非逻辑的方式刻意连接起来,形成不同的组合样式,通过新的视角,去探求它们背后的本质联系,发现新的意义,形成新的观点,找到解决问题的突破口,进而确定解决问题的方向。

很显然,这里刻意连接发挥着一种调动批判性和创造性的功能。

因为刻意连接形成了一种非自然的联系,这种联系一定无法从常规思维和惯常联想中产生,将按照常规思维和习惯思维无法贯通的环节强行联通。正是这种非常态的强行联通,促成了一种新的意义组合。也就是说,刻意连接产生了一种新的视角,它克服了常规的思维模式,克服了惯常的联系方式,克服了习惯的连接策略,也就克服了思维定势,因而具有了批判的意义。

四、独画思维培育良好思维意志,确保创造实现

思维可视化教学要求个体面对真实而复杂的情境,去解决富有挑战性的问题。个体将面临严峻的考验,这能较好地培养个体的思维意志品质。

(一)培育刻苦思考品质

个体必须经过艰苦的思考,去解读复杂的情境,去揭示隐藏的条件,去调动看似无关其实却发挥重大作用的知识并努力开动思维,通过多方联想、苦思冥想进行多方尝试,努力创造有利条件,寻找合适的突破口,建立合理的策略途径,最终解决问题。

(二)培育坚韧抗挫品质

在此过程中,个体不但会碰到各式各样的客观困难,会碰到层出不穷的思维迷雾,还会

遭遇到接踵而至的心理磨难。有时问题的挑战性是如此巨大,客观的困难是如此众多,思维的迷雾是如此深重,以至于看不到任何克服困难、解决问题的出路,个体便会遭遇到极其巨大的心理考验:彷徨、无助、动摇、无奈。个体不禁对自己的能力产生怀疑,甚至陷入崩溃状态,想放弃了事。这时,个体要有一颗强大的心,有面对困难的勇气,有克服困难、战胜困难的坚定信念,鞭策自己去征服重重的心理磨难,直到问题解决。

很显然,问题越严峻,给个体的挑战越大,对个体心理磨炼越强,越能够有效地培养个体思维的抗挫性,也就越能够培养个体思维的坚强品格和坚韧意志。

第二节　独画高阶思维,实现深刻的自主思辨(2)

独画高阶思维强调个体动手画思维,将知识建构或问题解决过程的思维节点、内容、方法、策略、灵感、结果以及所碰到的困难用关键词或相关的符号记录下来,不断进行梳理整合,以推动思维的发生、发展和升华。在这里,思维的起点、主体框架、逻辑性、关键节点、情境与知识的匹配分析、思路的发散性和联结性都是画的关注点。

一、独画思维的常见形式

独画思维有以下常见的几种形式。

(一)画与连

1. 画

与美术或日常含义不同,这里的"画"更多指的是这么一种行为:将头脑里的想法记录下来,形成纸面痕迹。其中,及时画下思维节点是思维可视化教学必备的基础。

画思维节点,即将思维受到激发所出现的内容用关键词、图形或图符及时写下来,记录在纸上,这样就形成一个思维节点,成为后续的联想起点。

2. 连

连有两种形式:一是连思维环节,将两个相邻的思维节点用箭头连接起来,便形成思维环节;二是连思路,根据目标,将多个思维环节连接起来,便形成整体思路,将不同的思路连起来,便形成思维体系。

(二)写与记

1. 写

写是思维可视化教学中最重要的行为。思维可视化教学的关键是以图促思,实际上,在大多情况是以写促思。写的过程就是思考的过程。写常见的有:写关键词——思维节点往往要关键词表示;写想法——写下知识建构或问题解决的主要观点与思路等。

2. 记

记与写不同,写往往伴随着思考,记只是对观察、思考结果进行记录。记常见的有:记思路——记录建构思维的过程;记现象或数据——将观察到的现象或数据记录下来;记方法——将知识建构或问题解决过程的主要方法与策略记下来;记问题——将知识建构或问题解决过程中碰到的问题及疑难点记下来;记灵感——将知识建构或问题解决过程中突然出现的想法和一闪而过的灵感记下来等。

(三)圈与注

1. 圈

圈常见的有:将关键字或符号、示意图等圈起来形成思维节点;将情境中的重点字眼圈起来,形成关注点;将自己的思考点、关注点圈起来(非同一思路),以备后用;等等。

2. 注

注,就是标注。注常与圈联用,将一些解读、联想或思路注在所圈定内容的附近,对重点的内容进一步进行突显,以引起个体的注意。注常见的有:标注知识建构或问题解决的重点;标注知识建构或问题解决过程中特别的想法或创新的方法;标注知识建构或问题解决过程中碰到的疑难点;等等。

(四)查与问

1. 查

查指查阅资料。当碰到疑难问题时,个体可以查阅课本、笔记本或其他的学习材料,通过再学习帮助自己解决困难。这里要注意的是,查阅不是抄写。查阅资料之后要对材料或相关的知识进行重新理解,然后再以此来解决问题,而不是直接把答案或相关的信息抄写过来。

2. 问

问这里主要是指通过提问向老师或同伴求助。当通过查阅资料也无法解决问题时,个体可以寻求支援,请求同伴或老师提供帮助。这里同样要指出的是,学生课堂上最佳的求援对象是教师。一方面,教师对问题的理解往往比同伴更为深刻、全面,拥有更加广博的知识和更高的教学技能,能够以更高效的方式提供帮助;另一方面,向同伴求助,会受到时机的限制——往往要等到同伴的思考告一段落,否则,贸然发问,会打断他们的思路,影响到他们知识建构或问题解决,这对同伴是不公平的。

二、独画思维的过程与内容

(一)试画激发入口,确定建构起点

独画思维时,个体完全处在一个独立的状态,教师会制造孤立无援的环境让个体独自面对有挑战性的问题。

这就逼迫个体不得不去调动已学的知识、经验、方法与策略来建构知识或去解决问题。个体必须深入感知情境,对情境进行充分解读,分析情境中所包含的知识要素,并由此展开充分联想,找到情境与知识的确切关联,将真实情境转化成典型的学科情境,尝试画下解决问题的第一步,初步确定建构的起点。

(二)配画逻辑关系,整合建构主线

接着,个体必须进行判断:所要建构的知识与已学的知识在什么逻辑上有什么关联?它们在知识位次上有什么关系?是高于原来的知识位次,是低于原来的知识位次,还是与原来知识在同一位次上?如果是低于原来的位次,那么原来的知识是如何通过演绎推理,同化新的情境以实现认知平衡的?如果是高于原来位次,那么能否整合相关的知识,通过归纳推理形成新的上位意义,进而建构出上位知识以完成认知的顺应?同样,如果两者位次相同,则如何通过类比推理,实现迁移,顺利建构出新知识?

通过对逻辑关系的判断,个体可以找到主要的建构线索,分析此线索,确定关键的几个环节,通过推理,将它们联系起来,便形成了知识建构的主体框架。

(三)细画匹配算子,逐步完成建构

个体要深入分析情境,准确地判断情境与知识前提是否匹配。如果能,那么可以将问题往下推进。在这里,个体要充分发挥可视化的优势,将相关知识的内涵要素和情境要素画下,一一进行比对,以判断两者的匹配性。如果不能,则要转换思路。重新解读情境,选择新的知识、策略与方法,去建立新的途径,直到问题最终得到解决。

在此过程中,个体往往需要展开4类对话。

1. 圈画情境,展开个体与情境的对话

个体以圈画、深读等方式切入情境,细致地解读情境,逐步分解情境,直至将它解剖为相对独立的部分,力求准确地、完整地、深刻地把握情境,掌握情境的每一细节。在此过程中,个体通过圈画、标注等方式,将有效的情境要素提取出来,以便与相关的学科典型情境或常见的情境发生关联。

2. 斟画要素,展开情境与知识的对话

个体必须努力掌握情境与知识之间的关键联系,特别是在真实的复杂情境中,人的心理既有个性化的一面,又具有社会属性,受到文化的影响,意义"既由人的心理活动赋予,又通过人的心理活动得以解释,同时反过来制约着人的心理和行为"(何华,2017)。这就使得对话超出了人与学科典型情境之间的互动范畴。因此,个体要充分对真实情境进行分解,有效将真实情境转化成相关的学术情境,进一步转化成相关的学科情境,再进一步转化成更为贴切的典型知识情境。然后,由此进一步挖掘情境所蕴含的确切的知识要素,并努力理顺两者的匹配关系。在此过程中,个体可以将涉及的知识写下来——将从情境联想到的知识写下来,这有助于判断两者之间的关联。

3. 配画前提,展开个体与问题的对话

聚焦问题,以情境为载体,做好问题表征。个体要重新回到问题本身,紧扣问题,进一步判断情境要素与不同知识要素之间组合的各种可能,仔细甄别不同知识前提与已有情境之间的对应性,找出知识与情境间的必然逻辑,通过可视化手段一一画下,进行匹配性判断,进而确定出与情境匹配的最优知识组合,完成问题表征,用恰当的方法进行知识建构或问题解决。

4. 刻意联画,展开超常规创造性对话

当根据常规的联系找不到思路的时候,个体可以在已有思维节点之间随机用笔画下连接线,进行刻意连接,也可以在两条看似毫不相关的思路之间随机用笔画下连接线,进行刻意连接,再判断两者是否存在着一定的相关性,努力寻找它们之间的逻辑关系。这能够帮助个体克服思维定势,走出常规的思维,激发出灵感与创造性。

(四)逐点检画,完成反思确认

同时,在与知识的对话过程中,个体还必须完成元认知的确认:个体必须对已经做出的判断进行判断,通过反思来保证判断的准确性。这时画下的思维便成了最有效的反思框架,让个体能够快速切入不确定之处,展开检验反思。个体还可沿着建构的知识节点向前回溯或切入任一环节,判断每一个思维节点的知识内涵与前提是否匹配,判断前后两个节点之间的联结是否符合逻辑,论证是否充分。

三、独画思维的空间排版

(一)留足纸面空间

画思维时,要在纸面上留出足够的空间,以便思维从节点处向各个位置发散。应该将第 1 个激发点放在纸面的中央,以便能给后续的思维链接留下足够的空间。

(二)进行记录规划

独画思维时要注意对记录的空间进行规划,可以将空间分成 3 部分:正中间为主体部分,用来记录建构的主干;上下留出两块小空间,用来记录一些补充的内容。主干部分也可以有意识地分成 3 部分,一部分用来记录主要思路,一部分用来记录次要思路,还有一部分可以用来记录重要细节。这样做,可以使思维的排布井然有序,在复杂的情境下不至于错乱。

(三)突显关键节点

关键节点在知识建构以及问题解决时发挥举足轻重的作用,所有的思考与建构都围绕着关键节点展开。将关键节点画得相对明显一些,突出一些,能较好提醒个体及时回顾这个思考重心,有效地集中注意力——在思维可视化建构中,个体往往将视线投射在关键节点上,一边盯着关键节点,一边往下思考。

关键节点的凸显有多种方法,最常见的有 3 种:一是将字体写得大一些;二是用不同的颜色进行区分;三是用特殊的形状进行强调——如通常的思维节点用圆形或椭圆形表示,关键节点则可用诸如矩形或菱形等其他图形表示,这样就能够起到一个明确的凸显作用。

(四)画够箭头长度

在这里,箭头不仅起的是连接作用,形成一种思维的指向性,使思路能够逐渐向前推进,而且还代表了一种逻辑上的关联,即在两个思维环节、思维节点之间存在着因果关系,

有着内在的逻辑关联。这种关联,需要确实的依据。因此,在重要节点的箭头上,需要写上依据,以帮助个体及时进行确证,实现有效的推理和论证。如果箭头过短,就没有办法写下。

四、独画思维的教学策略

在独画思维环节,运用多种教学策略,可以提高教学效益。

(一)确保独立学习策略

从前面的论述中可以看出,在独画过程中,人与情境、问题、知识、经验和思维总是密切地交织在一起,产生深度的交互。

情境越复杂,任务越具有挑战性,个体面临的挑战就越大,对知识、思维、方法和策略要求就越高,这种交互就越深入、越激烈,建构知识或问题解决所需的时间也就越长,对人的高阶思维和创造力就越具有锻炼价值。因为"难度越大,它所激发的神经活动也就越活跃",比较难的问题"有可能刺激去甲肾上腺素的分泌,也会促使树突的生长"(詹森,2005)。

此时,只有让个体处于孤立无援的境界,确保个体的自主学习,逼迫他们不得不奋力思考,才能获得这种价值。

当然,这里的孤立无援并非指置学生的困难于不顾。相反地,教师应该及时对个体提供必要的援助。这看起来十分自相矛盾,其实不然。准确地说,这里的教师援助是指可以为个体提供那些个体所缺漏的必备知识和技能,让个体具备解决问题的基础,而非通过情境分析或线索提示等方式来降低挑战性。较好的方法是,将援助前置,在问题解决之前。

(二)联系个人经验策略

实际上,在独画过程中,还包含着第5种思维对话——经验与问题的对话。在知识建构或问题解决时,个体会联想到以前的经验。个体会自觉或不自觉地追问:自己以前有没有见过类似的情境? 有没有解决过类似的问题? 如果有,便会将两者放在一起加以比较甄别,找出它们的异同,并尝试将以往的经验迁移到新的情境。

这是一种宝贵的学习策略,会推动个体寻找解决问题的经验来源。本质上,这是个体对方法论的一种有效探寻,能较好促成个体知识建构和问题解决基本思路的建立。要指出的是,寻找以往的经验,必须在知识的关照下进行,不是对以往经验的生搬硬套,而是要将以往的经验放在新的情境下加以观察,将它与相关联的知识联系起来,一一进行比较,使其回归到知识的前提,回归到知识成立的边界。

(三)进行分层推进策略

独画思维是个性化学习的过程。个体的学习目标不尽相同,学习内容有多有少,任务难度有大有小。在课前的教学筹划中,教师要做好细致的班情分析,巧妙设置教学内容,使相同的课程内容能够建构出足够多的目标层次。这样,不同的学生都可以获得适切的目标,能够通过独画思维,有效地开展自主学习,以实现班级分层。

同样要指出的是,虽然不同学力的个体学习目标不尽相同,但他们都必须受到各自目标的挑战,都需要投入较大的努力才能完成任务。也就是说,对个体而言,任务都是基于最近发展区,都能促进个体自身的发展。只有这样,这种分层教学也才具有更大的教育学意义。

(四)把控适当进度策略

由于任务具有挑战性,个体的学习时间必须足够。又因为每个人的任务不尽相同,这就对教师的时间安排提出较大的挑战。因此,在课前的教学筹划中,教师要进行系统思考,对不同个体、不同任务所需要的时间进行合理预估,尽量做到不同的个体完成任务的时间基本相同。只有这样,教学进度才能保持相对一致,方便进行全班推进。

当然,教师还应该留出余地,以便更好地把控进度,促成每一个体都能完成学习进阶。

(五)适时学法点拨策略

在独画思维时,教师要特别强调"画"这个行为。教师要不断提醒学生注意以下几点问题。

1. 及时简明扼要地画下激发点

要求个体在记录时,多使用关键词、符号、图符,记录下主要意义或内容。力求简洁明了,而不必使用完整的句子,更不必拘泥于某些细节或规范,让思维快速开展,不造成思路中断。

2. 及时搭起思维的主要线索

就是提醒学生使用系统思维,进行整体思考,围绕着知识建构或问题解决来提取已有知识和相关的已知情境,及时理顺思维走向,以便快速整合思维的主体框架,而不要将精力过多地放在个体感兴趣的要素上,而使思路发生偏离。

3. 时时关注推理论证的逻辑

中学生,特别是初中生,由于抽象思维能力较弱,往往倾向于使用简单枚举法或举例说明等论证方法,而忽略了论证逻辑性。教师要善于引导个体基于因果关系进行逻辑论证。在这个过程中,教师要提醒个体,在重要的或不确定的推理环节写下依据。这样,既便于自己或他人诊断,也能培养证据意识,克服主观性和经验主义。

4. 紧扣知识的前提进行匹配

教师要提醒个体,每个知识的成立都有其前提条件,都有其适用范围。因此,在知识应用时,特别是遇到复杂情境时,要写下知识前提及其适用范围,让自己看得见,避免陷入似是而非的纠缠之中,这样能有效降低难度。对于比较新颖、陌生的情境或掌握不牢的知识,这种可视化的辅助手段尤为重要。

5. 及时记下灵感、创意和困难

教师既要提醒个体将建构过程中一闪而过的灵感及时记录下来,将有创意的想法及时记录下来,也要提醒个体将遇到的困难及时记录下来。因为前两者有助于个体创造性地解决问题,而后者则能较好地转化成个体的学习任务。这是一种现场生成的个性化学习任务,是在真实的学习中生成的,靠教师很难预设。对个体而言,其意义尤为重大。

第三节　共画高阶思维：激发激烈的智慧融合(1)

共画高阶思维能够深刻地改变个体的智能结构,提高个体的创造性水平。这是因为通过头脑风暴,共画思维可以培养思维的发散性和广阔性;通过质疑与反质疑,共画思维可以培养思维的批判性和深刻性;通过学习与欣赏,共画思维可以培养思维的借鉴性和融合性。

另外,共画思维实际上是一种合作学习。在此过程中,教师既要引发学生的头脑风暴,也要制造一种"倾听"的核心……因为通过倾听"可以在儿童之间建立起最为能动的关系"。学生可以"从相互倾听到合作交流",形成意义链和关系链,进而完成合作学习(佐藤学,2012)。同时,由于相同的年龄特征、相同的授课教师、相同的学习环境乃至相同的班级文化,同一班级的学生思维往往带有一定的共通性。他们对知识的理解、看问题的角度相对一致,通过交流可以取得共识,形成共同视域,提高知识的建构水平。

一、共画思维对思维品质的培养

(一)共画思维,极大地培养了思维的发散性

1. 通过思维互动,提高了思维发散的广阔度

由于是用自己擅长的方式画思维,因此个体的独画成果往往具有明显的个性化特征,显示出不同的特点。通过交流,将不同的方法凑集在一起,便能丰富小组的思维,打开成员的视野。同时,在交流过程中,受到对方的启发,个体还可以激发出新思路,产生新创意。这些对培养思维发散的广阔度都有积极作用。

2. 通过表达交流,提高了思维发散的准确度

仔细表达、认真倾听并细致询问有疑惑的部分是小组共画得以顺利进行的保障。

对言说者而言,表达的过程实际上是出声思考的过程。思维的行为是内在的言语运动。思维是无声的说话,言语是出声的思维(朱绍禹,1988)。由于内部语言的不清晰,而外部语言对逻辑性、清晰性要求较高(吕星宇,2008),因此通过"出声"可促进个体进一步进行思考。在此过程中,个体完成了对独画思维成果的再次甄别、反思和提取,对自己的思维具有再次确认和澄清的作用。实际上,这是一次再思考、再反思。我们通常会碰到这样的现象,本来以为正确的观点,一开口就发现不对;本来认为已经思考得很充分的问题,一出声却发现难以表达。这说明出声表达的过程,是个体再次对问题展开思考,是对已有的思维进行重新判断、反思和确认的过程。这提高了思维的针对性和指向性。

对于倾听者,倾听的过程,就是输入对方思路并进行判断的过程。在此过程中,个体不仅丰富了自己的思路,而且还将对方的思路与自己的思路进行比较,比较两者正误、短长、优劣,再将两者有机整合起来,形成一种新的更为综合的视域。这使得个体对问题的看法更加清晰准确。

3. 通过意义咨询,提高了思维发散的深刻度

对意义不清之处、困惑之处或对方表达不够明了之处,都要进行意义咨询,让对方进行澄清。通过意义澄清,既可以提高思维发散的准确度,又可以提高思维发散的深刻度。

意义澄清包含了 3 种可能性。

(1)咨询的内容是个体表达不到位、不清楚的部分

通过意义咨询可以帮助个体再次澄清自己的观点,使之能清晰地表达出来,这加深个体的理解,提升个体自己观点的深刻性。

(2)咨询的内容是个体思维不到位、不清楚的部分

因为思维不明,所以表达不清。因此,这些表达不清的部分可能正是个体思维不明或有疑虑的地方。通过意义咨询,个体再次聚焦在这些环节,展开思考与论证,去理顺各方面的内在逻辑,进而使思维变得更加清晰和准确。同样,这加深了个体对知识的理解,提高了思维的深刻度。

(3)咨询的内容是个体超过他人的优秀之处

还有一种情况,这些被他人咨询的部分很可能正是个体独特之处或过人之处。此部分有别于他人,或者超过他人的水平。因此,小组一时难以理解。而这正是独画思维带来的最大的财富。

通过意义咨询,个体不得不进行重新思考,进行细致表达,以便他人理解和接受。很显然,这使个体的独特匠心得以再次梳理、判断,得到更为明确的阐发。这些独特之处也因此得以较为明确充分揭示,能够被个体明确把握、挖掘,进而发展到更高水平。这在更高的层次上提高了思维的深刻性。同时,这些特别的智慧,在小组内得以共享,能够被其他的成员所学习、吸收和借鉴,用来补充或完善自己的思维,这也提高了小组思维发散的深刻度。

因此,通过意义咨询与澄清,提高了思维发散的深刻度。

(二)共画思维,极大地发展了思维的批判性

在小组共画中,对于不同的观点或认为是错误的观点要展开质疑与批判,批判其错误或指出其不足,质疑其不符合逻辑之处,并要求对方回应,直到自己认为正确或满意为止。

1. 提高了发散思维的批判性

在小组共画中,质疑与反质疑是不可或缺的部分。质疑将质疑者置于一种评判的旁观角色,并用批判的眼光来衡量他人的观点。衡量他人必须有衡量的标准。很显然,这个衡量的标准就是质疑者本身的观点。这意味着衡量别人的同时也在衡量着自己。质疑者一定是从本身的立场对对方展开质疑的,以己之长比人之短。这加深了质疑者对自身观点的梳理、提炼和表达,以迫使对方的最大漏洞呈现出来。

很显然,质疑者首先要明白:对方的观点是什么?最大亮点是什么?对方观点的漏洞在哪里?矛盾在哪里?是由什么造成的?个体还要清楚:自己的立场是什么?立论的依据是什么?比起对方观点,优点在哪里?缺点在哪里?是由什么造成的?将人我双方的立场、观点进行反复比较,进一步归因,在源头上展开探寻,较好地提高质疑的批判性。

同样,被质疑这一方必须一一回答质疑者提出的问题,对自己的观点进行辩护,并对对方展开反质疑,紧抓住对方的错误或漏洞及时展开反批判。这些都有利于批判性思维的

发展。

2. 提高了解决问题的批判性

这种质疑与反质疑不是漫无目的,而是紧紧围绕知识建构或问题解决这一主轴推进的。知识的建构有最终的样态,问题的解决也有明确的标志。这就使得小组的质疑与反质疑始终洋溢着理性的精神,使个体不仅善于从自己的角度看待事物,也善于从别人的角度看待事物,有效克服了主观臆想和对权威的崇拜与盲从。质疑开展得越充分,思维的碰撞就越激烈,小组智能交流就越深刻,批判性思维也就得到越有力的培养。

（三）共画思维,极大地提高了思维的融合性

肯定与欣赏是共画思维的规定动作。思维可视化教学要求个体在思维交流时首先要站在肯定与欣赏的角度来把握对方的思维,通过肯定与欣赏筛选出最优思维。

1. 通过肯定,增加思维的量

肯定对方的优点,可以帮助自己和小组尽量挖掘出成员的思维长处,增加思维的量;但要注意到过分强调思维量的多少也有短处——可能会导致对思维质的忽视,无法将真正重要的优点及时突显出来。

2. 通过欣赏,鉴定思维的质

因此,共画思维环节还需要通过欣赏来完成对高质量思维的筛选。小组必须通过反复的比较分析,选出那些真正精妙和值得大力赞赏的优点。在组内认真讨论,该思维好,好在哪里? 妙,妙在何处?

3. 通过肯定与欣赏可熔铸最优思维

只有通过肯定与欣赏,才能进一步提升集体智慧。只有肯定对方的思维,才能够发现对方思维的可贵之处,才能够虚心学习,吸收其长处,推动思维融合,形成集体智慧。同样,通过肯定与欣赏,能逐步触及优质思维的产生机制,为借鉴提供本质的路径,催生出更多优质的思维,进一步完善集体的智能结构,提升集体的智慧。

二、共画思维的主要表现形式

共画思维主要有3种表现形式,分别是小组共画、班级展画和师生评画。它们出现在不同的教学环节里,发挥不同的功能,实现着不同的教育价值。

（一）小组共画

小组共画主要是通过小组的集体建构来促成小组的智慧融合,形成小组共同视域。小组共画的参与对象往往在4~6人。一般说来,小组共画所形成的视域相对较窄,也不一定能达到很高的水平。但比起个人,小组的视域总是更深刻一些,更全面一些。

（二）班级展画

班级展画是以小组为单位对小组的共画成果进行展示,以形成班级的整体视域,参与的对象是整个班级。此时,参与的对象更多,所达成的视域也往往更为广阔深刻。

在班级展画环节里,小组间展开的质疑与反质疑、批判与反批判,其对抗性比小组激烈

得多。这对班级思路的拓展、思维的厘清、观点的提炼发挥更为重大的激发作用,使班级的观点变得更为广阔、清晰、准确和深刻。而通过班级的发现与欣赏,能将真正代表班级水平的高质量思维、创造性思维和个性化思维筛选出来,为所有人所学习、借鉴、吸收。一方面,这使集体的智慧不仅得以拓展和融通,而且得到有力升华;另一方面,这又反过来提升了社会学习的质量,创造了一个富有创新能力的班集体和学习文化,形成了一种价值认同。贾英健认为,身份认同有核心与边缘之分,其核心问题是一个价值认同的问题(贾英健,2006)。班级展画,通过知识、思维与情感的深度融合,完成了对共同体的身份认同,对个体学习力和创造性的培养起着滋养的作用。

(三)师生评画

师生评画是通过教师的引导,对班级最终形成的视域进行进一步的评价,以提高思维的深刻性和创造性。

1. 小组评画标准的确立

在评画环节,教师引导学生对各小组的成果进行评价。根据布鲁姆的观点,评价属于高阶思维。评价依赖于标准。在所建构的知识尚未确定、所解决问题的方案尚未完全明了之前(特别是教师没有公布最后定论或者个体无法明确确定问题解决方案),小组要根据什么来进行评价?只能依据小组自身的观点。这意味着此时的评价就是小组将自己的观点与对方的观点进行比较,分析两者的优缺短长。

很显然,这是一个较为复杂的双向分析判断过程,对思维的互动意义更为重大。

2. 师生评画的 5 个维度

一般说来,教师应该沿着针对性、正确性、效益性、变通性和创造性 5 个维度引导学生对小组共画的成果展开评价。通过此 5 个维度,教师可以清楚地给学生"努力的目标和方向,有了明晰的目标,学生……可以取得学业上的成功"(Stiggins,2005)。

(1)针对性评价

针对性评价是评价最具价值的部分,因为它指出了评价的基本方向,让评价围绕主旨展开。在教学中,教师要不断强调,让个体建立以下意识:方案是否针对所要解决的问题提出?是否紧扣解决问题的关键提出?哪一个方案扣得更紧一些?哪一个方案偏离了问题?哪一些方案与问题没有直接相关?哪一些方案与问题毫无关系?这种针对性评价可以有效地提高班级思维的指向性,进而进一步提升个体思维的准确度。

(2)正确性评价

正确性评价是评价的核心。一个方案是否有效、是否有创造性的前提在于能够解决问题,即在于其正确性。因此,教师要提醒学生判断:所提出的方案是否真正解决了问题?是解决了所有的问题,是解决了一部分问题,还是根本上没有解决问题?

(3)效益性评价

效益是问题解决不得不考量的要素。实际上,当解决问题的代价太高时,人们往往会选择放弃。从这方面看,效益性衡量着人们对一个方案执行的可能性。只有效益性得到论证,一个方案才有可能从纸面得到真正的实现。如果所提的方案都能够解决问题,教师要引导个体进行判断:哪一个方案效率最高?所耗用的物力精力最少?哪个方案需要合作的人最少?哪一个方案需要的资料来源最直接?价格最低廉?哪一个方案所耗费的时间最短?哪个方案最节能环保?等等。

(4)变通性评价

变通性指标衡量一个方案是否存在变通的可能,与创造性紧密相关。变通性衡量着一个方案解决问题的广阔程度,也衡量着它解决问题的潜能。

教师要引导个体判断:所提出的方案是否包含多种解决问题的方法、策略与途径?这是从常规思维向创造性思维的过渡环节。一个方案只有具备多种变通的可能,能够根据具体情况,因地制宜、灵活机动地进行调整,才具有现实的价值。因此,教师要进一步引导学生判断:所提出的方案是否具有变通的可能?是否蕴藏着多种变化的空间?是否包含着解决问题新的方法、新的途径?

(5)创造性评价

创造性评价是一种高的追求。在班级评画时,要引导各小组评价:哪个方案最具有独创性,是大家都意想不到的?哪些方案应用到了最独特的方法,是大家很少关注的?哪些方案应用的知识别出心裁,是出乎大家意外的?哪个方案最巧妙,是令人拍案叫绝的?哪些方案的设计过程最为精妙,让人欲罢不能?哪个方案对人的思维、兴趣的激发最深入,是令人震惊的?等等。

在这里,教师要特别强调的一点,就是对个体独创性和对方案独特性进行必要的区分。个体独创性是针对个人而言的——一种方案如果是由个体自己提出,与以往有所不同,便可认为具有独创性;而方案的独创性则针对方案本身,而与个体无关。一个方案无论如何巧妙,只要是前人、他人提过的,都不能说具有独创性。

在教学中教师要同时顾及这两方面的评价:评价个人的独创性,能够大大鼓舞个人的学习自信,鞭策个体勇往直前,不断展开创造性活动;评价方案的独创性,则可以让人感到整个人类的创造性的伟大,为人类辉煌的文化感到自豪,加强人类的认同感和自豪感,鞭策个体勇于学习、勇于借鉴。

三、共画思维中教师评画的作用

在班级展画阶段,教师必须对学生的成果进行评价。评画时,教师在比学生高明的地方,继续激发学生的思维,对学生的创造性起着临门一脚或画龙点睛之功。

(一)继续推动思维升华

在此过程中,教师继续通过反复提问和不断追问,紧扣问题解决和思维运作,让班级展开正向联想、逆向分析和侧向拓展,继续推动思维向深处发展,促进思维的升华。

(二)促进学生全面提高

在此环节,教师根据真实的情境,通过复杂问题的解决,对班级的评价展开再评价,不断地对班级进行引导、点拨和激发整合,引导个体将相关的知识链接成相对完善的知识体系,克服知识的碎片化;引导个体将知识与具体真实情境紧密联系起来,帮助个体完成知识的情境化;通过追问,逼迫个体捅破思维的最后一张窗户纸,将散乱的思路聚集串接起来形成一个有机的整体,促成个体思维的建模化。这些都使得学生获得全面提高。

在这里,特别重要的是,教师在评价小组思维时,不仅要对思维的针对性、正确性、效益性、变通性和创造性进行评价,还要引导班级挖掘其内部的产生机制,对其本质原因进行追问和充分的探查,以帮助个体有效地把握高阶思维,培养创造性。

第四节 共画高阶思维:激发激烈的智慧融合(2)

一、共画思维的教学实施

(一) 交换成果,互相诊画

这是共画环节的第 1 个阶段,小组成员互换成果,对对方的成果(知识建构图或问题解决方案)进行诊断,在思维图上用笔(最好是铅笔)圈出其中的优点、缺点和不明之处,为下一步的交流做准备。有时,还可以在思维图上写上简短的评语。

对他人进行诊断,使个体以他者、裁判员甚至是专家(老师)的身份展开评判,为自己建立了新的视角。

(二) 交流咨询,初次补画

交流相互诊断的结果,并对自己不明之处进行咨询。个体将自己对对方诊断的结果、过程和依据向对方陈述,同时评价对方思维建构的优劣长短。接着,个体要从两个方面咨询对方:一是对方思维建构的依据;二是自己的不明之处,以进一步验证自己的判断,为后续的探讨、协商打下基础。这是共画思维最为重要的环节。被诊断方根据交流的结果在原来的思维图基础上进行补画,对建构过程进行完善。

诊断、交流、咨询是相互的。诊断是基础,交流是过渡,咨询是为了最后的澄清。诊断是个体再学习、再认知的过程。个体不但要进入自己的思维中,也要进入对方的思维中,并将两者进行比对。这是一个高度深入的思维对话,能推动思维的发展,并为下一步的意义澄清打下基础。

咨询是共画思维有意义的部分。为什么需要咨询呢? 这说明存在意义的模糊性与差异性。模糊性指的是对方表达不清让人不易理解。这可能是由两方面原因造成的:一方面可能由于对方表达能力较为低下,词不达意;另一方面可能由于对方思维欠缺,判断出现问题。差异性指两人对问题的理解不一致。这可能是由于两者的天赋个性、学习基础、认知水平、思考风格、学习策略,甚至是学习经历、家庭背景不同引起的。这种差异性既是合作学习、社会学习的重要基础,也是合作学习、社会学习的重要资源。正是基于此,合作学习与社会学习,才有必要有价值地展开,发挥着对自主学习补充完善的功能。因此,记录下相关的要点,尤为重要。

(三)追问协商,二次补画

继续追问对方知识建构以及问题解决的全程,包括思维节点的确定、思维依据的确认、思维方法的选取以及思维策略的使用,进一步对其正确性、逻辑性进行诊断。当两者的意见不完全统一时,协商便出现了。实际上,在此环节,双方又进入一种协作性辩论状态,即在课堂辩论中进行协作,形成辩论学习(索耶,2010)。

意义协商是通过协商取得共识,完成知识建构或问题解决。在此过程中,教师要提醒个体,要紧扣这一点展开协商。教师还要提醒个体,从知识前提出发进行逻辑推理,找出两人的不同之处,不断进行比较,不断交流两人对同一问题的看法,直到达成一致意见。

在此过程中,教师要提醒学生注意协商与咨询紧密结合,坚持观点与思想开放紧密结合。通过不断的咨询,使意义得以澄清,使不符合逻辑的部分得以修正,最终取得一致的结果。在此过程中,坚持观点就是坚持一种正确的建构思路,一种理性的思考目的,从实事求是的角度出发,使自己的观点更加明确。

很显然,咨询的过程是第二次再认知、再反思和再学习的过程,且是最为重要的一次再认知、再反思和再学习的过程。咨询与协商必然触及双方学习的关键:知识前提、论证逻辑等争议问题,需要对方做出进一步的说明与澄清。因此,对于咨询者而言,这种咨询必定有着十分明确的前提和判断依据,有着较大的把握要求被咨询者做出针对性的回应。而被咨询者无所遁逃,只能迎难而上,这意味着被追问者必须拿出更有力、更确切的证据以维护自己的观点。当然,这也可以是一种反咨询的过程。在此过程中,被咨询方一方面会进一步完善自己的观点以回应咨询,另一方面也会努力寻找对方的漏洞,以此来咨询对方。这就推动双方的观点不断向上升华,使知识建构或问题解决相向而行,扩大共同点,减小差异面,以便在差异处展开意义协商,继续求同存异。在此过程中,个体进行第二次补画,并记录下不同之处。

(四)鉴赏融合,三次补画

通过反复的交流咨询、追问协商,小组的意见逐步趋于一致,取得共识。在此过程中,鉴赏便发挥了应有的功能。

首先,通过鉴赏,可以使被鉴赏者得到尊重,进而对自己被鉴赏的部分有着更为深刻的记忆。这既为他后续的学习增加了动力,也为他后续的学习指明了方向——个体会在此部分有意识地多花时间精力,使它得到进一步的巩固、发展与完善。

其次,通过鉴赏,可以使鉴赏者自己的思维结构得以完善。鉴赏说明了自己的欠缺——知识的欠缺、思路的欠缺、方法策略的欠缺或创造力的欠缺。通过鉴赏,不仅能够通过直接借鉴获得应有的收益,而且还可以通过追问诸如"你为什么会这么想""你是怎么想"这样的问题,直接深入对方内在的思维机制,并与自己的决策系统做比对,进而改善自己的智能结构。

再次,通过鉴赏,能够扫平追问与反追问、批判与反批判所带来的心理不悦,往紧张的思维交锋和思想碰撞的氛围内,吹入一阵和煦的春风。这不仅能建立起较为深厚的情谊,促进团队的心理凝聚,促进建成实事求是、力争向上、和平共处与团结友爱的学风,而且还能进一步激发全班的创造力,使集体的思维得到进一步的升华。

最后,通过鉴赏,各个观点逐步交融汇聚、融合,形成更为准确、更为广阔的视域。小组不能解决所有的问题,不能回答所有的疑问,也不能处理所有的争论。这些问题、疑问和争论是经过激烈思维碰撞之后形成的,是通过个体自主学习和团队合作学习筛选出来而小组无法解决的共性问题。如果它们没有偏离课程目标,那么正是后续的课堂必须着重解决的内容。换句话说,这正是学习过程中生成的小组共性学习目标。解决了这些问题,小组的学习任务就告圆满完成。

因此,在3次补画过程中,不但要记录下小组的共识,也要记录这些非共识部分。

(五)班级展画,四次补画

此环节,主要是以小组为单位,面对全班,对成果进行展示,说明本小组知识建构或问题解决所取得的成效、过程、策略、创新之处以及所碰到的困难。展示时,各小组可用多媒体将所画的思维图投影出来,根据思维推进线索逐点进行解说。其他小组对此展开评论,评价其优劣长短:肯定其优良之处、创新之处,补充不足,纠正其错误,对不明之处展开咨询追问和质疑,并尝试解决小组所碰到的困难。

在此过程中,教师要引导全班对以下几点展开评画和补画。

1. 评、画建构结果

引导学生评价知识建构或问题解决是否围绕目的展开,将结果与目标进行对比,以确定达成度。如果是知识建构要画出知识结构图,明确画出知识的内涵和外延,明确标明知识成立的前提和适用的范围,要对此进行诊断和评价;如果是问题解决则要确定明确的方案与措施——具备实现的条件,可实施,可操作,能测评。

2. 评、画建构逻辑

引导全班各小组再次厘清知识建构或问题解决的前后顺序和因果关系,判断知识建构或问题解决是否符合逻辑。

3. 评、画重点突显

引导全班对知识建构和问题解决的关键处进行详细的诊断,以获得应有的教学效益。在教学重点上,无论小组、全班是否达成共识,都要做出仔细的判断。在这里,教师的专业水平就显得尤为重要,教师必须快速找出各小组教学重点,突显其异同,判断其与核心知识和关键问题的关系,着重突显教学的重点或问题解决,使教与学都围绕此展开,以有效完成教学任务。

4. 评、画难点突破

在班级展画中,对难点的突破,需引起足够的重视。

难点影响着教学的顺利开展。难点不加以突破,课堂常处于停顿状态,还容易给学生心理造成障碍,形成畏难心理。难点有时候还可以转化成最重要的教学资源,甚至是重要的教学任务。这是因为个体的建构难点反映出个体的最近发展区,小组的建构难点反映出小组共同的最近发展区,而班级的建构难点则反映出班级共性的最近发展区。因此,只要难点没有超出本节课的教学范畴,就应该舍得花时间进行突破。这同样是一种生成性学习目标,是教师在课前的教学筹划中难以预设的。有时,难点与重点有所关联。这时,解决了难点,就完成了学习重点,也就完成了个体、小组或全班的发展性目标。

这意味着难点的突破取得了众多的教育价值:其一,完成了真正的发展教学任务,实现了课程目标;其二,课堂得以顺利进展,提高了课堂效率;其三,解决了个体的畏难心理,增加了个体学习的自信心。这样,通过不断尝试、评估、调整、反思与完善,全班的学习能力得到了大大的增强。

5. 评、画创新水平

创新是思维可视化教学的核心指向。因此,在班级展画时,教师要不断引导学生进行判断:此观点是否新颖？此思路是否别开生面？此方法与策略是否与众不同？此行为或方式是否独特？此联系是否出乎意料？此作品是否具有原创性与独创性？此想法是否大胆超前？教师还要引导个体,此观点是否可以变通？此思路是否可以转换？此方法与策略是否可以再生？此行为或方式是否可以迁移？此联系是否能够进行借鉴变通？此作品是否可以进行推广？此想法是否能够大胆些,再大胆些？教师要善于对创新的发现性、鉴赏性、借鉴性、融合性和迁移性进行引导,促成个体与个体、小组与小组之间产生巨大的思维碰撞、智慧融合和心灵呼应,将个人或个别小组的创造性转化成全班的创造性,能使个体、小组的创造水平得到稳定提高,大大提高学习的获得感,赋予学习以意义,而且还能进一步增加同学之间的情谊,提高班级的凝聚力和向心力,建立起学习共同体。

二、共画思维的空间排版

(一)小组相互评画时

在思维图诊断时,要保持画面的精简。要尽量少做标记,如需写评语,也要注意简洁,将诊断的痕迹在适当的位置稍加凸显即可,不能喧宾夺主,在原图上大写大画,更不能破坏原来的思路布局。较好的策略是,个体事先对纸面进行初步布局,同伴将诊断要点写在指定的位置即可。

(二)小组共识形成时

小组共识形成时可以用两种方法来处理:一是再另拿一张纸,将小组的知识建构图和问题解决的方案重新写下;二是如果时间紧迫,可以选一个与小组思维最为接近的思维图,对其进行补充完善。此时,最好要进行明确的标注与区隔,注意不要破坏原来的思维图。这样做的好处是,既体现了小组的共识,又保留了个体思维的原貌。一旦小组的观点错误而个体的观点正确(这种情况并非少见),就能较好地进行还原和调整。

(三)灵感疑难出现时

灵感疑难出现时同样有两种处理方式。

1. 标注在原节点

标注在原节点,即在原来的思维节点上进行标注。比如说,可以这样来操作:在哪一个思维节点上出现灵感就将灵感标注在该节点附近;在某一个思维节点上有疑难就在其右上角或左上角打个问号;在某个思维节点、某条思路、某个策略具有创新意义,就在该处画线进行突显并标明。

这样做的好处是,将灵感、疑难点和创新点与具体的思维节点、具体的任务内容紧密联系起来,在反思研讨时,能调动个体快速进入原来的学习状态,使思维得到较快复盘。这样做的问题是,这些灵感、疑难点以及创新点分散在各个节点上,无法直接形成相对完整的整体,进行反思、交流与管理时,需要重新从系统的角度进行分类。

2. 进行统一安排

进行统一安排即统一进行空间安排,在指定的位置写下相关的内容,将灵感写在某一处;将碰到的疑难点写到某一处,将创新点再写到另一处。这样做看起来灵感、疑难点和创新点与实际的环节脱离开来,但也有长处——便于统一管理和研究,如个体可以统一记录下来的灵感为对象进行研究,探明其产生的机制。在反思交流时,一个任务里有多少灵感、疑难点、创新点不会遗漏,而且一目了然。

较好的方法是将两者有机结合起来,以统一排版为主,同时将那些容易遗忘、较难想到或较为突出的点,简单标注在原来的思维节点上。这样,能够有效地克服整体性与内容密切性的矛盾,发挥两种处理方式之长,使之既容易统一管理以便反思交流,又与具体内容紧密相关以便思维快速复盘。

三、共画思维的教学策略

(一)关注重点策略

小组共画中要关注以下问题。

1. 关注画的结果

关注画的结果就是关注目标的完成。以任务为导向,关注个体是否已经达成学习目标,通过思维图判断个体是否完成知识建构或解决了相应的问题。如果没有达到应有的目标,则要分析其中原因,为接下来的教学提供进一步的决策依据。

2. 关注画的重点

关注画的重点即关注重点、疑难点、创新点和差异点的画法。注意重点、疑难点、创新点和差异点的表达、圈画和标注,判断是否画得准确到位。关注重点目的在于诊断个体学习的质量,确保主要的任务能在规定时间内完成;关注疑难点是为了解决问题或促成生成性的目标;关注创新点是为了培养批判创新意识,促进创新思维的借鉴与融合;关注差异点是为了给合作学习与社会学习提供足够的学习资源,以进一步提高学习质量。

3. 关注画的逻辑

关注画的逻辑即要关注知识建构或问题解决的内在联系,关注其逻辑性,判断个体、小组的知识建构图或问题解决方案中是否存在逻辑缺陷。为什么要一再强调这个问题呢?众所周知,中学生,特别是初中生抽象思维能力较弱,在知识建构和问题解决时,往往以日常经验代替应有的因果关系,论证推理也往往停留在感性之上,缺少必要的逻辑性。关注知识建构和问题解决的逻辑就是要逼迫个体从逻辑规律入手展开认知,根据逻辑规律进行判断、分析、推理,直到正确完成任务。这样,在完成挑战性学习目标的同时培养起较好的逻辑推理能力和高阶思维能力。

（二）进度把控策略

由于在独画过程中给予个体足够的时间，共画阶段又具备较多的环节，这可能会让课堂的时间较为紧张。这对教师对课堂的进度把握提出了较高的要求。因此，必要时，教师必须对课堂的共画环节进行一定的整合，使教学进度处于合理状态，以确保及时完成教学目标。这里要特别指出的是，个体的独画时间不能缩短，而是把共画思维的某些环节进行合并，比如说减少评画时长、精简展画过程等。

（三）问题处理策略

在共画思维阶段，收集共性问题是思维可视化教学最重要的环节，甚至是最不可或缺的环节。思维可视化教学以自主学习为基础，在条件允许的情况下，大多数时段个体处于自主学习状态。不同的个体根据自己的需要，去完成针对性的课程目标。他们的学习目标、学习任务不同，所采用的方法与策略不同，所碰到的挑战与困难也会有所不同。教师在此基础上要将这些不同的挑战与困难，逐步提炼成全班的共性问题，制定出合理的共性学习目标，进而精准确定全班的学习任务，提高合作学习的指向性。

1. 小组共画时问题处理策略

小组共画时所碰到的问题，可分成两种情况处理：如果是属于小组共同的问题，则要提交到班级处理；如果不是小组的共性问题，则咨询教师后再处理。在共画思维阶段，教师要引导各小组在讨论形成共识的同时，努力挖掘问题，解决问题；如问题无法解决，则要及时记录下来。

2. 班级展画时问题处理策略

在班级展画时，通过追问与反追问、质疑与反质疑、批判与反批判，思维交锋更为激烈，思想碰撞更为深刻，全班的头脑处于高度活跃状态。这不仅能够大大提高思维的深度、广度和创新的高度，还能够发现个体独画和小组共画无法挖掘出来的问题。此阶段，教师既要引导个体求同形成班级视野，更要引导求异，以发掘知识建构及问题解决所碰到的共同的深层性挑战，并由此形成共性学习目标，进一步将教学引向深入。很显然，这对教师提出了更高的要求，教师既要能够掌握本节课课程目标的底线与高线，又要能够及时把握时机，提炼出有价值的共性问题，生成新的课程目标，以促成最高的学业质量。

第五节 创画高阶思维：实现自信的智能创造（1）

培养创造性思维是思维可视化教学的核心指向之一。所谓创画高阶思维，就是指通过可视化的手段，激发创造性思维的产生，捕捉创造性的灵感，推动创造性思维的发展，提炼创造思维的成果，并将其呈现出来。在此过程中，还需记录创新的方法与策略，记录碰到的困惑与疑难。创画高阶思维可以较好地培养个体思维的灵活性、变通性和新颖性，提高个体的创新水平。

一、从教育理念上保证了个体创造性目标的树立

思维可视化教学以培养高阶思维及创造性思维为主要目标,为教师的教和学生的学奠定了方向。创画高阶思维,以一种必备的学习方式,从教育理念上保证了师生的创造性目标的树立。

(一)培养个体创造性成为教师教学理念

从教的角度来讲,思维可视化教学的主要目的在于培养高阶思维和个体的创造性,这让教师能围绕此目标展开教学设计、教学活动和教学评价。这从根本上告别了以知识传授为主的传统教学方式,确立了新型的教学理念,保证了教学方向,树立了明确的教学目标。高阶思维和创造性思维的培养成为最重要的教学任务,教师将以此为中心,实施教学。

(二)培养个体创造性成为个体学习理念

从学的角度讲,由于教师教学理念、教学实施和教学策略的改变,学生的学习理念、学习行为和学习策略也会随之改变。一旦教师将教学转向高阶思维和创新思维的培养,学生也会树立起相应的学习理念,个体的学习也将围绕高阶思维和创新思维展开,树立起相应的学习主体地位,使学习有明确的指向性而不会偏离目标。

二、从教学模式上保证了个体创造性行为的激发

(一)挑战性任务的设置,建立了创造性思维的前提

思维可视化教学采取分层目标设置的方式,将复杂的情境和问题与个体的学习基础密切联系。不同的个体,学习任务不同。这使得学习任务都能够基于每个人的最近发展区,让每个个体都能面临合适的挑战,有效地促进深度学习真实发生和深入推进。这为创造性的产生创造了前提。

(二)冲突性情境的设置,激发了创造性思维的动机

思维可视化教学十分强调认知冲突的设置,要求教师创设足够丰富的情境,以提供丰富的感性认识和良好的认知冲突。教师从日常常见的现象中寻找矛盾冲突,在个体习以为常的事实中发现意想不到之处,并进行适当的提炼加工,将矛盾凸显出来,然后作为典型情境引入课堂,以引起个体强烈的认知冲突。这样,便能有效地调动他们的好奇心,引发个体的注意力,激发出创造动机。

(三)驱动性问题的设置,维持了创造性思维的状态

思维可视化教学十分强调问题意识的培养:要求个体围绕问题展开学习,以问题为导向,驱动任务层层向前。在学习中,不断地提出问题、发现问题、解决问题。思维可视化教学要求个体在学习中要十分明确:要解决什么问题?已经解决了什么问题?还需解决什么问题?往下推进的过程中会碰到什么问题?应该如何解决这些问题?

更重要的是,这些问题是个体为了完成自己任务碰到的。也就是说,这些问题是个体自己的问题,既不是他人的问题,也不是班级的共性问题。这就使得问题与自己密切关联起来,不会产生类似"我为什么要去解决这个问题"这样的想法。很显然,这种个性化的问题,便是罗杰斯所说的有意义的问题,能激起个体充分开动脑筋,产生创造性,并有效地维持这种创造状态。

三、从学习行为上保障了个体创造性思维的产生

思维可视化教学将培养创造性思维贯穿于教学的始末,贯穿于教学的每一个环节。在独画思维时,个体能发挥天赋禀性,用独特的方法,激发了创造性;在共画思维时,个体通过表达受启发,通过碰撞得激发,通过共享获借鉴,发展了创造性;而在创画思维时,通过课堂的创画和课外的创造性任务,个体进一步提升自己的创造性。这些都充分保证了创造性的产生。

(一)独画思维,筑建了创造性思维的基础

1. 个体独画调动的是个体的独创性

独画思维充分强调人的独特性,强调要注重个体自己的想法,强调用个体擅长的、独特的方式来解决问题。这些独特的方法与众不同,因此独画思维的过程,也就是个体调动自己独创性的过程,本身就包含了创造性的成分。

2. 个体独画容易产生有创造性的想法

个体独画调动的是个体自己独特的思维模式,调动的是个体独特的语言系统,运用的是个体自己独特的知识结构,发动的是自己独特的认知策略,这些思维模式、语言系统、知识结构和认知策略与其他人都很难完全相同。因此,哪怕面临相同的问题,不同个体的想法也很难保持一致。也就是说,个体容易产生与众不同的独特想法,这些独特想法也具有创造性的成分。

3. 个体深度思考能够提高创造性水平

在个体独画阶段,在可视化支架的支持下,个体充分激发自己的思维状态,通过"独思"、"精思"、"深思"、"苦思"和"创思",不断把思考推向深入。在此过程中,个体会调动更多的知识和经验,使用更多的方法和策略,进行更多的联想和意义联系,推动自己的思维从经验系统进入理论系统,从常规系统进入创造性系统,进而提高自己的创造性水平。

(二)共画思维,推动了创造性思维的发展

小组共画和班级展画都涉及"共画环节"。通过"共画",个体的创造性思维得到提升,创造性思维得以升华。

1. 在意义澄清中激发创造性思维

通过意义澄清,个体会对已经建构的结果进行重新思考,激发自身发现新的要素。

在小组共画和班级展画过程中,小组或班级紧扣"你想到什么?""你为什么会想到什么?""你还想到什么?"这3个问题展开。在回应这3个问题时,要对意义进行澄清。"你想到什么?",让个体将思维聚焦在思维内容的输出上,将已经意识到(甚至没有意识到)却没

有表达出来的要素进一步提取出来,而不至于遗漏,进一步打开思考的广度。"你为什么会想到什么?",逼迫个体将思维聚焦到问题的依据上,去关注思维背后运作的机制,对自己思考的逻辑性、正确性展开判断。这是个体对自己的论点再次进行提取和论证的过程,对于结论至关重要。如果说"你想到什么?"使个体的思维广度无意得以打开的话,那么"你还想到什么?",则是有意识逼迫个体再次拓展自己的思路,使思维得到进一步的发散。这会大大打开个体的思考空间,并可能产生新的意义联结,即创造性。

同时,意义澄清使得有创造性的部分得以确认并明显揭示出来——这些往往在个人探讨时处于无意识的隐藏状态。

这些独特的部分往往跟个体的天生禀赋、思维个性和长期的个性化学习有密切的关系,因此是个体创造的最宝贵资源。对个体而言,由于这属于思维的常态,并未把它当成什么稀奇之物(个体会认为,我一直就是这么想的或做的)。因此,这些独特的部分,往往不为个体所重视。如果没有通过分析、比较,对照其他人的观点、做法,个体无法知道它的特殊性和重大价值。个体便会陷入这样的想法,我一直就是这么想的或做的,有什么稀奇? 在小组或班级的追问下,个体不得不对自己的想法或做法及其内部机制进行挖掘,发现其与常规思维或与常人思考的不同之处,进而能将这些隐藏的优异部分发掘出来,被个体有意识地把握,引起个体充分的重视,并进一步展开有针对性的学习和训练,使这"特别的部分"得到强化和发展,进而更好地促进个体创造性思维的产生。

2. 在思维碰撞中激发灵感思维

在小组共画和班级展画环节,由于强烈的思维碰撞,回答质疑或者自圆其说,或者只是为了证明而证明,甚至只是为了强词夺理,都会使个体的思维超越常规的思考方式,而处于非常规的激发状态,迫使个体灵光一现,激发出灵感。这些灵感本身包含着创造性成分,而且可以互相感发。这不仅会极大地推动个体创造性思维的产生,而且会极大地激起团队其他成员的创造欲望,进而极大地调动他们的创造性思维。

思维碰撞同样能够激发群体的创造性,进一步提升个体的创造水平。在教学过程中,教师还会创造条件来激发个体产生这种非常态的思维瞬间,鼓励孩子大胆表达自己的观点,进行思想交流和思维碰撞,鼓励个体不要害怕出现错误。这就很好保持住全班这种创造思维的激发状态。教师还会鼓励孩子勇于脱离常态进行创造性思维,鼓励个体用自己独特的方式展开奇思妙想,进一步培养团队的灵感。

3. 在学习借鉴中提升创造性思维

在共画思维中,一些具有创造性的思维得以发现、展示、阐述、共享,个体可以在第一时间内学习、借鉴乃至吸收。这不仅能够拓展个体的思维,完善个体思维的各项品质,提高个体的思维质量,也能够改良并直接提升个体的创造性思维。

4. 在教师点拨中拔高创造性思维

教师评画是对个体创造性的进一步激发。教师通过释疑解惑、点拨串联、追问反问,打通了个体知识和思维的最后1公里路,完善了个体的知识结构和思维结构,使个体能够站在更高的层面上,进行创造性思维。

(三)创画思维,促进了创造性思维的升华

知识结构化和思维建模化提高了创造性水平。在创画思维阶段,个体已经完成了知识建构和思维建模，使得个体能够在较为完善的智能基础上进行创造活动。个体将新知识与相关知识进行整合，把新知识整合进已有的知识体系中，完成知识结构化。同时，通过思维建模，个体获得了解决问题的通用模式，形成了思维的建模化。个体通过可视化手段，熟练应用思维模型处理问题，进行知识、方法的重组，形成新的联系，推动创造力的产生。

四、从课堂环节上保障了个体创造性思维的实现

大家知道，与传统教学一个巨大的不同是，思维可视化教学模式的最后一个环节是"创画迁移"。实际上，这是把创造性思维当成一个独立的、正式的课程目标，而不是可有可无或延伸出来的派生物。

(一)创造环节的设置，保证了创新的时空

思维可视化教学要求在课堂上必须特别设置一个独立的教学环节来发展个体的创造性。在教学筹划中，教师必须围绕此目标进行设计，并在课堂上特别设置一段独立的时间，专门用来发展个体的创造性。否则，便没有真正完成课程目标，这就使得思维创造性在每一节课均获得了合法的地位。个体在课堂上就有时间、有条件进行知识迁移和创新实践，来提升自己的创新能力。

(二)新学知识的应用，保障了创新的践行

在此环节，思维可视化教学强调的是用本节所学到的知识进行必要的迁移，来创造性地解决问题。这就使得知识学习与迁移创造有机地交融起来，不会截然分开，有力地保障了创造力在常态课堂上的践行性。由于是建立在新知识掌握的基础上，其本身又推动了知识巩固、内化和运用。因此，此环节对知识学习本身也具有较大的实用价值，因而能够被一线教师所接受。

五、从作业设置上保障了个体创造性思维的进阶

在课外，教师会布置独立的创画任务，这进一步推动学生把创造性思维当成正式的教学目标加以完成。通过复盘画思维、炼学成成果、做配套作业、创编微项目等，个体的创造性得到更充分、更进一步的发展。

复盘画思维从知识结构化、思维建模化的角度对师生的创造性再次进行总结、提炼、借鉴和内化，为课外创新打下良好的基础；而微项目创编则通过题目创编、项目创编推动个体的创新达到新的高度。

(一)创画知识，强化了创造性思维的知识核心

教师要求个体充分利用班级的创新成果，用新的方式、新的思路或新的策略对自己的知识建构过程进行重新整合和再现，对知识的结构进行重组再将其嵌到更大的大概念框架里，逐步建立起学科观念，获得了一个较为宏观的学科视域，并将它应用到新的知识建构、问题解决和项目设计之中。很显然，这是一个个性化的再创造过程：个体用自己的方式，通过自己的理解，将所学知识嵌到自己已有的认知结构中，为个体课外创造提供有力的知识基础。

（二）创画思路，巩固了创造性思维的思维关键

课后的画思路直指思维本身，直指创造性思维关键。教师要求个体，在班级创新成果的总结、提炼、借鉴与内化的基础上，进一步发挥思维的独特性、深刻性和刻意性，打破定势，实现创新。

在此环节，教师强调思路本身的梳理与拓展，强调思维的独创性，提醒个体要用自己的擅长的方式、用自己独特的方式画出知识建构或解决问题的内容、路径和策略，要求个体将目光锁定在思维推演上而非仅仅将题目解出。

在此环节，教师会特别强调思维的逻辑性，要求对最重要的推理环节、对不确定的思维节点进行标注，以确保推理论证的正确性。

在此环节，教师还会特别强调个体思维联系的刻意性，要求学生对思路进行刻意的拆分重组，用不同的方式再次进行连接，努力探寻意想不到的创意，有效地保障了创造性思维培养的核心。

（三）题目创编，保障了创造性思维的运用基础

题目是学生最为熟悉的内容，因此通过题目创编来训练个体的创造力有着其他方式所不具备的好处。教师在课前筹划中就要有这种意识：精选与引导学生搜寻可能用到的情境，推动学生进行题目创编，将创新与真实情境衔接起来。

题目创编具有其他创画形式所不具备的两大长处：强大的创造功能和良好的践行价值。

1. 强大的创造功能

教师可以为学生提供或引导学生搜寻任何形式的素材供题目创编。创编的题目可以涵盖任何知识点。题目创编可以培养学生任一思维品质，发掘学生的任一天赋特长，使个体的创造性得以充分发展。

2. 良好的践行价值

题目创编的另外一个好处是：能够在常态的教学时空内完成，不受任何特殊条件限制。在常态的教学时空里，只要给个体足够的时间，便能实施。

（四）微小项目创编，保障了创造性思维的创新基础

课外微小项目既可以整合巩固个体课堂的学习成果，将自己最有把握的内容进行拓展，还可以进一步发挥自己的创造力，推动迁移创新。

教师要指导个体从课时微小项目开始创编，逐步扩大范围，逐步向单元项目、大单元项目甚至是跨学科项目推进。

但应该看到，无论是课时微小项目、单元项目还是大单元项目，项目设计都对个体提出了严峻的挑战。

个体需要牢固掌握学科知识、思想和方法，努力发挥自己的创造性思维，去进行项目筹划，寻找所需器材，设计项目实施方案，并灵活地使用学科知识或跨学科知识解决问题。

在此过程中，个体不仅要从实际情况出发，充分考虑实际条件，对项目进行可行性论证，进行必要的合作，逐步推进项目，而且要进行跨学科知识整合，学习材料、工程、科技等

实践类知识和人文、经济等社会类知识，还要考虑到环保要求；最后，个体还必须对项目展开有效的评估，评价项目的质量。很显然，这是一个极其庞大的探究活动。这种庞大、复杂、深入的项目学习活动，极大地培养了个体的批判性思维和创造性思维。

第六节　创画高阶思维：实现自信的智能创造（2）

一、创画思维的组织实施

创画思维并不只是发生在"迁移创新"这个环节。实际上，教师要引导学生把握创画时机，用创画思维贯穿整个学习的始终。

（一）在独画思维阶段，强调思维的独创性

独画可以产生独创性。

1. 通过独画调动个性化的思维，产生独创性

独画思维本身具有创造性的成分。独画思维是个人独立提出解决问题的有效方案。教师强调个体要进行独立思考，用自己擅长的方式，独特的思考形式，偏好的习惯进行思考，努力使用自己与众不同的思维，促进独创性思维的产生，并及时记录。

2. 通过个性思维推动深度思维，提高独创性

教师还强调，要通过独画思维把自己个性化的思考向纵深推动，发动深度思维。同时，还要充分联系自己的独特学习和生活经验，拓展思维高度，通过刻意思路关联和意义重组，打破定势，以形成新的意义，产生创造性，提高自己的独创水平。

（二）在共画思维阶段，提高思维的创造性

教师要善于利用小组共画和班级展画来提升个体的创造思维。

在小组共画和班级展画阶段，教师要不断引导并强调小组或班级必须紧扣"你想到什么？""你为什么会想到什么？""你还想到什么？"这3个问题展开，来推动创造性的产生。

1. 通过意义澄清和协商，激发创造性思维

在意义澄清阶段，在回答他人咨询时，教师强调个体要对自己已建构的结果进行重新思考，强调个体要特别留意在此过程中激发出来的新想法、新思路，仔细甄别其中的创新部分，及时记录下来。

同样，在意义协商阶段，个体进入他人的思维中，教师要强调及时发现挖掘他人的创造性因素，并以此来激发自己的创造欲望，产生创新想法。

2. 通过反复追问与质疑，提高创造性思维

追问与质疑，提高思维碰撞和思想交锋的强度，这会进一步打开个体的思路，进一步挖掘个体的天生禀赋、思维个性和独特思考方式，使得平常不被重视而无意被隐藏起来的优秀特质被充分激发出来，形成了高品质思维。教师要强调学生把握这个重要时机，引导他

们提高思维的创造性。

3. 通过认真欣赏和借鉴,拓展创造性思维

在欣赏和借鉴中,教师要善于引导学生,让那些新的想法、灵感和具有创造性的思维得以发现、展示、阐述、共享,促成班级接受、认可,产生共鸣,进而有效地借鉴、吸收他人的思维,弥补自己创造性思维的不足之处,直接拓展自己的创造性思维。同时,教师要充分利用班级成果,激发全班的创新欲望,提出新的创意,使个体的创造性思维得以拓展。

(三)利用教师评画,挖掘思维的创造性

教师要充分利用评画的时机,对个体的创造性进一步进行激发。教师要通过释疑解惑、点拨串联、追问反问等手段,打通个体知识和思维的最后 1 公里路,去完善个体创造性基础,进一步激发个体的创造欲望,推动个体产生跟以往不同的想法和创造性思维,进一步发展个体的创造性。

当然,教师评画也不仅仅只发生全班展画之后,而是贯穿于教学的整个过程。

1. 在个体独画阶段,通过点拨挖掘个体的创造思维

在个体独画期间,教师可以有针对性地进行巡视,对那些思维较活跃的个体进行侧重探察点拨,推动他们及时实现思维的飞跃以产生创造性。这里要注意的是,教师不仅要关注那些学习最好的个体——他们的创造性思维往往也处于较高水平,还要关注那些处于最近发展区的个体——他们的思维往往正处于跳跃阶段,更要关注那些思维比较灵活的个体,因为他们有时更具有创造性。教师要特别关注这 3 类人,在独画思维阶段,对他们提出有针对性的挑战性问题,引导他们进行归纳提炼,推动他们的思维走向深处,有效地激发创造性的产生。同时,教师还要鼓励他们在小组共画和班级展画时大胆发挥,将小组和班级的创造力盘活,及时释放出来。

2. 在小组共画阶段,通过点拨提炼小组的独特视域

小组共画时,教师要通过巡视了解不同小组的研讨情况,甚至可以参与小组的研讨。在此过程中,教师要努力发现小组独特的想法,通过点拨,引导小组进行提炼,形成小组独特的视角。同时,这也有利于小组思维的融合和创造性的产生。

3. 在班级展画阶段,通过点拨引发班级的创造思维

教师要充分利用自己高于学生之处,利用自己的经验,发挥自己的洞察力,对学生思维的长处、短处进行评价,以提高学生对思维的鉴别能力;教师更要对学生的创新思维展开评价,将其中优良的部分挖掘出来,引导班级欣赏学习和内化吸收,以进一步提高班级的创造性思维。

(四)在个体创画阶段,升华思维的创造性

创画阶段是思维可视化教学有别于传统教学模式特别设置的教学环节:课堂独立设置一个创造迁移环节,以实现个体的创造性。教师在课堂中必须留出足够的时间,布置相应的学习任务,推动个体总结、借鉴、迁移、创造,去完成创造性的项目,使个体的创造性思维得以升华。

此阶段可分为 4 个环节:总结提炼、借鉴学习、方案优化和尝试创新。

1. 总结提炼

在此阶段,教师要引导个体回顾整节课,总结在学习过程中出现的各种创造性要素,如创新内容、创新方法和创新策略等,有意提炼创新动机、意识和思维。

2. 借鉴学习

认真学习班级的优秀创新成果,分析其创新方法与策略,提取其创新要素,努力加以理解、内化,借鉴其创新的观点、独特的思维、新颖的想法和巧妙的方案。教师要充分重视这个环节:要让个体重视班级最新成果,特别要强调个体对各类创新成果进行个性化梳理、整合与内化,用来进一步改良自己独特的知识结构和创新思维。

3. 方案优化

通过总结提炼与借鉴学习,个体对原来的知识建构或问题解决方案进行补充、重整和优化,进一步改善创新思维,提高创新能力。

4. 尝试创造

教师要求个体在方案优化的基础上,对方案进行变通,尝试形成新的知识建构图、思维建构图或问题解决方案。在课外,教师要求个体通过独立探究开展创造性学习,如用所学的知识来创造性解决实际问题,进行题目创编,进行微小项目创编,甚至根据要求设计创新性的项目等。

二、创画思维的空间排版

(一) 独特性思维凸显

经过一段时间的思维可视化教学,个体能够较好地发现自己的思维特性。因此,教师要求个体仔细甄别这部分内容,及时记录,并凸显出来,让自己一眼就能看出。

1. 特殊字体与颜色

在记录这些内容时,个体可以用较大的字体、相对固定的特定字体或用某一种特定颜色表示。这种做法的好处是,能够把个体的思维独特性融入知识建构或问题解决之中,使独特思维与常规思维较好地融成一体,在两者之间实现快速转化。

2. 特殊的空间位置

可以在纸面上留出特殊的位置,用关键词的形式,写下这些特别的内容。这种做法的好处是能够将个体的思维独特性有效地从常规思维中分离出来,成为独立的思考对象,以便个体进行更深入的探究,进而进一步提高自己思维的独创性。

(二) 刻意性思维凸显

当进行刻意联系时,个体可以画下这些刻意联系的思维途径,对此进行凸显,以随时提醒自己。

1. 特定的颜色

我们同样可以用相对固定的特定的颜色画下联系路径,对这种刻意联系的形式进行凸显。要注意的是,这种颜色与前面的独创性凸显所用的颜色有十分明确的区分。

2. 特定的样式

另一种凸显的方式是：个体可以制作出个性化的连线方式用来表示刻意联系的路径，包括特殊的画法、使用特定的样式或者将联系线条画得粗一些。

（三）借鉴性思维凸显

借鉴性思维凸显指的是在思维图上画下他人的创新思路，并将它凸显出来，可以更好地借鉴吸收他人的优点。

1. 嵌入思路圈定

将他人的创新思维嵌到自己思路的相应位置上，并用特殊颜色或特殊形状（诸如椭圆形方框）圈定起来加以突显。这样，能够较好地将他人与自己的思维进行比较分析，进而拓展自己的思维空间，丰富自己的思维模式。此时，要注意将他人的思维与自己的思维排得近一些，不要隔得太远，这样能够取得更好的提醒效果。

2. 特定空间标记

在纸面上留出某一特定的位置，画出特定的空间，专门用来记录他人的创新思维和独特思路。这样做的好处是能够将他人的创新思维或独特思路，作为一个独立的研究对象，展开深入研究，去深入挖掘他人思维的内部机制，较好地把握他人的独特思维。这样，个体能更好地提高借鉴水平，有效地学习、内化和吸收他人的创造性。

（四）灵感思维凸显

与借鉴性思维一样，灵感思维同样有两种凸显方式：嵌入式标注与特定空间标记。

1. 嵌入式标注

将灵感在产生的思维环节上直接进行突显，即用特定颜色标出或用特定的颜色、特定的形状圈定起来。

2. 特定空间标注

在纸面上某一特定位置，留出空间，专门用于记录灵感。这样便于将灵感集中起来，以灵感为对象进行思考，有利于挖掘灵感产生的机制，提炼灵感激发的方法，进而有意识地激发灵感的产生，增加灵感出现的可能性。

三、创画思维的教学策略

（一）解读情境，进行条件化和问题表征

真实情境往往具有开放性、模糊性、多义性和隐蔽性。准确解读情境，对它进行条件化和正确的问题表征，以促进创造性的产生。

1. 情境破解化，寻找创画学科基础

（1）情境的多义性解读

一个情境从不同的角度进行解读会呈现出不同的意义。当情境比较复杂时，多义性尤为明显。这种情境多义性，表现在同一个情境可以用日常生活经验来解读，也可以用某个学科的不同知识或不同学科的知识加以解读。不同的解读会引起不同的联想。因此，情境

的多义性会影响到思维的指向,使个体无法快速找到解决问题确切的入口。

通过画思维的方法,个体可以将问题情境所涉及的知识尽量罗列下来,按照联系的程度进行排列筛选,可较好厘清思维的走向;一旦某处思维受阻,可根据可视思维支架,直接切入另一联系紧密之处,快速做出调整。

(2)情境的模糊性解读

情境的模糊性也会带来问题解决的困难。由于缺少清晰的要素,个体难以快速做出贴切的问题表征。模糊性在很大程度上是由真实情境与学科情境之间的巨大差异造成的。当真实情境与学科情境缺乏必要的相似之处时,个体很难将两者关联起来。这样,也就难以从真实情境中察觉到足够的学科要素,进而建构出明确的学科情境。

此时,借助可视化手段来分解情境,最大可能挖掘真实情境中的学科要素,将它们抽取出来,便可较好地与学科情境挂钩起来。

(3)情境的隐蔽性解读

当情境所包含的知识要素晦暗不明时,问题表征便会陷入困难。情境越隐蔽,个体从明面上得到的知识要素就越匮乏,就越不容易将真实情境转化成典型的学科情境,进行问题表征的难度也就越大。

此时,可用可视化手段去发掘情境背后的意义,将深藏不露的学科知识、相关条件和关键特征逐一揭示出来,便可以较好地进行情境解读和问题表征。

2. 情境条件化,建立创画知识基础

条件化是指对情境与相关知识之间进行前提匹配。这是将真实情境转化成学科情境的关键。个体利用可视化手段,把真实情境所提供的各种要素与相关学科知识的内涵外延、成立条件和适用范围一一对应起来,进行匹配性判断——判断两者是否形成良好的匹配。如果能够形成良好的匹配,那么就可以直接应用该知识来表征问题。

3. 问题表征化,建立创画的思维基础

通过情境条件化,个体可以将情境与学科紧密联系起来。当情境的各要素都完成了条件化,学科的问题表征也就宣告完成。问题学科表征就是围绕问题,将问题与情境及相关的学科知识三者有机地关联起来,将要解决的问题转化成学科典型问题,将真实情境转化成学科典型情境,以便运用学科知识解决问题。

通过可视化手段,将问题与情境关联,选择相关的情境要素,形成较为确切的问题情境;将问题与学科关联,将真实问题转化成学科问题;将学科与情境关联,选择相关的要素,将真实情境转化成学科情境,这样就将真实复杂的问题转化成典型的学科问题在典型的学科情境中解决。

很显然,这是一个艰难的创造过程,通过创画思维,较好地达成了目标。

(二) 多方触发,用课堂创画激发创造性

1. 巧设问题,及时记下灵感

灵感是知识建构及问题解决最具价值的部分。创造性思维往往伴随着灵感的产生而产生。如何激发灵感的产生,是培养个体创造性思维的一条重要且有效途径。

（1）巧设问题，激发思维

一个好的问题往往使个体的思维处在良好的激发状态，一时间各种联想同时涌出。这些联想一个紧接一个，弥散性地向外喷射，纷繁、杂乱，让人应接不暇。

（2）及时记录，捕捉灵感

这些联想往往不属于同一类型。它们常从一个范畴向另外一个范畴随机跳动，很难找到内在的规律，更难往某一思维方向持续推进。这些被激发联想往往一闪而过，容易消失。因此，个体要及时记录，快速梳理，将它们整合到合适的框架里，促成有机的联系，进而激发出新的想法，也就是产生了灵感。

2. 刻意联画，克服思维定势

创造性思维之所以难以产生，一个重要的原因就是个体容易受到思维定势的束缚。由于日常的认知惯常以及学科的内在逻辑性，个体的联想往往趋于某一稳定的方向，思路总被局限在某一相对固定的框架中。这固然有助于提高个体思考的效率，但也容易产生思维定势，阻碍创造力的产生。

因此，个体可以通过刻意联通的方法，通过可视化手段将平常看似不相关的内容刻意地联通起来，努力发掘两者内在的关联。这样，便能够有效地打破固有的知识连接形式，有效地打破固有的思维方式，产生新的视域，进而发现新的思路、新的意义，推动创造力的产生。

3. 随机联画，拓展新的思路

当思维比较狭窄时，由于很难直接摸到解决问题的关键，个体往往难以找到切入口，就必须从更多的视角展开探测。这时，就需要随机联想。

随机联想就是抓住某一点，展开充分的联想，并将任意两个联想随机"联结"起来，力求突破学科的限制和日常经验的束缚。在刻意联系的基础上，个体展开方方面面的联想，使个体的知识、经验及认知有更为灵活的组合形式和更为广阔的运作空间。这样，可进一步打破个体的思维定势，使个体在思考时获取更大的周转余地，形成更多新的意义连接，催生出更多新的思维框架，进而大大拓展个体的思路，产生创造力。

（三）努力创编，用课外创画升华创造性

课外创画思维时间更为充足，手段更为多样。通过创画知识、创画思维、创编题目、创编微小项目，个体的创造力会得到显著提升。

由于简便易行，功能强大，微项目创编（含题目创编和微小项目创编）往往成为课后创画思维的核心。教师要抓住这一枢纽，培养个体的创新能力。

教师在引导个体进行微项目创编时，要紧扣解决实际问题和培养创新能力这一宗旨，进行系统的"1体化"设计，将创新作为一个重要的正式的课程目标，在课前进行刻意设计，在课堂进行践行实施，在课后进行巩固进阶。同时，对个体创造能力的培养，教师既要有明确的进阶，也要有合理的预期。这样才能使创新能力的培养有规划、可践行、出成果。

第六章 中学思维可视化教学的基本模式：
1体·3段·8环

第一节 传统教学模式的局限:囿于课堂阶段没有涵盖课前课后

传统的教学模式始于课堂,也结束于课堂,教学模式沦为学习活动的附庸。其本质是知识传授,但由于缺乏课前、课堂和课后的一体化设计,因此无法实现高效的精准教学。

一、传统教学模式局限于课堂阶段,与课前课后脱节

传统的教学,模式往往只囿于课堂教学,较为侧重课堂操作,如冯克诚认为,教学模式是"在一定教学思想或教学理论指导下建立起来的、较为稳定的教学活动结构和活动程序"(冯克诚,西尔枭,1994),只考虑到课堂教学如何按一定的相对稳定的程序展开,与课前和课后两个阶段基本脱节,使教学模式沦为教学活动的附庸。

(一)传统教学模式不注重一体化课前策划

从实际的教学实践来看,传统的备课并没有将课程目标进行课前、课堂和课后一体化设计,没有从系统的角度展开课前的教学筹划。或者这种考量是一种计划式或方案式,而非设计式的,比较笼统,不够明确与深入,特别是在课后部分没有足够的重视。如徐继存认为,"教学模式是指在一定教学思想或教学理论指导下所形成的关于教学的思想意图及其实施方案"(徐继存,王传金),认为教学模式是一种方案而非一种设计,没有明确涉及课外时段;又如乔伊斯认为,教学模式是"构成课程(长时间的学习课程)、选择教材、指导在教室或其他环境中教学活动的一种计划"(布鲁斯·乔伊斯 等,2014),认为教学模式是一种计划而非一种设计,也没有明确涉及课外时段。

在传统教学中,课前备课往往只针对课程目标(一般是教师自己理解的教学目标)进行教学内容的选择、教学资源的整合和教学活动的设计,备课常常停留在一种较粗线条的勾勒上,虽然有时会针对某一内容做特别的资源开发或活动设计,但很少围绕"课前、课堂和课后"做统一的课程目标达成的一体化设计。这样,课程资源服务于课堂教学活动,课堂教学活动从属于课堂教学内容,课堂教学内容则从属于预定的教学目标。这造成课前备课与教学模式并无密切关联。传统的教学模式在课前没有围绕课程目标达成进行精心的一体

化设计,以推动课外个性化再学习。作业的布置没有被当成一种重要的课前策划,没有把作业与课堂教学的可能生成情况紧密联系起来进行设置。特别是,在课后阶段,在课堂结束后,没有根据课堂实际情况对作业进行必要的调整。这同样造成课后的目标推进与教学模式之间形成较大的脱节,没有形成"课前、课堂和课后"的一体化设计。

(二)传统教学模式不注重一体化课后生成

传统教学很多时候,在课后,教师也认识到"巩固知识"的重要性,将其作为课后作业的主要目的之一,围绕刚学习的知识本身,进行必要的复习和强化;但并没有根据课堂的实际效果对课后生成目标进行必要的调整,这使得课外生成目标跟教学模式也没有发生密切关联。

实际上,课后作业的功能远不只是"巩固知识"这么单一。哪怕只是为了巩固知识,作业也必须跟课堂的教学紧密联系起来。或者说,为了巩固知识,作业必须与课堂教学紧密联系起来,与课堂教学的效果(主要是目标达成)、方式、策略紧密联系起来,还必须与课前设计的课程目标紧密联系起来。课前的预设很难穷尽课堂生成,课堂的学习目标本身也必须根据课堂的真实情况进行必要的调整。这就意味着,作业的内容、侧重点、难度也要做出相应的调整。只有这样,才能布置适当的作业,促成课程目标在课后得到必要的巩固和发展。只有这样,课程目标才能经过课前的教学筹划、经过课堂的深度建构和课后的巩固推进得到有效落实,取得最大的效益。这也正是思维可视化教学立足于"课前、课堂、课后"一体化设计的本义之一。

二、传统教学模式的本质是知识传授,而非为了创造

从本质上洞察,传统的只限定于课堂的教学模式实质上是一种知识传递的模式,将学生能力的培养等同于信息的传输,其核心便是传授法。

(一)传统教学模式本质是"讲—记—练"

我们甚至可以这么理解,这只是一种知识的讲解、记忆和巩固的过程,通过简单的"讲-记-练"来实现知识的传递:教师讲解知识,学生记住知识,学生通过做题使用知识。因此,只要教师的讲解能力较强,学生愿花时间记忆,再进行足量的强化练习,就能达到预期的目的——学生会了(实际上是记住了相关的知识,并能初步运用),而跟教师采用的教学模式无关:教学不会因为选择了不同的教学模式而产生不同的效果。一句话,只要教师保持"讲—记—练"的均衡,教学必能取得"较好"的效果。

甚至在教学实践中,教师有时因为采用"非传授法"模式,而感到"教学效果下降"。原因正是这些"非传授法"打破了"讲—记—练"的教学节奏,破坏了知识从教师向学生传输的固有套路。学生自己不具备真正建构知识的能力,课堂又留不出足够的时间供教师进行咀嚼式传授,留不出应有的时间让学生及时记忆、内化,更来不及施展传授法压箱底的法宝——练习,又如何有好的课堂效益?

另外,"满堂灌"之所以没有取得应有的成绩,我们也可以找到同样的原因——打破了"讲—记—练"的均衡。课堂上教师满堂讲,学生既来不及听,也来不及记,更没时间练。听

不完整,记不牢固,练习又不完整深入,又如何能取得好成绩呢?

(二)传统教学模式无法真正实现个体创新

可见,传统的教学模式必定形成"讲—记—练"的教学方式,教学模式只不过是可有可无的附带物,顶多是"讲—记—练"活动的附庸。课堂以教师的讲为主,学生的听为辅;课后学生以做题为主,以应用为辅。教师的主要任务是传授知识而非培养学生的高阶思维和创造性;学生的主要任务是记住知识并进行大量练习,并非建构知识、应用知识解决有挑战性的真实问题。教学模式根本起不了建构创造的功能,以发挥统帅"课前、课堂、课外"的作用,无法使课前备课、课堂上课及课外巩固创造形成一体,有目的、有步骤、系统地催生高阶思维与创造力。

三、缺乏课后课程目标一体化设计,教学常沦为低效

一般说来,课外学成要取得 4 个方面的成效:知识内化巩固与再学习、知识认知嵌入、知识运用迁移和知识衔接开放。

知识内化巩固与再学习是掌握知识内涵外延;知识认知嵌入是将其纳入相关的知识体系,在更大的概念框架中理解其本质,建立长期记忆;知识运用迁移,即通过知识运用迁移培养问题解决和创新能力;知识衔接开放,则是将知识与后续知识形成关联,为以后的学习预热,打开知识壁垒,进一步提升创造力。不言而喻,这是个重大的挑战。如果没有进行课前、课堂、课后一体化设计,课前、课堂与课后必然脱节,便很难取得大的成效。从教师与学生两方面来分析,我们可以清楚地看到这一点。

(一)没有将课后阶段纳入教学模式,教师难以实现优质教学

1. 没有一体化教学模式,就没有完整的目标设计

完整的目标设计即完整的课程目标生成设计,指的是教师要将课堂效益的达成延伸到课外作业时段,即通过课外目标生成设计(如书面作业的完成等)来评估最终的教学成果。教学模式如果没有涵盖到课后,使课外目标生成成为整个完整教学模式里不可或缺的有机组成部分,便会造成"教学目标整体生成"的设计意识欠缺,教师对教学目标的实现便会缺乏系统化思维,就不会根据课堂的教学情况,对课后作业进行有机调整,就更谈不上将课外时段学生的达成目标当成整个教学模式的有机组成部分加以匹配设计。

缺乏课外学成目标预设,教师对作业便很难有"目标整体生成"的深入思考,不会认识到课外作业设计是教学目标达成、教学成果获取不可缺少的环节,也就不会把课外作业设计当成"教学整体设计"重要的组成部分,就不会将其当成课程目标达成的重要保障,更不会把可以在课外完成的正式课程目标(在传统教学里,是下一节课堂教学目标)融入衔接作业中——往往只是习惯性地布置一些作业,这种布置甚至经常带有随机性——往往是课后作业、课外参考书或导学案的一些书面题目,实有例行公事之嫌。

教师的目光往往停留在第一点(巩固知识)或第三点(应用知识)上。作业的功能有很大的片面性——不完整,甚至严重残缺。

教师极少考虑到:学生在课后应该达到什么目标?是否需要必要的延伸性学习?延伸

学习与刚结束的课有何关系？如何通过这些学习让每个学生都得到应有的发展？延伸学习与即将开始的课有何关系？如何将已结束的课和以后的课连接成一体？如何把下一节或以后某些章节的正式内容融入课外作业中？

这样，就很难实现教学整体目标。

2. 缺少一体化完整设计，就难以实现精准的教学

作业设计是极其专业的事，没有整体设计意识和能力，就会丧失作业的评价作用，更谈不上什么精准性，课外作业也就不能达到预期的效果。

在课前，如果具有整体设计的意识和能力，设计作业时，教师便会将其与课堂教学紧密联系起来，并在上课之前进行周密筹划。教师就会围绕上面所提到的4个方面展开思考：布置作业的4个功能纬度是否被全面包含？是否需要全部包含？需要包含几个维度？各个纬度所占的分量各为多少？要求达到什么程度？要用什么知识内容进行承载？需要什么形式与资源的支持？等等。

在课后，教师同样会围绕这4个方面，对课的整体进展及个体的针对性发展进行思考：这节课作业要不要调整？哪几方面要进行调整？要如何进行调整？对于不同的个体，作业要怎么调整？调整哪些方面？要如何做出调整？

很显然，这样通过"一体化"设计，很好地将"课前、课堂、课后"紧密地联系起来，课后作业不仅能较好地实现课程目标，对知识的再学习内化、知识结构化、知识的运用与迁移、知识的衔接与开放，对促进高阶思维的发展与个体创新都能起到很好的作用。相反，如果缺少教学整体设计意识，没有在一个完整的教学整体里深刻思考课后学习的问题，将作业布置作为一个与课前筹划、课堂教学无关的独立环节，就容易沦为为布置作业而布置，作业便容易与课堂教学的实际隔离开来，与学生实际的学习情况脱节，便容易失去针对性，就无法实现精准教学，也就无法促成个体取得应有的充分的发展。

(二)没有将课后阶段纳入教学模式，学生难以取得优质发展

1. 无法创设个性学习目标

由于基础不同、学力不同、教育诉求不同等，学生课外发展的目标也不应该相同。这只有通过不同的课外任务才能实现。由于不具备良好的自我制定个性化学习目标的意识、经历与能力，大部分学生无法给自己确定合适的任务，去实现应有的目的。

2. 自主学习容易偏离方向

在课外，学生拥有更大的自主性。如果缺少有机的一体化设计，脱离了教师的必要指导，自主性越大，学生就越容易偏离合理的学习目标，也越容易偏离学业发展的主线，进而降低学习效率。只有给出具体的目标，给出更具体的学习指导，学生才能取得预期的效果。这也为实践所证明。

因此，无论是教师还是学生，都必须有一个明确的课外指向，便于前者发布适切的学习要求，也便于后者获得适切的学习指南。很显然，这个明确的课外指南，需要在教学开始之前就进行设计。也就是说，课后的作业布置、延伸性学习活动等均应纳入教学模式里，进行一体化设计。

第二节　中学思维可视化教学模式的突破：涵盖课前课堂课后

要克服这么一种传统的教学认知——教学模式只是课堂教学的运作方式，我们要树立这么一个观念：一个科学的高效的教学模式，必须将课前、课堂、课后连接起来，形成一个完整的整体，以促使教学从一个科学的可行性课前起点，经历一个丰富的发展性课堂而成于衔接性的课后迁移创新，让学生经历一个从课前到课堂再到课后完整的建构内化与迁移创新过程。

为什么呢？

因为对于任一学科，任一知识，任一课型，教学都要经历课前备课、课堂上课及课后巩固运用3个阶段。只有将课前、课堂、课后当成一个整体来统一部署教学，才能获得最大的效益。

对于教师而言，要取得较好的课堂效果，任一学科，任一知识，任一课型，教学都要经历课前备课、课堂上课及课后评价诊断3个阶段。对于学生而言，任一学科，任一知识，任一节课，为了取得良好的学习效果，往往也需要经历课前预习、课堂学习和课后巩固运用3个阶段。因此，一个覆盖课前、课堂、课后一体化设计的教学模式，能够最大程度地将课前、课堂、课后的教与学衔接起来，形成一个整体，而不会相互脱节，使课程目标与学习活动在此3个阶段都得到系统推进：在课前得到预热和部分生成，在课堂上得到深度建构和强化，在课外实现进一步的个性化完善和迁移创新，进而取得最好的教学效果。

一、完整的教学模式可将正式课程目标实施于课前

这包含两方面的含义：一是进行课前筹划，这与传统意义上的备课接近；二是在课堂教学之前完成一些正式的衔接性课程目标。

（一）进行课前筹划

课前筹划是思维可视化教学一体化教学"课前"阶段主体部分，也是最重要的组成部分。课前筹划让教学从预备阶段便有一个严整的教学策划。这能提高目标的针对性，使课堂教学在展开之前便具备了相对深入的实践论证，让教师对可能取得的效果有相对合理的期待，并尝试努力把握之。这样，课堂教学就纳入可控的范畴，教师才能将精力有效锁定在有价值的生成要素上，以提高知识的建构性、探索性、批判性和创造性。

1. 课堂学习目标由课前筹划

要使每个人都在课堂上得到应有的发展，教师必须设置层次足够的学习目标，与每个人的具体学情相匹配。这就要求教师不仅要深刻掌握学科课程标准，掌握学业质量要求，而且要十分熟悉学生的实际情况，十分熟悉自己所掌握的教学资源。只有这样，教师才能设置足够丰富的教学目标，指引不同层次的学生学习。

2. 课堂学习内容由课前筹划

在课前，教师还要深入研究学生要学知识的性质，要努力把握知识的难度、来龙去脉以及与日常生活、生产、科技及社会实践等各方面的关系。这样才能针对不同层次的目标确

定个性化的学习内容,让不同层次的个体都获得足够的素材,以实现分层教学。

很显然,这是一个工作量巨大的行动,对教师形成了较大的挑战。在城镇化背景之下,这种挑战被日益凸显了出来。在城镇化背景下,班级的生源结构十分复杂,学生的学习基础、学习层次有着较大的不同,对针对性提出了前所未有的高要求。很显然,这靠教师在课堂上的及时生成无法实现,只能在课前进行充分筹划。

3. 课堂学习评价由课前筹划

为了促进不同层次学生的学习,使他们都得到相应的发展,教师必须设定相应的学习标准,展开评价。很显然,这需要建立在对学情充分的掌握之上,并在课前完成,才能取得较好的效果。

在课前,教师只有设计好评价体系,包括评价对象、评价标准、评价内容、评价方式、评价时机等,才能在课堂上针对不同的人,在不同的时刻,用不同的方式和相应的标准展开评价。

4. 课堂强化练习由课前筹划

同样,为了让因材施教落到实处,教师必须在课前备好足够的练习供不同层次的学生在课堂上使用,以起到强化巩固的作用。这部分的工作量依然巨大,不能在课堂上即刻生成,只能在课前进行,在课堂上再做调整。

(二) 完成衔接目标

首先要指出的是,按照传统的意义,这里的目标指的是正式的教学目标,而非那些预习性目标。即按照传统的意义,这些目标是应该在下一节课堂上完成的。完成衔接目标是指在正式的课堂教学之前,即课前完成一些正式的课程目标。这样做既可保证课程目标整体的延续性,也可留出更多的课堂时间进行其他知识教学。

这也是思维可视化教学与传统教学的一个不同之处。

这些衔接目标往往有两种类型:一是跟已学的知识有着直接关联,是已学知识的延续;二是跟已学知识没有直接关联,而是一种新知识。

当然,无论是哪一种类型,这种衔接目标的设置都要十分细致、严谨。细致是指衔接目标与课程目标要形成十分精准的匹配关系,通过设计将课程目标进行必要的分解,然后匹配上对应的作业,完成了作业,便完成了课程目标。严谨是指教师在设计时要考虑到课前阶段的这一特殊情况,对衔接性作业的操作性、可行性做充分的论证,包括对作业重点的精确把握、难点的层次过渡、完成方式的自主选择、完成时间的合理设置等现实条件做充分考虑,以确保个体通过自己的力量能够完成任务。

1. 完成与已学知识的衔接目标

一些目标与已学的知识紧密相连,特别是与上一节的知识关系密切,通过教学一体化设计,可以将这部分内容融入课外的衔接性作业中。学生完成课外衔接性作业,便能够基本上完成课程目标,教师在课堂上对相关的作业进行点评和拓展,能够用很少的时间实现课程目标。设计这种衔接性目标时教师要特别注意上下两节之间知识的衔接关系。比较好的策略便是在上一节的课堂教学时,埋下足够的伏笔,对其中的难点进行必要的过渡与突破。

2. 完成与未学知识的衔接目标

有些时候,衔接目标与以往的知识没有密切关联。这时教师更要做好细致的设计,从两方面入手:知识要素与经验要素。

一方面,教师要努力寻找与以往知识的关联要素。除非是全新的知识范畴,否则从已学知识都可以找到一些与新知识相关的知识要素,只不过这些要素关系有时不那么直接,显得隐蔽罢了。教师要努力寻找这一些间接的知识要素,将其融入衔接作业中,以更好地完成课前学习目标。

另一方面,教师要努力寻找相关的经验要素。中学生所学的知识往往来源于日常生活和社会实践,中学生的生活经验可能包含新课教学目标的知识要素。教师要努力寻找这些要素,将其融入衔接作业中,通过衔接性任务来完成课程目标。

二、完整的教学模式须将正式课程目标延续到课后

教师必须对课后的学成目标进行严密设计,而不仅仅停留在巩固性作业的布置上。

前面说过,课外学成目标要取得4个方面的成效:知识内化巩固与再学习、知识认知嵌入、知识运用迁移和知识衔接开放。完整的教学模式能够促进教学目标的全面精准达成,并实现个性化的学习目标。

(一) 实现全面深入的精准再生成

一体化设计可以推动个体知识内化巩固与再学习。一体化设计要求个体认真理解已学的知识,厘清内涵与外延,补充必要的细节,进一步完成个性化再学习,建立本节课知识的认知结构来巩固已学的成果,并为后续知识体系的建立打下基础;一体化设计要求个体将已学的知识嵌入相关知识框架之中,在结构化的联系中进一步提高对知识本质的理解,把握其内在逻辑和前后关联,促成知识体系化并形成长期的记忆,实现知识嵌入;一体化设计要求个体运用刚学的知识解题或解决实际问题,并努力促成知识迁移和创造力的产生;一体化设计还要求个体致力于知识的开放与衔接,将知识与后续学习的内容努力地连接起来,起到一种先行学习者的作用,为后续的教学埋下伏笔,甚至在课后完成相关的正式的衔接性教学目标(按传统的做法是列入下一节课堂教学),同时努力打破知识的边界,让个体能够用一种新的方式对知识进行重组,以产生新的意义,进一步提高创造水平。

很显然,这是一个相当艰巨的任务。如果没有一个严整模式来统摄,通过精心的设计,将课外与课堂的具体教学、课前的教学筹划紧密地联系起来,这4个目标很难得到全面实现。

(二) 实现充分足够的个性化再学

这里,之所以强调教学模式必须延伸到课外,另一个重要的原因是为了实现课外个性化再学习。

不同层次的个体在课堂所达到的水平不同,他们课后的生成目标也就不同。因此,对于不同的个体,在课后,他们的知识内化、巩固与再学习、知识认知嵌入、知识运用迁移和知识衔接开放的方法、策略和要求也不同,他们课外达成的目标也就相应不同。只有深刻把握各层次个体课堂学习状况,才有可能给他们定出合适的课后目标。

这些个性化学习将成为课外的最主要目标。其中,课后再学习的内容包括个体课堂没有得到充分建构的学习重点,没有得到完全突破的学习难点,没有得到充分挖掘的个体特长,没有得到切实满足的兴趣爱好,还包含个体能够在课后完成要衔接到下一节的正式教学目标等。

因此,只有根据个体课堂学习的实际效果,才能促成个体对学习重点的再充分建构,对

其难点进行完全的突破,对其天性特长进行充分的挖掘,对其兴趣爱好进行足够的拓展,以完成个体必要的充分发展,进而真正实现个性化学习。

第三节　中学思维可视化教学模式构成:1 体·3 段·8 环

中学思维可视化教学模式可用"1 体·3 段·8 环"来简单进行描述。

"1 体"是指思维可视化教学模式不仅涉及课堂教学,而且必须全面涵盖课堂之前和课堂之后这两个时段。一个完整的思维可视化教学的目标,不能仅仅靠课堂这一时段来实现,而是要通过"课前、课堂、课后"3 个时段共同推进,才能高质量完成。因此,在进行相应的思维可视化教学设计时,要将"课前、课堂、课后"连成一个统一的整体,通过一体化设计,形成一个全面覆盖"课前、课堂、课后"3 个时段的完整的模式结构。

"3 段·8 环"是针对课堂教学这一时段而言的,是中学思维可视化课堂教学的主要教学形式及实施流程。具体来说,"3 段"是将课堂教学时段划分成目标引入阶段、建构探究阶段和应用创新阶段这 3 个较为宏观的阶段;而"8 环"是将这 3 个阶段再细分为具体的 8 个基本教学环节。

一、1 体·3 段·8 环教学模式构成

中学思维可视化教学的"1 体·3 段·8 环"教学模式,可用图 6.1 表示。

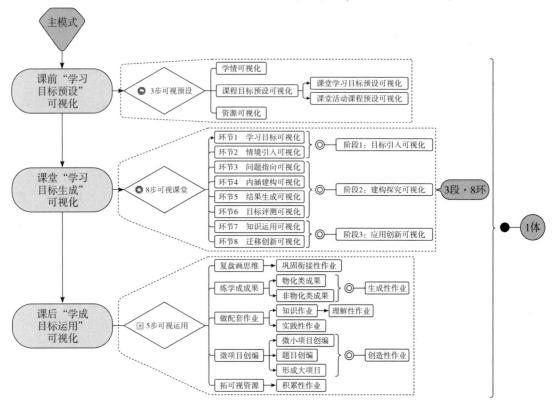

图 6.1　中学思维可视化教学主模式:1 体·3 段·8 环(完整结构图)

为了更清晰地看到"1体·3段·8环"模式,可以将上面的结构图简化为图6.2所示的结构简图。

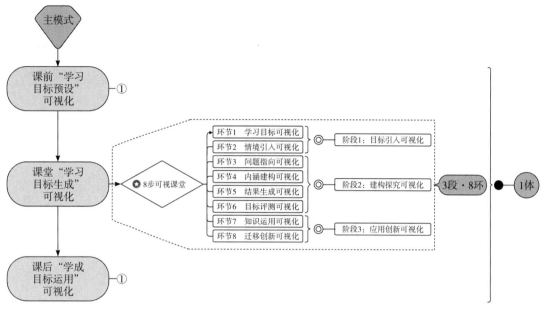

图6.2　中学思维可视化教学主模式:1体·3段·8环(结构简图)

(一)1体:完备的模式——以一体化设计促成整体效益

与传统将教学模式局限于课堂教学阶段不同,思维可视化教学将课前、课堂、课后3个时段都列进教学模式的设计范畴。"1体"指的就是思维可视化教学模式要涵盖课前、课堂和课后3个教学时段,对教与学展开课前、课堂、课后一体化设计,并通过教学模式贯串课前、课堂、课后3个教学时,形成连贯完整的有意识的教学运作构成。此构成由课前"学习目标预设"可视化、课堂"学习目标生成"可视化、课后"学成目标运用"可视化,形成了全面的、统一的一体化设计整体(图6.3)。一体化设计可获取传统教学所不具备的良好的整体效益。

(二)3段:精要的主干——以宏观视野来保证应用创新

"3段"是将目光聚焦于课堂,将课堂分成3个阶段。

为了突出教学的目的功能及达成效果,将课堂教学这一时段(学习目标生成可视化)进一步分成3个阶段,以突显课堂教学的宏观构成,帮助教师较好地把握课堂教学的主体结构。这3个阶段是:学习目标引入阶段、目标建构生成阶段和知识应用创新阶段。其

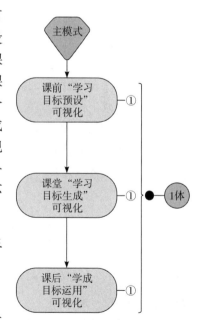

图6.3　中学思维可视化教学
主模式:1体

中,知识应用创新被作为独立的阶段提出,保障了个体运用知识解决实际问题及创新能力培养在课堂上得到真正的落实。

(三)8 环:精良的程序——以课堂环节来促进深度学习

"8 环"指课堂教学的 8 个基本环节。为了充分发挥课堂教学的功能,将较为宏观的课堂 3 个阶段("3 段"),进一步进行细分,形成 8 个更为精确的教学基本环节,以帮助教师充分掌握课堂的教学环节,把控课堂流程。

其中,学习目标引入阶段可分为学习目标可视化(出示目标)、情境引入可视化(引入情境)2 个基本环节;建构生成阶段可分为问题指向可视化(探画问题)、内涵建构可视化(构画本质)、结果生成可视化(共画定义)、目标评测可视化(练画测评)4 个基本环节;最后的知识应用创新阶段又可分为知识运用可视化(再画应用)和迁移创造可视化(创画迁移)2 个基本环节。这样,就形成了思维可视化课堂教学的 8 个基本环节。"8 环"还可以简单地描述为出示目标、引入情境、探画问题、构画本质、共画定义、练画测评、再画应用、创画迁移。

二、1 体·3 段·8 环教学模式阐释

思维可视化教学为什么要进行课前、课堂、课后一体化教学模式设计呢?

因为教学是一个从课前到课堂再到课后的完整过程。对于任一学科,任一知识,任一课型,教学都要经历课前备课、课堂教学及课后巩固运用 3 个阶段。只有将课前、课堂、课后当成一个整体对教学进行统一部署,才能获得系统性效益。任何忽略了课前的衔接过渡、课后的个性化生成、巩固与针对性再学习,都无法发挥因材施教的最大价值。因此,一个覆盖课前、课堂、课后一体化设计的教学模式是优质教学的需要。

思维可视化教学一体化设计将割裂的教师课前备课与学生衔接性预学、师生课堂教学和学生课后巩固再学与教师针对性评价联成一体,形成一个系统化的教与学的整体。这意味着,思维可视化教学不能仅仅关注课堂教学这单一的阶段,还必须向课前、课后 2 个部分延伸,在课前、课堂、课后的全程里对教与学的目的、功能、策略进行全面定位,并由此确定教学模式,即用系统的方法进行整体化设计。这样,才能够保障课堂教学模式得到准确确立,保障最大的教学效益的获取,保障课程目标得以真正实现。

(一)看得见的筹划:课前"学习目标预设"可视化

课前"学习目标预设"可视化是整个模式的第一部分,是整个教学设计的发源处,指出了课堂教学的目标所在,为随后的教学活动做了有效的奠基,是实现整个教学的基础。所谓课前"学习目标预设"可视化,即用可视化的手段对教学目标、内容、活动和组织形式进行充分的筹划、预设和表达。

课前"学习目标预设"可视化,不仅要让教学目标看得见,让课程看得见,让学情、资源看得见,让学习过程预设看得见,还要让教师围绕此目标的筹划全程看得见。

与传统的传授法不同,课前"学习目标预设"可视化不仅要对教学目标、内容、活动和组织形式进行更充分的筹划和预设,而且要通过可视化工具让"教与学"的筹划与预设看得

见,能将课堂重难点、精彩之处、困难之处、展开过程清楚地展示出来,并能充分估计到课堂上学生可能设置的学习目标,所采用的学习行为、策略,能取得的学习效益及学习中可能碰到的问题,通过合适的可视化手段展示出来,一目了然,让教师能从整体上直观把握。这样,教师便于集中精力展开整体设计,对课的效益和实现的各种可能进行有效论证、及时反思和灵活调整,进而提高课程目标预设的精准度,最大程度上保障课堂教学顺利进行。

具体地说,课前"学习目标预设"可视化是围绕课堂上"课程目标生成看得见"展开预设的。

与传授法巨大的不同便是,传授法的核心是"知识讲解",即教师"如何把知识讲解明白",备课指向知识本身(知识的内涵和外延);而课前"学习目标预设"可视化的核心则指向"知识建构",教师必须围绕"个体如何把知识建构出来"进行教学预设——即对"知识从何来?怎么来?向何去?怎么去?"的整个过程进行统筹规划并使之清晰可见。这意味着在备课环节,教师必须对"个体建构的目标、行为、策略、效益及会碰到的困难是什么""需要什么样的资源或提供什么样的援助"进行预先判断和统筹规划并使之清晰可见;教师必须对"设计什么目标、活动、策略、评价和监控"进行合理预设和统筹规划并使之清晰可见;教师还必须对教学"具备什么条件"、需要"提供什么资源"的具体情况进行合理预设和统筹规划并使之清晰可见。备课不仅指向学科知识本身,更紧扣"个体如何建构知识"的整个历程。教师要预设出这个至关重要的过程,并用可视化手段将此呈现出来。

传统讲授法课前预设的重点在于深入理解知识,充分掌握知识的内涵和外延,难点在于如何通过各种手段把知识的内涵和外延用学生听得懂、能理解的规范语言表达出来;而课前"学习目标预设"可视化的重点是通过可视化手段预设,筹备各种资源,为学生建立一个"探索者的探索平台",促进学生主动探索,并亲历知识建构的过程,克服种种困难以确定知识的内涵和外延。备课的难点在于如何准确预测学生建构的思维过程,即学生将如何展开知识探索?可能遇到什么困难?需要什么样的学术指导和资源支持?

因此,在备课时,教师要将教学预设的重点放在学生建构时可能遇到挑战的预判上,并拟好相应的对策。教师甚至要将学生必须用到或可能用到的建构思维预先画下来,形成建构指南,便于及时对学生进行指导。这对学生顺利完成建构学习至关重要。

相对传统的讲授法,在第二种情况下,教师不仅要深入掌握知识本身,而且要对学生"以探索者的身份展开学习"的过程展开预设。很显然,所碰到的困难比第一种情况要大得多。

(二)画得下的思维:课堂"学习目标生成"可视化

课堂"学习目标生成"可视化是核心,依照教学预设展开教学,并根据课堂进展的实际情况进行调整,推动课堂达到最佳的效益。

当然,此目标可能是预定的。当课堂情况与教学预设没有较大冲突,只要对教学内容、教学活动或教学策略做出适当的调整,便能顺利达成。

目标也可能是现场生成的。当课堂情况与教学预设冲突较为明显,就需要对预设进行较大的调整。无论是预设目标过高或过低,确定的教学任务过难或过易,选择的内容过多或过少,还是设计的活动过大或过小,都可能导致这种结果。教师要及时对目标进行调整,以取得应有的效益。

这里要澄清的是,获得必要的知识,同样是思维可视化教学的主要目标之一,这与传统的传授法别无二致。有人认为思维可视化教学致力于高阶思维和创造性思维的培养,对知识的获取并不关注。这种想法是错误的。没有知识,如何形成素养,如何进行创造?因此,毋庸置疑,获取知识同样是思维可视化课堂不可或缺甚至是重要目标。因为思维可视化课堂同样要达成课程标准所规定的教学目标,即形成正确的学科观念,习得正确的学科方法,培养正确的学科思想。

但与传统的传授法不同的是,课堂"学习目标生成"可视化不仅要达到知识目标,还要通过知识目标的达成来达成素养目标,即通过知识的探索建构过程来培养高阶思维和创新思维,提高人的核心素养,进而能够顺利运用学科知识解决有挑战性的问题,有效地克服高分低能的现象。

这意味着,课堂上,知识不能通过单纯的"记忆"来获取,而需要通过亲历知识的探索过程来完成建构。个体以新手的身份进入学习,通过自身的努力探索来获取相关的知识。因此,个体必须展开认知活动,根据教师提供的资源,靠已学的知识、方法、思想和经验设计探索方案,努力去完成"知识从哪里来,到哪里去;怎么来,怎么去"的认知建构。

在此建构过程中,个体依据学科思想的指导,运用知识,使用学科方法来推动新知识的产生。个体从已知的知识或经验的起点,一步一步催生信息与信息的联系,催生原知识与新情境的融合,去形成新的意义联结,建构出新的知识,进而达到课程标准规定的学科知识目标。

在此过程中,个体需要做到:在已有的知识体系中添加新的知识因素完成认知结构的重组;学科知识必须得到更深入的理解、更深入的运用而使记忆更为牢固;学科方法需要得到更深入的理解,变得更加容易提取和灵活组合;学科指导思想也需要得到更深入的领悟以便进一步的抽象与升华。

在此过程中,教师的知识输送和哺养被搁置起来。个体处于陌生的情境,面临全新的任务,只能充分调动自己的高阶思维,一步一步去解决问题。

很显然,这是一个极为困难的过程,它不仅需要个体丰富的知识、明确的方法、正确的指导思想、足够的学习经验,还需要个体强大的抽象思维能力、逻辑推理能力、意义建构能力。

对于中学生而言,这无疑是个巨大的挑战,需要强有力的学习支架作为支撑;否则,便会出现无从下手、思维混乱、思路中断等各种思维问题,而使学习无法顺利进行。

因此,在此过程中,必须提供足够多的激发点,让思维能够被有效地激发不至于无从下手;必须提供足够多的支撑点,让思维能够有效衔接不至于思路中断;必须提供足够清晰的思维痕迹,能够根据记录的思维内容、方法、策略和困惑形成思维支架;必须提供足够广阔的发散空间,以产生足够的丰富的联系,保障思维的广度和灵活性;必须提供足够确切的整合指引,使零散的思考片段链接成较长的思路以保障思维的深度和指向性;必须提供相对清晰的框架体系,以展开反思追溯和认知确证,进而保障思考方向的正确性和建构方案的合理有效;必须及时提供足够的瞬间灵感,来激发新的思路以破除思维定势。

只有这样,个体才能根据情境或任务尝试着对已有的知识、经验、信息不断进行新的联系和重新组合,形成新的意义——完成知识建构的任务,并最终解决问题。

这是一个多么庞大、开放而复杂的工程!这些足够多的激发点、支撑点、思维痕迹、发散空间、整合指引、框架路径、瞬间灵感,无不对个体的记忆能力、高阶思维能力和创新能力提出高要求。如果不借助各种可视化手段及时将它们显现出来,这些内容要么被快速遗忘,要么在大脑中混杂起来,难以形成清晰的方案,无法引导个体逐步完成学习任务。

因此,采用"画思维"的方式,将这足够多的思维激发点、支撑点和灵感等画下来,形成强有力的思维支架,是建构成功的重要保障。这就意味着,在知识建构与生成的过程中"画思维"的方式起到不可替代的作用。这也正是本模式与传统传授法的本质不同之处。

(三)能再生的复盘:课后"学成目标运用"可视化

思维可视化教学与传统传授法一致的是,在课后都强调知识的巩固、运用与迁移;与传授法不同的是,课后"学成目标运用"可视化有更广阔的内容和更深更实的运用。

1. 目标得到分层提升:知识巩固再构的方式不同

传统的课后知识巩固一般是通过记忆或简单的知识运用来实现,而较少涉及建构时的思维内核本身。

课后"学成目标运用"可视化则要求通过课后"复盘画思维",画出知识建构的认知经历,完整再现知识建构的思维全程。通过建构过程的思维再现,个体的思维得到进一步提取,也巩固了所学知识,进一步培养了联想能力。

实际上,这是一次个性化再学习,又一次完成教学分层。对课堂建构较好的个体,通过课外画思维能够使他们的思维得到进一步的内化和提炼,提高思维的敏捷性。在此过程中,教师还可以提醒他们使用其他模式来进行知识建构,推动优等生打开思路,进一步提高思维的发散性。对中等生而言,通过思维再现,让他们重温了知识建构的过程,对不够熟悉的环节,对没有把握的内容进行再认知、再甄别和再内化,使思维和知识都得到应有的巩固;对基础较弱的个体,画思维再现的过程也是一个挑战自我的过程,因为对他们而言,有时为了保障必要的教学进度,在课堂上,一些思路是被给予的(他们还没有构思清楚,这些思路便被宣布出来),或被协助建立的(一些思路是在教师或同伴的协助下建立起来的,脱离了这一条件,就有可能无法发生),而非出自独立的建构。课外的画思维可提醒或促使个体将这些建构的薄弱点作为重要的生成目标展开再建构,完成个性化目标,推动自己得到必要的应有的发展。这比传统意义上的补缺补漏和强化与巩固意义要深远得多。

很显然,这种复盘比单纯的背默、记忆或解题运用要强得多。

课外"复盘画思维"还要求一些题目要画出多种解题的思路。这也是一种思维模型的提取,使个体能够熟悉各种思维模型,掌握各种思维模型的适用条件,比较它们之间的优劣。这不仅能够培养个体思维的灵活性,能在看似走投无路时"生出"一种办法,而且还能对解决问题的思路进行优化,形成最佳方案,进一步推动思维的个性化发展。

2. 成果得到充分提炼:目标达成的效益不同

思维可视化教学强调对学习成果的及时提炼。课堂教学结束之后,个体要复盘整个学习过程,提炼整节课的物化成果与非物化成果。成果提炼可促进个体对学习全程进行深入复盘,再次经历学习建构的思维过程和情感历程,有力地培养了个体的关键能力、必备品格和正确的价值观,充分发挥课程的育人价值。而传统的教学不太重视对学习成果的提炼,往往只停留在知识巩固的层面上,教学效益被大大削弱。

3. 知识得到深度运用:知识运用的层次不同

在传统的教学中,知识的运用往往侧重于书面解题,实践性、探究性和创新性的含量远远不足,出现"高分低能"实属情理之中。

课后"学成目标运用"可视化则明确提出个体不仅要完成"书面类"作业以巩固所学知识,还必须完成实践性作业,要求个体运用知识解决真实复杂问题,由此来培养个体解决富有挑战问题的能力。这种实践性作业,有学科知识运用类,有学科知识探索类,还有社会调查类。知识运用的实践性、拓展性、挑战性与迁移性远远超过传统的书面解题论述。

同时,在课外"学成目标运用"的设计中,还提出"微项目创编"这一"创造型"内容,在所学的知识与真实的实践架起过渡的桥梁,有效地促进个体转识成智。"微小项目创编"与"题目创编"可以充分培养个体的高阶思维能力和创造力。无论是题目创编还是微小项目创编,都要求基于真实背景来创造性解决问题,都对个体的高阶思维能力、创新能力、方案设计能力、资源整合能力和团队协调能力提出较高的要求,都对个体的任务意识、问题意识、实证意识、批判意识、环保意识和团队意识提出较高的要求,进而有效地培养个体的高阶思维、批判性思维和合作精神,较好地提高个体的创新水平。

第七章　中学思维可视化教学的教学筹划:"1体化"设计

第一节　"1体化"之课前"学习目标预设"可视化

课前"学习目标预设"可视化也称为 3 步可视预设,包括学情可视化、课程目标预设可视化和资源可视化。其中课程目标预设可视化又可分为课堂学习目标预设可视化和课堂活动课程预设可视化。将此 3 部分内容整合,可形成授课的预案,如图 7.1 所示。

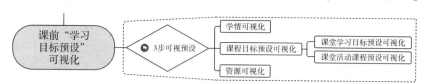

图 7.1　中学思维可视化教学模式:1 体之课前"学习目标预设"可视化

学情可视化就是把与学生及学习相关的情况大体罗列出来,进行可视化处理。学情可视化包含以下几个方面:学力水平、知识基础、思维个性、学习经历、学校表现、家庭组成、家庭文化信仰、家庭教育诉求等。

课程目标预设可视化是将预设目标用可视化手段揭示出来,让教师一目了然,便于直观把握。

资源可视化是将课堂可能用到的资源详细地罗列出来,进行分门别类,便于甄别筛选。

一、学情可视化

因材施教是教学的最高追求。众所周知,因材施教的前提便是充分掌握学情,全面了解学生个性特点、学习基础、生活情况等。在城镇化背景下,这点显得尤为重要。城镇化对学情掌握提出更高的要求,却常被忽略,使得针对性教学失去坚实的基础。

在城镇化背景下,学校的生源发生了结构性改变,生源不再集中源于某一地区(如某个乡、镇)。同一个学校,学生可能来自不同的乡、镇、县。城市里同一学校的生源可能来自全国的各个省市。不同的地域,教育发展情况不同。这不仅会造成个体学习经历、知识基础的不同,还会造成个体的学习理念、学习方式、学习策略和学习文化的不同。教师必须花更多的时间对学情进行调研,准确掌握这复杂的生源组成及其学情,以制定出适切的教学目标,以保障教学有的放矢。因此,教师准确详细把握学生的学习情况、学习经历、学习个性以及家庭教育诉求有着极为重要的意义。

学情可视化就是把学生及其学习相关的情况详尽地罗列出来,用列表等可视化的方式呈现,使教师一目了然,快速把握,以便据此来制定合适的教学目标,选择适当的教学内容,设计合理的教学活动,配置必要的教学资源,运用科学的教学策略,并对教学效益做出合理的预测。

(一)学情可视化的主要内容与形式

1. 学情可视化的主要内容

一般说来,学情可视化包含以下几个方面:学力水平、知识基础、思维个性、学习经历、学校表现、家庭组成、家庭文化信仰、家庭教育诉求等。

其中,学力水平主要指智力因素,包含记忆力、注意力、想象力、观察力和思维能力等要素。这是学习重要的脑认知基础。基础知识包含个体对各学科的基本知识、基本观念、核心概念、学科体系、学科技能、学科方法和学科思想的掌握程度。知识基础与记忆力有关,往往是个体储存于长期记忆中各学科的所有知识及其组成样式的总和。思维个性是指人的认知特性,这一点往往被教师所忽略。实际上,思维个性影响着个人的学习策略,不同思维个性的人往往采取不同的学习策略学习。学习经历指个体到目前为止学习的重大事件,即个体在学校里的重要表现——这提供了一个更宏观的参照视角,让教师能根据个体的学习史进一步了解并推测孩子的学习水平。学习经历能让教师从孩子曾经学习过的学校、城市区域的教育特点来判断孩子的学习。这是一个相当重要的参考,因为学生的学习总是受到外部因素影响的,特别是学校的办学主张、办学理念和办学方式的影响,也受到该学校生源、师资力量、办学条件和办学成效的影响。学校表现则更侧重于个体在校内的优异的事迹或不良的倾向。这种信息主要是为了更深入了解孩子已有的各种习惯。因此,教师要善于从孩子的学校表现,特别是从学校重要活动的表现以及评语中抽取有用的信息,建立起框架性信息,增加对学生的了解。家庭组成和家庭文化信仰则是从家庭的角度对学习进行归因,并进一步判断家庭可能为孩子学习提供的支持程度。家庭教育诉求就是整个家庭对孩子学习的总体目标预期,由此可以判断家庭对孩子未来的期望。家庭教育诉求过高或过低,都会给教学带来不利的影响。

2. 学情可视化的主要形式

学情可视化一般采用列表的方式。列表时,要特别凸显关键对象的特殊性,还需要对来自相同区域,特别是来自相同学校的孩子进行对比。进行学情可视化时,对比列举是一个有效的策略,除了上面所说的按区域、学校进行列表对比,还可以根据学力基础、个性特点、学习成绩、性格爱好等方面的相似性进行分类列举。这种列举可为学生的同质分组或异质分组提供重要的依据。

(二)进行学情可视化的注意要点

学情可视化要注意以下几个问题:目的性、合适性和特殊性。

1. 明确目的性

教师要明确学情可视化是为了提高学习的针对性,确定全班学习的最近发展区,由此确定教学的内容起点和难度起点。学情可视化要紧扣以下问题:要达成课程目标的知识基础和学习能力基础是什么?大部分学生是否具备?如果没有具备,那么大部分学生的现有知识基础及学习能力基础是什么?与所需的有多大的距离?要如何进行应对调整?

2. 提炼合适性

根据课程标准的要求,教师从全班最近发展区及大部分同学的思维现状、学习水平出发,制定教学目标,设计合适的教学活动,确定教学策略。

3. 把握特殊性

教师通过学情可视化筛选出那些比较特别的孩子,在课上加以针对性教学,以实现因材施教。这里所谓的特别的孩子包含以下几个类型。

(1)及时关注:智力好但基础稍弱型

这部分孩子的问题在于知识基础的欠缺。教师要进行针对性备课,在课堂适当的时候,对其进行补缺补漏,使个体能够快速跟上进度,取得较快的进步。

(2)有意激发:思维个性与众不同型

实际上,这部分孩子有可能成为课堂上最宝贵的资源。教师要为他们设置合适的问题,鼓励他们大胆想象、深入思考并充分进行展示。这类孩子会提供与众不同的思维内容、方式、策略和途径,大大丰富全班的思维。他们能够发挥鲇鱼效应,有力盘活全班的思路,激活众人的求知欲望,促使每一个体展开充分的独立思考,使主体地位得到真正的张扬。因此,对这类学生价值的挖掘和使用真正考验着教师的智慧。

(3)精心关爱:情感相对疏远型

有一些学生与班级集体的关系不密切,原因十分复杂。这里特别指学习成绩不好却有意与班级保持距离的那部分个体。这些游离的个体,更加需要教师的关心与呵护。进行学情分析时,教师需要更多的耐心,需要更多的投入。教师要善于通过思维可视化的手段,仔细分析他们游离在集体之外的真正原因,并从学习激发、情感关怀和精神鼓舞等方面拟好相应的对策,以便在课堂上对症下药。

一个较为有效的策略是,为这类学生设置特别的关怀活动。关怀活动不仅指向心理关心,更要指向学习的进步,让个体通过成长得到团队真正的尊重。教师可以为个体量身定做合适的情境,来促进个体的表现性学习。教师要巧妙地把对行为矫正放进学习活动中,通过不动声色的帮助,在课堂上促使个体取得学习进步,能解决一些他人无法解决的问题,让他们自然获得团队的真诚认可,有效提高自己的自信心和自尊心,进而真正融入团队。

二、课程目标预设可视化

课程目标的"课前、课堂、课后""一体化"预设可视化是课前预设可视化的核心环节。此环节,教师要内化国家课程标准,将它与校情、学情以及教学资源整合起来,形成确实可行的具体的"课前·课堂·课后"一体化教学目标方案。

在此过程中,教师首先要深入学习、掌握学科的课程标准,掌握国家课程在本学段里的总体要求,然后结合教材、教师用书等相关材料,对课程目标进行进一步细化,直到形成"课前·课堂·课后"一体化可操作的教与学目标。教学的内容可以源于某一版本教材,也可以源于多个版本教材,甚至也可以是自己个性化创编——只要内容与国家课程标准相吻合即可。教学内容确定之后,教师可以着手进行教学设计,将教学内容转化成几个相对独立的教学活动或教学任务,确定教学资源,设计教与学的方式与策略,便于课程目标在课前、课堂和课后有序推进。而为了帮助学生衔接、建构、诊断、评价、巩固和迁移,教师要配上相应衔接性、诊断性、生成性、巩固性和挑战性的练习。

(一)课程生成目标预设一体化设计

课前"学习目标预设"可视化按照时间可分为课常前、课堂和课堂后 3 个时段,需要进行一体化设计才能取得应有的效果。

1. 课前课程生成目标预设

课前的学习目标往往起到复习激发、衔接过渡的作用,使课堂的目标更顺利得以开展。课前学习目标往往采用预习、前一节课作业讲评、课堂前测等方式展开。通过课前学习目标可视化预设,教师更加明了课堂目标如何恰当切入。

此部分内容与传统的预习相类似,但比传统的预习更加正规和专业。更正规指的是,课前目标生成预设是整个学习目标的正式组成部分,而非课堂学习目标的辅助或补充。更专业指的是,课前目标的布置是整个教学目标设计的一部分,教师要像对待课堂学习目标那样对待它,并非可有可无;要像设计课堂学习目标那样认真设计,而不是随机部署,或仅当成锦上添花。

2. 课堂课程生成目标预设

课堂课程生成目标是课程目标的主体。设计课堂课程目标也是教师最主要和最重要的任务。教师要考虑以下问题:课堂要达到什么课程目标? 其内容标准是什么? 其典型活动标准是什么? 要达到什么学业质量水平? 其评价标准是什么? 结合学校、班级和学生的具体情况,课程目标要达到什么学业水平? 要以什么活动形式承载? 要如何展开课程评价?

教师要特别关注课堂课程目标生成性设计以促进学生学习产生:是否促进生成学习目标(学习目标是自然生成而非灌输)? 课上能否由此对学习进行生成性诊断?

教师还需要关注达成性评价标准的设计,对学生学习水平做出评价:是否达成应该达到的目标? 根据什么标准判断? 根据什么来确定这个标准?

教师还需要关注诊断性评价标准的设计,诊断学生对知识的理解:根据什么来判断学生的理解是否发生偏差? 如果发生偏差是由什么造成的?

教师还需要关注矫正性活动的设计,引导学生对问题及时进行矫正:学生会发生什么偏差? 要如何及时进行矫正?

最后教师还需要进行强化性设计,促进学生知识的内化迁移:是否有足够的练习来帮助学生确认掌握知识并促进应用化迁移?

3. 课后课程生成目标预设

在课后课程目标预设的环节中,教师必须对学习如何从课堂延伸到课外,如何从学科走向社会做出必要的预设,也就是必须为不同的个体设定好合适的课外学习目标。

与传统的教学不同的是,这些课后课程目标有着双重价值:不仅是对课堂所学的巩固,而且还是对课堂所学进行提升,给不同层次的个体明确的课后个性化目标,以完成课后分层学习,进一步促进知识的内化、应用、迁移,实现因材施教,使每一个体都得到充分的发展。

因此,从这里我们可以看出,教师的课前"学习目标预设"可视化必须包含这么一个完整的内容:学情分析、资源分析、课程目标分析以及课堂生成方案,还有课外目标达成分析及达成方案设计。对于思维可视化教学而言,要特别强调这一条完整的推进路径:知识如何来(包括如何激发、如何建构、如何推进)和如何去(包括如何应用、如何迁移、如何创新)的轨迹准确勾勒出来,形成看得见的操作流程。

(二)课程生成目标预设的主要内容

在课程生成目标预设可视化之中,最重要的是对课前、课堂和课后学习中可能碰到的知识、思维、组织以及发展等相关重要问题进行可视化预设。

1. 价值预设

价值预设,教师可以围绕以下7个层面展开:①如何通过教学帮助个体树立正确的价值观、人生观和世界观?②如何通过教学帮助个体树立起国家情怀和社会道义?③如何通过教学帮助个体树立应有的法治观念和社会公德?④如何通过教学帮助个体形成健全的人格和健康的心理?⑤如何通过教学激发个体更强的学习动机、更端正的学习态度和更强的抗挫折能力?⑥如何通过教学培养个体更强的批判意识、创新精神?⑦如何通过教学培养个体的任务意识和合作精神?

2. 知识预设

知识预设,教师至少要从以下6个层面展开:①这个知识的难度如何,容不容易理解?②学生有没有相关的经验?③这个知识的结构如何,在本节课里能否与其他的知识联系起来形成一定的结构?④本节知识跟以前的知识有何联系,能否形成一个较大的体系,如何形成一个较大的体系?⑤有没有相似的容易混淆的知识,如何进行区分?⑥在后续的学习中有没有相关的知识,如何将它延续到后续的知识?

3. 思维预设

思维预设,教师可以从以下6个层面展开:①本节知识建构需要用到哪一些学科思想?②用到哪些思维方法?③用到哪些推理方式?④要用到哪些认知策略?⑤这些学科思维、思维方法、推理方式和认知策略学生是否已经掌握,是否能够熟练应用?⑥在使用这些学科思维、思维方法、推理方式和认知策略可能会出现什么错误,要如何进行传授补充?

4. 组织预设

组织预设,教师要从以下3个层面展开:①本节课主要采取什么形式:学生是独立完成,是通过小组合作完成,还是需要师生协作完成?②本节课要如何进行组织:每一个学习任务如何切入,如何展开,如何推进?任务之间如何流畅衔接,如何层层递进,是否需要进行调整,如何调整?③本节课的组织有何难度:会碰到什么困难,要如何进行应对?

5. 发展预设

发展预设主要涉及因材施教的问题,教师可以从以下4个层面展开:①每个人是否都得到应有的发展？教师要时刻追问自己：通过课前、课堂、课后一体化的教与学，那些顶尖的孩子是否得到充分的发展，那些优秀的学生是否得到充分的发展，那些中等的学生是否得到充分的发展，那些基础较为薄弱的学生是否得到充分的发展？教师还要追问自己：那些富有个性的人是否得到充分的发展，那些特殊的个体是否得到充分的发展？②是否提供了足够丰富的学习目标？教师要追问自己：是不是为各个层次的个体都制定了不同的学习目标？各个层次的个体学习目标是否适切精准？各个层次的学习内容是否合理得当，学习策略是否科学合理？所提供的资源能不能在课堂上实施分层教学？③是否为所有的人创造必要的条件？教师要时刻提醒自己：是否为每一个体的学习提供了必要的资源？这些资源是否为个体的发展创造良好的基础？④是否预设必要的调整方案？教师要时刻追问自己：是否达到了预设的目标？如果没有达成要如何进行调整？所预设的方案能不能直接使用？如果不能，要如何处理？

(三)课程生成目标预设的可视策略

教师应该把相关的内容通通罗列出来，形成十分详细的教学操作预设方案，使课堂的目标看得见，知识的建构过程看得见，思维的运作过程看得见，活动的展开过程看得见以及个体应该取得的成果看得见。

在记录这些预设方案的时候，教师要本着分门别类、详细到位、立足求真和臻于完善的策略。

1. 分门别类

把相关的资料、资源按照学情可视化、资源可视化以及课程目标预设可视化这3类进行分类，把相关的内容归置到相应的类别里，让人一眼便能把握，便于展开进一步的分析。

2. 详细到位

按学情可视化、资源可视化以及课程目标预设可视化这3类内容进一步进行分解，把每一类细化成更小的维度，然后按照这些维度记录，这样便于直观掌握。

如课程目标预设可视化，可以沿着这样的维度来记录：课程计划维度、课程目标设计维度、内容设计维度、活动设计维度、练习设计维度、评价设计维度等。其中课程计划维度还可以沿以下维度进行设计：国家课程计划、区域课程目标规划、学校教学计划、个体教学计划、学期个体计划直到最后的单元计划及课时教学计划。

又如课堂活动预设，就可以按前面所提及的知识维度、思维维度、组织维度和发展维度等几个要素进行。这样做的好处是教师能够十分清楚导学案或者预设案预设的依据。

在细化时，要尽量详尽到位。详尽到位就是要将相关维度尽量分解出足够的指标，对行动起到细致指南的作用。

3. 立足求真

这里特别要提一提真实性这个要素。

预设案是为了真实教学而设置的，是根据班级的学情、目前所能够掌握的资源以及现行的课程目标设置的。同一所学校，同一个教师，同一节课的内容对于不同的班级，由于学情不同，其预设案也会有所相同，必须做出相应的调整。这便是所谓的"一班一案"。这些调整的内容正是预设案里最富有价值的部分，它满足了不同班级的个性化需要，较好地实现了因材施教。换句话说，是不同的班级情况、是具体的学生决定了预设的最终方案。只有这样，教学预设才具有价值，才能为教师自己后续的教学提供决策依据，也才能为其他教师的教学提供借鉴。

4. 臻于完善

教师要对自己的教学预设不断进行修改完善。教师无论是自己还是他人，在设计预设案时，总是针对当时的学生展开的，是为了当时学生的学习，哪怕针对性再强，也不能穷尽所有的可能。因此，教师要与时俱进，不断地对已有的预设案进行修改和完善，以适应当下的课堂教学。

三、资源可视化

教学资源可认为是教师"开展教学工作所能利用的全部要素和条件"（崔允漷，2009）。课堂资源可视化是指将教学可能用上的资源用列表等方式进行可视化呈现，以便在教学设计时能够充分运用。这一点往往也为教师所忽略。调查情况表明，教师在备课时并没有花足够的精力去充分收集资源，常常使自己局限在一个较小的范围内。

课堂资源应该涵盖到哪些方面呢？这个是教师较少考虑到的问题。我们认为课堂的资源可分为4种类型内容：公开性资源、半公开性资源、纯个人性资源和隐蔽性资源。

（一）公开性资源

公开性资源指的是能够从公开渠道获取的教学资源，资源具有明显的公共特性。其一般包含课标标准资源、教材资源、国家中小学智慧教育平台等。

1. 课程标准资源

这里指的是广义的课程标准资源，一般包含课程标准及课程标准的权威解读、国家教育方针、相关的法律法规等方面内容。这些资源处于教学的上位层面，起着指引目标、规范方向、确定标准和引导评价等重大作用。特别是课程标准，规定了一门学科的课程性质、课程目标、课程内容标准、课程实施方案和课程评价方式等内容，对教师的教学起着直接规定作用。

2. 教材资源

教材资源包含教材、教材配套参考书及教材配套资源。

（1）教材

教材包含各学科已出版的各种版本教材及其修订版本。教材是课程专家根据课程标准编写出来，是最具权威的教学用书，也是教师最重要的教学指南。

教师要把握以下内容：所教的年段有几个版本的教材？每一版本教材的设计理念是什么？有什么特色？不同版本有什么差异？

教师还要了解：所使用版本是否进行修订？所修订的内容和修订原因是什么？

一般说来，修订本是对原来版本的完善，除了修改一些错误信息，往往包含着新的学科思考。这些思考与编者对课程标准的重新理解有关，也与一线教师教学实践的关切有关。通过修订，教材变得更吻合课程标准，更加科学合理，也更符合一线教学实践的需求。这些对教学实践都具有较大的参考意义。

（2）教材配套参考书

教材往往有配套的使用参考书。教师甚至很少认真阅读配套的教学指导书,对教学指导用书所提供的教学建议和教学资源没有进行深入研究。

读教学参考书可进一步帮助教师加深对教材的理解:理解教材的设计意图,理解教材的呈现方式,理解教材所提供的教学资源,进而提高教材的教学功能。仔细阅读教材配套参考书十分有利于教师的备课,提高教师的教学设计水平。

（3）教材配套资源

有些教材,还会配置相应的配套资源,包含教材解读、课后资源以及练习解答等内容。这些内容与教材形成完整的体系,把握这个完整的体系,可以进一步准确理解编者的意图,更好地理解课程标准。

3. 国家中小学智慧教育平台

随着现代教育技术的快速发展,加上国家"一师一优课"、"优质"课等活动的持续推进,国家教育资源公共服务平台上有大量的教育资源。可以说每一科目甚至每一节课都有相应的教学实录,都有相应的课程资源。这些优课都是经过精心设计、层层筛选出来的,具有较高的质量。因此,要将其列入可视化资源的目录之中。这部分资源也容易为教师所忽略。在通常的情况下,教师只有在上公开课或参加比赛时才会进入相关的平台,平常则很少关注。很显然,这是个重大的资源损失。

（二）半公开性资源

半公开性资源是指只针对某一部分群体而非全部人员开放的教学资源。常见的半公开性资源有某一区域如省、市、地区内部课程资源,学校的校本资源,公开课资源等。

1. 省、市、地区资源

省、市、地区组织人员编写对应的课程,开发特定的资源,如果只对本区域开放,这些资源区域外的人无法获取,便成了半公开性资源。由于包含地方的特色和共性要求,这些内容往往更具有针对性,教师不应该忽略。特别是那些组织区域权威或专家开发的——靠学校、个体无法开发的专题,更要好好珍惜。

2. 校本资源

只要不是刚刚创办,学校总会积累一些教学资源。这些教学资源根据学校的实际情况设计并开发使用。校本资源包含校本课程、实验室资源、功能室资源、导学案、校本作业、校本试题、校本视频、课件等。这些资源都具有较强的针对性,对本校教师的后续教学具有较强的指导意义,能给本校教师提供较大的借鉴。因此,校本资源能够得到教师的重视,教师也能够在原来的基础上不断修订补充,使其不断得到完善。这是一个较好的传统。

3. 公开课资源

这里要特别强调的是公开课。公开课往往包含着巨大的资源创新,应该成为最重要的教学资源;但在现实中极其容易被忽略。这反映出教师对教学资源认知的一大误区。

（1）公开课的准备深入充分

在开公开课前,所在学校往往会展开较为深入的系统的研究:从课程标准、课程内容、课程实施、课程评价上展开广泛的研讨,对相关资源也进行必要的研究和开发。而授课教师更是投入巨大的精力(往往超过 2 周,甚至 1 个月以上),对要上的课展开全方位的深入思考。

(2)公开课的设计极具创新

在进行教学设计时,教师会参考大量的材料,多次精心解读课程标准,阅读各种版本的教材及教师参考用书,查阅已有的课例,查阅本人或他人以前的相关案例。教师还会展开创造性思维,设计出独特的教学活动,以体现自己的匠心独运,避免落入俗套。

(3)公开课的研讨深刻全面

公开课的课后研讨也能够促进教学创新。听课后,来自本校或各个学校的教师对本节课进行点评。有时,还会有相关的专家参与研讨。经过研讨,大家的思维会被进一步打开,对课的研究就更深入。如果组织得较为完善,可以公开课为契机,展开全面的研究,或者用以解决区域共性问题,或者用以区域示范引领,或者用以继续推动研究。此时,公开课就成了一种现成的载体,一种公共的优质资源,发挥普通课无法发挥的研究价值。

(三)纯个人性资源

纯个人性资源也称为个体资源,它是由教师个体在教学过程中开发或形成的资源。它跟教师的教学理想、教学追求和风格有关,具有明显的个性化特征。一个优秀的教师,往往能够不断开发和积累自己的教学资源。

个体的资源包含教案、反思、收集过的课件、已设计的作业及单元检测、学生访谈、研究的课例等。个体资源值得教师关注的有教案和课例。

1. 个人教案

作为上课的主要辅助工具,教师的原始教案,承载着教师对教材的独特处理,在本质上体现了教师的教学理念和个性化教学思维。教师的教学思维往往具有稳定性,深藏着方法论的要素,不知不觉中指导教师将教学从一个较为完善的个例推广到各个相似甚至完全不同的教学内容上。教师要充分重视自己的教案,特别注意要做到以下两个方面:

一是要重视教案的灵感记录。教师要特别关注每一次教学设计中出现的灵感——这些灵感很难重复再现——有必要将这部分内容重点圈画起来,或做特别的摘录,作为优质资源,供后续使用。

二是要关注延续的框架和修改之处。被延续下来的框架,这代表了教师一向的教学主张、特性风格和内在的教学思考,是由个体的教学理念和教学逻辑决定的,具有稳定性;被修改的部分,这说明教师有了新思考、新观点,取得了新的突破,或开始了新的尝试,具有变革性和开放性。

2. 个人课例

课例同样是一种最有实用价值的指导性教学资源,是一线教师在常态时空通过真实研究可以获取的。比起教案,课例对教师的教学指导更为深入。课例研究深植于学校及个体的具体教学实际,既解决了个体兴趣或痛切之处,又为个体的教学提供完善的范例,指引下一步的教学。

(四)隐蔽性资源

隐蔽性资源往往是教师也难以觉察的资源。这些内容对教学起着重要作用,又不易被教师觉察,因此显得尤为宝贵。隐蔽性资源一般包含教学反思资源、学生错题资源等。

1. 教学反思资源

教学反思成了一种不可多得的资源。首先,进行信念性反思,可以改善个体的教育信念、教育价值观、教学理念和教学思维等,从本质上影响了教师的教学设计、教学行为和教学价值取向;其次,进行系统性反思,可以提高个体的整体教学水平;再次,进行专题性反思,可以发挥自己的长处或有效地克服教学短板;最后,进行细节性反思,可以较好地改善具体的教学行为,有效地提高教学技能。

2. 学生错题资源

学生错题是最有效的资源之一。实践证明,发现学生共性问题最便捷的途径便是错题分析。无论时代如何改变,教育技术如何突飞猛进,教学总有内在的规律。由于相似的年龄特征,学生在认知上存在许多共性,再加上课程标准相对稳定(除非进行重大的调整),相同学龄的个体所要达成的知识目标基本一致。因此,虽然个体的认知方式、认知水平随着时代的发展而有所改善,但他们所出现的问题依然具有较大的相似性。因此,通过错题分析,教师可以展开针对性的教学设计,避免学生出现同样的问题。如关注优等生错误成因和细节问题,关注中等生疑难知识的理解错误问题,关注薄弱生基础知识的缺失遗漏问题,都能给教学较为明确的指示。

第二节 "1体化"之课堂"学习目标生成"可视化

课堂"学习目标生成"可视化也称"3段·8环"8步可视课堂,包括学习目标可视化、情境引入可视化、问题指向可视化、内涵建构可视化、结果生成可视化、目标评测可视化、知识运用可视化和迁移创新可视化(图7.2)。其核心在于通过"独画思维"、"共画思维"和"创画思维"来发现问题、提炼思路,促进课程目标的达成,并实现个体的创造性。

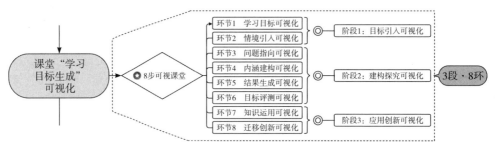

图7.2 中学思维可视化教学模式:1体之课堂"学习目标生成"可视化结构

其核心有三:

核心1:前提——基于学习目标可视化。

核心2:关键——成于建构过程可视化。

核心3:效益——见于学习成果可视化。

一、前提:基于学习目标可视化

思维可视化教学提倡的是因材施教,要求尽量在同一课堂时空进行分层教学,让不同的个体建立起不同的课程目标以实现个性化学习。因此,要让每一个体看到并建立自己的学习目标,以便对自己的学习起统摄作用。

这就要求所设置的目标层次要足够丰富,能够满足不同学力学生的需要。教师要用可视化手段有效地凸显出这些不同的层次,让个体清晰看到不同层次课程目标之间彼此的差别、联系以及衔接、过渡。这样,既能够让个体根据最近发展区选择确立合适的目标,使自己得到应有的发展,又能够鼓励引导个体向更高的目标奋进,取得更好的学业成绩,成为更好的自己。

因此,在思维可视化教学中,教师要引导个体写下自己的目标体系,既要写下自己课程的主要目标,也要写下必要的衔接目标,让目标看得见,并以此引导学习。

二、关键:成于建构过程可视化

毋庸置疑,一节课的成败在于课生成的质量,而课的生成则存在于整个学习建构之中。因此,没有高质量的建构过程,也就没有高质量的课。

(一)核心是进行思维推理

实际上,一般说来,如果不是起始知识,知识建构的过程是应用已有知识进行分析、判断并获取新意义的过程。本质上,这种建构是一种符合学科逻辑的推理。知识建构就是一个知识模型在新条件的介入之下,通过推理建构形成另一知识模型的过程。在此过程中,每次建构都需要个体正确运用已有的知识(即符合已有的知识成立条件),符合逻辑地完成从一个知识到另一个知识的,或者从一个已知的意义到另外未知的意义的连接。这个意义的连接与再生的过程就是新知识建构的过程。很显然,在这里,符合知识前提的判断是建构的核心。这是一个"要么对,要么不对"的二选一判断,不存在"可能对,也可能不对"的中间态。

根据奥苏伯尔的理论,知识是以命题来表示的,而命题可以分为上位命题、下位命题和同位命题。因此,知识建构可分为上位知识建构、下位知识建构和同位知识建构。所用到的推理形式分别为归纳推理、演绎推理和类比推理。

1. 演绎推理与下位知识建构

下位知识可以根据上位知识由演绎推理进行快速建构。

大部分下位知识可以根据三段论演绎推出。三段论具有明确的因果关系,个体可以根据三段论,从大前提、小前提,根据逻辑规律直接得到具有因果关系的结论——下位知识。因此,只要个体掌握了相关的上位知识,用三段论来建构下位知识,就是一种行之有效的策略。

演绎推理的过程是将知识内涵从上位传递到下位的过程。这种推理在日常生活中大量运用,个体极为熟悉。由于高度内化,小前提常常被隐蔽起来,推理时,个体往往觉察不出三段论运作的完整过程。在下位知识建构过程中,教师要提醒学生补上三段论的小前提,使三段论的内在逻辑得到完整呈现,以增加知识建构的确定性和必然性。

我们来看初中物理"升力"建构的例子。

例 演绎推理与下位知识建构:升力概念的建构。

升力是力的下位概念,学了力的概念,便可以根据三段论来建构升力的概念。力的概念可以这样表达:力是物体对物体的作用,可用三要素来描述。演绎推理过程可以描述如下:

①大前提:力是物体对物体的作用,可以用力的三要素来表示。

②小提前:升力也是力。

③结论:所以升力也是物体对物体的作用,升力可以用力的三要素来描述。

但在教学中,我们常看到教师这样推导:

力是物体对物体的作用,可以用力的三要素来表示。

因此,升力也是物体对物体的作用,升力也可以用力的三要素来描述。

这总让人感到存在着一些不协调,带着些不确定。究其原因便是省去了"升力也是力"这个小前提。而一旦这个小前提得以突显,后边的结论也就水到渠成。

因此,在教学过程中,教师要引导学生对小前提的突出,把它写下来,让演绎的整个过程看得见。只要学生能够正确写下大前提、小前提,就必然能够顺利得出结论,完成下位知识的建构。这样便能够帮助个体从上到下准确建立起知识联系,有效通过大概念来统摄相关的下位知识,建构出知识的核心框架体系,并进一步形成更为宏观的学科观念。

2. 归纳推理与上位知识建构

根据奥苏伯尔的观点,在学科教学中,最好各先建立起几个有限的大概念(上位知识),然后再来建构下位,这样符合个体的认知规律,教学效益较好。这一点也为教学实践所证明。

上位知识的建构需要用到归纳推理。归纳推理是从已知的、不同的事物之间归纳出相同的特征,并将其普遍化的过程。这是一种从特殊到一般的推理。

值得注意的是,归纳推理是发现新知识的最主要手段,而演绎推理不能产生新知识。如前面所说的从力到升力的推理便具有明显的此特征——升力概念的建构并不能给力概念带来本质的改变。也就是说,升力并没有给力带来新的内涵,没有改变力的内涵——物体对物体的作用——虽然它使力的分类更为细致,从细节上丰富了力的认识。

例 归纳推理与上位知识建构:力概念的建构。

力的概念的建立则完全不同。力的概念是从日常生活、生产、体育运动等众多的力现象的共同性质中概括出来的。无论是踢足球施加的力、推土机推土的力、风将树吹倒的力,还是轮胎摩擦路面的力、磁铁吸引铁的力,我们不能像"从力推导出升力"一样从其中的一种力推到另外一种力。如我们无法从"踢球是人对球的力"推导出"推土是推土机对土的力"这一结论,"踢球的力"与"推土的力"不存在逻辑的必然性。换句话说,我们不能说因为"踢球是人对球作用",所以"推土是推土机对土的作用",它们是并列的两种现象,而不是互为因果关系。

但我们可以分析这些力产生的原因,找出这些力的共同特点,并进行归纳提炼。很显然,上面所说的力现象,无论它们的表现形式如何不同,都必须同时涉及两个物体(人与足球、风与树、推土机与土……），而且在两个物体间一定要存在着某种"作用"（"踢""吹""推"）（图7.3）。它们都可用"物体对物体的作用"来表达，我们可以把这些共同要素抽取出来，形成物理学上力的定义：力是物体对物体的作用。

这就是一种典型的归纳推理。

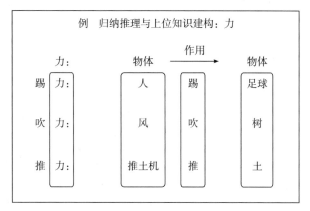

图7.3　归纳推理与上位知识建构：力（物理）

在思维可视化教学中，在上位知识建构时，教师要特别引导个体画出不同现象之间的共同特征，把它们凸显出来，让这共同特征看得见，让个体及时深刻地掌握。这样，个体就能自然而自然地把握各个事物之间的内在共同特征，并由此提炼出知识的内涵要素，在此基础上完成上位知识的建构。

在归纳推理中，最容易出现的问题是教师没有引导孩子进行内在相同的规律性概括，没有从大量的数据当中分析出各种现象的共同特点，并在此基础上对上位知识的内涵进行界定，而是通过"1例1论"来得出结论。这大大降低了知识建构的可靠性。

这样带来的后果便是，个体不仅无法深入理解知识的内涵，而且对知识的外延也十分模糊。这会给知识的运用造成巨大的困难：个体往往会撇开知识成立的前提来应用知识，生搬硬套，造成错误。

这种现象在初中的科学学科尤为常见。在这些学科，学生所面对的对象情境往往是单一的、典型的和理想的，一般都能符合知识的前提。应用知识时，学生无须对知识的条件是否得到满足展开判断，而这实际上是回避了知识应用的前提。这就造成一个十分严重的后果，一旦要解决真实问题，缺乏对知识前提的判断，个体便极容易出现问题：在思维定势的作用下，个体只会死记硬套，不去分析条件，不会灵活变通，造成解决问题的困难和错误。

这里要指出的是，如果不是完全归纳，那么无论对象的数目是多么庞大，归纳所得出的知识只具有或然性，而不具有必然性。教师在教学中要指出，现在的知识都是经过长时间检验，迄今为止被证实是正确的。因此，具有确定性。解决问题时，使用这些知识会带来很大的便利。教师还要指出，无论是何种知识，无论是经过了多长时间的检验，依然具有不确定性。这样，既能给学生一种肯定的指向，让个体学会应用已有知识去解决问题，又赋予学生一种可创造的未来发展空间，鼓励他们进行创新创造，去发展旧知识，探索新的知识，进而真正理解知识的发展本质。

3. 类比推理与同位知识建构及创造思维拓展

（1）类比推理与同位知识建构

上位知识与下位知识具有上下包含的关系；但有些知识并不存在这种上下包含的关系，奥苏伯尔将这类知识称为同位知识。同位知识的建构可以使用类比推理的方式进行。

如前文所述，类比推理简单地说就是从特殊到特殊的推理。它赋予个体建构知识新途径，去跨越"从特殊到一般的归纳法和从一般到特殊的演绎法"的"中介途径"，直接产生"更为简捷的推理"（王溢然，张耀久，1993），对思路有着直接的启示。类比推理抓住两个事物某些相似性进行推理：这种相似性既有本质的、内在的，也有表面的、外在的。不同性质的相似性会给结果的可靠性带来不同的影响。

例 类比推理与同位知识建构：电路组成。

初中物理经常用水流的形成引导个体理解电流的形成。这就是一个典型的类比推理。因为水流与电流是两个互不从属的概念，但在结构上（水路结构由水泵、阀门、水管和水轮机等组成；电路由电源、开关、导线和灯泡等组成）、性质上（水流的产生需要水压；电流的产生需要电压）存在相似性（图7.4），而水流是由水的定向流动形成的，那么电流是由什么形成的呢？学生容易想到是由电荷定向移动形成的。学生用的便是类比推理。

图7.4　类比推理与同位知识建构：电路组成（物理）

在同位概念的知识建构中，教师要引导学生寻找相似性，特别要寻找其内部结构的相似性，将其画下来，只有这样才能够提高建构的可靠性。

（2）类比推理与创造思维拓展

康德说过，当探究陷于困难，可以采用类比的方法来打开思路。由于类比推理受到前提的制约很小，因此类比推理可以在不同的概念范畴之间展开，这就为思路拓展打下了基础。

在思维可视化教学中，教师要鼓励学生寻找两个物体之间的相似之处，寻找两者看似毫无相关的关联之处，展开类比来打破自己的思维定势，推动创造力的产生。

（二）难点是展开可视联系

知识建构的一个难点就是无法找到合适的突破口切入。因此，记录建构起点是建构最关键的一步。有时正是因为无法找到一个合适的起点，而使得建构陷于困顿。所以，在知识生成可视化的过程中，个体要努力从所提供的新情境中，找到已学的知识要素。举个初中物理的例子，假如情境中有这么一句话："这个人跑得很快。"我们可从这个描述中，找到"速度、运动、物体"这3个物理知识要素，然后再从某一个知识要素点（如速度）入手找到与之相关的知识衔接点（如距离、时间等）、知识结构（如速度的意义、定义、公式、单位、单位换算、运动图像、典型例子等)或知识体系(如运动学),甚至是相关的知识经验(如日常人和动物的运动、交通工具的运动),如此逐渐往前推进,逐步扩大。又如速度,还可以联想到与速度相关的动能,再从动能联想到势能,再从动能、势能联想到分子动能和分子势能,这样形成了一种爆炸式的指数联想链条。

在如此众多的链条中,哪一条才是合适的呢?这是知识建构的又一个难点。个体应该根据提供的情境进一步对思维进行分析、整理、聚焦,逐渐提取出建构的指向性,以便整合成统一的思路。

这时,思维可视化策略就显示出独特的价值了。因为只有写下真实情境的知识要素,及时画下建构链条,并让这些思维链条一条一条清楚地呈现出来,个体才能够清楚地看到各链条的实际结构,去仔细分析其内在的每一推理环节之间的关联及依据;然后才能够准确地把握知识与情境之间的联系,紧扣要解决的问题,对各思维链条及时进行梳理、整合,从而找到正确的思维路径,不至于被巨量纷繁的联想所淹没。

(三)关键是条件匹配判断

众所周知,没有放之四海而皆准的知识。任何知识总是有其前提条件的,都是在一定的条件之下成立的。因此,在这里,根据知识成立条件来运用知识是分析、判断的关键。只有当知识的前提得到满足时,运用知识来进行分析、判断才可能得到正确的结论。

在复杂的建构过程中,个体往往忽略这一点。因此,教师要时刻提醒学生反思,运用知识是否考虑到知识的前提?在此情境中,知识的前提是否具备?是否得到完全满足?即已知情境与知识前提是否能形成一一匹配关系?教师要提醒个体:只有当两者形成一一匹配关系,知识的运用才是正确的。如"流体压强与流速的关系是流体的流速越大,流体的压强越小",对于流体而言,只有满足了"流速变大"这一条件,才能出现"压强减小"这一结论。

教师就是要让学生形成这样运用知识的正确方式:运用知识时,要先找到知识的前提,再根据情境判断知识前提是否得到满足,如果得到满足,知识的运用才是正确的。

在整个思维的推进过程中,教师要引导个体必要时将知识的成立条件标注在适当的位置上(一般是标在箭头上)(图4.1)。当面临复杂情境时,由于涉及的知识相对众多,对其成立条件的判断相对烦琐,个体思维便容易陷入混乱状态,发生误判。将知识成立条件一一写下来,标注在相关的推理环节上,根据标注逐一进行匹配判断,个体思维就不容易受到各种干扰而偏离主干。这时,标注提供了一个明确的评判依据,并起着重要的可视化支架的作用,帮助个体进行分析判断,使思路沿着正常的轨道推进。

三、效益:见于学习成果可视化

思维可视化教学特别重视建构成果的提炼。个体要从整体成长的角度认真记录一节课的成果,以促进自己的全面发展。一般说来,思维可视化教学成果包含了正确价值观、关键能力和必备品格3部分内容。教师要引导个体用合适的可视化方式对这3方面的成果进行突显。

（一）正确价值观方面

如通过成长小传、世界图景对个体价值观、家国情怀、道义责任和道德品质等方面的成果进行全面深入的激发、刻画和提炼；通过精神刻画、心理印记、情感小传、自我画像对个体的人格特质、心理素养、精神面貌等方面的成果进行全面深入的激发、刻画和提炼等。

（二）必备品格方面

通过表现性评价档案袋，对个体学习态度、学习动机、质疑精神、问题意识、批判意识、创新精神、实事求是精神等方面的成果进行全面深入的激发、刻画和提炼；对个体学习毅力、学习的抗挫性、学习的持久性等方面的成果进行深入的激发、刻画和提炼；对个体任务意识、合作精神等方面的成果进行全面深入的激发、刻画和提炼。

（三）关键能力方面

通过知识结构图谱、思维建模图谱、解图解题思路图、学习策略图谱、错题本等提炼认知性成果；通过设计的方案、制定的计划书、项目设计方案、所完成的作品等提炼实践性成果；通过"创画思维"、题目创编、项目创编和教学资源开发提炼创造性成果。

这里还不能忽略知识建构的成果，其同样是关键能力的有机组成部分。

对于知识建构的成果，教师不仅要将本节知识结构化，让建构的成果看得见，还需要引导个体从大观念的角度考虑本节知识的地位，刻意把它与以前的知识联系起来，将其嵌入已学的知识体系中，成为一个体系中的有机组成部分，以取得多方面的成效：一是帮助个体从系统的角度来理解新知识，提高知识认知的深刻性；二是将新建构的知识以整体构成的方式融入长期记忆系统，提高了记忆的牢固性；三是进一步梳理和扩充了个体的知识体系，使它变得更为系统、庞大。

第三节 "1体化"之课后"学成目标运用"可视化

课后"学成目标运用"往往也是传统教学中较为薄弱的环节。传统教学课后的主要任务是做题、解题，对学成内容的应用无论是在强度、深度还是广度上都远远不够。

思维可视化教学通过课后"学成目标运用"来增强学习效果，进一步巩固知识、再构知识，培养高阶思维和创新能力，以充分实现课程目标。课后"学成目标运用"可视化，也称5步可视运用，包含5部分内容：复盘画思维、炼学成成果、做配套作业、微项目创编及拓可视资源。

其中，做配套作业与传统教学既有相同之处，也有不同之处。相同之处是两者都具有复习巩固的功能，不同之处是后者的功能更完整全面。思维可视化教学的作业有知识类作业（书面作业），这与传统教学相同；有成果生成类作业，这类作业传统教学基本没有；有衔接类作业，将某些后续课堂正式的课程目标布置成作业，这与传统教学有本质的不同；有实践类作业,含知识探究与社会实践,前者与传统教学相同,后者为传统教学少有。

在课后,思维可视化教学要求进行微项目创编,以培养个体解决实际问题的能力,培养个体高阶思维和创新能力,这也不同于传统教学。

拓可视资源主要由教师执行。与传统教学不同之处在于,思维可视化教学重视将学生的学成成果(诸如错题本、微项目创编等)转化成教学资源。

很显然,复盘画思维、炼学成成果和微项目创编,在传统教学中较少涉及,是中学思维可视化教学较为创新的部分。

课后"学成目标运用"可视化可用图7.5表示。

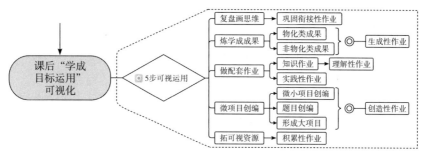

图7.5　中学思维可视化教学模式:1体之课后"学成目标运用"可视化结构

其核心有三:

核心1:复盘画思维。

核心2:炼学成成果。

核心3:微项目创编。

一、复盘画思维

复盘画思维也称课外画思维再现,是通过画思维的方式再次复盘学习建构过程,再次确认知识的内涵与外延,再次对知识进行结构化处理,并将知识嵌入相关的知识体系中,包括将概念嵌入大概念体系。复盘画思维的过程还是个体逻辑推理再构的过程,能深刻培养个体的高阶思维能力。

(一)复盘画思维是个性化深度再学习过程

复盘画思维过程的重点是通过可视化手段,引导个体重新经历知识建构的全程,促使个体从宏观的视域对知识加以深入把握。很显然,这是一次反思完善和再认知的内化过程,可促进知识结构化。

1. 知识个性化再建构过程

在此过程中,个体的注意力往往会集中在本节课知识建构的重、难点之上,集中在个体知识建构的创新之上。通过画思维,个体能认真回顾这些要点,逐一进行复盘,进而使这些关键因素得到进一步的理解和巩固。

2. 个性化深度再学习过程

在此过程中,个体会将精力集中在自己课上建构所遇到的困难之处,进行重点突破。

对个体而言,此时完成的就是具有个性化的挑战性任务,因此意义更为重大。

通过课堂的建构学习、纠偏、强化和迁移创新,那些不具挑战性的任务已被个体完成,而那些相对困难的部分,继续挑战着个体。在知识复盘的过程中,这部分内容被突显出来,特别是那些在课堂并非由自我建构出来的困难部分会重新成为个体警觉的核心(课堂上,这些知识的建构往往是借助于同学的辅导讨论或教师的讲授引导而得到的,而非通过个体独立努力建构而成),让个体更加清晰地意识到自己面临的迫切任务,将它作为重点,迫使自己在课外展开新的学习,并通过各种途径进行突破,进而完成课程目标。

很显然,这是一种深度再学习,是对课堂教学最为重要的补充。这种学习具有明显的个性化的特征,是因材施教所提倡的。

3. 个性化知识结构化过程

复盘画思维的一个基本要求,就是形成知识结构化。其可分为 4 个层次展开。

(1)画出单点知识结构

对于每个知识点,列出其内涵、外延及适用条件,列出典型例子和常见问题,列出与其他知识的辨析,用合适的形式,将它们画在一起,形成一个完整的结构。

(2)画出一节知识结构

逐点画出整节课的每一单点知识结构,用合理的方式连接起来,形成一节课完整的知识结构。这里要注意的是,此时要对单点知识结构进行必要的简化。这样,既不会使知识结构过于庞大,又能够更好地突出主干,便于把握知识之间的内在联系。

(3)画出单元知识结构

与相关的知识相联系,将整节知识结构整合进同一知识单元范畴,形成单元知识结构,提炼核心知识,进一步提高知识结构化。很显然,此时同样需要对各节的知识结构进行必要的简化,以提炼单元知识,突出单元知识的逻辑结构。

(4)画出大单元知识结构

与其他单元联系起来,将本单元知识嵌入大单元知识体系,形成大单元知识结构,提炼大概念知识——观念,从大观念的角度把握一单元、一节课、一个知识点的本质。

很显然,通过以上 4 步的结构化处理,个体对知识逐步进行梳理、归类、整合,逐步形成学科观念,最终建立学科的专业视域。

4. 个性化深度元认知过程

思维复盘可以"建立回溯支架,进行元认知确证"(陈宗成,2019),可以迫使个体展开深刻的元认知,去反思自己在知识建构或问题解决时所采用的途径、方法与策略,判断其优劣长短,扬长避短,补缺补漏,提高自己知识建构和问题解决的水平。在这里,深度元认知不仅体现在对错误不足的纠察与弥补之上,而且体现在对途径、方法与策略的优化上,更重要的还体现在学习力的提升上。因为这是一个发现问题,解决问题的过程,对个体的成长有着深远的意义。

(二)复盘画思维是建构逻辑深度提炼过程

复盘画思维要求个体回顾自己在知识建构或问题解决过程中的思维路径,使之清晰可见,使自己能更深刻分析每一步的逻辑指向,理解其背后的原理和规则,将知识建构或问题解决所需要的知识、经验、设想、方法、策略以及逻辑推理通通整合起来,建立有效的推理模型,充分培养个体的联想能力,促进高阶思维的发展。

1. 检验建构过程的内在逻辑

进行思维复盘时,要复原画出建构的思维过程,找出它起点、每一环节和终点,并对每一推理环节的依据进行元认知判断,判断其是否符合逻辑规律,是否依据学科知识进行推理;环节与环节是否有着内在因果联系,整个推理是否周到严密等。

2. 梳理建构过程的推理模型

在此过程中,可视化手段帮助个体侧重对归纳推理、演绎推理和类比推理这3类思维模型进行梳理与总结。回顾课堂知识建构或问题解决到底使用了哪种思维模型,用可视化手段进行复盘,使个体进一步直观经历思维建模过程,提高推理能力。

(1)归纳推理

通过复盘,个体要对共同性进行确认:个体要判断所归纳的对象是否有共同的性质?这性质以什么为标准?此标准的确立是否有充分的依据?同时,个体还要判断样本是否足够?是否将结论建立在十分有限的个例上?

(2)演绎推理

通过复盘,个体要对从属性进行确认:个体要判断推理过程是否满足三段论的要求?是否保证大前提的正确?是否确保小前提从属于大前提?是否完整地画出演绎的整个过程?

(3)类比推理

通过复盘,个体要对相似性进行确认:个体要判断进行类比的两事物之间是否存在相似性?如果存在,是一种表面的相似性(起思路启发作用),还是一种内在结构的相似性(进行可视可靠迁移)?

3. 培养2域3向的联想能力

个体联想能力训练是复盘画思维的重要组成部分,可按照"2域3向"进行,即按学科联想范畴与日常联想范畴2个领域进行联想以及沿着正向、逆向或侧向展开推理。

(1)2域:2个联想领域

个体联想能力的培养需要通过对学科知识的整合和生活经验的探索实现。一方面,个体需要在学科知识领域中进行联想,挖掘出知识之间的内在联系;另一方面,个体还要在日常生活领域中积极探索解决问题的方法,积累解决问题的经验,拓展自己的联想空间。因此,在复盘画思维的过程中,个体应该保持开放的心态,将学科联想与日常联想紧密结合起来,以不断提升自己的联想能力,有效提升自己的高阶思维和创新能力,充分实现课后的课程目标。

①训练学科联想。首先,要紧扣所学的知识,从某一个知识入手,让个体通过学科的逻辑关系,充分展开联想,将相关的知识、观念、情境项目等串接起来。这种联想与学科知识结构有相同之处,也有不同之处。相同之处是两者都是按学科逻辑展开,都将学科内容联系起来形成结构化;不同之处是知识结构化对逻辑要求更加严格,分类更加严密,而学科联想则要松散得多,自由得多,因此发散空间也大得多。

例 学科联想:流速增大。

流速增大可以想到:空气流动的速度增大、吹、火车驶来、航母驶来、甩、机翼、大飞机、倒机翼、风洞、土拨鼠的洞前结构……

要注意的是,在复盘画思维时,要特别关注在建构过程中难以将情境与学科联系起来的部分——这有助于提高个体解读情境能力和学科联想能力,同时要努力将该知识所涉及的日常情境、生活情境、社会实践情境(联想到风洞)及前沿情境(航母、大飞机)紧密关联起来,打开学科联想视野。

> **学科联想:流速增大**
> 空气流动的速度增大、吹、火车驶来、航母驶来、甩、机翼、大飞机、倒机翼、风洞、土拨鼠的洞前结构……

②训练日常联想。日常联想是指个体在日常生活中形成的一种自然的、习惯性的联想方式。这种联想方式通常与个体的生活经验和文化背景密切相关。较好的日常联想能够让个体更快速地适应新情境,更迅捷地理解新问题,更准确地找到问题、情境与学科知识的联系,进而较快地解决问题。在复盘画思维的时候,个体可以根据建构过程的某个环节、某个知识有意识地进行日常联想,使学科知识能够跟日常情境、个体生活有机地结合起来,想一想学科知识在日常中的含义,它在日常生活中的典型体现方式及各种常见的表现形式,再由此展开相关的日常联想,以增加对学科知识的理解;想一想同学科名词在日常生活中是否有其他的含义,如果有要注意两者的区分,以提高概念的辨析力;最后还要想一想日常经验给该知识带来难以理解之处,以突破前概念。

例 日常联想:流速增大。

从日常生活来看,流速增大还可以联想到:卷、龙卷风、吸尘器、喷雾器、甩、造雪机、机翼结构、地下通道通风结构……

> **日常联想:流速增大**
> 卷、龙卷风、吸尘器、喷雾器、甩、造雪机、机翼结构、地下通道通风结构……

在复盘画思维阶段,个体还要注意将学科联想与日常联想并重推进,用两种方式去关注学科前沿动态,把握最新的研究成果和发展趋势,去努力尝试解决一些跨学科的综合问题,这样不仅能够开阔学科联想视野,充实学科联想思路,拓展学科联想空间,以跨学科的知识联系来进一步培养学科联想能力,而且能够将学科联想与日常联想有机地结合起来,也将科技前沿、跨学科思想、学科知识与日常经验情境紧密地连接起来,形成一种联想结构化,进而有效地转换个体思路,提高创新思维。如将上面的联想,按"动作:使流速增大的行为"及"结构:产生吹的装置或组成"来整合,便可以形成结构化的联想(图7.6)。

(2)3向:3类思路指向

课后,个体还要力求思维沿着正向、逆向和侧向这3条思考指向复盘画思维。正向联想培养个体思维的发散性和广阔性,尽量打开思维的空间;逆向联想培养个体思维的指向性和聚焦性,针对问题锁定思路;侧向联想培养个体思维的跳跃性和创造性,产生奇思妙想。

在复盘画思维时,既要注意对原思路的巩固,即对建构过程所用到的思维进行复盘,又要注意对新思路的拓展,尝试使用与原思路不同的思维来解决问题,以培养思维的完整性。如建构时用到正向联想,先要梳理正向联想,对思路进一步加以强化。同时,也要思考:能否使用逆向联想? 能否使用侧向联想?

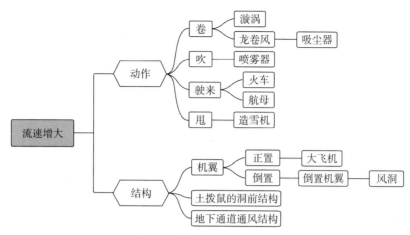

图7.6 流速增大结构化联想

如果受到时间限制，个体则可以选择自己建构较弱之处、重要知识点及重要应用来进行复盘。

例 复盘画思维1：知识建构·流速与压强的关系。

如在“流体压强”这一节里，可选择“流速与压强关系的规律”的建构，及用规律来“解释为什么要站在动车的警戒线外”来进行“思维全面性”复盘。

建构时用的是逆向推理，因此在复盘画思维时，先要画出逆向推理过程，如图7.7所示，然后再画出正向推理过程，如图7.8所示。

图7.7 复盘画思维1：知识建构·流速与压强的关系（逆向推理）

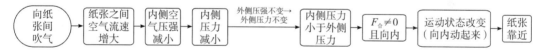

图7.8 复盘画思维1：知识建构·流速与压强的关系（正向推理）

例 复盘画思维2：知识运用·流速与压强的关系。

知识运用时，是用正向推理，因此在复盘画思维时，先要画出正向推理过程，如图7.9所示，然后再画出逆向推理过程，如图7.10所示。

图7.9 复盘画思维2：知识运用·流速与压强的关系（正向推理）

图 7.10　复盘画思维 2：知识运用·流速与压强的关系（逆向推理）

二、炼学成成果

传统教学不太注重学习成果的提炼，而这正是思维可视化教学特别强调的。思维可视化教学特别关注学习成果的提炼，通过学习成果的提炼以达成国家课程目标，使课程育人成果看得见。

一般说来，教学能够形成两类学习成果：物化类学习成果与非物化类学习成果。相对而言，非物化类学习成果更不容易受到重视，但往往又发挥着前者所无法达成的育人价值，更要引起足够的重视。

（一）炼物化类学习成果

物化成果是指通过一节课的学习，个体能够用外在物化的形式来表现的学习成果，如所完成的项目设计方案、所完成的作品等。一般地，人们容易将物化成果局限在成型的制作类成果上（如上面所言的已完成的项目产品或已经制作出来的作品）。实际上，学习成果应该涵盖更广阔的范围，如设计的方案、制定的计划书；如改编创编的题目、纠正的错题本；在这里，不要忘记，对于思维可视化教学而言，知识结构图、思维建构图、解题思路图等这些可视化成品，才是建构中最宝贵的产物，理所当然应该成为学习成果的重要组成部分。

教师要不断引导个体充分收集课堂的物化成果，不断进行整理，并进行分门别类、归档储存，为后期的学习提供帮助和借鉴。

1. 整合产品类物化成果

这类产品指的是个体在知识建构、思维建模、问题解决和项目推进过程中所设计的项目或所完成的作品。其一般包含 3 类：项目产品、项目计划书或方案、已完成的成型作品（如小制作、海报等）。这类作品往往容易被个体关注，但由于后续的学习较少涉及，因此又少被认真保存。

此类成果可以用两种方式来整理。

（1）按知识点依次整理

一方面，知识点个体往往较为熟悉；另一方面，个体的认知结构也往往由众多知识点组织而成。因此，按知识点依次整理，不仅简单明了，便于存储管理，而且容易提取运用。

（2）按照类型进行整理

如按照项目产品类、方案计划设计类及具体成品制作类进行整理。从管理的角度来看，这有利于分门别类，但不便于提取。因为时间一长，个体便难以确切地记起，哪个知识点已经取得了什么成果。

2. 整合思维痕迹类成果

这类成果指的是个体在知识建构或问题解决过程中思维运作所留下的看得见的痕迹。其一般包含知识结构图、思维建构图、典型解题思路图、创编题目或错题订正本等。有 3 条思路可以引导个体进行物化成果的归类整理。

（1）按照知识维度进行规整

按照知识点进行整理，即根据知识点来将知识结构图、思维建构图、重难点题目解题思路图、相关的创编题目或错题订正整合在一起。由于教学往往根据知识顺序进行，因此按照知识点来整理，无论是管理还是使用都比较方便。

（2）按照图形类型进行规整

按照知识结构图、思维结构图、解题思路图、微项目创编或错题订正将作品分成 5 类，再把相关的内容整合在一起，进行管理。如将所有的知识结构图放在一处，将所有的思维结构图、解题思路图放在一起，等等。这样做的好处是可以进行分类管理与运用；不便之处是对于具体的知识，个体难以判断到底形成哪几类学习成果。

（3）按照兴趣特长进行规整

个体可以根据爱好的程度进行排列，将以上 5 类产品整合起来。

这种整理方式的好处是，可以从个体兴趣出发，调动内在动机，促成较为深刻的情感体验，能够将情境记忆和语义记忆紧密地结合起来，形成长期牢固且鲜明的记忆。问题是，这可能会过分突出兴趣本位，让个体有可能无意间忽略不感兴趣的内容，造成了学习的片面性，不利于个体的全面发展。

3. 提取笔记类物化成果

笔记类的学习成果一般包含读书笔记和课堂笔记两类。在这里，特别要指出的是，笔记类成果也是最为重要的物化学习成果之一。值得注意的是，这类成果并没有得到应有的重视。师生往往有意无意忽略这类产品，顶多在复习时作为辅助工具它们才被想起。师生不会主动地进一步挖掘这类成果的功能，充分发挥它们的价值。实际上，它们承载着学习诸多方面的技能、方法和策略，经过完善的个性化读书笔记和课堂笔记对个体的学习起着至关重要的支持作用。教师应该引导个体把读书笔记和课堂笔记当成最富有创造性、最富有价值的学习成果加以重视，及时整合，形成相关的物化成果。

值得一提的是，如何做读书笔记和课堂笔记也需要培训。教师首先要学习掌握各种做读书笔记和课堂笔记的方法策略，并教会学生。当学生掌握后，教师既要引导学生有侧重地做好课堂笔记，也要引导学生有针对性地做好读书笔记，进行有效的预习或者展开广泛的阅读，积累丰富的知识。

（二）炼非物化类学习成果

非物化成果包含知识、思维、情感、人格等非智力因素以及社会化体验等多方面收获。这方面成果对育人起着重大作用，由于难以以物化的形式进行彰显，更容易被人忽略，无法进一步发挥应有的育人价值。因此，必须有意对这部分非物化成果进行凸显，通过可视化手段展示出来，形成物化产品，让个体清晰把握，进一步发挥其育人功能，促进个体的全面发展。

1. 描画策略图谱，进行智力因素非物化成果的突显

进一步梳理知识建构或问题解决的全程，通过适当的可视化手段将所用到的方法与策略突显出来，让个体看得见。这样做，一方面能够让个体重新回顾自己所用的方法与策略，加深对方法与策略的理解；另一方面能够让个体对自己使用的方法与策略进行反思，判断其优劣长短，推动个体不断进行总结，积累知识建构和问题解决的经验。策略图谱能直接作用于个体学习策略系统，对个体学习策略水平的提高大有裨益。

2. 叙写情感小传，进行非智力因素非物化成果的突显

教师要引导个体将学习过程的情感体验外显出来，如通过写心得体会，写学习反思，写学习叙事等方式将这些非智力因素的成果展示出来。

写写自己的学习情感小传是较好的突显策略。比起知识结构、思维模型和认知策略，这些非智力因素的成果更加难以揭示。教师可鼓励学生叙写情感小传，写下学习的情感体验，及时进行交流与分享。通过情感小传的叙写，个体能重温知识建构、思维建模、问题解决和项目推进的情绪变化和情感历程，再次体验到解决挑战性问题的艰难，回味失败的沮丧，重温突破困难和完成创新的兴奋，真真切切体验到学习的快乐、合作的愉悦、成长的欢欣、创造的幸福以及征服困难的成就，进而丰富个体学习的情感体验系统，形成端正的学习态度。

这种情感小传的书写不在于篇幅的长短，也不在于文笔的优劣，而在于对学习情绪节点的精准把握，在于情感节点体验的深切。这种深切的体验既能长久打动自己，也能深刻打动别人。教师甚至可以提醒学生使用关键词（如真开心，好难）、情感词（如耶，哈哈）、感情符号（如！或表情包等）或者漫画的形式来表达自己的情感。

3. 建立成长档案，进行社会化因素非物化成果的凸显

一节成功的课不仅是一场智力之旅，是一场情感之旅，也是一场社会化之旅。在此过程中，个体完成了必要的社会角色扮演，完成了必要的社会角色内化，顺利地实现社会化，逐步健全自己的人格。因此，教师要引导个体将自己在班级里的社会分工协作的过程做简要记录，即将自己与他人讨论研究的方式方法记录下来，将自己与他人交流沟通的技巧技能记录下来，将自己在分工合作中的任务与角色记录下来，特别是将行为与心理的发展记下来。

4. 刻画精神印记，进行心理要素非物化成果的突显

形成健康的心理是思维可视化教学达成的必要成果。在课后，教师要引导学生通过写心灵小语或心理日记等方式将自己的真实心理状态勇敢地展现出来，形成精神特征印记，帮助他们把握自己的心理状况。这既要能将自己强健、光辉的特征刻画出来充分挖掘，加以弘扬，也要能发现自身的心理问题，及时进行调整。同时还要引导学生通过心灵小语或心理日记等非物化成果的突显，展开反思、总结，让学生认识到自己心理的成长和变化，从而培养他们正确的心理认知能力和健康的心理。

5. 描绘自我肖像，进行人格要素非物化成果的突显

在思维可视化教学的探索中，个体的人格发展也是不可忽视的重要方面。教师可以引导学生用文字、图画或其他媒介对自己的人格进行系统描绘，形成自己的自我肖像。自我肖像可以是对自己个性、性格及人格特点进行具象化表达，可以是对自己价值观、信仰和人生观的图形化展示，也可以是对自己未来愿景的描绘。在这个过程中，学生需要深入自己的内心深处，结合多种信息来源，对自己人格的优劣进行准确描绘。通过自我肖像描绘突显这一非物化成果，学生展开反思与自我教育，促进自我统一性的认同，形成健全人格，因此具有巨大的现实意义。

6. 描绘世界蓝图,进行价值因素非物化成果的突显

教师可以通过不同的科目引导个体在适当的时候描绘自己眼中的世界图景,如在物理、化学等科学学科,以科学理性之眼看待世界;在语文、艺术等人文学科,用情感艺术之眼看世界;在政治、历史学科,用文化价值之眼看待世界,并通过可视化的方式呈现出来。对此类成果教师要细心进行评价,引导个体建立起正确的价值观、世界观和人生观。

三、微项目创编

课外微项目创编可分为创编题目与创编小项目。中学生兴趣广泛,思维活跃,充满活力,热情好动,喜欢探索,在课外展开项目创编无疑具有重大意义。中学生的主要任务是学习,而解决实际问题或项目创编往往都需要花费大量的时间,中学生缺少所需的足够的时间。同时,中学生的阅历不够丰富,必要的实践经历和创造经历的缺乏也会给项目创编带来更大的挑战。如何在知识学习与项目创编之间取得一个合适的平衡点是个有意义的研究课题。如果从微项目入手,进行微项目创编(包含题目创编),可在知识学习与实践创造间获得较好的平衡,由此来训练个体的创新意识,积累个体的创新经验,提高个体的创新水平,逐步发展个体的创造力,使其能胜任较大项目的创造,无疑是值得尝试的。

(一)明确微项目创编的宗旨

这是微项目创编的核心问题。中学生创编不仅是为了提高知识运用能力,更是为了提高个体解决实际问题的能力,提高创新水平。这些问题甚至是"现实生活和真实情境中表现出来的各种复杂的、非预测性的、多学科知识交叉的问题"(曲茜美,秦红斌,2016)。因此,教师要紧扣这一主旨引导个体进行微项目创编。这可以从以下两个方面入手。

1. 基于真实问题解决

通过创编微项目来解决实际问题。进行微项目创编时,教师首先要强调,个体必须围绕实际问题的解决展开,同时引导个体要立足于以下两点。

(1)问题是真实的

所解决的问题是日常生活或生产实践中的真实问题。教师要引导学生仔细观察生活,从生活中发现问题、提出问题,把与新知识有关、自己感兴趣的内容当成项目创编的重要来源。

(2)方案是可行的

用来解决问题的方案是可行的。所提出的问题是可以解答的,对问题的解答,依据是所学的知识,一般要与本节课所学的知识密切相关。在现有的条件下,解决问题的方案是切实可行的。

2. 基于创新能力发展

这是个体课外创编的最重要目标。教师要引导学生时刻保持创新的意识,进行微项目创编时要充分发挥自己的想象力和创造力,推动灵感的产生,提出富有创意的问题,编出富有新意的项目。如上完初中物理"弹力"这一节,教师可以引导学生用简单的材料,如纸张、橡皮筋等,设计出具有弹性的玩具,如纸球、弹性飞机等,既较全面地应用了本学科知识,又运用到跨学科知识,还较好地培养了个体的创新能力、动手制作能力,有趣又相对不耗时间。

要指出的是,这里的创新是针对中学生自己而言的。凡是学生能提出自己没有接触过的问题,或能编出自己以前没有见过的项目,都是一种创新,哪怕这些问题、题目对教师早已常见不鲜。

(二)掌握微项目创编的策略

对学生而言,微项目创编是新生事物,在学习与生活中都很少经历,因此要循序渐进,逐步进行推进,才能取得较好的效果。

1. 以明确目的确定项目

个体首先要明确目的,并以此来确定项目。微小项目的创编是为了什么:是为了评估对相关知识的掌握程度? 是为了提高学习兴趣? 是为了运用知识解决实际问题? 还是为了提高学生的创新水平? 通过目的的确定来推动微项目的创编。一旦目标明确,个体容易围绕目标以任务为导向展开微项目设计,进而取得良好的效果。

2. 以新学知识确定项目

个体要明了:创编项目需要涉及哪些知识? 哪些知识是在本节课刚刚学习的? 哪些知识与本节课密切相关? 较好的策略是:以本节课刚学的或与本节课密切相关的知识作为微项目创编的主要依据,这样容易调动新知识解决问题,以提高项目创编的效益;以新学的知识为核心,在解决实际问题的过程中,整合相关的知识,形成结构化,能较好地巩固新知识,加深对知识的理解。

3. 以兴趣背景确定项目

前面指出,微项目创编的目的之一是解决实际问题。因此,所创编的题目应基于真实的现象或实际情境。教师要引导个体将目光投入日常生活、生产实践、科技探索与文化活动中,从日常生活、生产实践、科技探索与文化活动等真实情境中寻找自己感兴趣的内容,以此为背景来确定项目。将项目创编基于自己喜欢的背景,十分有利于激发个体的内在动机,调动个体的积极性,能让项目创编较好地持续下去。

(三)选择微项目形式

不同形式的微项目,其功能不同;不同的知识,也可以设计成不同的微项目。一般说来,微项目具有规模相对较小、任务指向相对明确、操作过程相对简单等特点(陈宗成,2020)。不同的微项目形式,对个体问题解决能力与创新水平的培养,具有不同的作用。常见的微项目形式有以下两大类:微小项目创编与题目创编。

1. 微小项目创编

课外微小项目创编又可以分成 4 个类型:

一是科学探究类。侧重于应用某一科学学科的知识或跨学科科学知识解决实际问题或进行探究活动。这类项目主要从科学教育的角度展开,旨在促进个体掌握科学研究的方法,培养个体的探索能力和冒险精神。

进行此类微项目创编时,要紧扣所学的知识,并注意探究的可行性。这样,便可以取得事倍功半的作用。如布置个体"探究室内绿植的蒸腾与何因素有关",便可在相关的生物课教学的课外展开。

二是社会调查类。侧重于从某一社会感兴趣的问题入手,综合运用各学科知识,完成社会调查。这类项目主要从调研的角度展开,旨在促进个体掌握社会调查的方法,培养个体社会调查的意识和素养,如调查社区的用电情况。

进行此类微项目要注意话题范围的控制,引导个体找到社会热点、知识要点和自己兴趣点的交叉之处。同时,还要注意难度控制,以取得应有的效果。如随着城镇化的推进,入城务工人员日渐增多,务工子女的家庭学习条件、父母对子女的教育监管、家庭对子女教育的期望程度对孩子的学习有着直接的影响。一部分孩子对这个问题也感兴趣,便可将其设置成社会调查类的作业,引导个体展开社会调查。

三是设计开发类。侧重于运用材料科学、工程科学等实践学科知识对某一具体物件、工具的制作、开发与发明。这类项目主要从实践创新的角度展开,旨在促进个体掌握设计思维、设计方法,培养个体的动手能力和创新能力。

进行此类微项目创编时,一定要注意小而精。小指的是目标要小,靠个体能力基本可以完成。精指的是要达到预期的目的,成果是可见的,可展的,是能引起个体内在动机的。另外,进行产品开发与设计常常会涉及跨学科知识,在创编和展示时要特别注意到这一点。如"制作自己喜欢的书签",便可能涉及语文、数学、物理、化学、艺术(含美术、书法等)、材料、环保、生物等学科,这个项目可以在众多科目开展。

四是综合应用类。综合以上3种,规模更大,任务更难,持续时间更长。这类项目主要从复杂思维的角度展开,旨在培养个体解决复杂问题能力、高阶思维能力和创新思维能力,一般针对拔尖学生,可在单元结束之后开展。

2. 题目创编

题目创编是个特殊的项目创编,可在知识学习与问题解决中形成自然的过渡。对学生而言,题目再熟悉不过。题目创编可引导个体应用所学的知识来解决常见的或感兴趣的问题,能有效在两者间架起桥梁,培养个体的创造性。

进行题目创编时,首先要明确目的、确定相关的知识、选择贴切的背景、设计有益的问题、设置科学的参数、进行准确的表达,还要设计合理的解答,并反复进行修改。同时,教师要在题目创编阶段,及时提升个体题目创编的能力,推动个体将题目创编转化为项目创编或课题研究,以进一步提高个体的实践意识和创新能力。

(1)明确目的

个体要明确题目创编的目的所在:是为了巩固知识?是为了解决实际问题?还是为了培养自己的创新能力?

(2)确定知识

个体要确定题目创编所需要的知识及其它们之间的关系。个体要明确:题目创编要用到哪些知识?哪些知识是新学的?哪些知识是以前学的?它们之间有什么关联?然后,围绕新学的知识展开题目创编。

(3)选择背景

选择背景是最重要的一环。创编题目为的是在知识与现实之间架起联系的桥梁。这就对题目背景的选择提出要求:所创编的题目应基于现实,源于真实的情境。教师要善于引导个体从日常生活、生产实践、科技探索与文化活动等真实的场景中寻找题目所需要的背景,以保证知识与现实之间的衔接。在初期阶段,学生搜集素材能力较弱,教师可以提供相应的资源。在后期,当学生具备一定的素材搜集能力时,教师要大胆放手,引导个体充分关注题目的实际应用价值和社会意义,引导学生关注现实问题和公共议题,进一步提高题目背景中社会实践和责任的成分。

(4)设计问题

个体根据所掌握的背景材料和知识,设计所要解决的问题。所设计的问题要具有实践性,引导他人去解决实际问题;所设计的问题要具有启发性和探究性,应能激发他人的思维和探究欲望,提高学习兴趣,引导他们主动思考和探索相关问题;所设计的问题要具有挑战性和富有思考空间,激发他人积极开动脑筋;所设计的问题要具有开放性和多样性,鼓励他人发挥自己的想象力和创造力,从不同的角度思考问题,寻找不同的解决方案,提高思维灵活性和创造性,以提高解决问题能力和创新水平;所设计的问题要体现层次性,具有一定差异化和个性化的特征,设置不同的难易程度,以鼓励个体寻求独特的解决办法。

(5)设置参数

对于某些学科,还需根据情境和要解决的问题,设置相关参数或数据。在设置时,须进行严格的审核和验证,确保其准确性和可靠性。

(6)进行表达

题目描述要特别注意不要出现歧义。题目描述应该清晰易懂,简洁明了,应尽量使用简单易懂的语言和表述方式,避免过于冗长的表达,以降低阅读和理解难度,让人将精力集中在思维与问题的解决上。

(7)设计解答

答案和解析是题目解答的重要组成部分。在编制题目时,既要给出答案,同时还要注意对某些题目提供必要的解析。答案要确保科学合理,解析要确保详尽易懂。合理的答案和解析设计,可帮助个体进一步理解所学的知识。

(8)反复修改

题目编制后,要反复审阅、仔细推敲、不断修改,确保题目的清晰、准确、合理,符合预期目标。通过不断完善,题目更具质量和代表性。

(四)把握项目创编的阶段

1. 对等替换阶段

在微项目创编的最初阶段,学生不具备较强的创编能力,可以采用对等替换的方式,尝试进行创编。所谓的对等替换,就是对原项目或题目的某些要素(如问题、情境或知识点)进行对等替换,在保持原来项目或题目要素大体不变的情况下,尝试着对项目或题目进行初步改编。教师可以给出项目或者题目,要求学生对等替换,这样能够有效地降低创编的难度,将学生引入门。

比如在进行社会调查时,学生将"对工薪阶层家庭用电情况"的调研项目,改编为"对进城务工人员的家庭用电情况"的调研,便是一种对等替换创编。

又比如对题目进行对等替换可以这样操作:保持问题设置与知识点不变,对情境进行简单的替换。在初始阶段,只要个体能对数据进行合理的修改就是一大进步——因为个体已经走在创造的路上。当然,还可以对问题设置进行变换而保持情境、知识点不变。这是一个良好的策略,因为这实际上是通过问题的置换倒逼个体对情境进一步进行解读,既有助于逐步深入把握问题情境,还可有效提高提取信息和处理信息的能力。这对学习力提升的价值不言而喻。

2. 项目改编阶段

随着个体创编能力的提高,教师可以提高要求。教师可以引导学生通过类比、模拟等方式进行项目或题目的改编。此时,对原有的项目或题目改动的因素较多,对个体创新能力的培养也更具效果。

比如在项目改编时,可以对原项目的核心要素进行改变,可以将另外项目的某一要素嫁接过来,也可以将几个项目的要素重组成一个新的项目……

又比如在题目改编时,可以要求学生设置更复杂的情境、使用更多的本学科知识甚至跨学科知识;可以要求设计更开放的题型、设计更具有学科综合的题目。

通过项目改编训练,个体的创造性得到进一步加强,当个体的创造性发展到一定的程度,便可以进入项目创编阶段。

3. 项目创编阶段

项目创编阶段是微项目创编的最高阶段,个体完全依靠自己的力量来创编项目或编制题目。项目或题目所含的创造性成分大大提高。

在项目创编时,教师要鼓励个体充分发挥自己的创造性思维:尽量开动脑筋,努力进行思维拓展,充分发挥自己的想象力和独创性,不走寻常路,编出富有创新意义的项目或题目。很显然,这是一个艰难的创造与迁移过程。从某种意义上说,项目创编才是一种真正的项目化学习,才能调动个体"全脑参与,激活多种联系,形成了大格局的心智自由"(夏雪梅,2018)。

在创编阶段,教师要特别强调3点:问题的针对性、问题的合理性和问题情境的配套性。

(1)问题的针对性

无论是项目创编还是题目创编都是为了解决实际的问题,不能解决真实的问题,创编也就失去其价值。因此,要把针对性问题放在项目创编的首要位置。

(2)问题的合理性

所创编出来的项目是有意义的,是可操作、可评价、可取得成效的,是能够解决针对性问题的。同样,所编出来的题目是可以解答的,是具备相对确切答案的,解答是合理的,无论题目的开放性多大。特别是对于那些基于真实情境的问题,更要保证这种解答的合理性——即在现实中是真实可行的,而非一种主观臆测,更非凭空想象。

(3)问题情境的配套性

所创编的项目或题目要与所学到的知识形成良好匹配。无论是创编项目还是编制题目,一个重要的目的就是巩固刚学的知识,使知识与问题解决或创新力发展同步进行。因此,在微项目创编时,一定要紧扣新学的知识,再把本学科或跨学科的知识整合进来,形成一个有机的结构。

同样要指出的是,这种独创性是针对学生本身而言的,而非对项目而言的。只要个体开发出自己没有见过的项目或编出自己没有见过的题目,都应当将其纳入创新的范畴,哪怕这种项目或题目早已耳熟能详。

第八章 中学思维可视化教学的课堂操作:3段·8环

一个完整的思维可视化教学模式的课堂操作包含八大环节:出示目标、引入情境、探画问题、构画本质、共画定义、练画测评、再画应用、创画迁移。需要指出的是,受到知识性质与时间条件的限制,并不是所有的知识建构都需要完整经历此八大环节,而是根据教学实际的需要有所删减。同时,不同的知识所侧重的环节也会有所不同。我们可以利用前后几节的知识建构或一个单元知识教学来充分展开这完整的 8 个环节,全面培养个体的知识建构能力、高阶思维和创新水平。

这 8 个环节描述如图 8.1 所示。

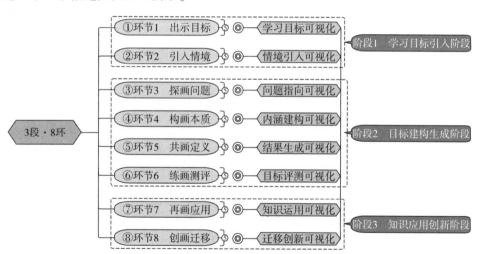

图8.1 中学思维可视化教学模式之"3段·8环"课堂操作结构

现进行此 8 个环节,分成 3 个阶段进行逐一说明。

第一节 阶段 1 学习目标引入阶段:环节 1→环节 2

一、环节1 出示目标·学习目标可视化

舒伯特认为,教学目标取向有 4 种,即"普遍性目标"取向、"行为目标"取向、"生成性目

标"取向、"表现性目标"取向(张华,2000)。这要求教学目标必须是具体的、可操作的、可测评的,而且是适切的。理论与实践都证明,个体的认知目标越明确,认知效果就越好。这是因为学习目标越明确,个体对学习任务的理解就越准确,所采取的学习策略就越有针对性,学习效果自然也就越好。实际上,目标可视化就是给孩子提供一个看得见的靶向,使认知活动都能围绕此展开,提醒个体不要偏离方向,以提高学习的指向性。

因此,在学习之前,教师要出示相关的学习目标体系,让个体确立起自己的学习目标,并围绕目标选择匹配的学习方式、学习方法及学习策略,展开认知活动。

(一)结构图解

中学思维可视化教学模式课堂操作"3 段·8 环"之环节 1 结构如图 8.2 所示。

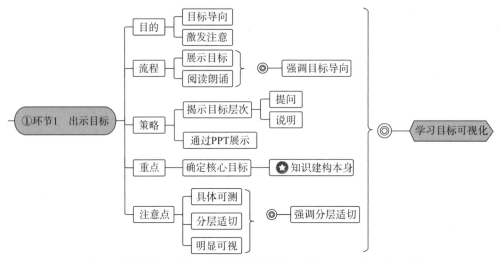

图 8.2　中学思维可视化教学模式课堂操作"3 段·8 环"之环节 1 结构

(二)结构说明

1. 目的

本环节有两个目的:一是进行目标导向,提供认知的总体指向;二是进行初步的注意力激发,引导学生进入学习状态。

2. 流程

(1)展示目标

通过 PPT 或导学材料将学习目标展示出来。

(2)阅读朗诵

要求个体大声朗诵或仔细阅读学习目标。实践表明,对初中生,大声朗诵目标有很大的好处。这能提高个体的注意力,帮助他们有效建立起个性化的学习目标。

3. 策略

(1)揭示目标层次

思维可视化教学致力于因材施教,提倡课堂分层。因此,教师所出示的目标层次应该丰富多样,能满足全班各个层次的需要,而非整齐划一。通过目标群,个体领会到不同的课程要求指向,锁定自己的发展层次,正确确立自己的学习目标,展开个性化学习。

（2）通过 PPT 展示

目标最好通过 PPT 来展示。一方面,PPT 能设置较大的字体,让个体清楚看到,便于快速掌握;另一方面,通过 PPT,也便于引导全班朗诵,统摄课堂注意力。

4. 重点

本环节的重点是确定核心目标。一节课的教学目标往往不止一个。因此,教师要引导学生明确本节课的核心目标是什么,重点是什么,并努力进行个性化处理,使认知活动以此为中心展开。

5. 注意点

进行目标设置时,特别要注意目标的具体可测、分层适切和明显可视,使目标得到充分展现,让人直观把握。

（1）明确展示目标的具体可测

在展示时,教师要特别注意学习目标的具体可测,其包含四大要素。

①明确性展示:目标指向性要呈现得十分明确。要建构什么知识、完成什么任务一定是清晰的,一目了然,不能模棱两可。

②具体性展示:包含两个方面,即达成度和达成手段。

目标的达成度指的是本节课要实现的课程目标:要取得什么样的目标? 要达到什么水平? 可分成哪几个层次? 各以什么为标准? 这些都要十分明确具体。

目标的达成手段指的是要达成对应的目标所要采取的典型教学方式,如要使用什么样的具体方式进行探究,甚至要展示通过什么样的具体行为来进行探究等,对此要有明确的说明。一般说来,典型教法要与课程标准保持一致。如果课标没有明确说明,则可根据校情、学情进行确认,但同样要具体明确。展示时,简明直观,让人一眼便能看懂,无须过多解释。

③可操作展示:操作性同样是学习目标的一个重要衡量标准。一个个具体的活动组成了知识建构的完整过程。因此,所设置的活动应该是具体的,让个体能够入手进行探究,使学习在个体具体的认知行为中得以激发、展开、推进和生成。这样,看不见的知识建构,就成为看得见的学习行为,便于个体操作掌握。

④可测评展示:怎样才算得上完成了学习任务? 对于知识建构达成度必须有确切的测评指标,要给出确切的标准对学习成效进行评价。这些也要细致展示出来。

有了确切的评价指标,学习成效就有了可靠的定位参照。个体可根据指标对自己的认知活动展开测评,进而获得比较精准的判断,使每一相对独立的认知活动不发生大的偏差。将这一个个比较准确的认知活动衔接起来,便能保障建构全程的准确性。同时,有了明确的评价指标,同伴互助也变得指向清晰、条理分明,这有助于提高课堂的效率。很显然,这种评价的指标越精细、越丰富,便越能给学习提供有益的参照和帮助,进而提高学习建构的效益。

（2）明确展示目标的分层适切

只有分层适切，目标才谈得上具有针对性。因此，针对性是以目标的分层适切为前提的。所谓的目标适切性，是指学习目标要和教学条件及个体的实际情况相匹配，即要从教材难度特点，学生的年龄特征、学力基础、认知水平，师资配套力量以及学校的资源条件来确定学习目标。对于思维可视化教学而言，挑战便是如何尽可能地给不同的个体确定个性化目标。

可以如此操作：根据课程标准和大多数学生的总体水平确定基本目标，再根据具体的情况进行上下拓展，细化形成目标参照群——向上促进拔尖学生的发展，向下推动基础薄弱学生的进步。这样便能将目标分出不同的层次，再根据具体情况对 3 个层次进一步进行细化，力争与每一层次的个体形成良好匹配。

因此，在目标展示时，要明确地展示出完整的目标群，包括各层次目标要达到的水平、标准和方式。

要特别指出的是，在城镇化背景条件下，生源结构十分复杂多样。同一个学校的学生学习水平和教育诉求十分多元，甚至有着巨大的差异。教师对学生智力结构、学力水平和知识基础的差异性要有充分的认识。在设计时，教师要留出充分的分层空间，对学业目标做好充分的分解和细化，形成足够丰富的学习目标群，以保障目标的适切性，尽可能满足每一个体的个性化学习——目标不仅能满足大部分同学，而且能同时兼顾两个极端：学力不佳的孩子能够及时完成相应的课程目标，学有余力的顶尖个体也能够得到充分发展，进而真正实现因材施教。

（3）有意进行目标的明显可视

其一，展示。让学习目标看得见，PPT 中学习目标的字体要大，重点目标要加粗突出。其二，解读。解读目标，对目标里的关键词进行解说，使其与其他容易混淆的信息区分开来。其三，锁定。让个体回想目标，确保理解目标，进一步聚焦目标，锁定目标。

这里值得考虑的是：出示目标是否会破坏认知的惊奇？

话题　出示目标与认知惊奇的保持

有人认为出示目标就好像亮出谜底，会对认知产生致命的打击：因为有了答案的加持，个体很容易用分析的方法得出探究的过程。这大大降低了建构过程的探究成分，使探究处于一种虚假的状态。因此，有些老师不但反对出示目标，而且反对预习。

出示目标会对认知惊奇产生破坏吗？

这取决于目标展示的方式。或换句话说，是否存在这么一种方式，既能给孩子认知指引，又不至于点破谜底以致破了孩子的认知惊奇？如果能，两者的平衡点在哪里呢？

因此，对目标展示的合理性必须做出综合考量。实际上，经过精心设计是完全能够在两者之间取得较好平衡的。这就要求给出的目标应该是一种方向指南、一种线索可能提示，甚至是一种范围窄化、一种经验连接，而不是一种谜底式揭示、一种答案式公布。这意味着可视化目标的书写应该是阶梯式的提示，是支架式的指引。

二、环节 2 引入情境·情境引入可视化

感性材料可视化的目的是让个体充分感知,引起自然联想。

知识往往来源于日常生活、生产活动或者社会实践。知识学习前,个体可能拥有一定的背景常识或生活经验。当这些背景常识、生活经验与学科的规定内涵相对一致时,会形成正向迁移,促进知识的建构;而当它们与学科知识内涵相背,甚至完全相反时,便会形成一种较大的障碍,不利于知识的生成。这种原有的认知就是所谓的前概念,是极其顽固而难以破除的。理论和实践都表明,前概念是建立新知识的最大阻碍。为了破除前概念,丰富鲜明的感性材料就显得尤为重要。

一般说来,好的感性材料必须具备四大功能:

①较好的激发性:激发强烈的认知好奇。

伯莱因(Berlyne)将好奇心作为学习动机的理论。根据他的观点,好奇心将导致探索性行为(克努兹·伊龙雷斯,2014)。因此,为个体所提供的感性材料能够激发个体的惊奇,引起强烈的认知冲动。情境越是惊奇,越能激发个体的好奇心,便越能引发个体的求知热情,学习效果也就越好。同样,越出乎意料的现象,也越容易激发个体的好奇心和求知冲动。因此,要下功夫去寻找这类素材。

②鲜明的感知性:提供良好的感性认知。

现象越鲜明,越容易引起个体注意,越能被个体各感官全面而深入地感受到(视觉,看到奇异的现象、巨大的对象、鲜艳的颜色、奇怪的形状等;听觉,听到不同寻常的声音、巨大的声响、优美的音乐等;嗅觉,闻到奇异的味道、刺激性气味、香味、臭味等;触觉,触碰到难以想象的现象,触到冷、热、痛、粗糙、光滑等),进而产生生动鲜明的感知,形成深刻的知觉表象,为后续的理性加工打下良好基础。

③典型的趋向性:包含完善的知识要素。

所提供的感性材料必须是典型的,不产生歧义,具有良好结构的。所提供的材料能够代表或反映知识的本质,是一种经典的模板或一种典型的样式。由于有的知识具有多个内涵要素,结构比较复杂,那么所要提供的情境也不能是单一的,而是要提供一一对应的情境,即每一个知识组成的独立要素都需要提供一个相应的情境,形成一一匹配。知识有几个独立的要素组成,往往需要组织几个对应的感性材料与之匹配。

④较好的线索指引性:给予明显的认知指向。

个体通过所提供的感性材料,能够形成一种自然的理性联系或一种相对统一的认知趋向:情境与知识本质之间存在着一种较为明确的联系。同时解决众多情境,便能较好地挖掘出这种内在的联系,把握其内在的认知趋向,以推动建构往某一明确的方向前进。换句话说,我们所需要的情境是这样的:能将所呈现的现象与要发现知识的本质要素关联起来,而不同的情境能够从不同的角度多次提供这种关联。这样,通过相似关联的多次呈现,让个体能及时发现两者内在的必然性,以提高建构的准确性。

(一)结构图解

中学思维可视化教学模式课堂操作"3 段·8 环"之环节 2 结构如图 8.3 所示。

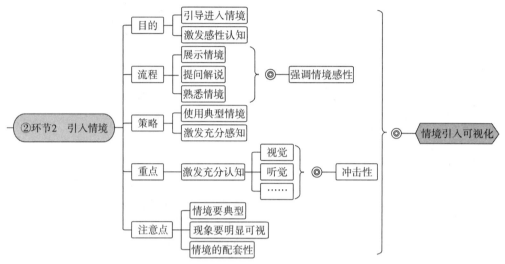

图 8.3 中学思维可视化教学模式课堂操作"3 段·8 环"之环节 2 结构

(二)结构说明

1. 目的

(1)引导进入情境

通过情境引入,个体进入具体的情境中,通过感官调动已有的知识、思维、方法和经验,让知识、思维、方法和经验与情境中具体的事物、研究对象和研究问题联系起来。

(2)激发感性认知

实践证明,没有充足的感性认知,很难形成充分的感性认识;而没有充分的感性认识,则理性认识很难发生,就谈不上知识的充分建构。激发感性认知,就是让个体的感觉器官(视觉、听觉、味觉、嗅觉、触觉等)与相关的情境、现象、器材进行充分互动,努力调动各感官器官,展开认真、深入、细致的感性认知,形成丰富的感性认识。

2. 流程

(1)展示情境

将所构造的情境根据教学设计逐一展示,让学生看得见。

(2)提问解说

教师引导学生注意观察,通过提问引导学生思考,并对疑难或容易混淆之处进行适当的解释、说明。

(3)熟悉情境

教师引导学生通过观察、听讲、思考逐渐适应、熟悉所提供的情境,为进一步的建构创造条件。

3. 策略

(1)使用典型情境

教师所提供的情境要经过精心改造,接近真实的学科情境或实验室情境,能够体现知识本身或知识某一要素的本质,具有典型性。

(2)激发充分感知

教师要不断引导学生去看、去听、去摸、去闻、去体验,从不同侧面进入情境,认识情境,对情境产生充分的感知。

4. 重点

本环节的重点是产生充分的感性认知,为后续的建构创造条件。因此,教学重点要放在对感性认知的充分激发上。

5. 注意点

(1)情境要典型

所提供的样例要典型,要能够突出地表现概念的自身本质或某一要素的本质。因此,教师要对拥有的素材进行仔细筛选或改造,使其具有鲜明的典型性,越典型,效果越好。

(2)现象要明显可视

情境所提供的现象要鲜明,让个体能够快速把握。因此,教师要注意现象的可见度、可听度、可感度和可体验度。

(3)情境的配套性

所提供的情境与所建构的知识要密切相关,相关性越好,教学效果也越好。这种配套性有两种类型:如果知识内涵由单要素组成,则情境直接与知识关联;如果知识内涵由多要素组成,则所提供的情境要与每一要素进行一一对应关联。

第二节 阶段 2 目标建构生成阶段:环节 3→环节 6

一、环节 3 探画问题·问题指向可视化

知识建构常常碰到的一个难题是,不知从何处着手。一个重要的原因是学生缺少问题意识,不能将认知目标转化成相关的问题,并通过问题驱动来完成建构。在传统的知识教学中,教师往往自己提出问题,再引导学生逐步进行建构。这不利于学生问题意识激发,更难以培养个体发现问题、提出问题的能力。

(一)结构图解

中学思维可视化教学模式课堂操作"3 段·8 环"之环节 3 结构如图 8.4 所示。

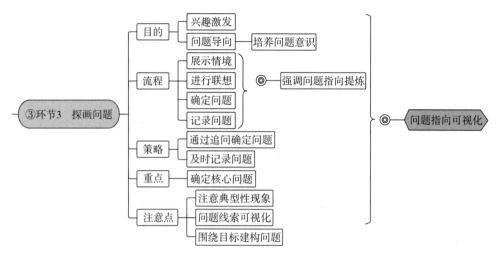

图 8.4　中学思维可视化教学模式课堂操作"3 段·8 环"之环节 3 结构

(二)结构说明

环节 3 是知识建构的激发环节。

1. 目的

本环节有两个功能:兴趣激发及问题导向。

(1)问题导向

以问题为导向进行建构,通过问题驱动,一步一步将认知活动引入所需要建构的目标中,引导个体建构。

(2)兴趣激发

通过问题来激发求知欲,催生个体认知兴趣,激发个体探究的欲望,使建构步步为营、欲罢不能。

2. 流程

(1)展示情境

教师再次展示情境或引导学生回顾已展示的情境,让个体有意识地再次进入情境中,在情境中再次激发个体的感性认知。

(2)进行联想

教师鼓励学生展开充分的有依据的联想,根据已学的知识或已有的经验进行联想,要将学科联想与日常联想结合起来,打开想象的空间。

(3)确定问题

个体通过教师提问与启发,或通过自身的分析与判断,发现建构知识所要解决的相关问题,并明确提出。

(4)记录问题

将已经提出需要解决的问题及时记录下来。

3. 策略

（1）通过追问确定问题

通过教师引导或学生分析,根据需要先设置一个大问题,再将其分解成几个主要问题。然后继续分解主问题,形成一系列小问题,由此建起问题串,教师或个体通过问题串的追问来确立问题框架,确定探究思路。

（2）及时记录问题

将要解决的问题,特别是关键问题及时记录下来,以便由此形成建构线索,推动知识建构。当面对真实复杂情境时,这一点特别重要。

4. 重点

本环节的重点是确定核心问题。这里的核心问题可借用麦克泰格与威金斯的"基本问题"的内涵:重要的、基本的和必要性的(麦克泰格,威金斯,2015)。这是知识建构的关键。知识建构往往需要围绕某一核心展开,抓住此核心,建构便能顺利展开。因此,教师要提醒个体找到此核心,使认知活动围绕一个明确的目标展开。

5. 注意点

（1）注意典型性现象

提醒个体要注意具有代表性的现象,即判断所观察和提取的情境现象是否典型? 是否具有较强的代表性? 是否能够很好地指向知识的内涵要素,与之形成密切联系?

（2）问题线索可视化

建构问题是本环节的重点,因此要引导学生关注那些典型现象,并将它与要建构的问题联系起来,努力寻找隐藏在现象里的典型问题。现象越明显、越突出,问题就可能越典型,就越容易与知识内涵有密切的关系。要提醒个体有意识地将问题用可视化的手段突显出来。

（3）围绕目标建构问题

要特别注意的是,本环节所建构的问题有着明确的教学指向。教师要提醒个体围绕所要建构的知识来提出问题、发现问题,并用学科语言进行表达,形成问题。

二、环节4　构画本质·内涵建构可视化

（一）结构图解

中学思维可视化教学模式课堂操作"3段·8环"之环节4结构如图8.5所示。

（二）结构说明

1. 目的

引导知识内涵要素建构,并以新建构的知识为核心,形成新旧知识衔接,将新知识纳入一定的知识体系。

（1）引导内涵本质建构

通过分析判断,发现事物、现象的本质,并根据知识类型不同的性质,使用不同的方法构建知识本质内涵。

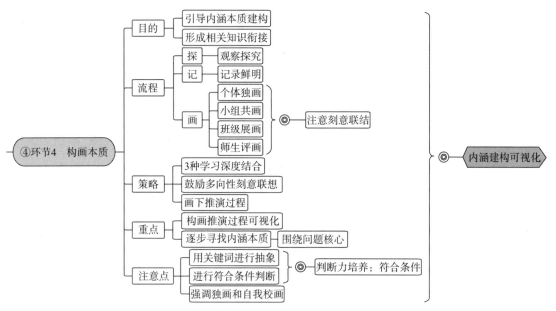

图8.5 中学思维可视化教学模式课堂操作"3段·8环"之环节4结构

对于上位知识的建构,要认真分析它们之间的相似、相近或相同要素,将它们圈画出来,进行分类、归纳,揭示它们之间的共性特征,完成知识内涵要素的抽象,进而引导完整、深入的建构;对于下位知识的建构,要注意分析它与大前提、小前提之间的关系,将知识本质从大前提、小前提到结论的传递过程完整地勾勒出来,进行完整的、自然的演绎;对于同位知识,则要寻找类比推理内在的相似性,将它突显出来,寻找知识的本质要素,提供知识建构的可靠性。这是本环节主要的任务,也是整个知识教学的核心。

(2)形成相关知识衔接

通过联想,还能促使刚建构的知识与其他知识有机联系起来,形成一种逻辑上的关联,使新建构的内容被整合入相关的体系里进行建构和观照,产生新的结构框架,同时可以让个体在一个较大的知识体系里把握新知识。

2. 流程

本环节流程分成3步:探、记、画。

(1)探:共性探测

通过探究探测现象,分析判断知识建构类型,发掘现象背后隐藏的本质特征。通过不断观察、探究、讨论,把建构逐步引向深入,直到发现知识的本质要素。

(2)记:及时记录

及时准确地记录所发现的现象及其背后的因果关联。个体能够有效地使用关键词进行记录,通过关键词进行初步的抽象,并有效地节省时间。

(3)画:勾勒本质

通过个体独画、小组共画、班级展画和师生评画最终发现现象背后的本质,揭示其内在的规定性关系,并完成知识内涵要素的抽象。

①个体独画:自主建构——自己与自己的对话。这是一种个体与本身、知识、经验的对

话。个体通过探究、记录并调动已有的知识和经验来进行推理判断,进行"同化"或"顺应",以取得新的图式平衡:要么将新现象纳入以往的知识或经验体系中(一般说来,下位知识便是如此),要么调整原有的知识和经验以产生新的意义联结,建构出新的意义(一般说来,上位知识或同位知识便是如此)。这种自主建构是概念生成最为关键、最重要的一环,但往往又最容易被传统的传授法所忽略。

所谓的个体独画,就是个体通过独立探究,分析所记录的现象,通过自然联想与刻意联想,用可视化手段尝试画出现象之间的联系,揭示其中的本质特征,并独立完成知识内涵要素抽象的过程。此过程强调的是个体建构的独立性,即独立观察、独立记录、独立联想,并独立勾画出不同现象中的共同特征,以培养个体独立思考、独立探究和尝试建构知识的能力。

自主建构是后续集体建构的基础,决定了集体思维对话的高下。没有自主建构,个体与个体、小组与小组、学生与教师的探讨都失去了前提,知识建构就会重新回到灌输的老路。因此,在教学中,教师要将它摆在首要的位置,真正实现教学理念的转化。

在个人独画完成时,教师要及时提醒学生进行"校画",提醒个体进行元认知确认,要求个体在得出结论后及时进行反思:逆着推理过程进行回溯,对每一个认知结果、每一个推理环节进行确认;判断每一结果是否正确无误,每一环节的衔接是否符合逻辑。这种元认知确认是个体思维最重要的品质之一,往往也是学生所缺乏的,需要教师有意进行引导。

教师应该留出充分的独画时间,让个体能够逐步进行知识建构并有足够的时间来回溯反思,以保障建构的独立性和正确性,即确保观点是个体独立提出,并在自己的知识体系中得到了正确性的合乎逻辑的确证。

在独画环节,个体不只是记录下建构的结果,而是要记录下建构的全程,包括每一建构环节的节点内容、建构依据、所使用的方法策略以及建构过程当中所闪现过的灵感和所遇到的困惑困难。这些内容都要在小组共画中得到再现。但这些内容往往被忽略,这是因为个体没有认识到只有通过这些内容才能真正还原知识建构的内部认知机制;也只有通过这些内容,个体的思维特质、学力水平、认知模式才会得以真正揭示。很显然,无论对于个体的学还是教师的教,这都是至关重要的。

在个体独画环节,自然联想和刻意联想都发挥着重要的作用。教师要同时强调此两种联想的作用,不能偏废。特别要注意的是,在某些时候,由于知识的本质联系不明显,个体往往更需要依靠刻意联想。

②小组共画:小组建构——个体与个体的对话。小组共画的本质是通过集体建构来进一步推动知识要素的认知与确定。在此环节,通过成员的个体展示,小组围绕核心问题展开讨论,达成共识,完成小组视域融合。这里强调不同视角的融合要涵盖每个成员。因此,展示与倾听是必备的要素。

其一,个体展示。小组成员逐一展示自己的观点,说明自己建构的过程内容、方法策略、成果灵感以及碰到的困难。其余成员安静倾听并做好记录,除了语义极不明处可以提问澄清,否则个体陈述不应被打断。

其二,询问确认。个体展示后,可进行意义询问,说明自己记录理解的观点,与展示者进行比对询问,确认是否正确理解展示者的观点。

其三,评价欣赏。其余的同学对该同学的成果展开积极性的客观评价。肯定成果里正确的部分,欣赏其建构过程所展示出来的优点——这一点无疑是重要的,因为这是可以被其余同学所吸收而成为集体思维的部分。在此过程中,个体容易产生惺惺相惜之感,唤起共鸣,较好地培养团队的凝聚力。

其四,质疑批判。对于与自己观点不同之处,小组要展开追问和质疑,直到不存在异议或达到最大共识。教师要强调,在此过程中,个体要注意保留自己的不同观点。实际上,这是一个质疑与反质疑的过程,质疑者提出自己的疑问要求陈述者回答;陈述者必须回答质疑者的问题,在回答过程中可以反问质疑者。这就形成了一来一往的质疑与反质疑的对抗。这是一种思维的碰撞,有利于思维往纵深发展,也有利于激发出新的观点,进而使思维变得更加深入和开阔,使对方对问题的理解更加深刻和清晰。

如果说评价欣赏环节是以肯定为主,用欣赏的态度,去发现优点、吸收优点和融合优点,那么,质疑批判环节则要求个体带着挑剔的目光,用质疑的方式来培养批判的精神,来进行认知辨别。这使得认知方向越来越明确,建构的内容越来越正确,形成的观点越来越精准,进而为知识内涵的确定打下基础。同时,这也培养了一分为二的辩证唯物主义态度。

小组共画的另外一个重要功能是对知识的前概念进行初步归因。小组讨论完善了个体学习机制,提高了全组的认知水平,也提高了对知识本质的领悟。这使得小组对前概念有了一定的警觉。教师要抓住机会,提醒小组对前概念做出初步归因。

因此,在小组共画中,不仅要追问画出了什么结果,更要追问个体是如何画出这个结果的?有何依据?碰到了什么困难?教师要特别引导小组对这种依据和困难的追问,及时提醒小组将依据建立在学科的知识上,将它与日常经验和日常常识做出明确的区分,以追溯前概念的由来,并解决由前概念要素引起的知识建构困难。

在小组共画环节,还要追问:有何策略?有何独特的方法?有何灵感?

教师要注重这两种能力的培养:个体思考过程中每一环节的生成内容、建构策略、思维特质、突发灵感和所遇困难的输出能力,并在此基础上完成元认知确认;小组对个体思考过程、环节内容、节点策略、优势灵感、疑惑困难的追问能力,并在此基础上进行社会建构。

这样,通过追问,个体所碰到的困难也可能得到解决,小组讨论变成了最佳的社会建构的场所,发挥着师带徒工作坊式的作用。

③班级展画:班级建构——群体与群体的对话。与小组建构一样,班级建构的本质也是社会建构,只不过在更大范围——全班范畴形成视域融合。一般说来,对于不是特别难的知识,通过班级建构,其内涵基本上可以得到确定。

操作方式与小组共画相似:各小组逐一上台展示成果,其余小组认真倾听,然后通过询问意义、评判与欣赏、质疑与批判进行班级视域融合。

本环节要充分保持独立性与协作性、个体性与集体性、欣赏性与批判性的辩证统一,不但需要"求同"以确认概念的本质特征,更需要"求异"以拓展思维和灵感,提升整个班级的思维发展水平。

④师生评画:师生建构——专家与初学者的对话。在形成班级共识之后,教师要进行点拨与总结提升,发挥比学生高明之处,让全班能够更加准确地理解知识的本质特征,为后续的准确界定知识内涵和外延打下基础。在本环节,教师要引导班级围绕知识内涵要素建构展开评价,指出各个小组建构的得失长短,进一步进行分析比较、抽象归纳和总结提升,

既为知识的本质内涵的确定做好准备,也进一步提高了自己的学习水平。

很显然,无论是小组共画、班级展画,还是师生评画都包含着出声思考的因素。教师要鼓励学生踊跃发言,不要害怕犯错误,要把能够想到的都勇敢地表达出来,尽量展示自己的建构内容、认知策略和思维特性。这样,不仅能够使建构过程得到更充分的展示,使每个人的思维得到充分的交流,也使得每个人的有效经验、知识水平、认知风格和思维个性都得到充分的揭示。这对思维的激发、互动、交融和发展发挥了积极的推动作用,也能够快速发现个体的认知特长、学习风格和存在问题,为个性化的学习提供有效的依据。

3. 策略

本环节使用 3 种策略:一是 3 种学习深度结合策略;二是鼓励多向性刻意联想策略;三是画下推演过程策略。

(1)3 种学习深度结合策略

运用个体发现、班级建构和教师点拨这 3 种学习深度结合的策略来完成知识的建构,推动学生主体性得到充分的发挥,在学习中,"既表现为学习意向上的自觉性和主动性,又表现为学习过程中的接受、探索、训练、创新等具体行为"(裴娣娜,2015)。其中,个体发现属于自主学习,培养了个体的独立思考意识和独立思考能力,发展了个体思维的独立性、深刻性和独特性,直接决定了个体在社会学习(与他人讨论、小组讨论甚至接受老师传授)中的质量,是整个建构的基础与灵魂。

班级建构包含小组内建构、小组间建构,是一种社会学习,通过倾听询问、评价鉴赏、质疑与批判,激发思维碰撞来打开视野形成更大范畴的视域融合。在社会建构中进一步培养了思维的正确性、发散性、融合性和批判性,个体的知识与思维在更高的质地上发展。在此过程中,个体的认知得到进一步的校正,视域得以拓展与深入。同时,思维的碰撞与融合使个体有更宏观的视角,出现了框架性思维,为思维的系统化打下基础。

教师点拨则是一种"接受—发现"式教学。建构学习并非简单地一味排斥教师的传授。相反,在这里,教师投入和学生投入共同决定了课堂的学习品质(吴刚平,2023),甚至在引导、过渡、点拨和小结阶段,教师的传授起着画龙点睛的作用,推动个体产生新的发现,突破刚形成的班级最近发展区,及时提升。教师的传授发挥着临门一脚、命中靶心的作用。

(2)鼓励多向性刻意联想策略

鼓励个体在自主学习和集体建构时使用刻意联想的方法,有意识地将所看到的现象和所探究到的证据整合到已学的知识中,进一步进行推演。实际上,这是一种理论思维方式,也是一种专业的思维方式,保障个体的概念建构沿着学科的方向推进。这样,将新的现象、新的证据纳入学科逻辑和学科知识框中,通过学科思想、学科方法进行探究,来梳理关系,发现内在因果关系,保障了知识建构的学科性、逻辑性和正确性。

同时通过刻意联想,可以打破思维定势和经验定势,发现一些常规思维或常态联想所无法获取的联系,产生新的意义,进而促进灵感和新知识的产生。

(3)画下推演过程策略

通过归纳、演绎或类比把握知识的共同本质是进行严格定义的基础。此过程是否充分严密,是否符合逻辑,直接关系到知识内涵的概括提取是否准确。因此,画下此建构过程,展现归纳、演绎或类比的过程是概念知识的核心环节。

4. 重点

本环节有 2 个重点：一是构画推演过程可视化；二是逐步寻找内涵本质。

（1）构画推演过程可视化

根据知识的特点，知识可分为上位知识、下位知识和同位知识，分别用归纳推理、演绎推理和类比推理进行建构，用可视化手段展示出来。

①上位知识：归纳过程可视化。对于上位知识，要使用归纳推理。要获取充足的与下位知识相关的不同感性材料，进行分析和比对，找出相近、相似或相同的特点并用可视化手段加以呈现，直至归纳出本质的特征。教师要让个体经历这一完整的从具体现象到要素提取的抽象过程。

②下位知识：演绎过程可视化。对于下位知识要使用演绎推理。从直接的上位知识，通过三段论来揭示新知识的产生机制。也就是使用从大前提、小前提和结论的模式来揭示新知识的建构过程。在此过程中，教师要特别强调需要完整勾画出三段论的整个推理过程，对其共同的知识内涵要素进行凸显。

③同位知识：类比过程可视化。有些知识还可以从同位知识入手进行建构。这时，必须用到类比推理。画下此类比过程，就画下了知识建构的过程。要指出的是，类比推理是一种从特殊到特殊的推理，类比对象之间不具备因果的关联性。为了提高知识建构的可靠性，必须寻找两者内部结构的相似性（而非表面的相似性），由此进行类比。这一点必须让学生充分认识到。

（2）逐步寻找内涵本质

在此过程中，目的是通过可视化手段的凸显让不同情境中知识的本质（共同要素、相似要素、内在规定）逐渐暴露出来，并形成自然的联系。这个抽象过程是知识建构的关键，需要较强的抽象思维能力，而这却又是中学生特别是初中生较少具备的。围绕着问题，运用可视化手段可建立起有效的建构支架，降低对抽象思维能力的要求。

话题　刻意联想

这里的刻意联想不仅是一种策略而且是一种行为模式，让个体有意识地将所观测到的现象与能够回想出来的相关知识进行比对匹配，将其纳入相关的知识体系中，以获取一种知识框架性的认知指引。也就是力求个体的联想能够沿着已有的知识脉络生发。

刻意联想还强调个体经验的作用。刻意联想首先要刻意联系学科知识，但这并不意味着要排除已有的经验。相反，个体必须足够重视经验。一方面，当所探测的现象与以往的知识没有联系时，经验便起着重要的指导作用，发挥着同化或顺应的功能。另一方面，也应该看到，在学习的过程中知识和经验不可避免地交融在一起。已学的知识会对个体的经验进行校正调整形成新的策略性认知指向——也就是形成新的经验。这种在知识统摄下的经验，解决问题时既具有直接性又具有学科逻辑性，显得弥足珍贵。

---

5. 注意点

本环节有 3 个注意点。

（1）用关键词进行抽象

可视化凸显方式只是手段，目的是降低建构难度，形成指向性。因此，在可视化表达方式与知识形成之间必须要有良好的衔接。这意味可视要素的选择尤为重要。正如前面所述,在这里,我们提倡的方式是用"关键词+字符":使用抽象词语加上必要的视觉符号来表达,而不画成诸如实物图、形象图等这样具体的图画。这样做的好处是,关键词本身完成了初步抽象,使不同的要素能够从具体的感性材料中分离出来,为后续的要素分类归纳做了先行者的工作。同时,还节省了时间。

(2)进行符合条件判断

在刻意联想时,要运用理论思维,需要进行符合条件判断。提醒个体只有当满足知识成立条件时,知识应用才会是正确无误的。因此,在推理时要特别注意进行"条件"符合判断。

本环节特别要强调的是现象本质的可视化。所选用的现象尽量能对感官形成冲击力,这不仅能提高感性认识,而且能促成自然联系,将本质要素有效提取出来,缩短探索的时间。

(3)强调独画和自我校画

对本质的发掘与掌握是知识建构的核心,只有充分发挥独立思考能力,靠自己去发现、去归纳、去确证,才能把握知识的真正内涵。

三、环节5　共画定义·结果生成可视化

这是知识建构的核心环节,通过可视化的手段对知识的内涵和外延进行界定,形成标准意义的知识。

(一)结构图解

中学思维可视化教学模式课堂操作"3 段·8 环"之环节 5 结构如图 8.6 所示。

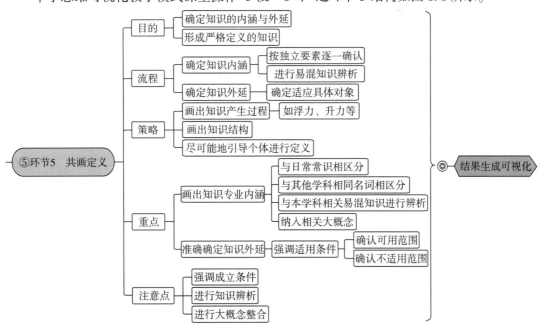

图 8.6　中学思维可视化教学模式课堂操作"3 段·8 环"之环节 5 结构

（二）结构说明

1. 目的

（1）确定知识的内涵与外延

确定知识的内涵与外延就是把握知识的本质要素。认真梳理知识各要素之间的关系，准确界定概念的内涵和外延。

（2）形成严格定义的知识

根据学科方法、学科的规定性来定义新建构知识，使用学科语言规范表达，形成标准的学科知识定义。

2. 流程

（1）确定知识内涵

确定知识内涵分成两步：一是对知识要素逐一进行确认。不断追问：是不是知识的本质特征？是不是独立要素？是否与其他的知识要素没有交叉？厘清独立的本质要素，再一一加以确认。二是进行辨析。将与所要定义的知识相近的容易混淆的知识进行辨析，分析各自内涵的相同点与不同点，使两者能够明确区分。

（2）确定知识外延

确定知识外延，即明确地确定知识成立的条件，确认其所适用的范围。知识的外延是满足知识所有对象的集合。实际上，知识的外延按照知识成立的条件将对象明确区分成两大类：要么满足，要么不满足。

在确定知识内涵和外延时，要不断引导个体回顾最初的独画思维过程，与个体刚开始的认知联系起来，进行判断分析，去发现个体建构合理的要素，去不断追问个体可能存在的前概念。同时，还要努力去发掘个人的独特语言和思维个性。在此阶段，还要特别强调多种思维模式的应用，特别是那些需要经历多次的判断、分析和综合的知识建构。

要特别指出的是，学科的学术规范往往是从学科知识界定开始的。不同的学科对同一现象有不同的表达方式，使用不同的学术名词、学科符号和表达样式。相同的名词在不同的学科里也可能有着不同的含义。因此，在跨学科应用时要清楚分辨出同一名词的确切的学科含义。

以物理学中最著名的力的定义来说，所涉及的名词与日常生活及其他学科有着巨大的不同。

在物理学中，力的定义是这样的：力是物体对物体的作用。在这个定义里，所涉及的"力"、"物体"和"作用"跟日常生活语言体系里或其他学科体系里便有着巨大的不同。物理学的力与常说的气力、体力、影响力、魅力、智力、力量、活力等都有本质的不同。以上所列举的各种"力"，要么属于生活交流范畴（气力、力量），要么属于文学范畴（魅力），要么属于心理学范畴（影响力、智力），要么属于体育范畴（体力），要么属于生物学范畴（活力），但由于没有涉及"物体对物体的作用"这一本质的规定性，因此都不属于物理学科所定义的力。

同样，在力概念里所涉及"物体"的含义，与日常生活的"物体"和其他学科里所谓的"物体"，也有着本质的区别。在物理学里的"物体"，泛指一切实体，包含人、生物和非生物，而日常生活里的"物体"则不包含人、动植物和微生物。日常生活里，把人称作物体是一个蔑称。同样地，在日常生活中将一头猪、一棵树或一个细菌称作"物体"，也总让人摸不着头脑。

在物理学里"作用"是指"吸引、排斥、挤压、摩擦、爆炸"等一些特殊的表现样态。这与日常生活所说的"他说的话能起作用",医学里所说的"这药有副作用",生物学里所说的"植物能进行光合作用",心理学里所说的"这物体对他有心理暗示作用"里的"作用"有着本质的不同。由于不具备物理学科特定的规定性,后几个同样不属于物理学"作用"范畴。因此,教师在引导个体进行概念定义时要进行用语、符号等规范性的教育。

话题　专业术语的规范性

划分出不同学科之间的界限是学科专业的表现。不同的学科不仅有不同的研究对象、研究方法,而且有着不同的学术体系和学术规范。通常用一套自成体系的语言、文字、符号来体现这种界限。虽然学科在不断发展,但一旦约定俗成,这些学术名词、符号就少有改变,具备较强的学科的规范性。实际上,这已成为学科文化重要的组成部分。因此,在教学中,特别是在进行知识定义之后,教师要特别关注学术规范的教育,帮助个体树立起学科的学术规范。这不仅是一种学科素养的培育,让孩子能够使用学科规范交流或解决问题,同时还能够使他们清晰区分同一术语或符号在日常生活与学科之间、学科与学科之间的差别。

---

3. 策略

(1)画出知识产生过程

本环节重在引导知识的界定过程。

上位知识的建构,要让个体先归纳再定义,使学生获取普遍意义的理解。个体只有经过一个先归纳再定义的过程才能够将内涵要素从有限的事例推到普遍的意义,进而获取本质性的视域。

下位知识的建构,要让个体画出三段论的完整推理过程,经历从上位知识通过演绎推理确切获取下位知识的过程。

而同位知识的建构,为了提高类比的因果说服力,个体对类比事物内部结构的相似性的发掘突显便极为重要。

(2)画出知识结构

画出知识结构能使个体对知识有清晰的理解。将知识的内涵要素逐一画出,并用合适的图形表达,以形成一体化的结构图。这样,让个体对知识有完整直观的把握,便于个体从整体上理解知识的本质。

画出知识结构是不可忽略的一环,因为在此过程中个体既对知识进行结构化认知,又对知识进行个性化整合。从认知心理学的角度来看,这是一种精加工,能有效帮助知识进入个体的长期记忆。

(3)尽可能地引导个体进行定义

个体要完成对知识的自我定义,必须满足几个条件。首先,个体对知识要素建构和关系确认是正确的;其次,个体具备定义知识的逻辑素养,不会违反同一律、排中律和矛盾律;最后,个体具有较强的抽象表达能力。可见,个体对概念进行自我定义是一个学习理解、元认知确认、逻辑判断和准确表达的复杂心理运作过程。因此,对此教师要进行专题培训。

受限于知识及词汇,提倡中学生用自己的语言进行界定,即要求学生用他们自己的语言来描述一个术语或者一个概念,而不是一字不差地重复书本上或字典上的定义(荷烈治,2011)。教师可以通过追问的方式来确认个体对知识内涵的理解是否精确,而不要过分关注文字表达的精准和规范。教师要努力探究个体语言表达背后所潜藏的对新知识的理解力,由此来破除前概念或者发展个体的思维特长。在确认个体已经理解知识内涵之后,教师再通过层层递进的提问方式,引导个体用已学过的专业名词进行专业、严谨、规范定义。这样,就能有效促使个体用学科的视野、思想方法和知识来统摄日常思维和日常经验,进而逐步建立起学科的观念。

4. 重点

本环节有 2 个重点。

(1)画出知识专业内涵

本环节的一个重点是画出知识专业内涵。这必须完成以下 4 部分的工作:首先,要将学科知识与日常的经验常识做明确的区分;其次,要将学科知识与其他学科相同名词的概念做明确的区分;再次,还必须在本学科内将相近的或容易混淆的知识进行明确的区分;最后,必须将所学知识纳入相关的知识系统以形成统一的更大的知识体系。

(2)准确确定知识外延

本环节的另一重点是确定概念的外延。从逻辑学上来说,确定知识的外延便是确定知识成立的条件。失去了此条件,知识也就成为错误的认知。在这里,容易出现的问题是,教师往往只关注知识的内涵而不关注知识的外延。特别是初中阶段,由于接触的都是典型的良结构情境——这些情境总是满足概念的前提,因此教师很少引导个体对概念的外延进行必要的确认。这使得教师自己都无法认识确认知识外延的重要性。

例 规律外延确定:$v=s/t$。

如 $v=s/t$,其适用的对象只能是做匀速直线运动的物体。由于初中很少涉及变速运动,因此在教学中,教师容易忽略这个前提。导致的结果是,一求速度,孩子就直接套用公式,而不去判断物体是否做匀速运动。这样,就将一个理解性的判断变成了机械性的记忆操作。

例 概念外延确定:惯性。

又如惯性这个概念,惯性是一切物体固有的属性。其外延是所有的物体,只要质量不为零,惯性便不为零。但在教学中,教师常常没有特别凸显"一切物体"这个外延,便会造成一些个体认为:静止的物体没有质量。因此,在确认知识外延的环节中要让小组充分讨论,鼓励个体展开讨论、辩论甚至争论,将他们认为是符合条件或不符合条件的对象都列举出来,让他们既把握了知识的可用范围,又把握了知识的不适用范围,这样才能较准确地确定知识的外延。

> **辨析 规律外延确定:$v=s/t$**
> 外延:做匀速直线运动的物体。
> 适用范围:做匀速直线运动的物体。
> 不适用范围:做非匀速直线运动的物体,包括做变速直线运动或做匀速曲线运动的物体。

> **辨析 概念的外延辨析:惯性**
> 外延:一切物体(质量不为 0)。
> 适用范围:一切物体(质量不为 0),包括运动的物体及静止的物体(质量不为 0)。
> 判断正误:
> 静止的物体没有惯性。
> 运动快的物体惯性大。

5. 注意点

（1）强调成立条件

要特别强调知识的成立条件,以克服前概念。一般说来,前概念是由经验产生的。人们总是受到经验的影响,要破除经验定势,只有深刻把握知识的成立条件,并在知识应用时刻意进行条件匹配判断。

例 前概念突破:速度越大惯性越大。

惯性的大小只与质量有关,质量越大,惯性越大。在教学时,就需要特别强调这一关系,要求个体按照质量的大小来衡量惯性的大小。教师需要将物体分成质量大和质量小两大类来进行突破,以强化这个观念。同时,还需要将物体分成运动与静止两种状态,再来判断其惯性是否不同。这样,才能突破"运动越快,惯性越大"这一前概念。

> **概念辨析:惯性大小与什么有关**
>
> 判断正误:
>
> ①一切物体都具有惯性。
>
> ②静止的物体没有惯性。
>
> ③质量大的物体惯性大。
>
> ④物体运动越快,惯性越大。
>
> ⑤汽车慢慢停下,惯性逐渐减小。
>
> ⑥同一物体无论速度大小,其惯性保持一致。
>
> ⑦喷水车边加速前进边喷水,惯性越来越小。

但在教学中,教师往往没有特别强调"惯性的大小只与质量有关"这一前提,也没有特别强调"质量越大,惯性越大"这一特性,更没有把惯性按照物体质量大小来分类突破,没有将同一物体分成运动与静止两个状态对惯性加以辨析,而往往只停留在按运动快慢来进行惯性比对的层面上。在"速度越大的物体越难停下"这一顽固经验的作用下,个体就难以突破"运动越快,惯性越大"这一错误前概念。

（2）进行知识辨析

要注意知识的辨析。准确将新知识与相关的学科知识、日常知识及其他学科的知识明确进行区分,特别要注意与日常相似的常识及与本学科相似的知识进行明确区分。

（3）进行大概念整合

要防止知识的碎片化,要尽可能地引导个体将新学的知识纳入已有的知识体系中。要努力地将它与核心概念发生关联,在核心概念的关照下梳理与其他知识之间的关系,使新知识不至于成为一个孤立的点,以促进知识的结构化,帮助自己进一步内化和记忆。

四、环节 6 练画测评 · 目标评测可视化

通过练习,初步应用所学的知识解决问题,来诊断个体对知识的掌握情况,并通过评价及时进行反馈纠偏,促使个体掌握知识。

（一）结构图解

中学思维可视化教学模式课堂操作"3 段 · 8 环"之环节 6 结构如图 8.7 所示。

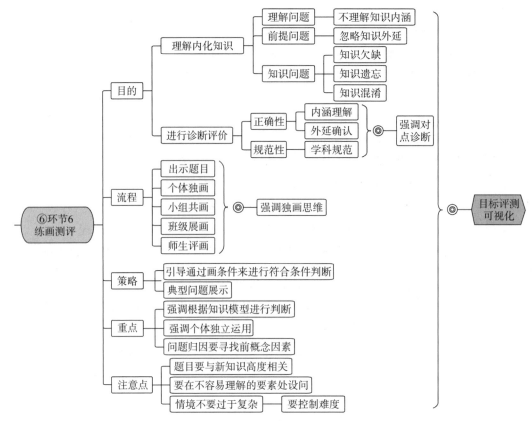

图8.7　中学思维可视化教学模式课堂操作"3段·8环"之环节6结构

（二）结构说明

1. 目的

（1）理解内化知识

练习能让个体在真实的情境中通过应用刚学的知识解决相关问题,来诊断个体的掌握情况,同时为个体及时提供反馈,以纠正理解上的错误,促进对知识的正确理解与进一步内化。

个体在理解知识时往往会出现3个问题:

①理解问题。不能理解知识的内涵或错误理解知识的内涵,即不能理解知识学科内在的规定性,对知识的理解存在本质性的错误。

②前提问题。不关注或忽略了知识成立的条件,不明了知识的适用范围,没有精确把握知识的外延。

③基础问题。所谓基础问题,就是个体对知识的理解是正确的——能够准确理解知识的内涵,也能掌握概念的外延,但是缺乏新知识所需的知识基础,即没有掌握相关的基础知识。

因此,通过练画测评来发现问题,这是知识学习不可或缺的一环。

（2）进行诊断评价

进行评价,评估个体对新知识的掌握程度,并针对易错、易混、易忘的知识进行及时纠正。本环节既要全面检验个体的学习水平,也要针对孩子知识学习建构中容易出现的问题设置诊断内容和矫正策略。不同的孩子在知识建构理解时会出现不同的错误,需要针对这些错误设置对应的诊断内容和矫正策略。

一般说来,在本环节中教师要精心设置问题,对学生的学习情况进行全面评估:对学生是否全面熟练掌握知识的内涵与外延,对学生是否掌握知识的学科规范,对学生不易理解的、容易犯错的、容易混淆的、容易忘记的知识进行一一对应诊断。

教师可以针对知识的内涵要素逐一展开评价与诊断。知识的内涵要素总是有限的,根据知识的内涵要素进行对点的配套性诊断不失为一种行之有效的策略。在这里,教师可以根据课程标准、课堂学习情况和学习基础来调整评价的内容、层次和方式。

①正确性。

通过问题解决判断个体是否正确掌握了知识,即对知识的内涵的理解是否准确? 对知识的外延的确认是否明确? 已经和前概念、本学科及其他学科容易混淆的知识进行明确的区分?

②规范性。

通过问题解决判断个体对知识的描述是否符合学科规范:包含文字表达规范及符号表达规范。如不仅要精确到每个单字的书写——如惯性的“惯”不能写成贯彻的“贯”,还要精确到符号的体例——比如字母大小写及正体斜体的使用等。对于规范性的检测可以用口头报告的方式,这样既可以节省时间,又能够引起全班的关注,取到全局的效果。

例 规范性:力学符号写法。

在力学中,力的符号用 F(新罗马体,大写字母,斜体)表示,摩擦力用 f(新罗马体,小写字母,斜体)表示,重力用 G(新罗马体,大写字母,斜体)表示,而力的单位用 N 表示(新罗马体,大写字母,正体),体现了物理学科的学术规范性。

> **辨析** 专业术语的规范性:力学某些符号
>
> 力:F(新罗马体,大写,斜体)
>
> 重力:G(新罗马体,大写字母,斜体)
>
> 摩擦力:f(新罗马体,小写字母,斜体)
>
> 力的单位:N(新罗马体,大写字母,正体)

教师特别要注意的是,知识的掌握需要一个过程,需要不断深入发展。因此,在制定评价诊断标准时一定要从初学者的角度出发,以基础为主,诊断出大部分学生的知识掌握情况,同时保持适当的开放程度,兼顾那些学有余力及基础稍弱的个体。

2. 流程

本环节流程可分为出示题目、个体独画、小组共画、班级展画、师生评画 5 个环节。

(1)出示题目

教师将题目以 PPT 形式展示,或以练习、导学案的方式发放给学生。练习与导学案也可以在课前发放。

(2)个体独画

个体独画是本环节中最重要的部分,要求个体应用学过的知识独立解决实际问题。这也是个体学习新知识后第一次独立面对问题,对培养孩子的独立思考意识、独立解决问题能力作用重大。

教师要强调个体解决问题的独立性,要强调对个体解决问题方案的确认。也就是说,要求个体不但要独立去解决问题,而且还要独立完成元认知的确认——对于个体的独立思考能力的培养,此两者同等重要。教师要特别鼓励个体独立思考和元认知确认的行为,并对不独立解决问题或没有经过元认知确认就急着与人交流的行为提出委婉批评。在这里,同样重要的是,教师还要特别强调,个体在解决问题时一定要从所学的知识入手,从实际的情境出发,判断所给出的条件中是否与知识的前提相匹配,以培养个体真正使用知识解决问题的基本素养。

(3)小组共画

个体"自我校画"后,小组要进行学习成果交流,主要围绕知识的内涵及成立条件与情境匹配展开判断讨论。个体要充分说明两者是否匹配的理由。这是对个体是否准确把握知识的第一次把关。教师还要提醒小组,在此环节中,要有意识地通过知识成立条件的确立来再次完成对前概念的突破。

通过知识的感知,通过"构画本质和共画定义"这两个环节,正常个体往往能够比较准确地掌握知识的内涵和外延,较好掌握知识成立的条件。因此,小组有足够的力量来展开这种匹配性讨论,也有足够的力量来纠正一些常见的前概念。在这里,教师的重点同样要放在提醒对知识成立前提的确认上,让学生能够正确应用知识解决问题。

(4)班级展画

班级展画的主要任务是发现并解决小组无法解决的问题,往往针对的是顽固的群体前概念和难以理解、容易混淆的要素。教师可以将这些集体盲区投射出来,引发全班讨论,区分前概念与知识,进一步强调知识成立的前提,再次确定知识的内涵和外延,帮助个体深入理解知识。

(5)师生评画

教师引导班级突破了顽固的群体前概念之后,要站在学科知识的高度,对知识与经验、常识进一步进行辨别区分、总结和提升,帮助个体进一步把握知识内涵。在此环节,教师要特别强调正确运用知识进行判断推理,也就是要紧扣知识的内涵,将知识内涵与情境形成一一对应的匹配关系来展开判断,以保障其正确性。同时,要密切探究班级共性问题的出现原因,通过不断追问解决问题,深刻突破前概念。

3. 策略

(1)引导通过画条件来进行符合条件判断

将知识的内涵要素和已知的情境要素都描画下来,看两者是否形成一一对应的匹配关系。

(2)典型问题展示

在小组共画、班级展画和师生评画环节,教师要引导学生发现并突出典型的共性问题,再加以突破。

4. 重点

(1)强调根据知识模型进行判断

即从知识本身而非从经验入手来解决问题,强调根据知识的成立前提加以判断,让个体掌握知识模型正确的应用方法。

（2）强调个体独立运用

教师要求个体独立运用知识,特别是独立完成知识与情境的对应匹配。因此,在环节要给予充分的时间。由于个人的学习能力不同、基础不一,在独画环节应该保持足够多的难度层次,促使每个层次的个体都得到充分的发展。换句话说,在这里可以通过"设定相同时间、不同目标"的方式来完成课堂的分层教学,实现因材施教,获取课堂效益最大化。

（3）问题归因要寻找前概念因素

引导个体进行问题归因,由此来寻找个体知识掌握的主要不足(年龄特征、认知性不足、抽象能力不足)或前概念的来源。

5. 注意点

（1）题目要与新知识高度相关

只有进行一一匹配的检测,诊断才会是精确的。因此,在练画纠偏环节中,诊断要细化到知识的每一独立要素。如果每个要素还可以分解成更小的知识微元切片,则要将诊断推进到最小的知识微元切片,直到不可继续。

例 知识要素分解。

初中物理上对压力的定义是垂直于接触面指向物体的力。我们可以将其分成两个独立要素:垂直物体表面,指向物体。而"垂直物体表面"这个要素又可以分解成两个知识切片:垂直、物体表面。因此在练习时,要有"找物体表面""画垂直"这两个独立的诊断内容。调查表明,教师基本上没有进行这两个独立诊断——因为这看起来是如此简单。而实际上,这种看法是错误的,因为在比较复杂情况下,知识切片成了重要的切入口。诸如流体压强中,个体往往没有意识去设置虚拟表面来确定压力,而形成学习的障碍,其原因就是没有建立起从"物体表面"寻找压力的观念,造成了物体表面与压力的失联。

（2）要在不容易理解的要素处设问

有些知识要素缺少必要的经验,个体不容易理解。因此,本环节要特别对这些要素侧重进行诊断。

（3）情境不要过于复杂

情境不要过于复杂,本环节的目的是检验新知识是否得到全班的正确理解,并促成较为熟练的记忆。因此,所提供的诊断情境要面对全体,以基本的、典型的情境为主,不要过于复杂,难度宜小不宜大,否则不利于教学。

这里还要指出的是,此环节与探画问题、构画本质和共画定义里的小组活动基本一致,所不同的地方是各自的侧重点不一。

相同之处在于,操作流程方式基本一致,都是由教师开始发动布置,通过个体独画、小组共画和班级展画、师生评画。不同之处在于,侧重点不一。本环节是知识的最初应用阶段,要通过简单的应用来诊断知识的掌握程度。因此,本环节特别侧重于强调使用新的知识来解决问题,也就是特别强调将知识的内涵要素与所提供的情境条件形成一一对应来进行匹配性判断。实际上,这是完成从生活的经验认知向学科的专业理解飞跃的最重要的一步,是应用知识解决实际问题的最基本模式,也是培养个体学科独立思考能力和元认知的有效手段。通过此手段,个体能够更好地促进知识的迁移并推动创造性的产生。因此,这是个体专业知识产生、专业观念形成、专业方法确认和专业创造性产生的起点。因此,无论是在本环节的哪一步骤,教师都要提醒个体:是否按照知识的成立前提展开,是否与知识的要素形成完全匹配,是否完全理解了这种匹配——以帮助个体建立起专业的思维方式和判断方法。

第三节　阶段3　知识应用创新阶段:环节7→环节8

一、环节7　再画应用·知识运用可视化

进行知识评测纠偏后,教师可通过再画应用来促进知识的迁移。实际上,本环节还承担课堂的终结性评价的功能,通过个体的知识应用能力来检验全班对新建构知识的掌握水平。

(一)结构图解

中学思维可视化教育模式课堂操作"3段·8环"之环节结构如图8.8所示。

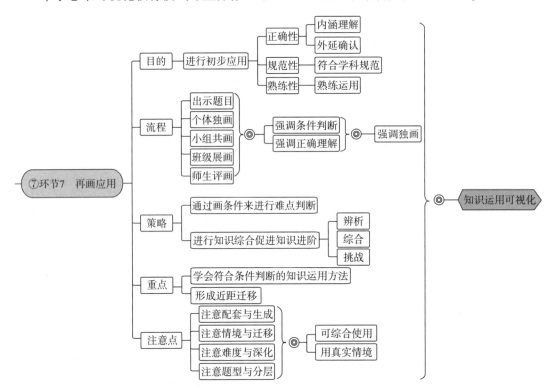

图8.8　中学思维可视化教育模式课堂操作"3段·8环"之环节7结构

（二）结构说明

1. 目的

本环节的目的是初步运用知识解决问题,并以此来对个体的学习水平进行终结性评价。同样可以用正确性、规范性与熟练性这 3 个指标来衡量。

（1）正确性

正确性主要表现在能够在相对复杂的情境正确应用知识解决问题,包括在相对复杂的情境下理解知识的内涵与外延,对情境进行挖掘与解读,并根据知识的前提做出符合条件判断。

（2）规范性

这里的规范性是一种应用的规范性,诸如运用学术专业术语解读情境、进行沟通交流和解决问题。

（3）熟练性

这里的熟练性主要是相对前面的环节而言。相对前一两个环节,个体对知识的内涵与外延更为熟悉,解决的问题要更为复杂,速度也应相对更快。

2. 流程

此环节的流程与练画测评环节的相同:同样经过出示题目、个体独画、小组共画、班级展画及师生评画 5 个步骤。在此环节中,依然要强调个体独画,同时小组共画也不能忽略,而班级展画和师生评画可以合为一。

在本环节中,个体独画要具备这样一个作用:既是对知识理解的进一步检验,又是对知识应用的进一步检验。本环节与前面的各环节配套起来,可使个体完整经历从现象观察、本质揭示、知识内涵定义、知识偏差矫正直至应用知识解决问题的建构全程。在这个完整的过程中,个体深刻地领悟到:什么是学习,如何进行学习,如何检验学习成效,如何正确运用学到的知识解决问题,进而使个体的学习力真正得到锻炼。

本环节中,小组共画也不能忽略。因为小组共画可以便捷地解决两个问题:一是可以通过意义协商在小范围内完成知识修正;二是获取应用知识解决问题的多种方案(不同的人解决方案可能不同)。对于个体来说,这是一个最简易的验证,也是最有效的思维拓展。

经过了多个环节,大部分的问题都得到解决,个体对新知识的掌握越来越深入,思维也相对开阔活跃,所以,有时"班级展画"和"师生评画"可以整合起来。教师可以展示新出现的典型错误或共性问题——特别是那些容易反复的前概念,引导全班同学进行评价和归因,以加深对知识的理解,进一步突破前概念。此时,教师的目标要十分集中明确,最好通过层层逼近的追问展开探寻。由于前概念的顽固性,在此过程中,教师要不断地强调从知识的内涵出发,紧扣知识的成立条件,展开判断,有效克服错误经验带来的不良影响。

3. 策略

（1）通过画条件来进行难点判断

将问题情境中的已知条件进行分解并逐一圈定划出,写下知识成立的条件。将两者进行比对,看是否完全匹配。这里要注意的是,对于不确定的或比较复杂的情境,要更细致地进行画条件匹配。

（2）进行知识综合促进知识进阶

将知识与相关的本学科易混淆的知识进行辨析，找出容易混淆干扰之处，进一步理解各自的内涵；将相关的知识整合起来成为较大的知识结构，使其在前后贯串的逻辑体系中得以定位确认和进一步理解内化；在此基础上，努力进行远程知识综合，帮助个体建立起更为宏观的学科观念。

4. 重点

（1）学会符合条件判断的知识运用方法

本环节还担负着知识纠偏后再评测的任务。实际上，是通过对知识应用能力的评判来甄别其掌握程度，属于"从学科走向社会"这一阶段。因此，本环节的重点是学会正确应用知识解决问题（根据知识成立的前提来应用知识）。教师要反复不断提醒、引导推动个体掌握这种解决问题的方式。

（2）形成近距迁移

本环节的另外一个重点是通过一定的整合形成知识、能力和习惯上的迁移。其中，知识迁移是整合相关知识形成较大的知识体系；能力迁移是指能够根据知识建构的学习模式来处理其他的问题；而习惯迁移则包含独立学习、独立解决问题和有意使用专业知识解决问题的意识和习惯。

5. 注意点

（1）注意配套与生成

本环节作为知识的首次应用阶段，在知识学习与实际问题解决中起着重要的过渡作用，担负着促进个体"转识成智"的教学功能。因此，所设置的题目具有特定的要求。

①配套性：内容与课程目标配套。所设置的题目应与所学的知识和学业要求层次紧密配套（不要随意拔高或降低）。由于受到各方面因素的影响（特别是由于时间的限制），这一环节往往较为仓促。这就对设置的内容和方式提出更高的要求，如既要有基础性的、规范性的内容，也要有迁移性、拔高性和前概念性的内容。对前者可以用口头报告的方式以点带面进行，而对于后者必须以书面的方式进行。

②生成性：根据实际情况调整。再有经验的教师也无法穷尽学生知识建构的各种可能，再庞大的数据库也无法预先精确描述学生知识的掌握程度。知识的建构和掌握具有生成的现场意义——知识的建构在当下，知识的形成在当下，知识的掌握在当下，所产生的错误、所理解的偏差、所无法克服的盲点也都发生在当下。因此，教师要立足于当下，努力在当下发现有价值的要素，对预设的内容做出相应的调整。

（2）注意情境与迁移

在本环节中，教师可以在保持难度不变的条件下改变问题情境，让个体在不同的情境中使用知识解决问题，促进迁移能力的发生。这样做的好处是，能将个体从熟悉的环境里抽出，经受新环境的考验，逼迫个体将新环境与刚学会的知识发生关联。这会强化知识的应用能力，形成一种不断回归前提条件的思维方式，让个体不至于陷入思维定势，有效促进远距迁移的发生。值得关注的是，新情境本身就增加了分析容量，因此难度不宜再拔高。

（3）注意难度与深化

教师还可以在不改变情境的条件下适当增加难度，以提高个体解决具有挑战性问题的能力。这样做的好处是,可以通过层层设问促使个体由浅及深解读情境,将情境读透。这样,可以提高个体解读情境的能力。我们知道,一个真实复杂的情境不是那么纯粹单一,而是具有广阔的统摄性,可能包含众多的知识要素、思维要素和思想方法要素。对同一个情境,由此到彼,由易到难,从不同角度、不同层次提出问题检测个体,对逐步提高个体应用知识解决问题的能力的严谨性和深刻性无疑具有巨大的价值。

(4)注意题型与分层

本环节也可以通过改变题型的方式来促进知识应用。不同的题型有着不同功能,教师可以通过选择题和填空题来快速检测对知识内涵要素的掌握程度;教师可以通过解答题、论述题、探究题等来检验知识的应用水平。

经过一个新知识的学习,个体之间的差距既被缩短又被拉开。知识基本要素的掌握,不同个体基本保持一致,这是差距被缩短的表现;但知识的理解与运用水平,不同的个体不会相同,这是差距被拉开的表现。这种既被缩短又被拉开的辩证统一正是因材施教应有的结果。

因此在题型设置时,教师要考虑到这种辩证的统一:既要设置足够多的基础题,以保障整体水平,还要留出足够的难度空间,让不同的个体都得到应有的发展。

二、环节8 创画迁移·迁移创新可视化

(一)结构图解

中学思维可视化教学模式课堂操作"3 段·8 环"之环节 8 结构如图 8.9 所示。

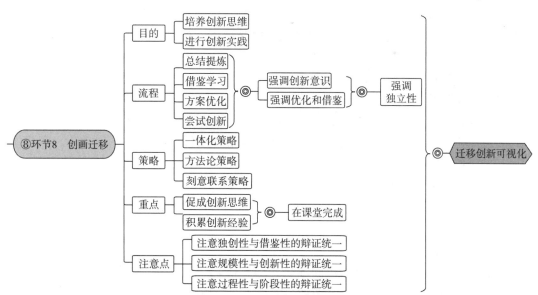

图 8.9 中学思维可视化教学模式课堂操作"3 段·8 环"之环节 8 结构

(二)结构说明

1. 目的

在正常的知识教学中,特别设置创新环节,并通过"创画思维"的方式加以完成,是中学思维可视化教学与传统教学模式最大的区别。因此,本环节的目的是培养创新思维,并用新学的知识,尝试进行创新实践。

(1)培养创新思维

本环节主要是通过总结、借鉴和完善的方式,提炼整节课的创新要素,以培养个体的创新意识,拓展个体的创新方法,积累个体的创新经验,逐步形成创新思维。

(2)进行创新实践

通过总结、借鉴、提炼本节课的创新要素,结合本节课新学的知识,进行创新实践。其主要包含两个方面:一是对已有的问题解决或创新实践方案进行改良优化,形成新的方案;二是应用新知识和新方案解决新的实践问题或进行项目创编。

2. 流程

(1)总结提炼

回顾整节课的学习,对自己在知识建构和问题解决过程中出现的创新要素,包括:创新的观点、独特的思维、新颖的想法和突发的灵感等进行认真细致的梳理,分类归纳,通过创画思维,进一步激发创新意识,总结创新方法,改善创新策略。

(2)借鉴学习

回顾整节课的学习,对小组共画、班级展画和师生评画过程中他人或团队出现的创新要素,包括:创新的观点、独特的思维、新颖的想法和巧妙的方案等进行认真细致的梳理,分类、归纳,通过创画思维,努力加以理解、学习和吸收,进一步激发创新的欲望,拓展创新的方法,完善创新的策略,有效培养创新思维。

(3)方案优化

结合以上两个方面,充分吸收其中创新要素,对原有知识建构或问题解决的方案进行必要补充、完善甚至重构,通过创画思维,形成新的方案,进一步提高创新实践的意识,提炼创新实践的方法,优化创新实践的策略,进一步积累创新实践的经验。

(4)尝试创新

应用以上最新的创新成果,结合本节课所学的新知识,尝试进行创新实践,包括:用创新的方式重新解决本节课学习过程中出现的问题,进行微项目创新等。

3. 策略

(1)一体化策略

在教学筹划时,围绕知识建构或问题解决,对"3段8环"进行一体化设计,并根据教学实际进行必要的调整,使创画思维环节能与前面的7个环节紧密配套,能够较好地呈现、统整和提炼整节课取得的所有创新要素和成果。

(2)方法论策略

在创画思维过程中,个体要从方法论的高度来总结、借鉴和完善创新思维,即从创新意识激发、创新方法提炼、创新策略完善、创新途径拓展和创新成果借鉴等方面来培养自己的创新能力,形成自己的创新素养。

(3)刻意联系策略

当思路碰到障碍时,可以采用刻意联系的策略来促成创造性思维的产生。可以将看似无关的两个事物刻意联系起来,努力寻找其内在的关联,以突破思维定势和常规思路的束缚,推动创造力的产生。

4. 重点

(1)促成创新思维

本环节的重点是通过创画思维促进创新思维的形成,积累创新实践的经验。即刻意让个体经历创新意识激发、创新方法提炼、创新策略完善、创新途径拓展、创新成果借鉴和创新能力迁移这一完整的创新历程,促进个体创新素养的形成,初步建立个体创新的方法论。

(2)积累创新经验

在本环节,个体要认真总结整个学习过程中的创新做法、过程与体验,同时尝试进行诸如重构方案、项目创编等实践创新,迁移应用创新的成果,积累真实的创新经验。

5. 注意点

(1)注意独创性与借鉴性的辩证统一

在创画思维阶段,既要发挥个体的独创性,充分利用自己的天赋特长进行创造,又要善于借鉴吸收他人的优秀创新成果,用来开阔自己的创新视野,拓展自己的创新思路

(2)注意规模性与创新性的辩证统一

在创画环节中所进行的创新实践活动,其目的是加深个体理解和内化吸收本节课的创新要素。因此,在创画思维时,不仅要注意项目内容上要与本节课的新知识紧密配套,而且要注意活动项目的规模要宜小不宜大,要进行精心设置,使其既能够较好地体现本节课的创新成果,又能在课堂上得以完成。这样,才能保障创画迁移环节得到真正的实现。

(3)注意过程性与阶段性的辩证统一

思维可视化教学特别设置创画思维环节,这并非意味着在本环节内开展创造性思维,而在其他的环节则不需要进行创造性思维。恰恰相反,思维可视化教学要求个体在每一个环节都充分开展创新思维,展开富有创造意义的想象,及时把握灵感,借鉴他人的创新成果,推动创造力的产生。只有这样,才能够高效地解决问题、建构知识。

第九章 中学思维可视化教学的核心策略

关于教学策略,有不同的说法。顾明远认为,"教学策略是建立在一定理论基础之上,为实现某种教育目标而制定的教学实施总方案,包括合理选择和组织各种方法、材料,确定师生行为程序等内容"(顾明远,1998);美国学者埃金等人认为,教学策略就是"根据教学任务的特点选择适当的方法"(马宏佳,周志华,2005);而阿姆斯特朗将教学策略定义为"有系统地安排教师活动,用以帮助学生达到以某一单元所确定的教学目标"(闰承利,2001)。笔者认为,教学策略应该从理念、模式和组织上加以定义,以保障教师教学的转型。

思维可视化教学能够从理念、模式和行动上保证教师教学转型,保障了创新的方向性。思维可视化教学要求创设复杂的真实情境,让个体在课堂学习中,以探索者的身份,经历知识建构的全程,去完成具有挑战性的知识建构或解决具有挑战性的问题。

思维可视化教学指向高阶思维和创新思维培养,所创设的教学模式,无论是课前预设、课中生成还是课后跟踪,都紧紧围绕高阶思维和创新思维培养这条主线索,有力地改变了传统的以知识传授和习题操练为主的教学方式,从理念上促成教师教学观念的转型。

第一节 理念性策略:以理念促教学观念转型

一、从理念上促进从侧重知识传授到力主思维创新的观念转型

大量的实践表明,由于传统的教育观和分数至上的评价方式,课堂上教师总是把主要精力投放在知识传授和题目操练上。教师十分迷恋这种传统的方法,在他们看来传授法是学生获取知识最佳、最便捷,也是最有效的途径;大量做题则是取得良好教学成绩的唯一良方。所以,才会留下"考考考,教师的法宝,分分分,学生的命根"这样的话语。从大班化教学的知识传递方式、认知心理学的思维形成机制来看,我们很容易理解这种做法。

在大班化学习环境下,个体的学习基础不同,学习水平参差不齐,传授法往往能够取得看得见的知识传递效益。传授法的机制是口耳相传,传播的内容是知识,学生的主要学习方式是听讲与记忆。教师不需要深入思考各个层次学生的具体情况,只要把准课程标准内容,把知识理解深透,课堂上把重点讲清楚,把难点分解到位,讲得慢一点,讲得细一点,保证大部分同学都能够听得懂、听得进去,再配以足够的习题进行操练,便可以达到目标。教师只要把精力放在对课标的把握、对知识的理解、对教材的整合、对学习活动的组织和对班

级纪律的维护上,便可以取得预期的成绩。

这些行为往往靠教师单方面的努力便可做到(因为学生的记忆水平相差不多),而无需与学生的思维进行深入、复杂、及时的互动。这显然是容易操作,容易取得教学效果的行为(至少教师是这么认为的)。因此,这种教学方式也就容易为大部分教师所接受、所采用。

这就难以建立起在课堂上培养高阶思维与创新思维的新型教学观念。

从认知心理学角度看,思维的培养需要一个相对漫长的过程。因为思维的培养不仅需要必要的知识,更需要足够的时间从学生思维的意识、方法、策略、习惯进行系统性的训练。如果要切实培养个体高阶思维和创新思维,这些还远远不够。教师要投入的心血和精力,可想而知。而对教师大的考验是,培养高阶思维和创新思维需要一个相对较长的周期,在中前期,学生成绩的提升并不明显。

这就进一步加大了从理念上转变教学观念的难度。

思维可视化教学可以从理念上保证教师教学的创新和改进。

思维可视化教学,通过"三画高阶思维",直指个体独立思考能力的培养,直指个体的高阶思维以及创造性思维的培养,通过一系列完整的模式加以保障。这能促成教师完成3个任务,实现从侧重知识传授灌输到力主创新思维培养的观念转型。

(一)培养学生的独立思考意识和创新意识

通过挑战性问题,教师意识到要培养个体的高阶思维和创造性思维,首先必须培养个体独立思考能力,而其前提便是培养个体独立思考的意识。课堂上,当提出问题后,教师要时刻提醒个体开展独立思考,通过自己独立思考而不是依靠讨论或参考资料来解决问题。教师必须采取相应的措施,促成并维持学生的这种思考的独立性。无论是独画思维、共画思维还是创画思维,教师都要强调个体的独立思考和创新意识的重要性。特别是在共画阶段——在小组共画及班级展画时,教师更要提醒个体展开独立思考、判断与创新,不能由于合作或借鉴而忽略独立思考与创新这个前提。

(二)建立学生的高阶思维和创新方法模型

一方面,通过有挑战性的问题,教师意识到学生除了需要扎实的知识基础,更需要强大的高阶思维和创新能力。而思维与创新方法的欠缺是学生高阶思维能力低下的主要原因之一。这会推动教师在知识教学的同时,进行思维方法、思维策略和创新方法教学。思维可视化教学要求教师结合知识教学在课堂有机进行思维和创新方法训练,必要时可以安排专门的时间进行专题训练,使学生能够熟练掌握相关的方法与策略,以提高学生的高阶思维和创新能力。另一方面,随着思维可视化教学的推进,教师会更加深刻地洞察到,造成独立思考能力特别是高阶思维及创新思维低下的最主要原因是应有的思维和创新模型的缺失。正由于这种缺失,一旦碰到复杂的情境或有挑战性的问题,个体便难以找到主干思路。这也会推动教师有意识地进行思维建模与创新建模教学:在知识教学的同时,通过有关知识的建构、通过习题课或通过课外专题培训,帮助学生建立起必要的思维和创新模型。

(三)完善学生的高阶思维策略与创新策略

教师还要创设不同的情境,让个体经历思维与创新的全程,帮助学生逐步提高高阶思维与创新思维的策略,以不断地提高学生的高阶思维及创新思维,不断丰富他们解决问题和迁移创新的方式途径,在学习中和实际情境中有效解决问题,提高创新水平。

这样,在思维可视化教学模式的作用下,教师深刻地领悟到提高个体的高阶思维和创新思维,单纯依靠知识教学是远远不够的,而必须将高阶思维与创新思维放到与知识同等的地位上,当成独立的教学目标在课堂上落实。在引领学生解决挑战性问题时,教师还会深切地认识到高阶思维和创新思维的培养不是一蹴而就的,而是一个需要长久坚持的过程,必须做好充分的准备与长期的规划,有目的、有规划地在日常教学中推行。

二、从理念上完成从简单学科情境到复杂真实情境的方式转型

通过思维可视化教学,教师逐步意识到简单的典型的学科情境是无法培养出高阶思维和创新思维的。要培养高阶思维与创新能力,必须将学生放入复杂情境中,去解决有挑战的问题。而这也正是思维可视化教学所要求、所大力提倡的。

(一)复杂情境创造符合学习规律,能带来丰厚回报

这意味着,为了培养个体的独立思考能力,培养个体的高阶思维和创新思维,教师必须有意识地创造复杂的真实的情境,对个体提出有挑战的问题,并将个体投入其中,使个体直面这种挑战,逼迫个体尝试着使用各种思维与创新的模型、方法和策略,努力去寻找相关的知识工具、感性经验和创造案例,不断尝试,逐步提炼,形成认知心理学上所谓的解决问题适当的算子,最终创造性地解决问题。

同时,认知心理学告诉我们,要解决问题,往往需要经历4个阶段:激发期、酝酿期、豁然开朗期和验证期。在酝酿期,个体必须想方设法寻找"算子",也就是调取适当的学科知识,尝试建立各种方案,并使用合理的思维策略使思路不断地向终点推进。这需要大量的时间作为保障。没有足够的时间,便难以找到适当的算子。很显然,越是复杂的问题,个体面临的挑战越大,解决起来需要耗费的时间也就越多。这也是思维可视化教学一再强调必须给出足够独立思考时间的原因。

而一旦高阶思维和创新思维得到充分培养,学生的智能将得到巨大的改善。教师就会发现:个体的学习力、应变力、解决问题的能力和创造力也得到了巨大的发展,后继的学习便会进入一个快速的通道——无论是知识建构还是问题解决都变得游刃有余,进而大大减少了学习的时间和精力。实际上,这也正是思维可视化教学的必然成果。

一旦真正品尝到教学的这个甜美成果,教师就越容易接受思维可视化教学,教学也就越顺利完成从简单的典型学科情境到复杂教学情境的转型。

换句话说,思维可视化教学具有所有思维教学的共同特征:先难后易,先慢后快。

(二)急于求成必定走向传统教学的记忆操练

没有深入开展思维可视化教学的老师,就难以掌握其中规律,更无法领略到培养高阶

思维和创新思维带来的巨大效益。由于急于取得成果,在前期看不到高阶思维和创新思维培养的光明前景,因此也就不会花费时间进行高阶思维和创新思维的培养。

这样,教师自然而然就会将重心转向知识的传授和记忆强化上,转向题目的操练上。很显然,比起高阶思维与创新思维的培养,知识传授、记忆力强化与题目操练难度要小得多,所需要的时间也少得多。因此,在教师的潜意识里,总有这么一个观念:讲一遍再讲一遍,再多讲一遍,学生就记得牢固一些;做一道题,再做一道题,再多做一道题,学生就会考得好一些。这样,学生的成绩便得到保障。因此,对他们来说,多讲多练是最佳的教学方式,而精讲多思则不值得效法,花大量时间进行科学思维培养和创造性思维培养,更是没有实践。

实际上,教师并没有理解传授法的真正要义,把知识讲授和知识习得当成同一回事。教师往往不理解听懂、会解题与理解、会实际应用处于两个完全不同的认知层面,更不理解对于学习而言,个体自身的理解、整合与内化是一个更为重要的过程——缺少了这个过程,知识并不会被真正掌握、消化和吸收,也就无法灵活运用知识来解决实际问题。教师们一再认为只要把知识讲透,把题目练足,学生便能够掌握。教师总是孜孜不倦地一而再再而三地采取这样的教学策略:讲了练,练了讲,认为只要重复下去,就能取得应有的成效,而忽略了独立思考、理解内化、灵活运用这些更为重要的认知品质及其价值。

培养高阶思维和创造性思维比较耗时,难以在短时间内取得传统的知识成效,而学校又常常在很短的一个时间段来衡量教师的教学成效。这就更加重了教师对传授法的依赖,更加重了教师将知识记忆与问题解决等同起来的错误观念,使教师越来越倾向于依靠知识记忆和习题操练来解决问题,也就越来越不肯放弃这种靠简单重复的方式。因此,在日常教学中,常见到的现象是,教师宁可多花一些时间一遍又一遍进行讲解,却舍不得多给学生一些独立思考、独立探索、独立内化、尝试解决问题的机会,更不会花大精力来进行高阶思维和创新思维的培养。

(三)简单学科情境难以产生高质量迁移经验

教师往往忽略了学科典型情境与真实情境的差别,忽略了学科习题与实际问题的区别,在教学中常用典型的学科情境替代真实情境,用学科习题顶替实际问题,进一步减少了高阶思维和创造性思维的培养机会。

因为学科情境与学科习题是简单的、单一的、封闭的,而真实情境与真实问题往往复杂得多、综合得多和开放得多,并不具备这种学科的典型性。这就使得个体理解被局限在简单、典型的学科情境内,解决的问题是典型的,所获取的策略是孤立的,所能产生的经验也就相对肤浅有限,无法与真实的情境形成深刻的关联。

因此,哪怕是传授再多的知识,解答再多的习题,也无法为个体提供足够多样的真实情境,无法积累足够的解决真实问题的经验。认知心理学认为,问题解决往往离不开个案性的经验。真实的案例式经验往往更容易形成迁移,而这种经验只能在解决真实问题的实践中获得。由于学科情境、习题与实际的情境、问题之间的巨大差异,知识记忆和习题操练无法提供问题解决的真实过程,无法深刻地建立起解决问题的可迁移的典型个案,无法提供真实的案例性经验,也就不容易推动迁移与创造的产生。

实践也同样表明,个案经验越丰富,个体对新情境的解读往往越准确,对新个案所包含问题的理解越深刻,对其中所蕴含的知识要素的把握程度也越高,就越能够找到解决问题的可行方案,产生迁移与创新的可能性也就越大。一句话,有多少解决问题的真实个案的经验,新问题的解决就有多少指南性的框架可供参考。这样,个体越容易筛选出适合新个案的经验做法,也就能够越自然越快速地将其迁移到新的情境中,创造性地解决问题。

而传统的习题操练,个体真实的个案性经验相对有限,其应用的范畴也就相对狭窄,因此只能在少量的情境上发生近距离的浅表性迁移。一旦问题情境发生了较大的改变,由于缺少足够相似性经验的支持,迁移便难以产生,更谈不上什么创新。

特别地,到了真实的复杂情境,面临着更为巨大的信息、更为开放的结构、更为不确定的要素,个体更难以找到与习题中相似的情境条件,抽出有效的信息进行判断。个体也就难以找到与以前个案经验的相似要素,有效进行经验迁移。同时,高阶思维和创新思维训练的欠缺,更突显了问题解决的难度。

思维可视化教学以真实的复杂情境作为学习的载体,迫使教师必须努力做好从典型的学科情境向复杂的真实情境这么一种转型,否则,教学便难以顺利推进,进而有助于从理念上促成教师的转型。

三、从理念上保障教学筹划由细备知识到深备思维的备课转型

从上面的分析可以看出,思维可视化教学对备课提出了更高的要求。教师在备课时,必须做好从"细备知识"到"深备思维"的转型。

(一)深备思维是培养学生创新的前提

思维培养总是以培养个性长处为基本特征。为了培养高阶思维与创新思维,教师不仅要掌握高阶思维与创新思维的培养规律,而且必须进入不同个体不同的思维中去把握他们的思维水平、思维个性和思维现状。这样,才能做出相应的教学决策,设计出有针对性的教学方案,并加以逐步实施。这就要求教师除了要完全掌握课程标准、知识体系和课程内容,还要掌握认知规律、学生的思维特点,并据此展开教学。很显然,比单纯的知识传授,这种基于思维针对性的教学,其备课要艰难得多。深备思维对教师提出了更高的要求。

这里要再次指出,这不是一个有关思维知识储备的问题,而是一个教育理念转变的问题。同时,还要指出的是,教师应该看到,强调高阶思维和创新思维的培养并不意味着传统的传授法不需要思维或没有培养思维。应该看到传统的"知识传授+习题操练"教学,也具有培养个体一定的高阶思维和创新思维的功能。但这种高阶思维和创新思维的培养往往效益较为低下,而且常常由于缺少真实复杂情境的激发而处于惰性的状态,难以形成迁移。

(二)细备知识无法有效培养高阶思维

在教学实践中,教师知识的传授往往采用论点加例子的方式。实际上,这是一种简单的例证方式而非严格意义的建构。这种方式,不能让个体经历知识探索的全程,没有提供知识建构的挑战。为了便于大部分人理解,教师要铺设众多的台阶,把知识嚼碎,再传授给学生。这对培养高阶思维和创新思维极为不利。一方面,这大大降低了思维学习的挑战

性,学生的脑力得不到应有的锻炼;另一方面,学生也体验不到知识建构成功的喜悦——体验不到遇到困难、寻求对策和解决问题的认知快乐,大大损害学习的内部动机。因此,个体对知识的理解是相对肤浅、不深刻的,所学习的知识也容易遗忘,难以形成有效的关联进而建立起长时记忆。换句话说,个体的知识常处于零散状态,不能形成必要的结构,不清晰、不系统、不牢固。这样,解决问题时,知识很难快速提取和重组,容易出现的结果便是:高分低能。

(三)深备思维就是预备认知发展挑战

思维可视化教学十分注重高阶思维和创新思维的培养,强调从专业的角度来进行高阶思维和创新思维的激发和强化。因此,在备课时,教师既要知道一般的思维机制,又要了解该学龄段学生思维的基本特征,同时还要掌握常见的思维模型与创新模型,把握丰富的思维与创新方法,使自己有意识地按照学习规律、认知规律和逻辑规律进行教学,按照内在的机制来激发个体的学习动机,引导个体独立思考,进行思维建模和思维创新,有条不紊地推进教学,并最终取得良好的成效。

同样地,思维可视化教学对课堂也提出更大的挑战。因为思维可视化教学有更大的开放性和不可预测性,教学组织的难度也大大提升。在通常情况下,我们可以看到这种课堂处于一种混沌,甚至无序的状态。学生的行为不是那么整齐划一,课堂的秩序也不是那么安静有序。教师必须有足够的控制力,时时把握住课堂的教学主线使其不偏离课程目标;教师必须有强大的洞察力,时时洞察到不同层次学生的学习状况,包括个体学习进展以及碰到的困难,以促进不同的个体都得到充分的发展;教师还必须具有迅速的调整能力,能够针对课堂出现的学习改变做出必要的调整,以保障课堂达到预期的目的。

同时应当看到的是,这种课堂往往会产生一些更难以预料的突发情况。这就意味着教师还必须具备强大的应变能力。教师必须及时做出反应,使事态控制在一个正常的范畴,让课堂既具有足够的开放性又不陷于混乱,使学生的思维一直保持较高的激发状态,取得较为良好的效果。很显然,这对教师的各方面能力都提出挑战。大部分教师不敢迎接,甚至无法胜任这种挑战。

这迫使教师在教学筹划时必须做好由备细知识到备深思维的备课转型,要求教师在完成知识准备之后,必须对思维、对个体的建构认知做出多种可能的预测,估计在复杂情境下思维与认知可能取得的进展和必须获取的成果及其衡量标准,充分估计个体可能碰到的困难、可能受到的挫折及其所表现出来的形态等。教师只有充分做好这种备思维的工作,才能在课堂教学中得心应手,取得预期的效果。

第二节　组织性策略:以模式促教学行为的转型

思维可视视化教学最大的优点便是设计一套合理的教学模式,包含了自主学习、合作学习、社会学习和创造学习4种方式,保障高阶思维和科学创新能力在课堂上得到强有力的培养。教学只要按照相应的模式开展，便能完成教学组织的转型，推进学生获得足够的时间进行自主学习、合作学习和社会学习，推动深度学习的产生，确保创造性学习的实现。

一、基于创新培养教学模式，从组织上确保学业行为由习得性向创新性转化

思维可视化教学将创造迁移设置成课堂的最后一个环节，作为一个不可或缺的部分，在常态课堂上实施，从组织上确保创造力的实现，使得创造性的培养从理念落到了课堂的实处。

(一)创造环节的缺失，传统教学模式无法在课堂培养个体的创新能力

为什么课堂上很难培养出学生的创造性？

很重要的原因就是教师只将培养学生的创造性停留在口头上，而没有落实到课堂的具体一个行为上。那教师为什么没有办法将培养学生的创造性落实到课堂的具体行为上？那是因为课堂没有留出培养学生创造性应有的时空。因此，我们不得不追问，课堂上为什么无法留出培养学生创造性的时空？原因很简单，那就是在传统的教学模式里不存在培养学生创造性的环节。

传统课堂上没有将创造作为不可缺少的必备环节来实施，课堂上缺少创新的必备时间，学生的创新能力得不到有效培养也就是再正常不过的事了。

(二)创造环节的设置，思维可视化教学模式学业行为由习得转向创新

很显然，要真正能够在课堂上培养出学生的创造性，就得把培养学生的创造性落实到具体的行为上，就必须在课堂上给学生留出足够的创造时空，也就必须在教学模式上给创新设置应有的环节，而这正是思维可视化教学的创新之处和精华之处。

很显然，只要教师遵循本教学模式，培养学生创造性就必然成为具体的、可操作的、不得不操作的行为，就能在课堂上给学生留出足够的创造时间，培养学生创造性就不会仅仅停留在理念上，成为一句口号。

很显然，只要教师遵循本教学模式，学生的创造性就能得到应有的培养，学生的学业能力学习就能实现从知识与技能的习得向批判创造的转型。

二、基于针对分层教学模式，从组织上确保挑战行为由共性化向个性化转化

通过课堂分层，设置不同的挑战性任务，展开针对性教学，让不同的个体获取不同的学业目标，推动自己得到充分的发展。

(一)课堂分层，催生了不同个性目标

与常规的分层走班不同，思维可视化教学致力于课堂分层，通过设置丰富的学习目标群，实施针对性教学。在同一课堂时空，不同学习基础的个体，设置的学习目标相对不同。这样，每一个体都拥有合适的学习任务，每一个体都必须去完成属于自己的富有挑战的个性目标，以实现深度学习。

(二)不同目标,赋予了不同挑战情境

复杂的情境和挑战性的问题与个体的学习基础密切相关,是针对某一个学习个体而非对所有的个体。也就是说,这种挑战性是个性化的,而不具备共性的特征。因为知识基础、学习水平不同,同一情境、同一任务对于不同的个体,其难度不同,个体所面临的挑战性也就有所不同。一般说来,对那些基础较差的同学有挑战性的任务,对基础更高的同学则往往构不成真正的挑战。这意味着对前者来说是个很好的学习问题,对后者就失去了教学价值。同样,对学习基础较好的同学具有挑战的问题,对那些基础较差的同学却可能毫无教学价值,因为这往往超过了他们的能力限度,成为不可逾越的障碍。

(三)不同挑战,实现了各自充分发展

在课堂教学中,面对相同的知识,不同的个体教师应当设置不同的学习任务,以产生不同层次的挑战性来满足不同的班级群体。只有这样,个体才能面临合适的考验,充分调动一切积极因素,努力去解决问题,进而使自己得到应有的发展。这正是思维可视化教学的要义所在。

三、基于挑战情境教学模式,从组织上确保认知行为由被动式向主动式转化

思维可视化教学设置了挑战性情境,有效地激发了个体的学习动机,激发了个体的好奇心与求知欲,培养了个体的问题意识,学习由被动转向主动。

(一)挑战性情境激发个体好奇心与求知欲

思维可视化教学要求教师创设足够丰富的挑战性情境,以提供丰富的感性认识和必要的认知冲突。思维可视化教学所要求的情境是真实的,是源自日常生活、学习生活或生产实践活动等实际场景;本模式所要求的情境不是单一的,所提供的情境不能是孤立无依的,而应是某一个较为广阔情境里的一个组成部分或与其他的情境有着密切的联系;思维可视化教学所要求的情境还必须是有一定难度的——较为陌生或复杂,不能让个体一眼望穿谜底;思维可视化教学所要求的情境,必须是具有冲突性的——与日常生活或已学的知识有所冲突。思维可视化教学十分强调认知冲突的设置。特别是在可能存在前概念或容易混淆之处,思维可视化教学要求从日常熟悉的司空见惯的场景中发现矛盾要素,在个体习以为常的意料之中的事实中发现意想不到的资源,通过巧妙的加工组合,引发课堂强烈的认知冲突,以充分激发个体的好奇心与求知欲,使个体产生浓厚的学习兴趣,形成内部学习动机。

如在初中的"压力的作用效果"这一节课时,教师可以自制教具,制作出一张密密麻麻的布满钉子的钉床,并邀请同学坐上去。在孩子的印象中,钉子是锐利的,容易对人造成伤害,况且是这么密集的钉子。由于此前概念的作用,没有人敢上去尝试。教师可以自己躺到钉床上,用背部使劲撞击钉床。学生惊异地发现,这样做居然安然无恙,从而立即形成强烈的认知冲突。教师还可以让一位较为弱小的女生上来尝试(这不会出现任何问题),结果依然如此,还是安然无恙。这就进一步点爆了学生的好奇心。通过多人的尝试,学生的兴

趣就会被充分地引发出来。这时，教师就可以进一步进行引导，假如逐一拔去钉子，如先去掉一部分钉子，再去掉一部分钉子，让板上的钉子越来越少，直到只剩下最后一两根钉子，再问谁敢再上来试试？学生就会在笑声中领会到，让钉子表现出较大压力作用效果的原因是面积较小(钉子越少,面积也小,伤害也就越大)，密密麻麻的钉子之所以没对人产生什么伤害，就是大大增加了受力面积。

(二)挑战性情境培养个体强烈的问题意识

个体创造力低下的一个重要原因是批判性思维低下，而批判性思维低下的一个重要原因是个体的问题意识薄弱，不具备发现问题、提出问题的能力。因此，要培养创造性思维，必须培养问题意识。让人遗憾的是，在传统的教学模式里，在以知识传授为主的课堂上，教师倾向于传道授业解惑，往往会将一个大问号转变成一个小问号，再将这个小问号逐步消解成一个小句号。学生走进教室时，头脑里充满疑问，而走出教室时，却没有任何新的问题产生。教师回答了学生的所有问题，却没有要求学生提出新的疑问。学生获得了众多确定性的知识，却没有产生应有的问题意识，又如何产生批判性思维呢？

思维可视化教学强调问题意识的培养，要求学习围绕问题展开，以解决问题为核心，不断地发现新的问题，解决新的问题。思维可视化教学的过程，就是在问题驱动下，思维逐步展开、推理逐步深入的过程。

在此过程中，在可视化工具的引导下，个体以问题引发认知，以认知激发问题。一个问题代表一个认知指向，一个认知的结束意味着另一个问题的开始。这样以问题为导向，驱动任务层层向前，引导认知从已知条件入手，逐步伸展，步步进入新的认知范畴，不断拓展问题空间，探寻问题的本质，把握问题解决的策略，直到问题最后得到解决。

四、基于三画思维教学模式,从组织上确保创新行为由看不见向看得见转化

三画高阶思维，通过可视化工具，将思考过程外显，既保证了自主学习、合作学习、社会学习和创造学习有效发生，也使得看不见的思维行为看得见。

(一)创新行为看得见,用创新激发创新

独画思维让思维深刻性、独特性与独创性看得见，共画思维让思维的发散性、批判性和融合性看得见，创画思维让思维的灵活性、变通性和创造性看得见。创新行为看得见，让个体感觉到自己是实实在在在创新，实实在在能创新。这样，能够用创新激发创新，进而增加个体创新的自信与动力。

(二)创新成果看得见,用成果产生成果

思维可视化教学特别强调创新成果的呈现。通过展示，这些由高阶思维与创新思维产生的物化产品，不仅让自己的学习成果看得见，而且还发挥着巨大的育人功能，帮助个体更好地认识到自己的思维与创新特长，把握思维与创新的内在机制，借鉴他人思维与创新的长处，让个体感受到思维与创新的乐趣，用成果产生成果，进而进一步推动个体创新思维的发展。

第三节 行动性策略:以行动促创新成果产生

"独画高阶思维、共画高阶思维和创画高阶思维"规定了个体学习的行为方式,推动个体学习的行为、独立思考的行为、交流的行为、批判和鉴赏的行为,进而将自主学习、合作学习和社会学习有机地融合在一起,有效地保证深度学习的产生和向纵深推进。

一、以"独画"行为促进创新思维产生

独画思维的行为确保了个体思维的独立性、独特性和深刻性。思维可视化教学不断强调独画思维,并将它贯穿整个教学的始终。无论是个体的自主学习、小组的合作学习、师生的社会学习还是最后的创造性学习,都是建立在"独画思维"这个行为之上。通过"独画"的行为,来激发、调动和挖掘思维的深刻性和独创性,保障高阶思维和创新行为的产生。

(一)以"独画"行为推动思维独创性的产生

1."独画"行为的"真实性"是有意识发动,受到检验的

在独画思维阶段,教师不断强调学生开展独立思考,而且这种思考是基于"笔"的思考,是必须通过画图等思维可视化方式展开。

首先,教师会发动这种"画"的行为,要求每个人拿起纸笔,通过"画"开始建构知识或解决问题,如写下自己的学习目标,记下自己的学习问题,记录看到的现象,梳理自己的思路,整合知识建构或问题解决的过程等。

其次,教师会监控这种"独画"的行为,监督学生是否在真"画",提醒学生认真画,对不认真"画"的行为提出委婉的批评。

最后,教师要维持这种"画"的行为,及时为学生提供必要的援助,及时为学生提供反馈,保证个体"画"的行为得以持续。

2."独画"行为的"独立性"是有意识发动,受到检验的

比起"独画"的真实性,"独画"的独立性更为重要。因为"画"只是形式,而思考才是目的。因此,在这个阶段,教师要特别强调思考的独立性。

首先,教师会不断强调"画"的独立性。教师要不断强调独立思考的重要性,让个体领悟到独立思考的意义和价值。教师必须要求个体"画"思维建立在自己的独立思考之上,不能依赖外力的帮助。

其次,教师会不断监控"画"的独立性。在此过程中,教师要对学生思考的独立性进行监督,督促他们展开独立思考,靠自己的力量独自解决问题。在此过程中,既不允许其他学生提前叫破答案,也不能进行讨论,还要强调不能过分依赖参考资料(但带着问题学习是值得提倡的),更不能对着书本或参考书抄写答案。

最后,教师会持续维持"画"的独立性。教师要特别注意维持这种"独画"的独立性。当个体碰到问题时,教师要及时展开诊断,并提供必要的援助,帮助个体能将独立思考进行

下去。

再次强调,这里的援助并不是指为学生提供指向性的思路,不是为学生铺设过细的台阶而降低问题的挑战性,而是为学生提供基本的知识基础和相关的资源,引导学生自己独立去突破问题,即可以给学生补上解决该问题所用的知识和相关的技能,但要让学生自己用这些知识和技能去发现思路解决问题。

(二)以"独画"行为推动思维深刻性的产生

深刻性是创新思维的基础。"独画思维"通过多种对话形式保障了思维的深刻性。

很显然,无论是知识建构还是问题解决,在"独画"思维的过程中,个体必须展开深入的思考,动用高阶思维,反复地进行分析和判断。实际上,在此过程中,教师推动个体展开了4类的思维对话,推动思维向纵深发展。

1. 个体与情境的对话

个体必须进入情境、仔细解读情境,把握情境的每一个细节,将情境分解成有关的独立部分,进而准确地完成对情境的分析。

2. 情境与知识的对话

个体必须努力掌握情境与知识之间的关键联系。个体必须有效地将真实情境转化成相关的学术情境,再进一步转化成更为贴切的典型的知识情境。然后,由此努力寻找与情境密切关联的知识要素,进一步挖掘情境背后可能隐藏的相关知识要素,并努力寻找知识与情境之间的匹配关系。

3. 个体与知识的对话

个体要努力提取相关的知识,在现有的情境中解读知识的意义,以情境为载体,梳理各种逻辑关联,进一步判断知识各种可能的组合形式,厘清知识前提与情境条件的各种对应关系,进行仔细的甄别与筛选,选出与情境密切配套、符合前提条件的相关知识组合,形成最佳的算子去建构知识或解决问题,即用最恰当的知识和方法去完成知识建构或问题解决。

4. 个体与思维的对话

同时,在个体与知识的对话过程中,个体还必须与自己的思维展开对话,对认知的结果展开认知,即完成元认知确证:个体必须对已经做出判断的结果进行判断,通过反思验证来保证其准确性。

(三)以"独画"行为推动思维独创性的产生

从某种意义上说,创新总是带着明显的个性化特征,因此对独创性的培养是产生创新思维的关键。

1. 强调以独特的方式进行思考

在"独画"过程中,教师要特别强调以独特的方式进行思考,强调个体按照自己的思路画,根据自己喜欢的方式画,用自己擅长的方式画,从自己容易入手的地方画,这样"画思维"以个体的实际(包含天赋秉性、学力基础、思维风格、学习偏好等)为核心展开。通过"画思维"这一行为,将自己的天赋长处,用自己拿手的方式,将自己知识经验和策略调动出来,进而有效地保证了思维的独创性。

2. 强调给充足的时间进行思考

"独画"行为需要充足的时间保障。在教学筹划中,"独画思维"时间的安排,特别是如何给每个人充足的学习时间是教师重点考虑的。实际上,思维可视化教学是通过课堂分层的形式来保障每一个体学习时间的充足性的。在教学筹划中,教师设计了足够丰富的教学目标以适应每个层次学习的需要,并设置充足的时间。这样,对于每一个体而言,无论他们的目标如何不一,难度如何不同,每一个体总面临着应有的挑战,他们都需要足够的学习时间。本模式就是通过这样的方式:不同个体在同一时段解决不同挑战性问题,使时间得以巧妙安排——在同一时段,只要给班级同一段足够的学习时间,不同层次的个体学习时间都得到充分的保障。这样,就巧妙地解决了因材施教与课堂同一进度的矛盾,保持了统一的教学进度,又促进了每个人得到充分的发展。

二、以"共画"行为促进创新思维进阶

在"共画"阶段,教师会不断强调,立足于"求异"来调动思维的发散,立足于"求同"来实现思维的融合,立足于"求新"来完成思维的批判性,完成创新思维的进阶升华。

(一)求异,用"共画"行为促成思维的发散性

在"共画"思维阶段,无论是小组"共画"还是班级"共画",头脑风暴是其中最重要的形式,通过头脑风暴充分打开每一个体的思维,产生不同的观点,以激发思维的发散性。

在此阶段,教师会不断提醒个体,充分发挥自己的想象力,及时记录自己的想法;教师还会提醒个体思维发散的关键是"求异",强调个体通过多条途径来"求异"。

1. 求思想之异

通过判断分析,追问所使用的思维是否基于不同的哲学思想、实践思想、认知思想或学科思想,尽可能地记录下这些思想的差异。教师要促进学生做好这方面的区分,以求在大方向上培养学生的开放观念,避免思想僵化。

2. 求知识之异

包括本学科的与其他学科的知识,这些知识有什么不同,各自发挥着怎样不同的作用,尽可能记录下这些差异。教师要促进学生做好这方面的区分,以求学生在不同学科视域来理解知识的本性,促进知识的开放与重组,以破除知识的壁垒,提高知识应用的灵活性。

3. 求经验之异

通过判断分析,追问所使用的思维是否基于不同的经验,包括学习经验和日常经验,这些经验各自发挥着什么不同的作用。教师要促进学生做好这方面的区分,以求学生在不同的情境中,把握经验的前提条件,促进经验的迁移,避免陷于经验主义。

(二)求同,以"共画"行为促成思维的融合性

在"共画"思维阶段,无论是小组"共画"还是班级"共画",求同都是不可缺少的环节。通过认同与欣赏,以掌握不同思路、不同观点背后共同的思想、知识逻辑,团体的思维得以融合。

在此阶段,教师会不断提醒个体,"求异"之后还须"求同",努力去寻找共识,认同别人的合理观点,欣赏别人的优异之处,只有这样才能够掌握思维的共性,用他山之石攻玉,克服个体思维的片面性,使自己的思维得到进一步的补充和完善。

1. 求思想之同

通过判断分析,追问所产生的不同思路、观点、方法与策略是否基于相同的哲学思想、实践思想、认知思想或学科思想,尽可能地记录下这些思想。教师要促进学生做好这方面的融合,以求在大方向上树立起自己思维的主要模式,对知识建构或问题解决建立通法。

2. 求知识之同

通过判断分析,追问所产生的不同思路、观点、方法与策略是否基于某些相同知识,包括哲学知识、认知知识或学科知识等,尽可能地记录下这些共同之处。教师要促进学生做好这方面知识的融合,以求在本质上理解知识的实质,建立起学科大概念、跨学科大概念或全学科大概念,把书读薄,进而建立起完善的个体知识图谱。

3. 求经验之同

通过判断分析,追问所产生的不同思路、观点、方法与策略是否基于相同的学习经验或日常经验,尽可能地记录下这些共同的经验。教师要促进学生做好这方面的工作,促进经验的融合,以求本质上把握经验的实质内涵,寻找其内在的方法论的要素,进而推动经验向理论发展。

(三)求新,以"共画"行为促成思维的批判性

在"共画"思维阶段,求新思维尤为重要,因为这是批判性思维培养的核心。因此,在此阶段,不但要"求异""求同",还要在"求异""求同"两个阶段来实现"求新",通过"求新",以促进批判性的提高。

1. 求观点之新

通过判断分析,是否已产生了新的观点和想法?通过质疑与反质疑、批判与反批判,是否又产生了更多新的观点和想法?这些观点与想法与以往的观点与想法有什么不同?新又新在哪里?如果有,要特别注意记录这些新观点、新想法。教师要促进学生做好这方面的工作,督促学生不断地揣摩、辨析这些新的观点与想法,以求在思想上产生批判性。

2. 求思维之新

通过判断分析,追问在知识结构和问题解决中,是否使用了新的思维方式?与常规的思维方式相比,这些思维方式有什么不同?新在哪里?与以往的思维方式相比,有什么长处?要认真记录下这些的新的思维方式。教师要促进学生做好这方面的工作,督促学生加于理解和应用,以求破除自己的思维定势,在思想上产生批判性。

3. 求实践之新

通过判断分析,追问在知识结构和问题解决中,是否有了新的做法?与以前的做法相比,这些做法有什么不同?新在哪里?有什么长处?要仔细记录下这些做法,包括操作路径、具体的步骤。教师要督促好学生做好这方面的工作,督促他们模仿这种做法,以培养真正的实践创新意识,将创新思维转化成创新行动。

三、以"创画"行为促进创新思维实现

教师要注意的是,在"创画"思维阶段,创造性培养得到独立的凸显,成为一个不可或缺的独立环节,成为课堂的存在。此阶段要引导个体进行思维变通,引导个体借鉴班级优秀创新成果,促成创新思维的实现。

(一)以"创画"行为来实现思维的变通性

处理复杂问题时,个体陷入困境,一个重要原因就是变通性差。个体的思路比较单一,缺少可代替方案,无法根据实际情况进行应有的调整。因此,在"创画"阶段,教师要引导个体不要固守自己的方案,努力打开自己的思路,训练自己的变通能力。这可以从 3 个方面展开。

1. 核心甄别

(1)确认变通对象

教师要让个体对自己记录下来的思维痕迹进行整理,把那些富有变化和创造性的成果集中起来加以考虑,筛选出里面最有价值的部分作为变通对象。

(2)甄别核心要素

教师要求个体对这些特别有价值的对象进行仔细分析,判断思维的关键核心,确定其决定性要素,为变通做准备。

2. 边界开放

(1)确定原有边界

教师要求个体对核心要素进行分析,梳理出成立条件,寻找该要素的使用范围,确定其边界。

(2)尝试开放边界

教师要求个体判断其边界是否存在开放的可能,努力寻找蕴藏于其中可以替代转换的可能性。因此,个体要对与边界关联密切的要素进行仔细分析,仔细寻找它与边界之间衔接的可能,寻找两者是否存在交叉的空间,有无共性的基础,能不能形成共同的指向,通过边界开放,努力寻找方案变通的途径。

3. 实现跨越

(1)评估变通可能

经过充分的比较,努力寻找各相关要素的内在联系,分析变通的逻辑性,不断追问:能否形成替代方案?

(2)完成变通跨越

如果存在一定变通的可能性,教师就要抓住契机,鼓励个体对自己原来的方法观点或做法进行改造,用新的方案加以替代,使其以新的方式出现。同时,要多寻找一些变化的可能,多确立一些替代的方案。

(二)以"创画"行为来实现思维的借鉴性

应该看到,创造是一件极其艰难的事,只靠一个人,往往难以达到较高水平。历史和实

践表明,很多重大的创新都是建立在前人或者他人的基础之上的。可以说,借鉴是创新不可缺少的因素。由于知识储备和实践经验的缺乏,仅靠个人,中学生更难产生高水平的创造力。因此,借鉴就显得尤为重要。在"创画"过程中,教师要强调,借鉴是创造的必选动作,鼓励学生善于学习、借鉴别人的优秀成果,用以培养自己的创造力。一般说来,借鉴可以通过以下3个层面展开。

1. 全面借鉴

对知识建构或问题解决的具体做法进行借鉴,学习他人知识建构或问题解决的完整方案,包括成果、思路、方法、策略以及每一步操作方式,以求完整全面地把握对方的做法,并对其进行模仿和吸收。这是一个全方位的借鉴。当它与借鉴者的思路有较大不同时,价值就会被凸显出来。它可以为个体打开一个全新的空间,极大地拓展借鉴者的思维,完善借鉴者的做法,甚至可能让借鉴者的理念发生明显改变。

因此,对于特别优秀的做法,教师特别要求每个同学投入精力去学习,去模仿,去把握其中的精髓,为己所用。教师不仅强调每个孩子都要舍得花时间去借鉴,而且要有意识地在课堂上留出这部分时间,让学生用真实的行动完成借鉴。

2. 思路借鉴

思路借鉴可以打开人的思维,提高思维的质量。

不是对他人的方案全部进行借鉴,而是借鉴对方知识建构或问题解决的主要思路,对思维方式、策略和内在的思维机制进行探求,以获取有营养的成分。

对于那些特别新奇巧妙、别出心裁的思路、方法与策略,教师更要引导全班进行认真细致的分析,找出新颖别致之处,找出出人意料之处,努力把握其内在的产生机制,进而有效内化吸收。

3. 要件借鉴

要件借鉴是对他人某一特别亮眼或特别感兴趣的部分创新成果进行借鉴,以求掌握与吸收。这是一种较为容易的做法。教师要求学生发现他人优势,找出超越自己的那一部分,加以学习、模仿和内化,将其纳入自己的创新体系中。

(三)以"创画"行为来实现创新思维的实践性

创新思维如果没有落到具体的行为之上,依然是一纸空文。为了真正克服高分低能的现象,实现转识成智,就必须致力于创新行为的实现,致力于创新实践成果的获取。"创画"行为可促成具有创造意义的新的想法、新的策略和新的项目,保证创新行为的出现与创新成果的获取。

1. 写下新想法

通过独画思维、共画思维(特别是班级展画、论画和评画),个体的思维得到极大的打开,个体的思路得到极大的丰富;通过激烈的质疑与批判,一批新的创意、新的灵感不断出现。因此,在创画阶段,教师要引导个体对这些新的灵感、新的创意不断进行梳理整合,形成新的思路、新的想法,最终形成创新方案并将其及时记录下来。

2. 写下新策略

通过质疑与批判、欣赏与借鉴,由于获取了他人的视角、方案、思维与策略,个体分析问题、洞察情境的能力会得到进一步的提高,容易形成知识建构或问题解决新的策略、新的方法和新的途径。教师要引导个体通过"创画"行为,对这些新的策略、方法和途径进行仔细分析、甄别,并及时记录下来,为形成创新方案打下基础。

3. 写下新项目

项目是承载创造的一个较好的载体。一个精心设计的项目,往往有助于创新成果的获取。受到知识基础和实践经历的限制,中学生很难找到优秀的创新项目。客观地说,他们也不太具备这种能力。无论是课时项目、单元项目还是大单元项目,都对个体提出了严峻的挑战。因此,教师要善于利用学生的"创画"行为,引导学生发现各种有利因素,及时记录下来,以形成有价值的微小项目,并以此为基础,逐步拓展。

(1)从给予的项目改

从给予的项目改是一个行之有效的途径。对已有的项目进行改造,形成新的项目。教师往往会给学生一定的项目,引导个体认真分析教师所给予的项目,将它与自己的生活实践和家庭条件结合起来,进行某些要素的替换和改造围绕创新这个核心,形成自己的教育创新项目。

(2)从情境题目中挖

在课堂上教师会给予一定的情境,可以对此情境进行梳理、挖掘、完善,形成项目;题目(包括原有的题目和学生自己创编的题目)往往也包含着一些项目的要素,挖掘这些要素,进行完善,可以形成较好的项目。

这是值得提倡的一种做法,因为是学习的一种自然延伸和拓展进阶,既培养了个体良好的创造力,又能与课堂紧密衔接起来,起到相辅相成、相互促进的作用。

(3)从日常生活中创

好的项目更是直接来源于生活。教师要引导学生善于观察生活,从生活实践中发现有价值的要素,记录下来,及时进行梳理、整合,形成项目。

第十章　中学思维可视化教学的必备技能

第一节　画的技能

思维可视化教学的核心是"画思维"。因此,"画"是思维可视化教学必备的基本技能。这意味着"画"是思维可视化教学的前提,不是可有可无的,而是不可或缺、非具备不可的,离开了这一技能,思维可视化教学就无从谈起。基本指的是基础性要素,指的是所有的三画高阶思维,都围绕此展开。同时,要指出的是,在"绘画学习过程中,个体的感知、观察、记忆、想象、创造等心理过程都可以得到发展,同时也能建构起美感、道德感和评价美的能力"(陈小异,2015)。思维可视化教学中的"画"虽然与日常中的"绘画"内涵不尽相同,但其功能应该是别无二致的。因此,画的技能是思维可视化教学必备的奠基性技能。

一、确定画的内容

(一)知识内容:想到的知识

画的内容可以包括回忆出来的知识、看到的情景、突然出现的想法、联想到的经验以及回忆的生活情景等。要建立新的学科知识,最好的方式就是以已有的学科知识为基础,因此个体在建构知识时,一旦受到触动,可以立刻记下想到的相应学科知识,并在此基础上尽可能地回忆起与此相类似、相联系的知识。比如物理学科,从"力"可以想到"功",也可以想到"能",想到"能",可以想到"动能、势能、电能、光能、内能",还可以想到跨学科的"能",如化学中的能、生物中的能、地理中的能;从力,还可以想到某一种具体的力,想到力的作用效果,想到牛顿三定律,将力学知识体系大体都调动起来,为学习建构打下坚实的基础。

(二)情境内容:破译的情境

认知心理学认为,人的知识储存有两种方式,一种是语义知识,另一种是情境知识。学科知识往往是以语义的形式,以命题网络的方式储存在人的长期记忆中;而在学科情境中则以情境知识来保持一些难以言传或难以用学科知识进行表征的信息。这些信息与已有的学科知识相结合,可以为个体的建构判断提供指引。因此,引导孩子画出情境内容,再抽出所包含的学科知识要素是极为重要的一种能力。实际上,从本质上来看,这是种破译能力,完成了一种从感性认识到理性认识的升华,实现了库恩所认为不可通约的范式之间的一种跨越,将实际情境与学科知识有机结合起来,为下一步的去伪存真,进行归纳整理,形成问题表征奠定良好的基础。

(三)观点内容:突来的想法

换一种说法,突来的想法就是所谓的灵感。在知识不断被提取和情境不断被破译的过程中,个体的脑神经被深度激发,思路被极大地打开,产生一种突如其来、看似无理的连接,以某一些新的思考角度、新的思路出现。这些突如其来的想法,往往包含着巨大的创造力,并为个体提供完全不同的建构设想或策略。同时,这些想法往往不能为个体所把控,毫无征兆地突然产生。个体不明白产生的原理,也往往无法使其再现。因此,总是快速而来快捷而去,如果没有及时记录,便会快速消失。因此,这是建构当中最为宝贵的成果,要学会记录整理。

这些联想,由于它与平常的想法和正常的联系有所不同,有时会呈现出可笑甚至荒诞的形态。教师要明白这是灵感的一种表现形式,也是创新的雏形,包含着十分有价值的创造性成分。因此,教师要鼓励个体及时记录,并引导个体逐步进行分析以充分发挥其价值。

(四)经验内容:想到的经验

想到的经验往往体现着个体成功的经验,建构知识或解决问题的心理体验。从本质上来看,它不仅记录了个体成功建构的整个流程、内容、结果和成功的喜悦,更重要的是它包含了建构的方法和策略,也就是说在成功经验里隐藏着更多让个体能够回忆起来的知识建构和问题解决的途径方法与策略。也可以说,经验里包含着个体的方法论要素。因为经验不仅是个体解决问题的基本习惯,而且还隐藏着个体解决问题的基本思路、常用策略以及个性偏好。一句话来说,就是包含着个体解决问题的基本却有效的模式。日常的学习实践告诉我们,越有经验的个体,解决问题的办法往往越多,正是说明了这个道理。

因此,从某种意义上来说,我们培养个体良好的思维方式就是培养个体在科学方法指导之下最适合自己的解决问题的经验。因此,教师在教学中,要有意识地引导个体及时总结学习的方法与策略,帮助孩子积累学习的经验,而这正是泰勒在他的教育学名著《课程与方法论》当中所倡导的。这一点往往容易被人忽略,因此更要引起教师的重视。

(五)生活内容:生活的场景

学习是生活的一部分。哪怕是一心一意扑在学习上的个体,学习也不会是人生的全部。因此,个体的生活场景,远远大于个体的学习场景。中学各学科知识往往都来自生产实践与日常生活,在日常场景中容易找到它的原型。特别是那些生活实践中常见的原型和母体,由于经常遇到,个体对它们更为熟悉,理解也更为深入,联想起来也就更加自然。这样,个体容易从一个事物想到另一个事物,帮助个体调动、梳理那些被淡忘掉的知识,进而再次经历学习的过程。这是一个反思与重新建构的过程,能对个体提供有用的启迪,需要把它及时记录下来。

二、选择画的形式

(一)选择合适的工具

在这里要再次强调,本教学模式所谓的"画"与传统意义上的画有本质的区别。从某种意义上讲,这里的画只是做一个记号,可以是常规的图像、图画、图形,可以是草图,可以是一个符号,可以是一些不规则的线条,甚至可以只是一个关键词。其目的就是起到思维的记录、激发、推进的作用,也就是为建立思维的线索所形成的视觉要素。

在这里,要防止个体走向两个极端:要么记录得十分详细,要么记录得十分简略。有的孩子记录得十分详细,用的是十分详尽的句子,特别是低年段,基本做不到使用关键词来表达,这会耗去过多的时间;有的孩子记录得过分简略,写上一两个字(非关键词),结果过后很难想起确切的含义。

(二)进行必要的规范

要特别强调使用关键词及规范图形的记录方式。教师要提倡这种方式。教师还可以提倡孩子用自己掌握的字符进行记录,前提是这些字符要有个性化内涵,而且前后要保持一致,确保能被个体准确快速识别和长久记忆。为了增加画的规范性,教师可以对共画的形式进行必要的训练,让学生学会用公认的可视化工具来表达,比如使用思维导图、思维地图、概念图、鱼骨图、树形图、流程图等。

这些公认的可视化工具有比较成熟的规范样式和相对固定的画法,可以给建构、识别、交流和推广带来较大的便利。因为这些可视化工具具有内在的逻辑性,便于使用。比如说思维导图是立足于某一个思维节点进行可视化的思维发散,无论以什么方式进行联想,下一环节的思维内容总与本节点紧密相连,个体可以循着思维的节点勾勒出思维的脉络,以形成完整的思路。在思维导图的连接线上还写有提示语,这又给个体提供了线索,降低了反思的难度。在比较复杂的思维运作中,这些规范起到了重要的作用。又如概念图可以较好地表达概念,由于概念图具有明显的层次等级,能够与概念等级相对应,按照概念图的层次梳理概念,能较好地理顺各概念的逻辑关系,并进行演绎推导。

三、把握画的时机

在学习过程中,当联想、思路、灵感、问题出现时,就要把相关的信息及时记录下来,同时进行相关的梳理,往下一级推进,而不必等整个思路梳理清楚再加以记录。

(一)及时记录

在比较复杂的情境中,要特别强调记录的速度。个体要快速记录瞬间的想法和已建构的成果,力求为后续的推进提供线索。只有快速记录,才能保障一时的灵感和突来的思路不致丢失,保证下一步的建构顺利开展。

话题　画与话

这里的画还可以是"话"。

在条件允许的范围之内,个体可以使用录音、视频等手段,把自己的想法快速记录下来。由于手机和录音笔的普及,这实际上也是个体独立学习最有效的一种记录方式。个体通过录音不仅可以记录自己的想法,不至于丢失,而且还可以与他人进行交流。

(二)及时梳理

对思维节点要及时进行梳理,将它们有机连接起来,保障建构顺利展开。

思维可视化的过程是以一个视觉节点激发另外一个视觉节点,以一个思维环节连接另外一个思维环节,逐步形成思维串,最后形成一个相对完整的思维片段、一个独立的推进方向甚至是一条完整的思路。

还要指出,在这里,关键是在视觉符号的连接中完成知识与思维的建构,而并非在完成建构之后用图形表达。这里的区别是显而易见的,前者是通过一个又一个视觉符号来推动知识建构的完成,而后者只不过是整合再现了思维建构的过程与结果;前者是生成性的,后者是再现性的;前者的视觉符号起到了激发调动、串联推进的建构价值,而后者仅仅呈现了建构的成果。

四、进行画的连接

将不同的"画的环节"连接起来,形成"画的链条",进而提炼出所需的思维线索是思维可视化建构最重要的部分。画的连接保障了知识和思维能够从一个思维激发点或一个知识的起点,向另一个思维激发点或知识点过渡。这些激发点或知识点按一定的逻辑贯通起来,便形成了思路和知识建构的脉络。

(一)通过知识进行连接

从知识的角度来看,画可以从确定知识(规律、原理、定律、推论、概念、定义等)、学科事实、依据确切事实提出的假想、生活经验以及随机猜想进行连接。思维的内容,首先要从学科知识入手,因为这是已经被证实的正确的知识,保障了思维内容的准确性;其次可以从学科事实入手,它同样保障了思维内容的正确性;而猜想和经验都具有主观的成分,其内容的正确性则有待于后续的证明。

(二)通过推理进行连接

从思维的角度来看,画可以通过演绎推理、归纳推理和类比推理3种主要方式进行连接。这种连接可以保障总体思维线索的正确性和明晰性,保证思维沿着某一方向持续推进,直到建立起正确的建构思路。

(三)通过逻辑进行连接

从因果的角度来看,画可以通过逻辑进行连接。只要两个节点所涉及的知识是正确的,它们之间的关联符合逻辑规律,就能够形成正确的连接。这是思维连接建构的核心,只有保障前后两个点联系逻辑的正确性,思维才能够从前一个节点正确过渡到下一个节点,进而保证思维全程的准确性。

(四)通过经验进行连接

有些时候,由于无法找到合适的知识、推理、逻辑进行连接,思维陷入停滞。这时,可以发动经验思维系统,通过经验、常识、假设甚至直感尝试着进行连接,以推动思维的发展。当思维被打通后,再来检验连接的正确性。

五、预设画的布局

当思路被打开,灵感产生时,个体的联想是庞杂的、丰富的、大量的,甚至是杂乱无章的,思维以涌现的方式出现,很难快速梳理清楚。因此,个体在画的时候要注意以下几点。

(一)准备必要纸笔工具

教学都离不开纸笔,思维可视化教学主要依靠"笔"的思考,以图促思,纸笔更是不可或缺的工具。个体要准备足够的纸笔。这里要特别提醒的是,纸张要足够大,彩笔要足够多样。纸张足够大,才能提供足够大的空间,既保证个体把必要的想法记录下来,又保证同伴的批注和后期的补充完善;彩笔足够多样,才能对关键要点和思路进行突显与区隔。

(二)进行初步布局预设

教师要训练个体,根据学习的内容,对纸面的布局进行初步的预设,以便对画的内容进行规整。

如比较确定的知识类画在某一区域;所看到的情境,包含的学科信息,画在一个区域;突然想到的灵感想法、独特的想法,画在一个区域;能想到的日常经验和日常情境,画在另外一个区域;建构中的疑难困惑画在一个区域;他人的优秀成果画在一个区域;等等。有了初步的区分,个体便能在此基础上寻找下一步的连接要素,从容自得,不至于手忙脚乱,茫然无序。

(三)把切入点画在中央

努力寻找问题的突破口,将切入点当成最重要的激发点,把它画在纸面的正中央。围绕此,将下一级激发节点画在它的周围,以此类推。这样,所有想法既能够跟最关键的激发点形成联结,又便于布局。

(四)使用彩笔标注区隔

在画图过程中,要善于使用彩笔进行标注和区隔。个体要事先准备好多种彩笔,以备使用。当出现重点观点、创新想法、巧妙方案、突发灵感时,个体可以及时用彩笔进行标注、圈画,加以突出。当出现多条思路或多个方案时,个体对此可以进行必要的分类规整,也可以用不同颜色的彩笔画出相关的区间,以形成必要的区隔。

第二节　联想技能

联想是人想象力的基本形式。所谓的联想,通俗地说,就是由此物想到彼物的过程;从认知心理学的角度来看,就是通过想象,将两个物体联系起来。

画思维是从一个思维节点向另外一个思维节点推进,推进的过程就是联想的过程。因此,联想的技能也是思维可视化教学的核心技能。

一、掌握联想类型

按照联想的内容,联想可分为日常联想、学科联想与跨学科联想。实际上,根据不同的内在机制,联想还可分为直接联想与间接联想、自然联想与刻意联想。而按照想象的关联性,联想可分为直接联想与间接联想;按照联想的操作性,联想可分为自然联想与刻意联想。在思维可视化教学中,这几种联想发挥着不同的作用,有着不同的价值,在不同的情境下给个体提供思维的突破。因此,不能厚此薄彼,都需要认真学习,加以掌握。

二、进行联想训练

（一）充分训练日常联想、学科联想与跨学科联想

简言之,联想内容属于日常范畴的,就是日常联想;联想内容属于学科知识的,就是学科联想;如果联想的内容跨越本学科,那就是跨学科联想。

1. 充分训练日常联想

根据认知心理学原理,人们的日常认知存在着一定的图式,有相当的稳定性。这使得人们容易按照日常生活的惯常,将一些事物有机地联系起来,形成一种自然的连接。日常联想的内核就是这种连接。由于这种连接是在经年累月的生活中逐步积累下来的,因此日常联想往往与个体的最深刻的经验连接,联想速度不仅快速,而且具有个体的特征。充分训练日常联想,不仅能够不断提炼个体的经验,使学习与日常实践紧密关联,而且能够调动个体最富天性的想象力,在异想天开中,完成创新思维的培养。

充分训练日常联想要求教师不仅培养个体日常想象的独特性,还应培养个体日常想象的广阔性。通过想象,打开个体的思维空间,这样不仅可以为解决问题创造条件,而且能有效克服思维定势,推动个体创造性的产生。

训练日常联想时,还要注意对联想的内在联系进行分析,了解其中的机制,这会进一步培养个体的日常想象力。

例 日常联想:由红色想到什么。

红色→火、太阳、血、红旗、消防车、苹果

火、太阳、血、红旗、消防车、苹果都是日常生活常见的事物,并非某个学科特定的知识内容。

从红色到火、太阳、血、红旗、消防车、苹果的联想,就属于日常联想(图10.1)。

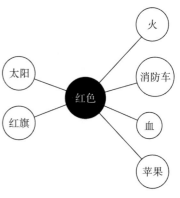

图 10.1 日常联想:由红色想到什么

这种联想是基于日常经验,根据惯常思维进行。其根源在于日常生活,源于学生积累了大量的日常经验。

因为在日常生活中,这些事物是最常见,个体最熟悉的。火、太阳、血本身都是红色的,红旗、消防车和苹果也是红色的,它们与"红"之间有着直接的联系。

同时,这些事物与个体的心理也有着密切的关系。冬天烤火、晒太阳,给人温暖;流血则常常意味着受到了伤害;学生从小就与红旗一同成长,升旗又有着庄严的仪式感;而消防车呼啸的场景令人印象深刻。这些都容易给人深切的感知形成深刻的经验被人牢牢记住。因此,很容易被唤醒提取出来。

为什么有人很容易就联想到苹果?一种可能是因为他家就卖苹果的。他对苹果非常熟悉,这种联想也是自然形成的,而且与自己生活的经历密切相关,具有个性化特征。

2. 充分训练学科联想

联想时有意将范畴控制在某一学科的范围,所联想的内容为学科的专业知识,这种联想就称为学科联想。

(1)有意进行学科联想

由于日常联想具有巨大惯性,没有必要训练,个体很难自觉地进行学科联想,这就容易将日常联想与学科联想割裂开来,给个体解读情境带来困难。因此,在日常学习中,要有意识地训练学生的学科联想。

例 学科联想:由红色想到什么。

红色→红光→可见光→电磁波→机械波→振动

这是一个典型的学科联想的例子。如果没有物理学的专业知识,在日常生活中是很难从"红色"联想到"频率"与"振动"的。分析一下其中的机制,便可以发现这一点,如图10.2所示。

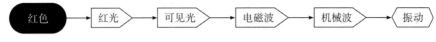

图 10.2 学科联想:由红色想到什么

其联想机制是这样的:红色→红光→可见光→电磁波→机械波→振动。

由"红色→红光"是一个重要的学科联想枢纽。因为正如前面分析的那样,如果展开日常联想,一般是这样的:"红色→火(血、太阳等)"。而"红色→红光"的联想,这就有意将红色限制在光学领域范围,展开的也就是物理学科的学科联想。同时,"电磁波→机械波"的转换也是不可或缺的,因为红光并不是机械波,跟振动不能直接关联。

在此基础上,可以再想到电磁波与机械波的区别,想到红光波长、频率与波速的关系为光速＝波长×频率,这纯粹属于物理学的专业范畴了,因为这在日常生活中很少涉及。

（2）有层次地开展学科联想

一些事物联系比较紧密,学科联想就相对比较容易展开;有些事物联系不够紧密,学科联想就不好展开;而有些事物之间的联系非常隐蔽,就更难以展开学科联想。因此,在训练学科联想时,要由熟悉到陌生,由表面到深层,充分挖掘对象之间的关系,推动学科联想广泛深入地生成。

例 学科联想:由蓝色想到什么,基于化学学科视角。

限定在化学这一学科,那联想只能在化学学科的范畴内展开。试看下面的联想图（图10.3）。

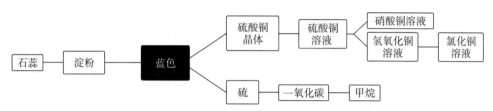

图10.3 学科联想:由蓝色想到什么,基于化学学科视角

我们可以按照联想对象关联的隐蔽程度,把这些联想分成3层:

其一,关联明显。很显然,硫酸铜晶体是常见的蓝色的化学物品,这是最明显的关联。由硫酸铜晶体想到硫酸铜溶液是自然的,再想到后面的硝酸铜溶液、氢氧化铜溶液、氯化铜溶液也是自然的。它们之间有着明显的关联。

其二,关联较为明显。关联不能直接看出,需经过转化后发现。很显然,通过反应,石蕊、淀粉呈现蓝色,现象十分明显。这两种物质常常被作为试剂加以运用,学生较为熟悉,因此与"蓝色"的关联比较明显。

其三,关联不明显。硫、一氧化碳、甲烷经过燃烧,火焰呈蓝色。学生虽然对此也有经验,但不熟悉,两者的关联需要经挖掘才能形成,就相对隐蔽。

通过3层的联想推进,学科联想就可以得到充分的培养。

3. 充分训练跨学科联想

跨学科联想训练可以从以下几个方面入手。

（1）区分不同学科的同一观念

有时,一个概念可能出现在不同的学科里,而且各学科对其界定不尽相同。要进行跨学科联想,就需要深入把握知识在不同学科里具体的内涵与外延,并进行比较,以求精确把握。比较时,既要找出其相同点,也要找出其不同点。把握相同点,求跨学科融合;从不同点,突出不同学科的特性与本质。

（2）从本学科开始

跨学科实践一个重要的策略就是基于本学科,走向它学科。在展开联想时,首先要立足于本学科,在本科内展开充分的联想,打开想象的空间,让知识串起来,让情境联起来,让问题活起来。只有本学科的联想得到充分挖掘,跨学科联想才有根基。

（3）进行跨学科联想

跨学科联想通过自然联系展开。从本学科的知识、情境、问题入手，展开联想，可以自然与其他学科的知识、情境和问题进行衔接。因为真实问题、真实情境往往是跨学科的，很少是单学科的。以真实问题与真实情境为中心，展开联想，就能够自然地将各学科的知识有机地融合起来。这种联想最大的价值在于基于问题解决展开，能够较好地呈现问题解决的优先顺序，具有实践的指南性，能够较好地培养个体解读情境、解决实际问题的能力，而这正是衡量个体学习力的标志。

（4）交错进行联想

交错联想是指在进行跨学科联想时，可以有意识地要求学生先从某个学科开始入手联想到另一学科，再回到本学科，交错进行。这种训练要有意甚至刻意进行。从本质上看，这是一种刻意联系。前面论述过，刻意联想能够打破个体的思维定势，产生创造性。交错联想能够打破联想的两个优先顺序：一是打破个体容易从熟悉的事物开始进行联想；二是打破个体容易从单一学科进行联想。

有时，这种刻意联想带有很强的约束性，推动个体去强行打开思路。因为从常态看，不同学科之间事物的联结是极其微弱的，甚至是完全难以察觉的。这时，个体就不得不逼迫自己，去挖掘两者之间的关系，努力促使两者联系起来。这个过程，个体必须抛弃以往的认知惯常、思维习惯和知识的连接方式，展开全方位的发散搜索，并在某一种可能连接的点进行深钻，以求突破。这就让个体以新的视角、新的思维和新的知识组合来重新审视问题与情境，有利于推动个体批判性思维的产生。

4. 将日常联想、学科联想与跨学科联想有机结合

传统学习的一个弊病是学科教学与学生的实践脱节，知识与学生的经验脱节。一方面，经典的学科知识往往源于日常生活、生产劳动和社会实践，与日常的经验常识不能完全分开。忽略了学生的经验，容易使知识与具体情境失去紧密的联系，这实际上是故意将知识与生活做了切割。另一方面，随着教育水平的日益提高和电视等媒体的广泛使用，大量的学科名词也进入日常生活领域。有时，甚至要区分一个词是学科专业名词还是日常词汇都十分困难。而对于一些专业素养较强的个体，在日常生活中更趋向于使用专业名词进行交流。

因此，只有将学科知识与真实情境联系起来，通过联想打破日常生活、学生经验与学科知识、跨学科知识的界限，让两者融合起来，才能使知识成为有源之水，有本之木，使个体的知识根植在一个更为宏大的土壤里，与具体情境、具体实践水乳交融。

这可以按照以下几个方面进行训练：

其一，拆除日常生活与学科专业的壁垒。让个体意识到日常经验、生活常识与学科知识没有必然的界限，日常联想与学科联想没有严格的界限。实际上，一个学科素养越好的人，往往越能够将两者统一起来。因此，个体要善于从日常生活、日常实际、社会活动中，去发现知识的典型样态、常见的体现方式，努力去挖掘知识的来源，将知识与生活紧密地融合起来。

其二，以围绕某一主题刻意进行训练。可以紧扣主题、情境和问题核心，充分展开联想。教师要不断地追问，此情境你可以想到哪些知识？是哪一个学科或哪几个学科的知识？它们之间与情境的联结方式是什么？要解决此问题,需要哪个学科的知识？仅这一学科的知识足够吗？还需要哪几个学科的知识？它们分别解决了哪几个问题？哪个学科的知识起了关键的作用？哪个学科的知识起了重要的作用？哪个学科的知识起了辅助的作用？哪个学科的知识起了完善的作用？这些知识是如何联系的？有没有本质的关联？能否相互融合？能否相互促进？

其三,将日常联想转化成学科联想。如"太阳→火把"是一个日常联想,仔细分析,我们会发现其内在机制也可以是这样的:太阳像火把,这是用了文学的"比喻"的修辞手法,因此也可以把它当成是一个学科联想。

(二)把握直接联想与间接联想

基于联想对象之间是否存在直接的关联,我们可以将联想分成直接联想与间接联想。

1. 充分培养直接联想

如果两个事物有着密切的关联,或者经常是同时出现,看到(或提起)此物便会联想到彼物,不需要其他的事物进行过渡与转换,这种联想就称为直接联想。从思维的方向来看,直接联想是一种正向联想能力。直接联想的能力越强,个体正向想象的空间就越大。通过联想,给个体提供的思路就越丰富越多样,这让个体拥有足够多元的想象视角将推理多向发散,个体正向推理的能力也就越强,解决问题的能力也就越强大。日常联想、学科联想与跨学科联想经常以直接联想的方式进行。

上面的"红色→火、太阳、红旗、救火车"及"红色→红光→可见光→电磁波……"都属于直接联想。

例 直接联想:由红色想到什么。

联想1:红色→黑色→黑夜→星星→月亮→嫦娥……

这种联想便是直接联想。因为红色与黑色同属于颜色范畴。由一种颜色想到另一种颜色犹如看到一个人想到他的兄弟姐妹一样自然。同时,红与黑相对,它们常以相反相成的形式出现,看到红色想到黑色更是自然而然的。同样,在日常的视域里,黑色与黑夜、黑夜与星星、星星与月亮、月亮与嫦娥之间的联系是紧密的,是一方容易唤醒另一方的。人们容易从黑色想到黑夜,从黑夜想到星星,从星星想到月亮,从月亮想到嫦娥(图10.4)。因此,这种联想就是自然联想。

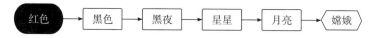

图10.4 直接联想:由红色想到什么1

联想2:红色→红旗→红军→长征→遵义→延安→胜利→国庆节……

对于革命史,这种联想是自然联想。因为从革命史的角度,这些事物之间的联结是自然的,是容易相互唤醒的(图10.5)。

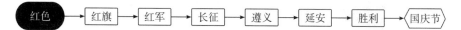

图10.5 直接联想:由红色想到什么2

从上面分析又可看出,自然联想既可以在日常范畴展开,也可以在专业范畴展开。

联想3:红色→(黑色、蓝色、橙色、黄色、绿色、紫色……)

这个例子里,由红色可以直接联想到黑色,也可直接联想到蓝色及其他各种颜色(图10.6)。由此可以看出,直接联想可以激发出数量巨大的次级联想,每个次级联想又可以激发出数量巨大的下一级联想。因此,强大的直接联想能力,将给个体打开无穷无尽的思维空间,帮助个体解决问题,并产生创造力。

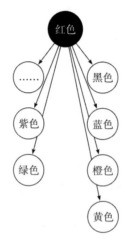

图10.6　直接联想:由红色想到什么3

2. 善于使用间接联想

两个相互连接的联想对象或内容不存在直接的关联,而需要某一中介进行过渡,这种联想就称为间接联想。

例　间接联想:由红色想到什么。

联想1:红色→热

这是一种间接联想,但又是一种很自然的联想。我们可以这样追问:你为什么从红色会想到"热"? 他大体会这么回答:从红色可以想到火、太阳,而火和太阳都是热的,所以由"红"就会想到"热"(图10.7)。

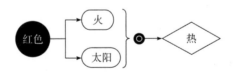

图10.7　直接联想:红色→热

联想2:红色→喜庆

其联想机理是这样的:红色→红布(大红灯笼)→张灯结彩→节日→喜庆,如图10.8所示。

图10.8　间接联想:红色→喜庆

联想3：红色→青春

其联想机理是这样的：红色→火→热→热烈→激情(奔放)→青春，如图10.9所示。

这同样是间接联想，因为这几个联想同样需要其他事物的转换来进行衔接。

图10.9　间接联想：红色→青春

简单分析总结上面的联想类型，我们可以发现，以上间接联想都是从感官经验上进行联系，与日常生活的日常感知和生活图式分不开。

联想4：红色→振动

其联想机理也可以是这样的：红色→红光→可见光→电磁波→机械波→波长→频率→振动，如图10.10所示。

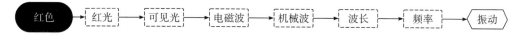

图10.10　间接联想：红色→振动

3. 把握直接联想与间接联想的关系

很显然，从"红色"到"热"的联想，是经过了"火"或者"太阳"这样的中介物的。我们甚至可以仅从字面的关联看出这种联系：红色→红火，火→火热，所以红→热。

实际上，只要复原中介(火、太阳)的转换过程，我们可以清楚地看到，一个间接联想之间至少存在两级直接联想："红色→热"可看成是由"红→火"与"火→热"两个联想组成，而此两者都是直接联想；"红色→热"还可看成是由"红色→太阳"与"太阳→热"两级直接联想，通过太阳这一中介物连接。

对于更加复杂的间接联想亦如此："红色→青春"，补上中介之后，我们发现"红色→青春"是至少由"红色→火"、"火→火热"、"火热→热烈"、"热烈→激情(奔放)"与"激情(奔放)→青春" 5个直接联想环节构成。

同样，"红色→振动"这一间接联想，是由"红色→红光"、"红光→可见光"、"可见光→电磁波"、"电磁波→机械波"、"机械波→波长"、"波长→频率"与"频率→振动" 7个直接联想连接而成。

从上面的分析我们可以看出，间接联想是由多级直接联想组成。换句话说，间接联想是省去某些环节的直接联想。只要我们把中介填入联想链条里，便可以发现这一点。

"红色→热"："红色→火""火→热"➯"红色→火→热"。这是个两级直接联想，省去"火"这一中介物，便成了这一间接联想的结构"红色→热"。

"红色→青春"："红色→火"、"火→热"、"热→热烈"、"热烈→激情(奔放)"、"激情(奔放)→青春"➯"红色→火→热→热烈→激情(奔放)→青春"。

这是个5级的直接联想，省去中间的4级中介过渡，便形成了"红色→青春"这一单级的间接联想

"红色→振动"："红色→红光"、"红光→可见光"、"可见光→电磁波"、"电磁波→机械波"、"机械波→波长"、"波长→频率"、"频率→振动"➯"红色→红光→可见光→电磁波→

机械波→波长→频率→振动",很显然,这是个 7 级直接联想,省掉中间的 6 个中介物,便成了"红色→振动"这一一级的间接联想。

当我们直接用元素来代替这些具体的中介物,可以这样表达:如果元素 1→元素 2,直接联想;元素 2→元素 3,直接联想;元素 3→元素 4,直接联想……元素 $n-1$→元素 n,直接联想,那么元素 1→元素 3,间接联想;元素 1→元素 4 间接联想……元素 1→元素 n 间接联想;元素 2→元素 4 间接联想;元素 2→元素 5 间接联想……元素 2→元素 n 间接联想;等等。由此可以看出,间接联想的内在机制依然是直接联想,间接联想是通过两个或多个直接联想形成的,删去中间的共同元素,或跳过某些中间环节,直接联想就成了间接联想。

(三)掌握自然联想与刻意联想

1. 充分发挥自然联想

当想象由着惯常思维推进,联想能按常理进行展开,显得自然,这种联想就称为自然联想。

自然联想符合大脑的认知规律,能够让思维沿着习惯熟悉的方向开展,进而节省脑资源,提高处理信息和解决问题的效率。因此,在学习认知与问题解决时,要本着自然联想的原则,充分发挥自然联想的功能,通过自然联想展开认知。在学习中,教师需要强调学科大观念、强调学科通法,从学科的知识本质和根本方法展开思考、推理和想象,以培养个体学科的自然联想能力,以提高个体解决问题的能力。

2. 学会刻意联想

当联想特地往某一个特定的方向、领域展开,或者将看似完全无关的两个物体刻意联系在一起,这种联想就称为刻意联想。刻意联想跟心理学所谓的有意想象类似,有意想象是指"根据预定的目的,在一定意志努力下自觉进行的想象"(陈小异,2015)。刻意联想有时是为了获取特定的思路,有时是为了打破思维定势,以拓展思路、催生创造力。

(1)用刻意联想归纳特定方向

将思维往特定的方向、范畴展开,目的是进行更细致的分类,进一步提炼思维的指向性。请看下面的例子:

①红色→橙色→黄色→紫色,如图 10.11 所示。

②红色→蓝色→青色→绿色,如图 10.12 所示。

③红色→黑色→白色,如图 10.13 所示。

很显然,这种联想与前面颜色的联想不一样,而是以一种更加细致精微的分类方式进行联结,分类的方式有明显刻意性。

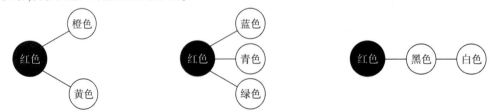

图 10.11　刻意联想与思维　　图 10.12　刻意联想与思维　　图 10.13　刻意联想与思维
指向 1　　　　　　　　　　指向 2　　　　　　　　　　指向 3

分析如下:

①是沿着相同一种色调进行联系(都是暖色);②是沿着相反色调进行联系(暖色→冷色);③是根据语义相反(或色调相对)进行联想。也就是说,在红色→橙色之间,红色→蓝色之间分别隐藏着过渡的层级:暖色与冷色,如图 10.14 和图 10.15 所示。

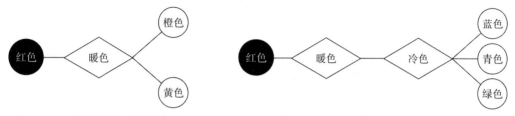

图 10.14 刻意联想与思维指向 4　　　　图 10.15 刻意联想与思维指向 5

补上这两个逻辑层级,我们便可以发现其联想的内在刻意性,其联想的 3 条指向性就一目了然。

上面有关于红色看似杂乱随意的联想,其实有着很明确严谨的联系路径:①色调相对:红色→黑色→白色。②色调相近:红色→暖色→橙色→黄色……③色调相反:红色→暖色→冷色→蓝色→青色→绿色……我们可用图 10.16 来呈现。

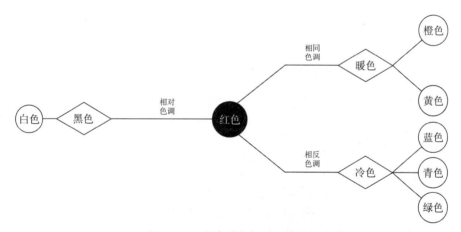

图 10.16 刻意联想与思维指向 6

因此,从本质看,从红色联想到蓝色是从同一个集合中一个要素寻找另一个要素,是属于分类学的研究范围,而这其实是学科专业的基础———一般说来,学科不同,研究的对象也不同。因此,这种联系告诉我们,让联想沿着学科进行,是培养学科思维的有效方法。

(2)刻意拓展思路

我们来回忆两个著名的科学史实:苯的发现与白光组成的发现。

苯的发现据说是源于一个梦:科学家梦见了一条小蛇用嘴叼住自己的尾巴,形成一个封闭的结构。他想苯会不会也是这么一种封闭的结构?并由此提出假设,突破了科学史上的难题。很显然,将苯的结构与梦中蛇的形态联系起来,带有十分明显的刻意性,是一种典型的刻意联想。正是这种刻意联想,使他获得了巨大的成功。

同样,牛顿对白光组成的猜想也是如此。牛顿想,乐音是由 7 个音阶组成,那么白光会不会也是由 7 种不同颜色的单色光组成呢？这一下子打开他的思路，提出了一个著名的观点：白光是由 7 种颜色的单色光组成，并通过实验得到验证。

第三节　推理技能

推理是从已知的或假设的事实中，引出结论的认知过程。很显然，知识建构与问题解决都离不开逻辑推理。从逻辑的角度来看，知识建构与问题解决的过程都可以说是逻辑推理的过程，无论是上位知识、下位知识还是同位知识。上位知识、下位知识和同位知识在学科体系中所占的逻辑地位不同，因此所采用的推理方式也有所不同。一般说来，上位知识根据归纳推理进行建构，下位知识根据演绎推理进行建构，而同位知识则往往诉诸类比推理的方式展开建构。

一、掌握归纳推理

归纳推理是一种非常普遍而重要的思维形式。归纳过程在产生概念、建立概念之间的联系、建构人类新知识方面发挥着重大的作用，它总是与知识表征、概念发展和图式归类等重要的认知过程紧密相连。

(一)理解归纳推理的内涵与基本特征

归纳是指从特定的事件、事实向一般的事件或事实推论的过程，是将知识或经验概括简约化的过程。

归纳推理有 3 个基本的特征。

1. 归纳推理可以产生新知识

归纳的过程，是将不同的事物按照某一标准进行归类的过程。这实际上是形成新的联系的过程，在这个过程中可以产生新的联结意义，进而建构出新的知识。

2. 归纳推理不具备严格意义的因果性

归纳是从众多的事物、事实中提取出共性的要素，并把它推广到该类别的所有事物。这是一个从有限向无限推演的过程，不存在必然性。因为与无限性相比，再多的事实也是有限的，因此不能把有限事物的共同性质推广到所有的事物。

3. 产生合理的结论，对归纳必须进行限制

从有限的事实可以联系到无穷多个的可能性，要使其得到相对一致的结论，必须对推理的方向进行一定的限制。

(二)使用归纳推理进行上位知识建构

1. 把握建构原则

上位学习是通过综合已有观念而进行的(德里斯科尔，2008)。个体通过归纳法，可以实现对已有观念的综合，建构上位知识。根据归纳推理的以上特点，在用归纳推理建构上位命题时,要遵循以下原则,以提高知识的可靠性。

(1)所给上位命题的类别要尽量周延

①穷尽所有对象。穷尽法一般也称为完全归纳法。当所给的对象有限时,我们可以用穷尽法进行列举归纳,这样得出的结论便是可靠的,有普遍意义的。比如,我们可以分析本村所有家庭成员的头发及其皮肤,发现:张家人是黑头发黄皮肤,王家人是黑头发黄皮肤……本村所有家庭成员都具有"黑头发黄皮肤"这个共同的特征。于是,可以得到一个结论,本村所有人都是黑头发黄皮肤。其原因就是所归纳的对象是有限的,是可以穷尽的。每一个体都有这个特征,结论当然也就是正确的了。

进行思维可视化教学时,如果对象是有限的,可以引导学生通过穷尽法进行归纳。教师可以要求学生将对象逐一写下,一一分析它们的共同特点,然后通过穷尽法归纳得出结论。

②周延所有类别。当个体面临无限的个体,或者上位命题所涵盖的对象是无限的时候,为了提高归纳的科学性,可以先对该对象进行分类。按照一定的标准,将研究对象分成有限的几类(注意,此时已经将归纳推理的方向进行限制了),然后再进行归纳推理。这样,无限的对象个体就变成了有限的类别。当我们穷尽这些类别进行归纳时,就容易得到合理的结论。

例 归纳推理的周延问题:功能原理。

中学物理的功能原理可以简单地理解为使用机械不能省功。机械是不可穷尽的,但是我们可以按照一定的标准将机械分成有限的几种类别。如我们可以按"是否省力"将机械分为省力机械、费力机械和既不省力也不费力机械3种类型,然后再对每一种机械类型逐一进行验证。发现无论是省力机械、费力机械还是既不省力也不费力机械使用时都不能"省功"(图10.17)。因此,我们便可以得出这样一个比较普遍的结论:使用机械不能省功。这个结论之所以具有相当的普遍性,其原因就在于研究时,我们穷尽了所有的

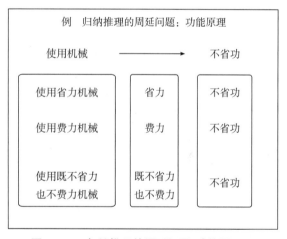

图 10.17 归纳推理的周延问题:功能原理

机械类别——因为按照"能否省力"这一标准,机械只能分为3种:要么省力,要么费力,要么既不省力也不费力,不存在第四种可能。如果我们只用3种类别中的一种或者两种,如用定滑轮、动滑轮及滑轮组来进行探究,其普遍性便会大大降低。因为前者属于不省力不费力机械,后两者都属于省力机械,而费力机械并没有涉及。这样,人们会质疑:费力机械是否也满足这个规律呢?而如果用定滑轮、动滑轮及倒置动滑轮(自由端重物,拉力作用在轴上)则不存在这个问题,因为最后的倒置动滑轮是个费力机械。

(2)根据归纳的标准,对象要具有典型性

比较以下两个例子:

麻雀有翅膀,所以鸟类都有翅膀。

企鹅有翅膀,所以鸟类都有翅膀。

很显然,大家会认为第一个推理更有说服力,因为麻雀是典型的鸟类,而企鹅却不是。

(3)要有众多的独立样本

归纳推理是对众多事物中共同点的提取,因此所提供的事物越多,提取出来的共同点适合的对象也就越多。也就是说,独立样本有多大,归纳得出的结论就能够在多大范围内成立。

2. 合理应用归纳推理建构上位知识

(1)使用周延法展开教学

一般说来,使用穷尽法的机会很少,归纳总是面临着不可穷尽的无限事物。因此,在进行思维可视化教学时,要多采用周延法。教学时,教师首先教会学生学会分类,然后引导个体按一定的标准对研究对象进行分类,再逐一分析这些类别的共同特征,最后进行周延归纳。

(2)画思维时既要画出共同特征,也要画出分类原则

使用归纳法进行思维可视化教学时,教师不仅要指出归纳推理是对不同事物共同性质的提取与凸显,而且还要强调这种提取与凸显是基于一定标准的——这种标准有时是比较明显的,可以一眼看出;有时则是比较隐晦的,需要仔细观察,认真分析与判断,而这种标准提炼的过程,很可能为产生新意义创造条件。因此,在思维可视化教学中,教师不仅要引导学生注重事物共同特征的归纳,及时将它们记录下来,突显出来;还要引导学生注意标准的提炼与辨析,并及时记录下来(特别是那些标准不明朗的情境),以明确分类的依据。这样学生在建构知识时,便能够掌握知识的前提条件,更好地理解知识的本质。

例 归纳推理与上位知识建构:明喻。

明喻是一种常见的修辞手法。如果用"明喻是一种打比方的方式,其典型结构是:本体+比喻词+喻体"这样直接定义的方法进行教学当然也可以达成目标,但总是给人抽象、不易明白的感觉,这不是上策;而如果列出一些例子(如太阳像火把、父爱如山、文章似匕首、声若洪钟……),让个体通过归纳推理,通过可视化手段,个体容易发现(图10.18),这些句子都有这么共同的特点:一是总用易理解的事物比拟不易理解的事物;二是在句式结构上总可以分成3部分,形成"甲像(如、似……)乙"的表达。这样,学生很容易掌握。更重要的是,学生不仅能够快速得出明喻"本体(左列)+比喻词(中列)+喻体(右列)"这一句式结构,而且会发现本体(左列)与喻体(右列)是不同两个类型事物的这一重要的分类原则——而这正是比喻修辞手法"同类不比"的本质内涵。

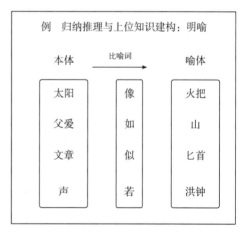

图10.18 归纳推理与上位知识建构:明喻

同时,通过可视化手段的编码归纳,明喻的句式结构和本质特征得到了直观的强调,促

成个体深刻的认知和长时的记忆。

（3）寻找足够多的例子，防止"1例1论"

教学中，我们常常可以看到，在进行归纳推理时，教师往往并没有给出足够的例子，甚至用"1例1论"——就是通过一个例子得出一个结论——这种简单枚举法来代替归纳法。

有人认为这是受到时间的限制。因为课堂没有足够的时间，所以教师就没有举出足够的例子。这实际上是一种错误的判断。教师没有举出充足的例子，甚至使用简单枚举法，不是因为课堂时间不够，而是教师对归纳推理的内在机制缺乏必要的了解。简单地说，就是教师没有掌握归纳推理的真正内涵。

比如，在实验课上，我们经常听到这么一句话，为了提高实验的普遍性，我们要多做几次实验，至少要做3次实验，有时间可以做到4次、5次。这说明教师认为3~5个样本就足以支撑起归纳法，这很明显是个错误的认知。

因此，在使用归纳法进行思维可视化教学时，教师要提取足够多的例子，让学生把握其内在的共同特征，以提高归纳推理的可靠性，准确建构上位知识。

二、掌握演绎推理

和归纳推理一样，演绎推理也是一种重要的思维形式，在知识建构和问题解决中发挥着重要的作用。

（一）掌握演绎推理的内涵与基本特征

与归纳推理相反的是，归纳推理是从特殊到一般的过程，而演绎推理则是从一般到特殊的过程。

演绎推理具有以下几大特征。

1. 演绎推理是一种必然推理

归纳推理是一种或然推理，所得出的结论不具有必然性；与归纳推理不同，演绎推理是一种必然推理，遵循着严格的逻辑规律，其结果是必然的。

2. 演绎推理不能产生新知识

演绎推理的结论是对大前提知识的说明，没有产生新的联系，只是在原来的范畴内进行转换，范围没有拓展。因此，演绎推理没有产生新的意义，也就不能产生新知识。

试看下面的例子：

凡动物皆会死，鸡是动物，所以鸡会死。

显然这是一个确切的推理，有着内在的必然性。但并没有带来新的知识，因为"鸡会死"，是可以从"动物会死"这一前提推导出来的，没有增加新的知识。

比较以下的归纳推理例子：

鸡会死、鸭会死、猪会死、人会死……所以动物会死。

这是一个典型的归纳推理。从有限的某些动物会死这一特殊结论，推导出了"所有的动物都会死"这个普遍的结论。"动物都会死"，就是一种新的意义、新的知识。因为这里的"动物会死"大大超过了前面所有用来归纳的"鸡、鸭、猪、人……"这些有限的动物"会死"，是将有限动物"会死"的性质推广到其他没有被归纳到甚至完全未知的动物的身上，得出它们也"会死"。

(二)理解并掌握演绎推理的常见形式

演绎推理可以分为范畴三段论推理和条件推理。

1. 掌握范畴三段论推理

(1)理解定义

范畴三段论推理,简称三段论,是由两个包含着共同项的性质命题作为大小前提而推出一个新的性质命题为结论的推理。一般说来,它由大前提、小前提和一个结论组成。

(2)熟悉表达式

三段论可以表达如下:

大前提:所有的 P 都是 M,

小前提:所有的 Q 都是 P,

结论:所有的 Q 都是 M。

可以看出,一个三段论推理都有而且仅有 3 个词项,每个词项在 3 个命题中重复一遍。其中,P 称为大项;M 称为中项;Q 称为小项。

看下面的例子:

所有的偶蹄动物都是哺乳动物,

任何牛都是偶蹄动物,

所以任何牛都是哺乳动物。

这是一个标准的三段论。只涉及 3 个词项,大项——哺乳动物、中项——偶蹄动物及小项——牛,它们都被重复了一遍。

(3)把握相关的注意点

使用三段论的时候特别要注意,要使结论成立,大项必须涵盖中项,中项必须涵盖小项。即从量的角度来看,大项包含了中项,中项包含了小项。在上面的例子中,哺乳动物包含了偶蹄动物,偶蹄动物则包含了牛。

2. 掌握条件推理

条件推理是一种假言推理,在知识建构和问题解决中,其发挥着重要的作用。

条件推理包含 3 种形式:充分条件推理、必要条件推理以及充分必要条件推理。

(1)把握充分条件推理

①理解充分条件推理的内涵。充分条件推理是反映某事物情况是另外一事物情况充分条件的推理。所谓的充分条件是指一事物情况 P 是另一事物情况 Q 成立的条件。即如果有了 P,则一定有 Q;如果没有 P,则不一定没有 Q(即可能有 Q 也可能没有 Q)。也就是如果满足了什么条件,那么就会产生什么结果;不满足什么条件,不一定不会产生这个结果。

其可表达为"如果……那么……"(如果 P,那么 Q)。日常生活中还常用"假如……则……""只要……就……""当……便……"表达。

②掌握充分条件推理的特征。充分条件推理具备以下两个特征:

其一,肯定条件,必肯定结论;否定结论,必否定条件。

请看下面的例子：

如果下大雨，那么草地就会变湿。

看下面这两个推理：

推理1：现在天下大雨，所以草地会变湿。

推理2：草地没有变湿，所以没有下大雨。

这两个推理都是对的，因为前者是肯定了条件（天下大雨），必然要肯定结论（草地变湿）；而后者则是否定了结论（地没变湿），则必否定条件（天没下大雨）。

其二，否定条件，不一定否定结论；肯定结论，不一定能肯定条件。

再看下面的例子：

如果下大雨，那么草地就会变湿。

看下面这两个推理：

推理1：现在天不下大雨，所以草地不会变湿。

推理2：草地变湿，所以天一定下大雨。

很显然，这两个推理都是错误的。因为下大雨，不是草地变湿的唯一条件，对草地喷水也可以使草地变湿。

例 充分条件推理：王戎判梨。

请你研读《世说新语》中的这个故事，回答下面的问题。

王戎七岁，尝与诸小儿游。看道边李树多子折枝，诸儿竞走取之，唯戎不动。人问之，答曰："树在道边而多子，此必苦李。"取之，信然。

A. 王戎不争着去采摘李子的原因是什么？（明确：他判断"此必苦李"）

B. 他是从哪些已知信息中得出这个结论的？（明确：①"道边"，②"多子"）

分析一下王戎的分析，就会发现，这里包含了双重推理：一是隐藏的三段论推理；二是充分条件推理。

其一，三段论推理如下：

大前提：路边的李子如果是苦的，就没有人摘，那么树上的李子就多。（隐藏）

小前提：路边树上的李子很多（没有被路人摘取）。

结论：所以，这李子是苦的。

其中，大前提"如果李苦，就没有人摘"被隐藏起来。

其二，充分条件推理。这个大前提本身又是一个充分条件推理。"苦"是条件，"没有人摘"是结果，可完整表达为"如果李子是苦的，则没有人摘"。

从以上分析可以看出，普通孩子之所以无法得到这一正确的结果是因为这是一个双重推理，而扮演重要角色的假言推理又被隐藏起来。

（2）掌握必要条件推理

①理解必要条件推理的内涵。必要条件推理反映某事物情况是另一事物情况必要条件的推理。所谓的必要条件，就是说如果没有 P 就必然没有 Q，但如果有了 P 却未必有 Q。也就是说 Q 要存在，P 的存在是必不可少的。

必要条件推理可表达为"只有……才……"（只有 P，才 Q）。其中，"只有……"是条件，"才……"是结论。必要条件推理还可以表达为"不……不……""没有……没有……"等。

②掌握必要条件推理的基本特征。必要条件推理具备以下特征:否定条件,必否定结论;肯定条件,不一定肯定结论。

请看下面的例子:

只有认真听课,才能取得好成绩。

这是一个典型的必要条件推理。"认真听课"是"取得好成绩"的必要条件,因此否定了此条件——"没有认真听课",就否定了结论——"不能取得好成绩"。同样,肯定条件("认真听课"),不一定肯定了结论("取得好成绩"),因为要取得好成绩,仅靠"认真听课"是不够的。

(3)掌握充分必要条件推理

①理解充分必要条件推理的内涵。充分必要条件推理是反映某一事物情况既是另外一事物情况的充分条件,又是其必要条件的推理。

所谓的充分必要条件,是指条件成立,则结论成立;条件不成立,则结果必不成立。

充分必要条件推理,其内涵为"当且仅当……则……",可以表达为以下形式:当且仅当 P,则 Q。

②把握充分必要条件推理的基本特征。很显然,充分必要条件推理具有以下特征:肯定条件,必肯定结论;否定条件,必否定结论。

请看下面的例子:

当且仅当三角形三条边相等时,三角形三个角才相等。

在以上的推理中,肯定了条件"三角形三条边相等",必然要肯定结论"三角形三个角相等";否定了条件——"三角形三条边不相等",则必然否定其结论——得出"三角形三个角不相等"。

(三)用好演绎推理进行下位知识建构

在建构下位知识或应用知识解决问题时,经常用到演绎推理。其中,三段论和充分必要条件最为常见。因此,在思维可视化教学中,教师对学生要做好充分的训练,提高他们的推理能力。下位知识没有改变上位知识的本质内涵,但以某种形式改变了对原来已有的观念的理解(德里斯科尔,2008)。

1. 应用三段论进行下位知识建构

一般说来,下位知识建构用的是三段论。

例 三段论与下位知识建构:菱形→正方形。

学习了菱形的对角线相互垂直,知道正方形是一种特殊的菱形,那么就容易得出正方形的对角线相互垂直。这种知识建构,用到的便是三段论的方式。我们可以把这个推理过程完整地表达出来:

大前提:菱形的对角线相互垂直,

小前提:正方形是菱形,

结　论:正方形的对角线相互垂直。

> **例** 三段论与下位知识建构:菱形→正方形
>
> 大前提:菱形的对角线相互垂直,
>
> 小前提:正方形是菱形,
>
> 结　论:正方形的对角线相互垂直。

在用三段论进行下位知识建构时,要注意写出完整的推理过程,让个体看到大前提、小前提,然后自然得出结论。在教学中,教师往往忽略了小前提的强调,整个推理过程不完整,学生就难以跟上。在上面的例子里,如果教师略去了小前提"正方形是菱形",直接将推理表达为"因为菱形的对角线相互垂直,所以正方形的对角线相互垂直",基础弱的学生就不好理解。而如果补上了"正方形是菱形的一种"或"正方形是特殊的菱形",甚至问"正方形是不是菱形"对小前提进行强调,那么个体就很容易得出结论。

2. 用好充分必要条件进行教学

例 充分必要条件教学:水的沸点。

在一个标准大气压下,水的沸点为 100 ℃。

这是一个充分必要条件推理。可以用标准的形式来表达这个推理:当且仅当大气压等于一个标准大气压时,水的沸点才为 100 ℃。

在知识建构与运用知识解决问题时,教师要强调这个充分条件的唯一性,让个体理解。水的沸点为 100 ℃,唯一的条件就是:外界的大气压必须等于一个标准大气压。没有这个条件,结论不成立(必要性),有了这个条件结论必定成立(充分性),教师要强调这种充分条件与必要条件的高度统一。

(四)注意演绎推理思维可视化教学的相关事项

无论是三段论推理、充分条件推理、必要条件推理,还是充分必要条件推理,都是严格的推理,都有严格的前提,有各自的内涵、不同的性质特征和相应的推理逻辑。因此,在思维可视化教学时,首先要进行细致分析,把握各种推理的前提、内涵,根据相应的推理逻辑进行推理;其次要十分熟悉各种推理的不同性质与特征,把握其前提或者条件与结论之间的逻辑关联,掌握推理的关键环节和注意事项;最后应进行必要的训练,让自己在复杂的、容易混淆的情境下能够准确灵活地选用不同的演绎推理来建构知识或解决问题。

三、掌握类比推理

(一)理解并掌握类比推理的基本内涵

类比推理是根据两个事物或两类对象在某些属性上的相同或相似,将其中的一个(类)事物的其他性质推广到另一个(类)事物上,认为另一个(类)事物也具备这种性质。

类比推理,可表达为:对象 P 具有性质 a、b、c、d,对象 Q 具有性质 a、b、c,则 Q 具有 d。

(二)理解并把握类比推理的主要特征

类比推理具有以下 3 个明显的特征。

1. 类比推理的方向:从特殊到特殊

分析上面的表达式可以明显看出,类比推理是从特殊(某一具体对象 P)到特殊(另一具体对象 Q)的推理,具有或然性。

2. 类比推理适用范围十分广泛

与演绎推理和归纳推理相比,类比推理的适用范围极为广泛。演绎推理和归纳推理虽然在思维进展方向上完全相反,但是从某种意义上说,它们都是在同一类对象的范围之内进行。类比推理则不受此限制,它既可以在同类别事物内进行,也可以在不同类别事物间展开。

3. 类比推理结论受到其前提的约束性很小

因为推理是由前提延伸引导出结论的过程,所以推理的结论往往受到前提的逻辑制约。不同的推理形式,结论受到前提的约束程度不同。演绎推理的前提完全涵盖了结论,前提不同,结论便不同。因此,演绎推理的结论受到前提的严格制约。归纳推理(除了完全归纳)是从特殊到一般,其结论的范围超过了前提的范围,是对前提的推广。因此,受到前提的约束程度明显减弱(那些超过前提的对象可以不受约束)。类比推理是从特殊到特殊的推理,其前提只是通过某些相似性为人提供启示,让人的思路从一个对象切入另一个对象,所以结论很少受到前提的制约,或者说结论与前提之间不存在任何必然的联系,具有极大的灵活性。

(三)掌握提高类比推理必然性的方法

提高类比推理的必然性,可以从以下两个方面入手。

1. 尽量让类比在同一个范畴内开展

一般说来,两个类比对象,所能确认的相同属性越多,那么类比的必然性也就越高。如果两个类比对象都属于某一范畴,比起范畴之外的事物,它们之间所具有的共同属性也就越多,类比的可靠程度也就越强。

2. 尽量寻找内部结构的相似性

内部结构往往反映了物体的本质。两个事物的内部结构相似,说明两个事物之间的本质存在相似性,进行类比,可靠性就会提高。

(四)运用类比推理进行同位知识建构

类比推理在思维可视化教学中,除了用来拓展思路,主要用于同位知识的建构。

1. 用类比推理建构同位知识

在同位知识的建构上,我们常常用到类比推理。此时我们要尽量将知识放在同一个概念的范畴之下,这样才能提高类比的必然性。

例 用类比推理建构同位知识:空气的浮力(水的浮力→空气的浮力)。

学了水的浮力的概念和性质,我们可以用类比推理,对"空气的浮力"进行建构。我们可以用表 10.1 来呈现这一类比过程。

表 10.1 用类比推理建构同位知识:空气的浮力

相似属性/类比对象	水的浮力	空气的浮力
类比范畴	压力差	压力差
产生原因(结构相似)	物体排开水	物体排开空气
方向(表面相似)	竖直向上	竖直向上
大小(相似性推理)	浮力的大小等于排开液体的重力	浮力的大小等于排开空气的重力?

水的浮力与空气的浮力,都是浮力的下位概念,它们之间的关系是同位关系,都从属于"压力→压力差"这个概念范畴。正由于属于同一概念范畴,因此使得类比推理具有较高的可靠性。浮力产生的原因都是排开了浸入的物体(液体或气体)。

例 用类比推理建构同位知识:弹力(弹簧向内拉力→弹簧向外撑力)。

此过程可用表 10.2 表示。

表 10.2 用类比推理建构同位知识:弹力

相似属性/类比对象	弹簧被拉长	弹簧被压缩
类比范畴	弹簧的弹力	弹簧的弹力
产生原因(结构相似)	弹簧发生形变产生的力	弹簧发生形变产生的力
方向(表面相似)	与外部作用力相反	与外部作用力相反
大小(相似性推理)	在弹性限度内,弹力(向内拉力)大小与形变量(拉长量)成正比	在弹性限度内,弹力(向外推力)大小与形变量(压缩量)成正比?

这个推理的必然性也较高。因为它们都属于同一概念范畴,弹簧的弹力,而且具有内在的结构相似性,即本质的相似性——无论是拉力还是推力,都是由弹簧形变而产生的。

策略性知识的欠缺是个体迁移能力差的一个重要原因。策略性知识的建构意味着个体能将一个方法从一个事物尝试着运用到另一个事物上。策略性知识同样也可以用类比进行建构。

例 类比推理与同位知识的建构:一元一次方程的解法(策略性知识)。

对于一元一次方程,无论是含分母方程还是含括号方程,两者的本质是一致的,在解法上也应该有相同之处。因此,学了含括号方程的解法后,再学含方程的解法,便可使用类比推理得出解方程的方法。

含括号一元一次方程的解法是:去括号将方程化成不含括号的方程,这样通过移项将方程解出。因此,学生容易借鉴此思路,能否也将含分式方程去分母转化成不含分母的方程? 很显然,这其中的思维机制便是类比推理,可用图 10.19 表示。

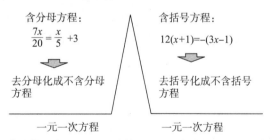

图 10.19 类比推理与同位知识建构:一元一次方程的解法(策略性知识)

2. 用类比推理拓展思维空间

让我们再次回顾康德的观点,当思维受到限制时,要寻找类比的帮助,用类比启迪思维,开拓新的联想空间。的确如此,当知识建构和问题解决碰到困难时,我们常常需要利用类比的方式寻找新思路和新方法。人们之所以能够进行类比推理,乃在于对象之间存在着同一性、相似性,对象的属性之间存在着相关性。正是这种同一性、相关性及相似性,提供了从某一对象的某些属性或关系类推到另一对象的属性或关系的可能(马佩,1987)。因此,我们可以从对象间的某一类似之处展开类比,以求对问题进行突破。

例 用类比推理拓展思维空间:白光的构成。

回到牛顿那个有关于白光组成的著名推理,此过程可用表 10.3 表示。

表 10.3 用类比推理拓展思维空间:白光的构成

相似属性/类比对象	乐音	白光
类比范畴	声音	光
类比属性(表面相似性)	乐音具有 7 个音阶	白光由 7 种单色光组成?

显然声音与光属于不同的范畴,因此从乐音的音阶构成到白光构成之间的类比不具有内部结构的相似性,只具有表面的相似性。但正是这种表面的相似性,给了牛顿一种探索的指引,最终得出白光的构成——由 7 种单色光混合而成。这确实是一种巨大的巧合了。

3. 使用类比推理的注意事项

在思维可视化教学中,既要注意提高类比推理的必然性,也要注意类比推理应用的灵活性。

当要得到一个较为确切的方向或结论时,我们要努力寻找两个类比对象之间的内部相似性,以提高类比的可靠性,为我们提供良好的指南;而当需要破除定势、打开思路时,我们要努力提高类比的灵活性,就要从类比对象的表面相似性入手,捕捉意料之外的灵感。

第四节　交流技能

从传播学的原理来看,交流实际上是一种人际传播,是最常见、最直观的传播现象(郭庆光,2011)。人们通过交流,可以实现良好的沟通,进而实现一种"合作的行为"(黎岳庭,刘力,2010)。因此,交流是社会学习的主要互动方式。在思维可视化教学中,无论是小组共画、班级展画还是师生评画,都需要展开深入交流,以提高学习效益。

一、交流原则

(一)独立性原则

独立性原则是社会学习的基本原则。只有建立在这个原则上,社会学习才能真正发挥其应有的价值。

独立性原则主要表现在以下两个方面。

1. 观点经过独立判断产生

无论是观点阐述、意义协商,还是思想碰撞、观点质疑,都要秉着独立性原则进行。所表达的内容都是经过个体自己独立思考、分析判断得出,而不是道听途说,人云亦云,以发挥独立批判之精神,只有这样,才能有效地建立个体的独立思想,树立个体的独立人格。

2. 敢于质疑,不畏权威

反过来,一旦建立了独立思想和独立人格,个体便能建立独立判断的习惯。个体根据正确的知识和方法,使用合理的策略,提出正确的独立的见解。这样,对于不合理的观点,个体就敢于质疑,无论观点是由什么人提出。这样,个体就会形成敢于质疑、不畏权威的精神,个体就不会盲从权威。

(二)良善性原则

良善性原则也是社会学习的一条重要原则。良善性原则指的是通过善意的交流促进他人和自我的发展。交流的过程是一个善意联系和共成发展的过程。

学习社会建构的目的是提高学习效益,通过合作来取得个人所无法达到的学习效果。因此,在交流过程中要有良善意识,要有成全他人的动力。当他人出现错误时,要有宽容的心态,要包涵引导而非嘲笑指责。不要为了交流而交流,更不能为了抬高自己而刻意贬低打压他人。

(三)完善性原则

完善性原则是指通过交流来促进学业的充分发展。因此,完善性原则也是社会建构学习的一条基本原则。

个体通过头脑风暴等方式,通过倾听、协商、质疑与借鉴,澄清自己的疑难困惑,拓展自己的思路思维,丰富自己的看法观点,完善自己的方法策略,提升自己的思想境界,进而提高自己建构知识和解决问题的能力。

(四)创造性原则

培养创造性是思维可视化教学的重要目的之一。

在教学中,教师要刻意强调,让个体明白创新的意义与价值。通过头脑风暴与群体思维碰撞,通过批判与质疑、借鉴与融合,改良个体的智能结构,培养个体的创新意识,激发个体的创新欲望,提高个体的创新能力。

二、交流内容

受到课堂时空的限制,个体在课堂上展开交流的时间相对有限。因此,对交流内容的选择便尤为重要。课堂上应该选择那些特别重要、特别需要合作的核心内容展开交流。一般说来,可以针对教学主题目标内容、成效收获、创新创造、方法策略、技巧技能、问题困惑等几方面展开交流。

(一)目标内容

很显然,首先要交流的是本节课要达成什么目标。偏离了这个目标,交流就偏离了主旨。因此在社会建构中,这是首要交流的内容。由于不同的个体目标不尽相同,学习目标的交流可以让个体感受到学习的丰富性和深刻性。

(二)成效收获

交流个体各自取得的学习成果。这个成果包含所有的成长增量,如建构出新的知识,获得了某种创新,推动了思维的发展;如端正了学习态度,激发了更好的学习动机,培植了更强烈的学习欲望;如能确定更恰当的目标、选择更合理的学习方法和策略;又比如能够更好地与人沟通交流或进行更好的分工合作;等等。

(三)创新创造

创新创造也是课堂交流的重要内容,甚至是核心内容之一。

思维可视化教学旨在培养个体的高阶思维和创造力水平,受到课堂时空、中学生自身的条件及教学传统的限制,课堂上很难产生较大的创新与创造。因此,在思维可视化教学中,教师要特别强调创新与创造的意义和价值,要特别注重对高阶思维和创新创造成果的突显、展示与交流,以进一步激发学生的创新创造意识。

教师要特别鼓励个体说出自己独特的、新颖的、与众不同的甚至是怪异的想法,在课堂上展开交流,引导个体详细阐述自己想法产生的来由和方式方法,引导大家仔细辨别其中包含的创造性成分,以激发全班的创造力。

(四)方法策略

围绕个体的学习方式方法以及策略展开深入交流,这涉及学习力提高的关键要素。

在传统的教学中,教师较为注重知识的传授与掌握,对学习方式、学习方法和学习策略却不太关注。实际情况是,对个体学习而言,这些才是最要害的因素,学不得法,往往是学习失败的根源。

因此,教师首先要明白学习方式、学习方法和学习策略对学习的重要性,并要对学习方式方法与策略展开必要的培训,引导个体能够根据自己的学习目标和实际情况选择合适的学习方式方法与策略展开学习。

通过学习方式方法和策略的交流,个体领会各种不同学习方式方法和策略的重要意义、主要功能和不同的使用方法,丰富了自身的学习工具箱和策略库,从而更深刻地把握学习方式方法与策略的本质内涵和使用技巧,进而能够根据自己的学习目标和具体的学习情况科学合理地进行选择,用最合适的学习方式方法与策略高效地展开学习,提升自己知识建构、问题解决和创造力水平。

(五)技巧技能

由于思维可视化教学是新生事物,画思维的学习方式在传统的教学中师生较少涉及。因此,对思维可视化教学常见的技能技巧就成为课堂交流的必备内容。例如,如何进行画图?如何进行联想?如何进行关键词提炼?如何进行标注?如何进行要点圈画?如何进行表达、协商、质疑、批判与借鉴?等等。

在这里,特别值得交流的便是画的技能与联想的技能。因为画是思维可视化教学的主要方式,联想则是思维的核心,却常被人忽略。

要怎么画:怎么画才能切中主旨? 怎么画才能推动思维发展? 怎么画才能提高效益? 怎么画才能画得简洁美观? 这些要成为重要的交流内容。

同样,要怎么联想:怎样联想才能直指问题? 怎样联想才能丰富多样? 怎样联想才能实现创新创造? 这些也要成为重要的交流内容。

教师要引导个体认真做好这方面的交流,以提高思维可视化教学的学习技能和基本素养,提高个体的学习力。

(六)问题困惑

很多人忽略了这个重要内容。实际上,问题与困惑,很可能是个体课上最值得关注的部分。因为问题就是价值,困惑就是指令。

为什么会产生问题与困惑呢?

当个体无法把握事物的发展,无法迎接挑战时,问题与困惑便产生了。换句话说,问题与困惑指向个体的最近发展区,是个体在课堂上最需解决、必须解决的部分。

对于同一层次的个体而言,问题与困惑具有共性的特征,进行交流时,就可能解决问题与困惑,突破最近发展区。这样,通过社会建构就完成了发展。

对于学习层次较高的个体,学习层次较低个体的问题与困惑很可能就是他们潜藏的问题与困惑——一旦情境发生改变(或稍微复杂情境),这些问题与困惑便会暴露出来,成为学习的障碍。因此,对于他们而言,这种困惑依然是具有诊断性功能和建设性意义的。

三、交流策略

(一)图形描述与语言阐述统一的策略

以自己的图为载体,以图为依据,对图展开说明阐释,提出自己的观点与看法。在说明过程中,将图形描述与语言表达充分结合起来,根据图形来说明思路,用语言来进行必要的补充阐述,让他人能够充分理解自己的意图。特别是具有个性化的图形、图示,更要用清晰的语言进行表达,帮助他人理解。

(二)充分表达与认真倾听并重的策略

1. 充分表达

充分表达要做到以下几点。

(1)要明确表达的目的性

这是交流的首要策略。只有个体十分清晰交流的目的,才能够取得良好的交流效果。因此,在交流时,个体首先要不断追问自己交流的目的,认真确定要表达的主体内容,做到有的放矢。

(2)要提炼表达的核心要点

个体要根据图形,认真整理自己的思路,提炼出要表达的主要观点,再清晰地加以表达,让对方能够快速掌握自己的主要观点。

（3）语言要明晰、精练、规范

尽量使用关键词与学科的专业名词进行表达，做到语义清晰，提高交流的指向性；不模棱两可，用词简练，不拖沓冗长，缩短表达的时间。

（4）认真回答疑义

对于他人没看明白、没听明白之处，个体要进一步回答，进行必要的补充和说明，澄清意义，帮助对方充分理解自己的观点。

2. 认真倾听

认真倾听要做到以下几点。

（1）要真诚尊重对方

本着良善性原则和共同建构的目的，认真倾听，不管交流的对象是谁，都要尊重对方，认可对方。

（2）要明确倾听目的

个体要十分清晰，通过倾听，大家要达到什么目的？自己要达到什么目的？对不同的表达对象，自己到底要听什么？是知识，是思维，是方法策略，是技能技巧，还是其独特之处、创新之处？

（3）要掌握倾听技能

要如何理解对方观点？对方的主要观点是什么？依据是什么？是如何用图论证的？重要的细节是什么？努力通过对方的图形、语言以及肢体动作来把握对方的真实意图。

（4）要进行必要咨询

对于自己没看明白、没听明白之处，个体要及时记录，在合适的时机进行追问，要求对方进一步回答，进行必要的补充和说明并澄清意义，以帮助自己能够全面、深入、系统地理解对方的观点。

（三）独立批判与借鉴融合辩证的策略

这是社会学习中最为重要的策略。

1. 独立的批判精神

（1）基于独立的立场

站在自己的角度，展开独立的思考，进行充分分析与判断，对对方的观点展开审视，对疑难之处展开咨询、质疑与批判。交流过程中，教师要提醒个体，无论是意义咨询，是思路质疑还是观点批判，都要建立在独立思考的基础上，都要有充足的依据。

（2）保持独立的思想

当观点与团队不一时，经过反复分析、判断与确认，只要是正确的，个体要勇于坚持。特别是在小组共画与班级展画阶段受到团队知识见解或经历的限制，小组与班级的观点不一定都是正确的，个体的观点不一定都是不正确的。个人观点有时可能是他优于小组或班级之处。在此过程中，教师要鼓励学生勇于坚持自己的观点，同时要记录下原因，供进一步探讨。

2. 基于发展的观点进行借鉴与融合

（1）为借鉴而质疑，为融合而批判

要让学生领会到，无论是质疑还是批判，不是为了质疑而质疑，也不是为了批判而批判，而是为了借鉴与融合。个体通过借鉴与融合，吸收他人的巧妙构思、独特观点和优秀成果，进一步完善自己的智能结构，提高自己的高阶思维与创造性水平。

（2）要积极去借鉴，要主动去融合

要认真分析他人的巧妙构思、独特观点和优秀成果，判明其先进及创新的成分，不断学习、内化和吸收，尝试着应用在自己的知识建构、问题解决和产品制作中，完善自己的智能结构和创新系统。

第十一章 中学思维可视化教学的教学评价

思维可视化教学是新生事物,要促进教学的发展,必须对教师和学生展开教学评价。对教师主要采用表现性评价,对学生则可以根据思维可视化教学的特征展开。

表现性评价是标准化纸笔测试的一种替代方法,被认为是能够有效评估学习者(这里包含教师与学生,首先指的是教师)相关技能的工具(Kruit et al,2018)。表现性评价,以一种持续性、过程性和综合性为特点的评价理念(霍力岩,黄爽,2015),是评价个体在真实问题情境中的问题解决能力(王小明,2003),是基于真实情境、运用评分规则对学习者完成复杂任务的过程表现或结果做出判断的评价方式(周文叶,2011),目的是为教师和学生提供有效的改进信息,帮助改善课程和教学,促进个体的学习和发展。表现性评价通常被整合到课堂教学过程中,与课堂活动同时进行(霍力岩,黄爽,2015),因此可以有效地评估教师对思维可视化教学的掌握程度。

第一节 教师评价

一、评价内容

(一)教学价值观念

1. 教育价值观

"立德树人"是教育的根本任务,因此要紧紧围绕党的教育方针,紧扣"立德树人"这一核心对思维可视化教学展开评价。

(1)立德

思维可视化教学是否达到了"立德"的要求,可以从以下几个方面展开评价:①是否致力于围绕为党育人、为国育才展开思维可视化教学? 是否在思维可视化教学中强调了爱国主义和优秀的传统文化? ②是否在思维可视化教学中致力于培养个体的社会道义、社会责任感? ③是否在思维可视化教学中培养了个体的奉献社会精神,有效地抵御精致的利己主义? ④是否在思维可视化教学中致力于培养个体的社会公德、道德修养以及与人为善的思想? ⑤是否能通过引导完成情感小传、精神印迹、成长档案、自我肖像或世界图景这些非物化成果的提炼突显来完成以上内容?

（2）树人

思维可视化教学是否达到了"树人"的要求，可以从以下几个方面展开评价：①是否致力于个体基于可视化手段的高阶思维和创造思维的培养？②是否致力于培养个体基于可视化手段较强的思考能力和学习能力？③是否致力于培养个体健全的人格、积极向上的性格和乐观主义精神？是否能通过引导完成提炼物化与非物化学习成果来完成以上内容？④是否致力于培养个体较好的交流沟通以及合作能力？能否通过可视化手段更好地完成以上的内容？⑤是否致力于使个体天性禀赋得到充分的发展？⑥是否有意识地培养个体的社会学习和终身学习意识？⑦是否培养了个体坚韧不拔的意志、持之以恒的精神？⑧是否能通过引导完成物化成果及学习小传、精神印迹、成长档案、策略图谱、自我肖像或世界图景这些非物化成果的提炼突显来完成以上内容？

2. 学生主体观

在这里，教师要理解的是，要使学生成为学习的主体，教师必须付出努力。教师不仅要真正树立起学生学习主体的观念，而且要通过教学设计来促成学生主体地位的确立。这可以从以下几个方面展开评价：①是否真正认识到学生是学习的主体，进而有力地树立学生的学习主体地位？②是否较好克地服了以教师为中心、以知识为中心和以传授为中心的传统教学方式，致力于以学习为中心、以经验为中心和以活动为中心展开教学？③是否根据不同个体的具体情况设置适切的学习目标？④课堂是否留出足够的学习时间供学生独立思考、仔细观察、认真探究和问题解决？⑤是否强调通过"三画思维"来完成高阶思维和创新思维的培养？⑥是否致力于为不同的个体提供不同的教学内容、学习策略和必要的支持援助？⑦是否对学生展开应有的思维可视化相关技能的培训？⑧是否能通过引导完成物化成果及学习小传、精神印迹、成长档案、策略图谱、自我肖像或世界图景这些非物化成果的提炼突显来完成以上内容？

3. 教学理念

教学理念可以从以下几个方面展开评价：①是否以培养个体的核心素养、人的全面发展为基本指向？②是否树立以图促教、以图促学的基本理念？③是否致力于因材施教？是否善于利用可视化手段实现课堂分层教学？④是否认为每个人在课堂上都应该得到充分的发展？⑤是否认为课堂应以培养高阶思维和创新思维为重要目标？⑥是否遵循认知规律展开教学，并能够较好地用可视化手段加以实现？

（二）模式运用水平

1. 模式掌握

（1）关于 1 体化设计

1 体化设计可以围绕以下几个方面展开评价：①是否能理解并从课前、课堂、课后 3 个阶段对教学展开一体化设计？②是否对学情进行充分的思维可视化显示、分析和研究？③是否对教学资源进行充分的可视化显示、分析与研究？④是否根据学情与教学资源进行课堂目标分层设置，并进行可视化显示？⑤是否根据课堂分层目标设置分层学习内容，配套学习项目、学习情境和学习策略，并以可视化手段呈现？⑥是否对课前、课堂、课后 3 个时段，特别是对课堂的"独画思维"、"共画思维"和"创画思维"进行有效筹划，并以思维可视化手段呈现？⑦课堂是否独立设置迁移与创造环节并给予充足的时间？⑧是否设计分层的课堂诊断、反馈以及矫正以促成每个层次个体的充分的应有发展,并以思维可视化手段呈现？⑨课程目标是否延伸到课后,并根据课堂的学习情况及时进行调整？⑩除了巩固性、衔接性、嵌入性、发展性作业,是否特别设置了诸如画思维、题目创编和项目创编的思维可视化教学着重倡导的内容？

(2)关于 3 段·8 环

3 段·8 环可以围绕以下几个方面展开评价:①课堂是否按照学习目标引入、目标建构生成、知识应用创新形成 3 个明显的教学阶段？②3 个阶段是否完整？如果完整,是侧重于哪一个阶段？为什么？如果不完整,缺了哪个阶段？为什么？③课堂是否按照 8 个环节展开？8 个环节是否完整？如果不完整,缺了哪几个环节？为什么？④课堂是否仅侧重于几个环节？为什么？⑤各个环节实施情况如何？是否到位？是否高效？如果不到位、不高效,又是为什么？⑥各个环节之间的衔接是否科学、合理、顺畅？如果没有,又是为什么？

2. 模式使用

一个模式使用的好坏,可以从主动性、正确性、经常性和创造性等方面来进行评价。

(1)主动性

主动性涉及个体的内在动力。个体的主动性越高,说明个体对模式越认可,对模式的使用也会越认真,也越有可能对模式做出应有的改良,以形成适合自己的方式。这正是我们乐意看到的。

评价个体是否积极地使用思维可视化教学模式,可以从使用的自觉性和执行力来洞察。这可以分为以下几种情况:

①主动性高,能够自觉进行使用。个体主动性高,能够积极学习模式、内化模式、掌握模式,并及时将它应用到自己的教学中,不断地进行实践。可将此类个体树立为榜样,成为思维可视化教学推广的示范和标杆,应有意识地进行肯定、表彰,并进行专业培养。

②主动性不够,不太自觉,但经人提醒后能够加以使用。有的人主动性不强,不会自觉地使用新的教学模式。这很可能是由于教学惯性使然,他们并非对新的教学理念、模式不认同。经过提醒,他们能够使用新的教学模式。在实际情况中,积极主动的人往往较少,不占主体,而这部分人往往较多,应该将这部分人动员起来,进一步进行培训,并加以必要的引导管理,以充分发挥他们的力量。

③主动性较差,不自觉,需加一定的压力才会使用。还有一部分人主动性较差,经引导也不会使用新的模式。这时,需要对他们进行进一步的动员,促使他们使用新的教学模式。对于不自觉的人可以施加更大的压力,逼迫他们改变旧的教学模式。

④主动性很差,抵触使用。还有较少的人,不肯使用。即使施加了较大的压力,他们也不会使用或坚决不用新的教学模式。很大的可能是,这些人完全不认可新的教学模式,对新的教学理念、模式带有明显的抵触情绪。

(2)正确性

能否正确使用思维可视化模式,是衡量思维可视化教学的一个重要标准。只有个体能够正确熟练地使用思维可视化教学模式,才能取得较好的教学效益。正确性评价可以从以下几个方面展开:

①使用情境复杂,正确性高。教学模式的实施跟情境有着相当密切的关系。越是复杂情境,越是艰难条件,教学越是难以展开,教学模式应用的难度也就越大。因此,在复杂或艰难的条件下,正确实施思维可视化教学,挑战性最大,能充分展示教师思维可视化教学的素养。

②使用情境复杂,正确性较高。在复杂艰难的条件下,能够较好地完成思维可视化教学,虽然无法完全正确实施,但在关键阶段、关键环节能正确实施。这也是一种较好的情况。

③使用情境简单,正确性高。条件较好,能够正确顺畅地实施思维可视化教学。由于教学难度较小,操作相对容易,正确性也就容易得到保障。实际上,这也是值得提倡的。

④使用情境简单,正确性不高。这是要极力避免的。使用情境较为简单,思维可视化教学容易按照正确的模式推进,正确性往往越高。在这种条件下,正确性低,说明教师没有掌握思维可视化教学,教学技能低下。

这里要特别指出的是,一个教学模式使用的情境难度大并非意味着思维可视化教学的质量高。恰恰相反,难度过大往往阻碍教学顺利进行,使教学无法取得应有的效果。因此,教师应该想方设法提高教学条件,降低实施难度,促进思维可视化教学按照正确的模式顺利开展,这样才能获取较好的教学效益。

(3)经常性

经常性也是衡量教师思维可视化教学模式使用的一个重要指标。教师越经常使用思维可视化教学,越能说明他们对思维可视化教学的认可程度。经常性评价可以从以下两个方面展开:

①时间的经常性。时间的经常性就是单纯从教学时间来衡量。在常态的教学时间里,使用思维可视化教学的时长有多少?有多频繁?是经常使用还是偶然使用?持续使用还是选择性使用?使用的时间越长,使用的频率越大,经常性就越好。

②课型的经常性。这是从课型的角度来衡量的。个体是在所有的课型上使用,还是在某些特定的课型中使用?是在新课中使用,还是在复习课中使用?在自主学习中使用,还是在合作学习中使用?在越多的课型中使用,经常性就越好。

(4)创造性

没有最好的,只有最适合的。对教学而言,这句话再合适不过了。因此,创造性评价是衡量教师模式使用的最高标准。创造性评价可以从以下3个方面展开:

①改良性。对模式进行局部上的改进修正,使模式更适合自己的教学。在充分掌握思维可视化教学模式之后,个体要在教学中认真践行,并仔细评估其教学效果,努力去发现其中不好用、不适合、不科学的要素,进行改正和修正,使其更科学、更合理,更便于自己操作。

②变通性。这是针对模式的整体运用而言的。有时思维可视化教学模式不太适合于某些教学,那就要对教学模式进行必要的调整、改造和变通,使其与实际的教学相匹配。

③变革性。当个体完全掌握了思维可视化教学的理念、内在机制、模式和运作方式时,如果有必要,个体完全可以站在自己的立场,根据自己的实际情况,对整个思维可视化教学模式进行变革,以创造出适合自己的思维可视化教学模式。这种模式便带有很强的个性化特征,是个体教育理想、教学理念、教学实践、教学经验和教学智慧的结晶。

(三) 教师教学能力

对教师的课前的教学筹划、课堂的教学能力以及课后教学跟踪的所涉及的一些重要技能展开评价。这里主要对教师的课堂思维可视化教学技能进行评价。

1. 教学设计力

(1) 根据模式一体化设计

个体是否根据模式进行教学一体化设计？这是思维可视化教学的核心。这可以从以下几个方面展开评价：

①目标预设的一体性。课程目标是否完整包含课前目标、课堂目标和课后目标 3 个部分？此 3 部分目标是否各具功能、各有侧重并形成有机的整体？

②目标调整的生成性。课堂课程目标是否根据实际的教学进展进行必要的调整？课后生成目标是否根据课堂的实际效果进行必要的调整？

(2) 考虑"三画思维"侧重性

在常态下，一个完整的思维可视化教学需要经历"独画高阶思维"、"共画高阶思维"和"创画高阶思维" 3 个完整的阶段。因此，在课前筹策时，是否充分考虑了学习目标、学习内容和学习策略与"三画思维"之间的匹配性？是否考虑了"三画思维"的完整性和侧重性？

①完整经历。这节课是否需要完整地经历"独画高阶思维"、"共画高阶思维"和"创画高阶思维" 3 个阶段？为什么？

②侧重经历。这节课为什么不需要完整地经历"独画高阶思维"、"共画高阶思维"和"创画高阶思维" 3 个完整的阶段？要经历哪几个阶段？为什么？要侧重哪个阶段？为什么？

2. 课堂组织力：画的催生

(1) 独画的组织

①维持独画的独立性。独立性维持是思维可视化教学的基础，关系到思维可视化教学的成败。对独立性维持进行评价就是评价教师是否组织个体独立展开学习。这可从以下两方面展开评价：

其一，保证独立性投入。教师是否不断提醒个体独自面对问题？是否做到不进行思路提示，不进行情境解读，不降低思考难度？

其二，进行独立性维护。教师是否强调不能讨论？是否强调不能直接对着教科书或参考资料抄写答案？是否强调已经完成相同任务的学生，不能事先说出答案？

②维持独画的基础性。评价教师是否真正为个体建立起独画思维的学习前提，保障个体"独画"思维行为的激发和开展。

其一，用自己的方式画。教师是否提醒个体用自己拿手、擅长或喜欢的方式画，可以使用通用的思维可视化工具，也可以使用自己创造的工具——前提是个体要能够快速准确识别，并保持前后的一致性？

其二，给予充足的时间画。教师是否留出学习时间供个体进行独立思考？留出的时间是否足够？是否充分？

③维持独画思维的发展性。

其一，评价反馈的及时性。教师是否根据个体实际情况设置针对性的诊断性或表现性评价,对个体的独画思维的独立性展开评价并及时反馈给个体,使个体能够充分掌握自己的学习水准和进程？是否对学生思维的长处、思维的特性进行肯定？是否对学生的思维潜力和思维不足做出诊断并及时反馈给学生？是否对学生的画呈现出来思维的独创性、独特性、优点及不足之处进行诊断并及时反馈给学生？

其二,学习成效的激励性。教师是否对学生所取得的成效进行肯定？是否对学生的成长进行必要的勉励？是否对学生表现良好之处进行肯定？是否对学生优秀的画法、独特的画法进行肯定？

其三,学习支持的及时性。教师是否对学习困难的个体及时展开针对性辅导？是否对处于困境中的学生进行必要的帮助？是否对成长中的个体进行及时的点拨？

（2）共画的组织

在小组共画阶段,教师的重要任务是维持共画的基础,激发并推动共画的产生与发展,并引导学生进行思维共享。

①维持共画的基础。共画思维的基础是独立思考。因此,在共画思维阶段,教师要不断提醒学生将共画思维建立在自己独立思考的基础之上。教师要努力维持此共画基础。这可从3个方面对教师这方面的技能进行考量：

其一,内容交流的独立性。教师是否要求并不断强调在共画思维中交流的内容是自己独画思维的成果（包括画的内容、过程、方法、策略等）？

其二,质疑反思的独立性。面临质疑时,教师是否强调个体必须经过独立思考,通过自己的判断进行回应,而不能人云亦云？

其三,成果补画的独立性。教师是否强调个体通过独立思考,通过自己的判断来达成小组共识并形成共画成果？

②激发共画的深度。

其一,激发头脑风暴。教师是否强调小组展开充分的思维碰撞？是否强调产生足够丰富的联想？是否强调不断进行追问与反追问、质疑与反质疑、批判与反批判？是否给予充足的时间以开展追问与反追问、质疑与反质疑、批判与反批判？是否充分挖掘并发挥那些有独特思考个体的价值？

其二,提供必要支持。当共画思维进入困境无法突破时,教师是否提供必要的帮助,激发小组继续展开联想？当小组陷入思维定势无法发散时,教师是否提出激发性问题帮小组打开思路？当团队无法达成一致意见时,教师是否提出相应的措施帮助小组形成共识？

其三,促进融合共享。教师是否强调要学会欣赏他人优秀的独画成果？是否教会学生欣赏他人优秀的独画成果？是否引导及时学习和借鉴他人的优秀做法来完善自己的成果？是否引导小组共同成果的提炼、获取、共享与内化？

（3）创画的组织

创画的组织可以从以下几方面展开评价：

①独画思维时创造性思维的激发。

其一,教师是否重视独画思维时思维独特性的培养,并及时进行诊断,推动其发展？是否挖掘个体思维的独特性,让个体学会甄别把握并有意进行发展？

其二,教师是否强调独画思维时个体思维的发散性、灵活性、新颖性和独创性,并及时进行肯定和指导？是否及时挖掘个体思维的发散性、灵活性、新颖性和独创性并让个体记录下来？是否抓住机会提供一定的资源有意培养个体思维的发散性、灵活性、新颖性和独创性？

②共画思维时创造性思维的激发。

其一，教师是否重视共画思维时思维变通性的培养，并提出相应的方案促进思维变通性的发展？

其二，教师是否强调对他人思维的独特性、新颖性和创造性的欣赏、借鉴与吸收，以提高自己思维的创新能力？

3. 课堂评价力评价：评画能力

（1）评价理念

教师是否具有较先进的评价理念，做好"从教师为中心到学生为中心，再到学习为中心的转化"，真正将"为了学习的评价"和"对学习的评价"结合起来，以促进学生的学业成长？

（2）评价意识

教师是否具有较强的评价意识，能有意识地设计合适的评价方式对个体、小组和班级的学习情况及时做出评价？

①主动设计评价。

教师是否理解评价是为了学习的改进？是否有意识地针对课程的重点、难点、关键点和易错点主动设计评价？

②及时展开评价

教师是否对重点、难点、关键点和易错点及时进行诊断？是否对学生在重点、难点、关键点和易错点的学习表现展开评价？是否及时介入学生的学习进程，并展开评价？

（3）评价能力

①是否围绕促进学习进步展开评价？②是否能确定正确的评价对象？③是否能采用正确的评价方式？④是否能用合适的策略、在合适的时机进行评价？⑤是否能展开多元评价，如主体多元——通过学生自我诊画、同伴评画和师生互动评画，如目标多元——评价画思维的深度、广度、独创性、美观性等？⑥是否能够较好地运用量表等工具进行评价？是否能够设计量表等工具进行评价？

（4）对画的评价

对学生画的评价是教师思维可视化教学的关键能力之一。教师能否对学生画的水平展开及时到位的评价，直接关系到思维可视化教学的成效。

①能否围绕目的进行评画，如评学生的画是否围绕目标？是否解决问题？是否有较好的效果？是否有较强的创造性？

②能否围绕画的策略进行评画，如画的内容是否有效？画的策略是否科学？使用彩笔是否得当？画是否布局合理？画是否整洁美观？

③能否围绕画的机制进行评画？能否看出画背后的知识水平？能否看出画背后学生的思维机制？能否看出画背后学生的认知层次？能否看出画背后学生的天赋特长？

4. 学生培训力评价:培画能力

(1)培养画图的意识

①主动意识。教师是否认识到学生画思维的能力是思维可视化教学成败的关键,因而主动培养学生的画图能力? 是否有意识在课堂结合教学,有机进行画图的培养?

②系统意识。教师是否认识到学生画思维能力的培养难度较大,需要有计划、有系统地进行才能获得应有的效果? 是否在课堂上有意识、分阶段逐步培养个体的画图能力?

(2)培养画图的能力

①给出方法。

其一,是否给出画思维工具的用法。教师是否告知思维导图、思维地图和概念图等常见各类思维可视化工具的画法、作图要点和注意事项? 是否告知常见的图表、图形等的画法、作图要点和注意事项?

其二,是否给出思维呈现的画法。教师是否告知学生各类思维模型、各类推理、各类联想的画法、作图要点和注意事项?

②详细示范。

其一,可视化工具用法示范。对思维导图、思维地图和概念图等常见的思维工具的画法教师是否做出明确的详细的示范? 对常见的图表、图形的画法教师是否做出明确的详细的示范?

其二,思维呈现的画法示范。对各类思维模型、各类推理形式、各类联想方式的画法教师是否做出明确的详细的示范?

③模仿纠偏。

其一,可视化思维工具画法模仿及纠偏。对诸如思维导图、思维地图、概念图等常见的可视化工具的用法,教师是否要求学生逐一进行模仿,对出现的错误是否及时进行纠正? 对诸如图表、图形等的画法,教师是否要求学生进行模仿,对出现的错误是否及时进行纠正?

其二,思维呈现的画法模仿及纠偏。对各类思维模型、各类推理形式、各类联想方式的画法,教师是否要求学生进行模仿,对出现的错误是否及时进行纠正?

④熟悉定型。

其一,熟悉。对诸如思维导图、思维地图、概念图等常见的可视化工具的用法,教师是否不断进行强化,使学生越来越熟悉? 对诸如图表、图形等的画法,教师是否不断进行强化,使学生越来越熟悉? 对各类思维模型、各类推理形式、各类联想方式的画法,教师是否不断进行强化,使学生越来越熟悉?

其二,自动化。对诸如思维导图、思维地图、概念图等常见的可视化工具的用法,教师是否不断进行强化,使学生最终达到自动化水平? 对诸如图表、图形等的画法,教师是否不断进行强化,使学生最终达到自动化水平? 对各类思维模型、各类推理形式、各类联想方式的画法,教师是否不断进行强化,使学生最终达到自动化水平?

(3)形成画图素养

①形成习惯。

其一,在本学科,学生是否形成画思维的习惯。在本学科学习碰到困难时,学生是否能够通过画思维来帮助自己解决问题？

其二,学生是否能将画思维运用到其他学科。在其他学科学习碰到困难时,学生是否能通过画思维来帮助自己解决问题？

②形成素养。

其一,在日常生活中,个体是否形成画图帮助阐释或解决问题的习惯？ 是否有制订方案、拟定草案解决问题的习惯？

其二,在日常生活,当学生碰到困难时,是否有意识通过画思维来帮助自己解决问题？

(4)培养画图的时间

①课堂。课堂上有两条途径培养个体的画图能力：

其一,专题培训。在课时安排中,教师是否专门排出时间,以培养画图能力为课程目标进行主题教学,对画图做出专题培训——如是否专门安排出相应的课时培训学生如何画思维导图、概念图等？

其二,运用培训。在课堂上,在以知识建构或问题解决为课程目标的教学中,教师是否结合画思维,对个体画图能力进行培养？

②课后。

其一,利用作业。教师是否布置相关的专题作业,结合知识图、思维图或其他形式用来培养学生的画图能力？

其二,课外专题培训。教师是否进行相关的专题培训,用来培养学生的画图能力？ 是否将此列入课时计划中？

二、评价方式

(一)自评

可以说,教师自我评价是评价思维可视化教学成效的最重要手段。教师只有有意识、有能力对自己的思维可视化教学及时展开监控、评价、反思与改进,才能够有效地提高自己的思维可视化教学水平。

1. 课堂监控

教师在课堂上对教学展开及时监控,并做出相应的调整,能够有效保障课程目标的实施。

(1)及时监控

教师对自己的教学要保持足够的警觉,围绕课程目标评价自己的教学:教学是否按照课程目标顺利展开？ 对思维可视化模式的应用是否科学准确？ 教学是否遵循思维可视化教学原则？ 所采用的教学方式与策略是否合理得当？

(2)及时调整

一旦发现教学偏离了课程应有的目标,教师是否考虑是什么原因造成了这种偏差？ 要如何调整？ 然后制定相应的应对措施,及时做出调整,通过改变相关的教学内容、教学方式或者教学策略等使教学回到课程目标上。

2. 教学反思改进

通过课外反思,教师可以对教学进行全面、深入、细致的研究,并对教学进行完善。

(1)系统反思

教师可以围绕课程目标,对思维可视化教学基本理念的领悟、基本原理的理解、基本模式的展开、基本原则的把控、基本方式的掌握、基本策略的运用进行全面系统的反思,判断是否取得应有的效果?如果没有,是由什么造成的?要如何改进?

(2)专题改进

找出原因后,教师可以一个主题一个主题逐一重新学习,加深理解,促进内化,再对出现的问题一项一项地逐一进行改进与完善,逐步提高自己的思维可视化教学水平。

(二)他评

1. 专家评价

由于思维可视化教学是新生事物,还没有得到普及,缺少系统性的理论,甚至缺少足够的个案。因此,要充分发挥评价的功能,保证评价的信度与效度,最好的方式是聘请相关的专家,即对思维可视化教学有较深研究的人员或经验丰富的老师。

这样做的好处是:这些人能够站在更高的层次对思维可视化教学展开全面、系统、深入的评价,从理论原理、模式应用、教学原则、组织方式、教学方法策略和一些基本的教学技能等方面进行深入诊断,并提出建设性意见,帮助个体全面理解思维可视化教学。

2. 团队评价

(1)教研组、备课组

利用教研组主题教研和校公开课的机会,邀请教研组或备课组进行研讨,通过磨课、听评课等方式,对教学展开评价。这也是一种较为有效的途径。不同的教师理念不同,可以从不同的角度展开评价,给个体提供更全面的直接反馈。同时,由于面临相同的校情,因此教研组或备课组的评价能够立足于学校的实际,所提供的反馈也就更精准,更具针对性。

(2)区域团队

利用区域(主要是市、区县或片区)主题教研或公开课的机会,邀请区域教师进行研讨,通过磨课、听评课等方式,对个体的思维可视化教学展开评价。区域主题教研提升了团队的专业性,提高了评价的专业性和深刻性。磨课使团队经历了同一节课的筹划过程,不仅提高了课的践行性——备课过程就是思维可视化教学实现的论证过程,而且进一步提高了评价的精准性、全面性和说服性——评价更会抓住关键要点,更加系统到位,更能突出重要细节。同时,区域教师对思维可视化教学的实践处于不同层面,这又使得他们的评价更具层次性、丰富性——可能既有接触时的抵触怀疑、入门时的困惑、刚学习时的谨慎,也有探索期的无助、突破期的兴奋、瓶颈期的痛苦和掌握期的自信,给个体足够丰富的反馈信息。

3. 同伴评价

同样,由于思维可视化是新生事物,掌握的人较少,有研究的人员或有丰富经验的老师更少,要聘请到专家实属不易。因此,教师可以邀请志同道合的同伴展开评价。虽然不能提供专家那么全面深入到位的意见,但由于共同的探讨经历与困惑,同伴往往能够切入教师最近发展区,发现教师最深切的问题,所提出的建议也往往较为中肯,更为容易被人接受。因此,有助于教学的直接改进。

还可以请两种老师参与评价:一是对思维可视化教学不熟悉的;二是反对思维可视化教学的。因为前者可以从常规教学的角度提供见解,能够较为客观地评价思维可视化教学的优劣长短;而后者可能为反对而反对,提供一种反方见解,这两种见解对思维可视化教学的研究都是极其宝贵的。

4. 学生评价

思维可视化教学的实施对象是学生。思维可视化教学的好与坏,学生可以直接体验到。通过学生对教学进行评价,教师能够直接了解思维可视化教学的效果,包括学生学习成效、遇到的困难和相关的情绪体验,为教师对自己的教学诊断、反思与改善提供最直接的"零手"参考依据。

三、评价实施

(一)树立评价理念

1. 以评促教

教师评价要树立以评促教的基本理念。以评促教,就是通过评价来促进教师的思维可视化教学的提高与完善。

2. 以评促研

教师评价要树立以评促学的基本理念。以评促学,就是通过评价来促进教师学习,促进教师对思维可视化教学展开进一步的探索与研究。

(二)树立评价原则

评价往往要基于发展性、全面性、明确性和过程性的原则(陈瑞生,2010)。由于思维可视化教学是新生事物这一特殊性,对教师的评价可以本着科学性、客观性和诊断性原则,以推动教师思维可视化教学水平的发展。

1. 科学性原则

对教师的评价必须基于科学性原则。教育教学有其内在的逻辑,不以人的意志为转移,只有根据教育教学的内在规律对教师的教学进行评价,才是科学的。

2. 客观性原则

评价必须基于客观公正的立场。

(1)真实性

对教师的评价要基于学校的实际情况,基于学校思维可视化当下真实的发展水平,特别是基于教师所教班级的生情展开,将评价建立在真实的教学上,以保证其真实性。

(2)多元性

对教师的评价要基于多元评价,通过多种方式、多种渠道,对不同主体展开评价,以保证其客观性。

3. 诊断性原则

对教师的评价要基于诊断性原则。教学评价可对教师的教学展开全面、系统、深入、细致的诊断,并提出建设性意见。据此,教师对自己的教学有更全面、深入、清晰的认识,并可以及时进行改进与完善。

(三)明确评价目的

评价要有明确的目的。评价之前先要确定评价目的。是对思维可视化教学理念进行诊断,是对思维可视化教学的一体化设计进行诊断,是对思维可视化教学课堂模式进行诊断,是对思维可视化教学原则进行诊断,还是对思维可视化教学的基本教学方式、教学策略和教学技能进行诊断?是对其中的哪一部分进行诊断,还是对其中几个部分进行诊断?

(四)确认评价主题

根据评价目的,确定评价主题。将能够直接达成评价目的的内容列为评价的主题,着重进行观察;将能够间接达成评价目的的内容列为次要主题,在课堂上,有意进行观察。

(五)确定评价工具

根据评价主题选择诸如量表等合适的评价工具。思维可视化教学是新生事物,评价工具特别是评价量表不够丰富,因此在更多的时候,个体需要自己制作评价量表。我们可以根据克拉克(Clark)指出的两类标准:学术标准(或内容标准)与表现标准(或基准)来制定评价指标体系。其中,学术标准描述个体应该能够认识或做的事情,而与此相应的表现标准则衡量个体在多大程度上达到内容标准。

1. 建立指标体系

围绕评价主题,将其分解成各个一级指标,再细化一级指标,将其分解成二级指标,由此推进,形成可直接观察、可直接评价的指标点。

2. 确认指标权重

根据评价目的和指标的重要程度,合理确定各级指标的权重,使评价主体能较好地把握评价的重点,准确开展评价。

3. 形成评价量表

根据一定的逻辑顺序,将各指标系统地组织起来,构成有机的整体,并以量表的方式加以体现,形成评价量表初稿;对量表进行讨论、修订,形成最终的评价量表,供人使用。

(六)进行课堂评价

1. 量表学习

评价前,要组织评价人员对量表展开系统学习,把握其重点、难点和关键点,使他们能够在课堂上较好地使用量表进行观察评价。

2. 进行分工

分解评价任务,将一个较为庞大的、个人难以独立完成的评价任务分解成多个较小、个体能独立胜任的任务,由不同的教师实施观察,以取得最佳效果。

3. 实施观察

根据各自的任务进入课堂,选择合适的观察位置,用合适的方式,根据量表展开观察、记录,并写下初步的诊断方案及教学建议,形成个人的观察报告。

4. 研讨观察结果

召开课后观察会议,围绕评价的目的,对观察者的观察报告展开研讨,推动观察者各抒己见,展开思维碰撞,进行深入充分的交流,以取得共识。

5. 形成评价结论

对所取得的共识进一步进行讨论、修正和完善,根据学校实际情况,形成最终的评价结论,并及时反馈给授课者。

四、评价运用

(一)用于及时指导

教师的评价应该尽快进行反馈,以适当的方式将评价报告提供给相关的教师,让教师能够及时得到反馈信息,为教师提供诊断结果和必要的教学建议,帮助教师及时看到自己教学的优劣长短,并能根据教学建议做出改进和完善。

(二)用于持续研究

教师的评价报告不应该只停留在开课者的教学改进上,而应该为学校服务,为全校教师提供参照。因此,评价报告要作为学校教学研究的最实用、最重要的研究材料,推动教师研究持续深入发展,充分发挥评价报告的最大价值。

(三)用于充分辐射

对评价报告展开深入的研究,提炼出其共性,用于指导全校教师的思维可视化教学,使其得到应有的辐射。

第二节　学生评价

由于视觉支架的支持,思维可视化教学十分便于教学评价的实施。教师要充分利用这一独特的便利条件,对学生的学习展开及时、全面、深入的评价。通过过程性评价、诊断性评价、表现性评价来评估学习的真实水平,推动学习走向深入。

一、评价内容

(一)德性发展水平

1. 思想责任

(1)国家认同

是否画出自己的成长肖像?是否画出自己的成长计划?在自己的成长计划里是否涉

及国家认同？是否通过学习体验到国家的伟大与强国的必要？是否具有民族自尊感,有强烈的国家认同意识？是否立志为祖国的伟大与强国的必要而刻苦学习？

（2）社会道义

自己的成长计划里是否有提高个人社会责任的方案？是否可践行？是否画下或列出践行方案？是否认为承担社会道义是公民的应尽义务？是否通过学习培养起自己的社会正义感和责任感？是否在日常生活学习中体现出社会正义感和责任感？

2. 道德品质

能否画出自己的道德肖像,对自己的社会公德和个人修养的形象有比较明确的想象、感知与刻画？

（1）社会公德

自己的成长计划里是否有提高个人社会公德的方案？是否可践行？是否画下或列出践行方案？是否对社会公德有较好的认知？是否有较好的社会道德体验和社会道德行为？是否尊重师长？是否乐于帮助同学？是否能与同学友善相处？是否乐意帮助他人,或陌生人？

（2）个人修养

自己的成长计划里是否有提高个人修养的方案？是否可践行？是否有较好的道德品质？是否在学习与工作中表现出较好的个人品德？是否有较好的道德追求？是否有较好的道德克制力？是否尊重家人？

（二）认知发展水平

1. 知识

（1）是否准确界定

是否习得学科专业知识？是否能够准确地界定知识的内涵与外延？是否能画出相关知识的结构？

（2）是否精确区分

是否能够与本学科相似的知识进行准确区分？是否能够画出它们的相同点与不同点？是否能够将学科知识与日常常识进行区分并破除相关的前概念？是否能够画出它们的相同点与不同点？是否能够将该知识与其他学科相关的知识进行区分？是否能够画出它们的相同点与不同点？

（3）是否形成体系

是否能够在大概念的框架下,将其与相关的学科知识组织起更宏观的体系结构？是否能将此画出？是否能与其他的学科相关的知识形成跨学科知识结构？是否能将其画出？

（4）是否建立观念

是否习得学科观念,形成学科视域,能从学科的视角观察问题、发现问题和解决问题？是否能将它们写下？

2. 思维

（1）是否建立画思维观念

是否建立起画思维的基本观念？是否将画思维作为学习的重要方式与重要策略？是否有意识地使用画思维进行学习？

（2）是否准确画思维模型

是否掌握各类思维模型的产生机制、主要用法和使用前提？是否掌握各类思维模型的画法，并能用合适的可视化手段画出？

（3）是否有良好思维能力

①思维独立：是否认为独立思考是学习的最重要的基础？是否具有独立思考意识？是否具有独立思考能力，并能展开独立思考？

②思维品质：画出的思维是否具有较好的发散性、深刻性、指向性、流畅性、灵活性、批判性和独创性？是否同时发挥形象思维与抽象思维的长处？是否通过思维可视化工具激发了灵感的产生？

③思路特征：是否能形成合理的思路？是否能够画出足够丰富的思路？思路是否具有较好的灵活性、变通性和独创性？思维是否能够自由切换？

④思维机制：是否掌握各类推理的产生机制、主要用法和使用前提？是否掌握各类联想的产生机制、主要用法和使用前提？是否掌握各类思维方法的内涵、原理及使用范围？是否掌握各类思维策略的内涵、原理及使用方法？

⑤思维呈现：是否掌握三画高阶思维的基本方法？是否掌握足够丰富的思维、可视化工具和手段？是否能用可视化手段，对思维进行有目的、有条理、有层次的激发、梳理与呈现？是否掌握各类思维推理的画法，并能用合适的可视化手段画出？是否掌握各类联想的画法，并能用合适的可视化手段表达？

3. 态度

（1）动机兴趣

①动机激发：是否通过画思维产生强烈的学习冲动？是否通过画思维激发了内在的学习动机？是否通过画思维增强了内在的学习意愿？

②兴趣增强：是否通过画思维提高了学习的兴趣？是否通过画思维，愿意投入更多的学习时间？是否更喜欢该学科？是否对该学科有更强烈的求知欲望？

（2）毅力意志

①意志力：是否通过画思维提高了学习的意志？是否通过画思维提高了学习的持久力？是否通过画思维提高克服困难的勇气与信心？是否有不达目的誓不罢休的精神？

②抗挫力：是否有强烈的求胜欲望？是否能够坦然承认失败？是否不轻易被失败所打倒？是否能够坦然面对困境？是否通过画思维提高了抗挫折的能力？

（三）身心发展水平

1. 身体

（1）放松调动

在学习中，个体是否充分放松身体，使自己进入一个较好的学习状态？在"三画思维"过程中，个体是否充分调动身体的各个器官，使自己能够进行充分的感知和探究？是否能使各感官配合笔的思考？

（2）关注身体

在学习中，个体是否及时关注自己的身体姿势，使其维持在放松的状态，使自己能够较好地进行知识建构或问题解决？在小组共画和班级展画中，是否通过位置改变、走动来调整自己的身体姿态，使自己处于更适合交流、更松弛的状态？

2. 心理

（1）心理健康

通过自我画像，是否勇于形成自我认同？是否克服了个人中心主义？是否具有乐观主义精神？是否积极向上、努力进取？情绪是否保持稳定？是否能够较好地独处？

3. 人格健全

是否能够通过自我画像，培养健全的人格？是否具有独立意识？是否逐渐减少对他人的依赖，具有独立自主能力？否能保持观点独立？是否能够坚持自己正确的观点？是否能尊重他人，与人友好相处？是否愿意与人交往？是否具有开放性，能听取他人的意见与建议？是否重他人不同的意见，不强迫他人接受自己的观点？

4. 审美情趣

是否强调画的美观性？是否对画的布局有美观性要求？是否对画的形状、线条和色彩有美观性要求？

（四）可视化工具使用水平

对思维可视化工具的使用，学生有一个学习、熟悉、掌握，根据自己的特长爱好进行个性化改造的过程。

1. 可视化专用工具

（1）熟悉掌握

①学习熟悉：是否学习、熟悉并掌握了诸如思维导图、思维地图、概念图和鱼骨图等可视化专门工具的功能、用法和注意事项？

②学科运用：是否能够在学科的知识建构和问题解决中应用到诸如思维导图、思维地图、概念图和鱼骨图等可视化专门工具？

（2）个性改造

是否根据自己的需要、特长与爱好对诸如思维导图、思维地图、概念图和鱼骨图等可视化专门工具进行必要的改造使其更好地服务于自己的学习？

2. 学科可视化工具

（1）熟悉掌握

①学习熟悉：是否学习、熟悉并掌握了诸如图表、图像、图符和图形等学科可视化专业工具的功能用法和注意事项？

②学科运用：是否能够在学科的知识建构和问题解决中应用到诸如图表、图像、图符和图形等学科可视化专业工具？

（2）个性改造

是否根据自己的需要、特长与爱好对诸如图表、图像、图符和图形等学科可视化专业工具等进行必要的改造，使其更好地服务于自己的学习？

3. 个体可视化工具创造

（1）草图

个体是否有使用草图的意识？能否较熟练地使用草图？是否能够充分地使用草图来建构知识或解决问题？

（2）个性化图符

通过训练与学习，个体能否创造出一些个性化的图表、图符并应用到知识建构和问题解决中？所创造的个性化图表、图符、图形等是否科学、合理？是否便于识别使用？是否便于交流推广？

二、评价方式

（一）自评

自评指学生在课堂上对自己的学习进行评估。其表现在以下几个阶段。

1. 独画思维——个体观点的形成

在独画思维时，学生必须对思维的每一环节的内容、方法和策略进行确认，这是一种自我评价。

2. 小组共画——个体观点的确认

在小组交流时，特别是个体遭受到质疑时，为了澄清和反质疑，个体会对自己的观点进行确认，对思维的每一环节的内容、方法和策略再次进行确认，这是一种自我评价。

3. 班级展画——个体观点的再确立

在班级展画时，特别是小组遭到质疑时，为了澄清和反质疑，小组成员会对自己的观点再次进行确认，这同样也是一种自我评价。

（二）他评

1. 教师评价

①课堂实时评价。课堂实时评价是课堂上教师对学生的学习进行实时评价，包括独画思维过程中对个体的评价、小组共画思维过程中对小组的评价、班级展画过程中对班级的评价，还有在课堂创画思维时对每一个体的评价。教师还经常通过课堂练习，对学生进行诊断，这也是一种实时评价。对学生而言，这种评价具有针对性、及时性和指导性，因此是最为重要的评价。

②课后及时评价。这表现在教师对个体课后思维复盘、创化思维以及课后作业的诊断上，是对课堂实时评价最重要的回应，可以促进学生学习的持续改善。

2. 同伴评价

在小组共画中，交流前，小组其他成员要对个体独画的成果进行诊断，这是一种同伴评价；在班级展画时，其他小组要对某小组共画成果进行诊断，这也是一种同伴评价。由于共同的学习背景，同伴往往能够发现个体学习中教师看不到的优缺点、困难和最深切的需求。同时，"同伴互评中的知识反馈更容易被学习者理解"（Wu，Schunn，2021）。因此，同伴的评价对个体的学习有直接的帮助。

三、评价实施

(一)树立评价理念

1. 以评促思

学生评价要树立以评促思的基本理念。以评促思,就是通过评价来促进学生思维能力的发展,培养个体的高阶思维。

2. 以评促学

学生评价要树立以评促学的基本理念。以评促学,就是通过评价来促进学生学习能力的发展,使学生能够不断改进自己的学习方法,完善自己的学习策略,进而逐步提高自己的学习水平。

3. 以评促创

学生评价要树立以评促创的基本理念。以评促创,就是通过评价来促进学生创新意识、创新能力的培养,逐步提高学生的创造力水平。

(二)树立评价原则

1. 科学性原则

对学生的评价同样必须基于科学性原则。学习、认知、问题解决都有其内在的规律,不以学校、教师和家长的意志为转移。评价学生时必须根据学习、认知和问题解决的相关规律展开,否则,必然发生科学性的错误。

2. 客观性原则

学生评价同样要基于客观公正的立场。

(1)真实性

学生评价要基于学生个性特点、学习基础、学习态度等实际情况,基于其学习的真实条件展开,以保证评价的真实性。

(2)多元性

学生评价要基于多元评价。诸如诊断性、表现性、终结性等多种评价方式,学校、家庭、社区等多种渠道,教师、同伴、家长等不同主体展开评价,同时要能善于运用数字化工具解决评价的难点和重点,以保证其全面性、客观性。

3. 发展性原则

学生评价要基于发展性原则。通过评价,对学生的学习展开全面、系统、深入、细致的诊断,并提出改进意见,使学生对自己的学习有全面、深入、清晰的认识,进而持续自己的学习。

4. 激励性原则

学生评价要基于激励性原则。通过评价,能够进一步调动学生的内在学习动机,进一步激发他们的求知欲望,培养他们的学习兴趣,激励学生努力学习,克服困难,去取得应有的学业成绩,实现自身充分的发展。

（三）明确评价目的

在学生评价之前要确定评价目的。教师必须明确对学生学习的哪一方面进行诊断：是对思维可视化学习的效果、学习的行为、学习动机、学习态度进行诊断，还是对思维可视化学习能力、学习策略、学习潜能等方面进行诊断？是对其中的哪一部分进行诊断，还是对其中几个部分进行诊断？但这样的目标往往是概括的、笼统的，为了更具体的界定目标，并正确引导制定评价的具体过程，还需要对这些标准和目标进行更详细的说明，即分解标准（崔允漷，2009）。

（四）确认评价主题

教师围绕评价所要达成的目的，确定评价主题。将与评价目的直接相关的确定为主要主题，着重展开观察；对与评价目的间接相关的作为次要主题，有意进行观察。

（五）确定评价工具

根据评价主题选用或制定相关的评价工具，魏鹏娟指出，评价者需要设计不同等级的评价量规来评价不同水平的学生，让学生了解自己的学习现状，并明确下一步学习目标（魏朋娟，肖龙海，2016），包括编制相应的课堂练习、课堂检测题、口头检测题、课堂表现性任务、课后练习、专题检测及相关的评价量表等，以保障评价的针对性。

（六）进行各类评价

1. 课堂评价

课堂上根据教学的需要，通过目标达成跟踪、口头提问、课堂练习、随堂小测等，及时展开针对性的评价，主要对学生的学习动机、思维可视化学习方式、思维发展、知识掌握、问题解决、人际交往及创造力水平等各方面做出评价，以促进学生努力完成课堂课程目标。课堂评价是最重要的评价，正如威金斯指出的那样，若我们仍在教与学之后才进行评价，那么不管学生现在的学习表现如何，也不管学生的学习动机强度如何，我们就始终不能改进学生的表现（威金斯，2005）。

2. 作业评价

根据课堂已达成的目标，在此基础上，布置相应的作业，包括书面作业或实践性作业等，对学生的学习动机、思维可视化学习方式、思维发展、知识掌握问题解决、人际交往及创造力水平等各方面进行评价，以进一步提高其发展水平。

3. 阶段评价

（1）单元评价

当完成了一个单元的学习后，教师要通过包括口试、笔试、项目学习等多种方式对学生展开评价。判断学生是否掌握了思维可视化教学学习方式，是否建立起应有的思维模式，发展应有的高阶思维，产生应有的创造力？判断学生是否掌握了单元知识，形成相应的单元观念？判断学生是否能解决相关的问题？判断学生是否发展了应有的学习动机和态度，激发了应有的求知欲？

（2）学期评价

当完成了一个学期的学习后，教师同样要通各种方式——主要通过书面测试对学生展开评价。判断学生是否掌握思维可视化学习方式，是否建立起应有的思维模式，发展出高阶思维，促进了创造力的产生？判断学生是否掌握了一学期的知识，形成相应的大观念？判断学生是否能综合运用学期知识解决有挑战性的问题？判断学生是否进一步发展了学习动机和态度，进一步激发出学习欲望？

四、评价运用

（一）指导学习改进

无论是课堂评价、作业评价还是阶段评价，都应该将评价的信息及时反馈给学生，用于指导学生的学习，使学生能够及时掌握自己的学习情况，明了自己学习的优劣长短，推动学生更好地掌握思维可视化的学习模式，并对学习进行持续改进。

（二）作为教学参考

对学生的评价还可以作为重要的参考，为教师后续的教学提供决策依据。教师可以依照此信息对自己的教学进行诊断与反思，针对反映出来的教学不足，有意识地进行修正和改进，不断完善自己的教学行为，提高自己的思维可视化教学水平。

（三）用于决策参考

对学生的各类评价，还可以提供给学校或相关的教育部门，为学校或相关教育部门的决策提供重要的参考。

第十二章　中学思维可视化教学的校本开发

由于是新生事物,现有的思维可视化教学资源不多,这会给教学造成一定的困难。因此,学校必须根据实际情况,开发足够的校本资源,供师生学习参考,为思维可视化教学提供必要的条件。

在这里,特别紧迫的便是思维可视化教学的校本课程开发。一般说来,一方面,校本开发主要是为了解决教学中出现的问题,我国台湾学者张嘉育教授认为校本课程开发主要目的是解决学校的问题(张嘉育,1999),靳玉乐教授也认为校本课程开发的目的是学校为实现教育目标或解决学校自身的教育问题(靳玉乐,2006);另一方面,通过课程开发可以完成一种课程的改进甚至变革(吴刚平,2002)。实际上,通过思维可视化教学校本课程的开发,可以同时实现以上两大功能,既可以用来解决思维可视化教学中出现的问题,又可以完成对课程的改进甚至变革。

第一节　中学思维可视化教学校本课程开发的意义与原则

一、开发意义

首先要认识到思维可视化教学校本开发的特殊性。

根据通常的分类,校本课程与国家课程、地方课程形成三级课程体系。因此,"学校是三级课程的交汇点,是课程实施的真实场所"(房林玉,2010)。校本课程位于三级课程的底部,对国家课程和地方课程起着补充和细化的作用。这也如实地反映了我国校本课程的现状。

但对于中学思维可视化教学而言,情况有较大的不同。

中学思维可视化教学,从本质上看,是一种新型的教学方式,是新生事物,和传统的教学方式有着根本的不同。这意味着中学思维可视化教学校本课程的开发与传统意义上校本课程的开发有着根本的不同,主要表现在以下几个方面。

(一)价值是长远性的,而非片面性的、暂时性的

学校的某一局部、某一要素的教育改革,其影响往往是片面的、暂时的,无法取得系统性的深刻改变。

作为一种新型的形式,思维可视化教学从本质上改变了教与学的主要方式,对传统教学的变革是巨大的。思维可视化教学改变了学校的教育观、教师的教学观和学生的学习观,对学校教育的改变是全局性的、系统性的,其价值是深远的。

1. 改变了学校的教育观

中学思维可视化教学与传统的教学有着巨大的差异。本着传统的教育观,学校很难做好思维可视化教学。学校必须改变办学理念,切实改变原有教育观,才能进行有效的顶层设计,对教师进行思想动员和专业培训,开发相应的校本课程,组织相关的资源,使学校教师和学生共同成长,以推动思维可视化教学顺利发展。

2. 改变了教师的教育观

中学思维可视化教学以培养人的高阶思维和创造性思维为核心,指向人的全面发展,通过"三画高阶思维"展开深度学习,学生成为学习的主人,进而真正树立起个体的主体地位。这颠覆了传统传授法学生的学从属于教师的教的非主体地位,有效地改变了教师的教育观。

3. 改变了学生的学习观

中学思维可视化教学以"独画高阶思维"为基础,让自主学习成为学习的主要方式,要求个体勇敢地去面对复杂的情境,去解决有挑战性的问题,去努力完成国家要求的最高学业标准,推动自己主动地学,积极地学,刻苦地学,有责任地学,有力地纠正了消极被动的学习观,形成了新的学习观。

(二)作用是指导性的,而非辅助性的、完善性的

国家的主流课程具有较强的稳定性,与其配套的相关课程与资源也非常丰富,成了一套完善的教学支持体系,既有根据课程标准开发而成的教材,又有指导教学的相关理论,如教育学、心理学与各个学科的教学论与课程教法等,还有充分的配套教学资源,如配套练习、课外读物等。对于教学而言,这些课程与资源是足够的,完全可以支持教师进行正常的教学活动。因此,传统意义的校本课程只能是对国家课程和地方课程的有益补充,发挥着辅助性和完善性的作用。

思维可视化教学的校本课程则不然。由于对应课程与配套资源的匮乏甚至欠缺,也找不到相关的指导理论,学校只能自己着手开发相应的校本课程,用以指导思维可视化教学。这意味着思维可视化教学的校本课程,无论是从理论上还是在实践上,都对教学发挥指南、引领、示范和规训的作用。校本质量的高低直接影响到思维可视化教学的成败。因此,其作用绝不仅仅是辅助性的和完善性的。

(三)对象是综合性的,而非独向性的、单一性的

传统的校本课程指向学生的个性化发展,因此要根据学生的实际情况和真实需要进行开发,指向非常明显,主要的对象是学生,相对比较单一。

中学思维可视化教学校本课程则不然,由于承载着指导学校、教师和学生教与学的功能,中学思维可视化教学校本课程,首先指向所有的教师。只有教师充分掌握了思维可视化教学,才能开发出相应的适合学生的校本课程,用于指导和完善学生的学习。换句话说,

在前期,中学思维可视化教学校本课程的对象首先是教师,而非学生。随着思维可视化教学的逐步推进,校本课程才越来越指向学生,出现师生并进的现象。

(四)挑战是系统性的,而非局部的、短时间的

中学思维可视化教学校本课程开发面临着众多的困难。其挑战是系统性的,而非局部的、短时间的。其中,最主要的困难缘于理念、理论、指导、经验、资源等几方面。

1. 理念上的困难

由于传授法悠久的传统,在短时间内,教师很难在教学理念上完成转型。这就使得校本课程开发时缺少理念的引领,教师缺乏开发思维可视化教学校本课程的内在动机,教师也就不会积极主动地行动起来,投入校本课程的开发中。这样,学校即使用强硬的措施推进,也很难取得良好的效益。

2. 理论上的困难

校本课程的开发需要依托相关的理论,用理论指导可以保证正确的方向,可以保证专业的内涵,可以保证合适的途径,可以保证合理的策略,进而提高校本开发的效率,保证校本课程应有的质量。

由于缺少系统的思维可视化教学理论,教师失去了应有理论的指导,在校本开课程开发时只能摸索前行。这也会造成较大的困难。

3. 指导上的困难

虽然缺少系统的理论的指南,如果有专家能手的及时引领指导,思维可视化教学校本课程的开发也可以进展得顺利一些。

但这在现实中也是难实现的。因为从事思维可视化教学的人员相当少,对思维可视化教学有着深刻研究或深入实践的专家能手更是少之又少。因此,学校很难获得这些专家能手的及时指导。

4. 经验上的困难

哪怕没有足够理论的指导,如果有足够的实践,经过不断尝试、总结与检验,有经验的教师也可以开发出高质量的校本课程。传统意义的校本课程,很多时候就是这样开发出来的。

这对于思维可视化教学,同样如此。如果教师具备丰富的思维可视化教学的经验,那么,他们也是可以开发出有水平的校本课程的。问题就在于,这方面的经验,大部分教师同样是十分欠缺的。大部分教师并没有思维可视化教学的经历,相当一部分教师甚至没有接触过思维可视化教学。

5. 资源上的困难

由于悠久的历史,传统教学在校本课程开发方面拥有的资源非常丰富,可以给教师提供足够的参照、支持与借鉴。

而这方面依然是中学思维可视化教学校本课程开发的短板。

比起传统教学,思维可视化教学往往是在很小的区域内小心翼翼地推进,真正开展思维可视化教学的教师极少。他们往往靠着自己的热情,摸索前行,为了证实自己的观点,他们必定以教学效果为最高的评价标准,在校本资源的开发上他们往往精益求精,慎之又慎。

这就进一步加大了资源的短缺。

二、开发原则

中学思维可视化教学校本课程开发要本着方向性、科学性、基础性、实用性和趣味性五大原则。开发的校本课程应该能够较好地立足于学校教学的实际，既具有理论的指导意义，又能解决真实的问题；既有系统性和前瞻性，又具有实用性和趣味性。能用好用，教师爱用，进而有效地推动学校思维可视化教学的发展。

(一)方向性

全面贯彻党的教育方针，落实立德树人的根本任务，充分发挥校本课程的育人价值，围绕思维可视化教学的原理、内涵、教学模式、教学原则、教学方式、教学策略、教学技能和教学评价开发校本课程，对思维可视化教学提供全面的指导，以促进学科核心素养的形成和人的全面发展。

(二)科学性

无论是校本课程的内容还是呈现方式，都要遵守科学性原则，都要遵循相应的认知规律及实践规律。课程要全面准确地反映思维可视化教学的原理、内涵、教学模式、教学原则、教学方式、教学策略、教学技能和教学评价的本质内容，还要进行必要的阐释和补充，并从实际运用的角度梳理出逻辑关系，以正确的方式呈现出来，使其主题明确、线索清晰、层次分明，在结构上有体系、有系统，在运用上可操作、可选择。

(三)基础性

要关注全体师生教与学的要求。注重课程的基础性，引导师生从零开始，循序渐进，逐步掌握思维可视化教学的基本原理、基本模式、基本实施方式、基本策略和基本技能，逐步形成思维可视化教学的必备素养。同时，还要注意，让课程保持一定的开放性，为师生的个性化发展奠定基础，让个体各取所需，据自己的特长、爱好和基础，选择相应的课程学习使用，有效提高自己思维可视化教学的水平。

(四)实用性

所开发的校本课程应该具有较好的实用性，有助于学校教学，方便师生使用。应该尊重中学生的年龄特征，把握中学生的学习规律，充分分析本学校的教学条件与具体学情，根据学校的实际情况，确定校本课程的目标、内容、重点和难易程度，选择符合本校特点的形式，以提高校本课程的实用性，有效地解决思维可视化教学中的常见问题，使师生愿意使用、能够使用、乐于使用，较好地培养师生思维可视化教学的基本素养。

(五)趣味性

供学生使用的校本课程，要做到既具有严谨性，又具有趣味性。因此，要抓住中学生的心理特点，增加趣味性的成分，以激发他们的学习动机。中学生喜欢探索，愿意冒险，因此可以在课程中整合我国优秀文化和大国力量的内容,诸如通过图解等方式凸显人文历史及科技新成就,以激发个体的国家认同感、社会责任感和奋斗精神;也可以多纳入日常生活中中学生喜闻乐见的一些材料,如漫画、微视频等,以激发他们的学习兴趣。

第二节　中学思维可视化教学校本课程开发的主体与类型

美国课程论学者肖特(Short)认为,校本开发需要专业人员(肖庆顺,2016),但基于上面阐述的原因,中学思维可视化教学校本开发只能依赖于学校本身,依赖于学校的顶层设计,依赖于全校教师与学生。这样,学校、教师与学生都必须成为校本课程开发的主体,参与到校本课程的开发中。

一、开发主体

(一)学校

一方面,学校被赋予了课程开发的权力(肖庆顺,2016);另一方面,学校形成了其教育观念哲学,它是学校共同体成员的教育信奉,其主要内容是学校的使命、愿景和育人目标(陈建华,2007)。这对校本开发起指导、组织和规范的作用。根据学校发展的需要,学校组织各部门、各科教师进行开发。这有以下几个好处。

1. 专业性

学校可以调动全校的力量,动员专业性强、对思维可视化教学掌握最好的教师来开发相关的校本课程。学校可以先对这部分教师进行专门的培训,以提高他们的专业性,然后根据校情进行编写。这样,编写出来的课程既有较高的专业水平,又较好地符合学校的实际。

2. 系统性

学校可以根据本校的实际情况,事先做好顶层设计,开发校本课程时,便能有计划、有步骤、有体系地进行,保障校本课程的系统性。

3. 实用性

学校可以根据本校师生的需求开发校本课程,用于指导师生学习思维可视化教学相关的理论和教学策略,培养思维可视化教学必备的技能,解决思维可视化教学碰到的实际问题。这样所开发的课程能较好地与师生教学的实际相配套,促进师生的教学,具有很强的实用价值。

(二)教研组

有条件的教研组也可以组织本组的教师开发思维可视化教学所需要的校本课程。教研组开发的校本课程有其较好的价值。

1. 学科专业性

教研组可以根据学科的特点对思维可视化教学理论模式、教学策略、基本技能等内容进行进一步的细化,可以把思维可视化教学与学科的专业性较好地结合起来,使其呈现出较明显的学科专业特征。

2. 内容丰富性

教研组可以根据学科的需要来确定校本开发的内容、方式,充分突出本学科的思想方法、学科体系和重难点内容,突出学科的重要事实,突出具体的学科经验,形成丰富的校本资源。教研组还可以在较长时间内持续开发,这样就能使校本课程既具有较强的系统性,又突出了重要的主题,还具有丰富的案例。

3. 教学适用性

教研组可以根据学科的特点,将思维可视化通用技能与学科的专业技能紧密结合起来,形成实用性强的教学策略。这种策略能很好地满足学科教学的需要,有效地指导学科教师进行思维可视化教学,因此具有很强的适用性。

(三)教师

有实力的教师个体也可以尝试开发校本课程。这种校本课程对个体的专业成长、教学智慧提炼和教学风格的形成都具有巨大的推动力,具备学校、教研组开发的校本课程所不具备的优势。

1. 突出天赋特长

教师个体进行校本课程开发,往往是缘于热爱。在开发过程中,教师会根据自己的兴趣爱好展开,按照自己擅长的方式进行。这样,就容易把个体天赋的优势调动出来。因此,校本课程开发的过程也就是个体天赋特长得以挖掘、呈现、强化和进一步发展的过程。

2. 突出教学适切

教师开发校本课程是出于实际教学的需要。教师希望通过校本开发来提高自己思维可视化教学的水平,克服思维可视化教学中碰到的困难,解决思维可视化教学中遇到的常见问题。因此,校本开发目的明确,具有明显的指向性,与个体的教学匹配良好,能形成良性的互动。

3. 突出教学风格

对教学有更高追求的教师,也会主动开发校本课程。通过校本课程的开发,教师可以总结自己的教学经验,提炼自己的教学主张,形成自己的教学风格。

(四)学生

学生的身心发展特征影响和制约着校本课程开发的知识选择(肖庆顺,2016)。学生参与校本课程的开发无疑能够提高校本课程的针对性。学生也能成为思维可视化教学的校本课程的主体。实际上,学习的过程,特别是在"三画高阶思维"阶段,就包含了校本课程开发的成分。较为合适的方式是,将学生的学习成果进行梳理、整合,并以此为基础,形成适用学生使用的校本课程。这些课程由于基于学生立场,体现了学生的学习经验、思维特点和创造共性,因此对学生有较大的帮助。

1. 知识图谱

对学生进行必要的培训,在课堂、课后要求学生做好"画知识"的工作,专业、规范地画好每一节课的知识结构。通过展示,挑选出最合适的作品,按照教材的顺序,逐个章节衔接起来,形成完整的体系,再进行精心的修改完善,整合成知识图谱,并由此形成校本课程。这种校本课程对学生的知识结构化、体系化有明显的帮助。

2. 思维图谱

可以从学生课、内外的思维建模、思维专题训练和课后的画思维复盘,提炼出有关思维模型、方式、策略和技能等相关成果,进行梳理整合,形成思维图谱,并由此形成校本课程,用于指导学生的思维。由于记录了知识建构和问题解决思维的全程,包括成果、内容、方法、策略甚至困难,这方面的校本课程能为个体的认知发展提供确切的指南。

3. 题目创编

在迁移创造阶段,学生必须对题目进行创编,教师可以收集这部分学生的成果,进行梳理整合,按照一定的标准进行分类,根据学校需要和教学实际进一步进行挖掘,并由此形成校本课程。此类校本课程能在知识学习与应用知识解决问题间找到平衡,较好地实现迁移创新,为项目创编打下良好的基础。

4. 微小项目创编

在课后的创造阶段,学生要创编项目。这是最为可贵的创造性校本资源,教师要十分重视。教师要细致地收集好这部分成果,认真进行梳理整合,充分挖掘其内在的价值,并在此基础上形成校本课程。项目创编集中反映了本校中学生的创造性水平,由于榜样的示范,此类校本课程能够极大地调动本校学生的创造激情。

二、常见类型

思维可视化教学校本课程有理论类、模式类、策略类与技能类等常见的类型,一般可以文本、多媒体或融媒体为形式。在思维可视化教学的初始阶段,主要以文本类的校本课程开发为主,以满足教师迫切的教学需要。

文本类的思维可视化教学校本课程常见的有以下几类。

(一)理论类校本课程

理论类校本课程指通过文本、画图等形式对思维可视化教学的价值、功能、原理、内涵进行更详尽的阐释说明,帮助个体进一步理解。开发这类课程要注意以下两个方面。

1. 设计系统

理论类校本课程主要是对教师进行理论培训,使教师具备思维可视化教学应有的理论基础。其目的是让教师全面系统深入地理解思维可视化教学的价值功能、原理内涵及其操作方式。因此,要做好充分的顶层设计,注意课程的系统性,使课程既目的明确、体系完备,又主干突出、层次分明。这样,教师既能从宏观上全面把握思维可视化教学的基本理论,又能较好地把握其总体结构和内在的逻辑关系。

2. 样例充足

让教师更好地理解和掌握理论,这类课程需要举出充足的例子,通过各种例子,个体更容易掌握思维可视化教学的实质;这类课程还需要多纳入一些案例,通过个案对思维可视化教学各种类型进行完整详尽的解说,给人以较好的行动指导。

由于承载着对理论诠释和例证的功能,所选择的样例一定要经过精心挑选,反复琢磨提炼,做到精准典型、宁缺毋滥。样例最好源于本校,这样能起到更好的示范、指导和感召引领的作用。

(二) 模式类校本课程

模式类校本课程需要采用"图解+文字"的方式进行编写,有利于对思维可视化教学模式进行详细的阐释与说明。开发这类校本课程要做到以下两个方面。

1. 程序清晰,图解到位

开发时,首先要充分掌握所要开发模式的内涵、结构、环节、操作流程、运作要点和注意事项,将此一一列出。然后,与图形对应起来,形成良好的匹配。通过图解,可以将思维可视化教学模式分解成几个阶段,再分解到每一个环节,让人一目了然,接着配上相应的文字进行说明,使人能够清晰地掌握教学模式的每一阶段、每一环节,并可以据此教学。

2. 按课划分,样例足够

模式类校本课程还可以根据课型进行开发。根据不同课型的功能和特点,要将思维可视化教学模式进行必要的调节和细化,使模式与课型形成良好的匹配。这样,对于不同的课型,教师就采用相应的不同模式,不会犯一刀切的错误,较好地提高教学的针对性。

同样,模式类校本课程要配有完整的操作样例。基于不同的课型,将案例和图示配合起来,按部就班,对模式进行详细说明,使个体完整经历各个课型模式操作的全程,获得有用的间接经验。

这样,个体能够更清楚地把握不同的课型各模式的结构组成、环节衔接、操作流程以及注意事项,较好地指导自己教学。

(三) 策略类校本课程

开发策略类校本课程的目的在于为教师的教和学生的学提供合适的策略,用于指导或改进教师的教和学生的学的行为,提高教与学的效益。其又可分为两类:教师的教学策略与学生的学习策略。

1. 教学策略

教学策略类校本指向明确,就是为教师的教学服务,主要对象是教师。因此,学校要根据学校的具体情况,针对教师急需解决的问题,开发相应的校本课程。主要针对思维可视化教学独特性展开,诸如思维可视化的"课前、课堂、课后"独特的"1体化"教学设计策略,"3段·8环"独特的课堂教学策略,"三画高阶思维"独特的课堂组织策略等。

此类课程可以从理论与经验两方面展开:一方面,可以通过理论学习将理论逐步细化为可操作的教学策略;另一方面,可以通过经验总结,将经验上升为较为普遍的意义,形成可迁移的策略。

2. 学习策略

学习策略是个体为了提高学习效益所采用的规则、方法、技巧以及必要的监控调整措施。学习掌握并运用学习策略,并在此基础上形成自己的学习策略,这是成为优秀学习者的必备条件。因此,此类校本课程指向学生,主要对象是学生。目的是对学生进行思维可视化教学必备的学习方法、策略进行必要的训练,让学生及早掌握思维可视化教学基本的学习方法与策略,教会学生学习,从而增强学习的目的性与主动性。这样不仅能够使个体在学习中避免盲目的摸索,少走弯路,节约时间,提高学习的成功率,增强学习的自信,而且能够较好地提高学习的效益,有效地减轻学习的负担。

开发此类校本课程,不仅要集中思维可视化教学中成功的学习经验,分门别类,对它进行归纳、总结与提炼,不断地进行结构化与体系化,让它上升到具有一定普遍意义的可迁移的准理论高度,而且要辅以案例,充分发挥案例的解释示范功能,使此类校本既具有理论的指导价值,又通俗易懂,容易学习掌握,充分发挥此类校本课程的指南作用。

学习策略类校本课程的主要包含两类内容:一是方法策略本身;二是方法策略的选择。前者一般包含常见的学习方法与策略;后者一般包含常见学习方法与策略的使用方法和使用场合,帮助个体如何确定自己的学习目标,如何选择合适的学习方式,如何确认合理的学习方法策略等。

实际上,此类校本不仅适合于学生,也适用于教师。通过此类校本课程的学习与运用,教师也能完善自己的学习策略,进一步提高自己的学习能力,提升学习效率。这对教师的终身发展也极具意义。

(四)技能类校本课程

开发技能类校本课程主要是为了提高师生思维可视化教学的基本技能,促进师生及早胜任思维可视化教学。其主要包括思维技能、画图技能等内容。

1. 思维技能类校本课程

(1)思维模型类校本课程

思维模型类是思维可视化教学最重要的校本课程。

开发相应的课程,就是要帮助个体建立常见的思维模型,让个体建立必要的思维框架,形成知识建构与问题解决的通法。其主要包含三向思维与三类推理。

①三向思维类:此类课程主要是为了帮助个体树立"正向、逆向和侧向"3 个维度的思维方式,形成知识建构和问题解决的主要思维模式。

此类校本课程要以问题为导向,设置复杂的真实情境,引导个体分别从正向、逆向和侧向 3 个方向展开思维,探讨解决问题的方法和路径,获取解决问题的方案。此类课程要特别注意强调思维的这 3 条推进路径,并引导对 3 条路径推进的思维全程进行比较,判断优劣长短,让个体对解决问题的 3 条主要路径有直观的感知和深切的体验,进而正确把握它们的使用方法策略和时机。

②三类推理类:主要是指归纳推理、演绎推理和类比推理,目的在于帮助个体,在三向思维的指导下,进一步建立思维的主体框架。

这类课程要详细地阐释这 3 类推理的内涵、功能、特点、使用方法以及注意事项。指导个体掌握这 3 类推理,有助于个体根据实际情况,按照一定的框架快速展开思考,进而能够有效建立起思维的主干体系。

开发归纳推理类的课程,主要是帮助个体进行上位知识的建构。因此,要注意强调各事物或现象共同点或规律性的提取,并用画的形式对其共同的本质要素进行勾勒与突显;要强调结论来自足够大量的独立样本,以增强归纳的可信度,而不能停留在一例一论或一事一论的简捷枚举上。课程要有足够的例子帮助个体理解如何用可视化手段进行共同性质的突显、勾勒与归纳。

开发演绎推理的课程,主要是帮助个体进行下位知识的建构。课程要注意既要强调推理的完整性,更要强调这一完整性画出,即要完整写下从大前提、小前提和结论这一逻辑推演的过程。同时,更要画出大前提、小前提之间的包含关系,要将大前提包含小前提、小前提包含结论这一关系明确标出,凸显出来。

开发类比推理类的课程,主要是帮助个体进行同位知识的建构。开发此类课程时,要强调可视化手段将类比两者的相似性一一突显出来,呈现在纸面上,让人能够直观把握。这类课程往往分成两类内容:一是从内在的相似性获取推理的必然性;二是从表面的相似性拓展思维的发散性。两类各有所长,对个体的高阶思维和创造性思维都有明显的帮助,不可偏废。因此,在此类校本课程中都应得到充分的体现。类比推理是从特殊到特殊的推理,开发此类课程,应以案例为主要形式。

(2)想象技能类校本课程

个体知识建构与问题解决能力较差的一个重要原因便是想象力低下。因此,提高想象力成为思维可视化教学必须面对的重大问题。开发相应的课程以提升个体的联想能力与思维发散能力不失为一种有效的策略。开发此类课程,训练个体通过日常联想与学科联想打开想象力,让思维向各个方向推进,帮助个体快速打开思维的空间。

这类课程要注意严谨性与趣味性的结合。指导个体,一方面严格按照学科的逻辑展开联想,以培养联想的逻辑性、严谨性和学科性;另一方面按照日常经验大胆展开联想,以培养思维的灵活性、跳跃性和超学科性。

此类课程可以按照日常想象类和学科想象类两大类型编排。

①日常想象类:此类课程目的在于提高个体的日常联想能力。课程要立足于学生的生活实际,设置个体喜闻乐见的情境,充分调动个体的生活经验,在相似性、熟悉性的基础上大胆联想。课程不仅强调联想对象的内在逻辑和必然联系,更要强调表面的关联性和偶然性,强调个性化甚至是异想天开的连接,以培养思维的灵活性、丰富性和巧妙性。

②学科想象类:课程旨在培养个体学科的想象力。课程要根据学科的专业特点进行开发编排,通过学科典型的特征和专业的内涵设置联想的情境,让个体严格遵循学科的内在逻辑进行想象,即联想对象之间有着严密的学科因果关系。

进行专业联想,同样要鼓励个体展开大胆的想象。

因此,在内容设置时,不仅要推动个体在看似无关的对象之间挖掘出学科内在的必然联系,以培养个体深刻的洞察力,同时还要注意不把专业想象限制在某一个学科之内,应该设置这样的情境让联想能在不同的学科中同时推进和自由切换专业,以培养个体具有跨学科或多学科广阔的想象空间。

2. 画图技能类校本课程

画图技能类校本课程包括画、圈、记、注和连等作图技能方面的课程。这些都是思维可视化教学必备的教学技能,具有很强的实用性。因此,在开发时要特别注意其操作性、简易性和便捷性。

(1)"画"的校本课程

诚如前面论述,区别于日常或其他学科常见的"图画、画图"等含义,思维可视化教学所谓的"画",指的是以各种可视化工具为手段,将思维外显出来,形成看得见的思维支架。画是思维可视化教学的基础,也是其最重要的操作核心。可以说,没有画,不会画,就没有思维可视化教学。因此,开发有关"画"技能的校本课程,用以指导师生思维可视化教学,无论如何强调都不为过。

①开发以画图主要工具为内容的校本课程:诸如开发有关于常见的思维导图、思维地图、概念图、鱼骨图、流程图为主要内容的校本课程。

此类课程包含3个方面:

其一,使用方法。即要介绍这些常见可视化工具的使用方法,包括画的方法、画的技巧和画的策略以及使用场所和注意事项。

其二,必要规范。即能训练个体如何有规范地使用这些工具进行作图,让个体能够按照这些可视化工具内在的逻辑和通常的画法进行作图,保持必要的规范性,而非随心所欲,信手涂鸦,避免给辨认和交流带来困难。

其三,便捷交流。即训练个体能够使用已取得的"画的成果"进行有效交流,以提高知识建构和问题解决的效益。

②开发以画的技巧为主要内容的校本课程:训练个体如何画得简易,画得美观,画得巧妙,以提高画的质量。做到这一点,并不是件容易的事。因此,开发出相应的详细的校本课程加以指导、训练、强化和矫正极有必要。

(2)"圈"的校本课程

开发此类课程主要是对"圈"的功能、类型和画法进行说明。

思维可视化教学中对"圈"有特别的要求,如如何在阅读和情境解读时,"圈"住关键词或关键性要素,加以突显;如何可以将相关的内容"圈"在一起,进行突显。如可把重要的想法、突发的灵感和重大的问题"圈"起来,加以强调凸显。将相关的内容"圈"在一起,还能形成封闭的区域,可以用来探求它们的内在关联,并有效地与其他的内容分隔开来,避免不必要的干扰。

(3)"记"的校本课程

记,记录必要的内容,也是思维可视化中最重要、最常见的手段。记得越及时,记得越到位,记得越全面,往往也越有助于问题的解决。一些问题无法得到解决,就是忽略了对必要内容的及时记录。

开发这类校本课程主要是对记录的价值、记录的内容、记录的方法、记录的时机和记录的策略等各方面内容进行针对性的阐释说明,帮助个体提高记录能力,形成及时记录的习惯。

此类课程应多举例子,让个体领会及时记录的重要性。课程可以设置不同教学情境,通过正反两个方面对个体进行相应的培训,培养个体"记"的素养。这样,能够有效地指导个体在真实的教学中,及时记录突来的灵感、思路与想法,记录看到的现象、数据,记录思考的内容、过程与方法,帮助个体抓住解决问题的关键思维和证据。

（4）"注"的校本课程

注,往往与圈或画紧密配合。圈出关键词或者有用的情境时,往往需要在旁边进行标注,用短语或图符写下心得或看法,使关注点更加突出,为后续的整合打下基础。

开发此类课程,通过例子,可以对"注"的意义价值、功能用法、方式策略进行细致的说明。此类课程,要注意多举例子,通过例子的示范,可以帮助个体更好地理解"注"的意义、方法和策略。

（5）"连"的校本课程

通过"连",思维才能串通起来,直观显示出来,从而看得见。通过"连",将思维节点与节点连接起来形成了思维环节;通过"连",将环节与环节连接起来形成了思路;通过"连",将思路与思路连接起来形成了思维框架体系。这样,通过"连",就能画出知识建构或问题解决的完整的思路。开发此类课程,可以详细地说明"连"的价值意义、策略方法和注意要点,帮助个体激发思维,形成思维,捕捉灵感,发现新的意义。

我们可以抓住以下3个方面内容,开发相关的课程。

①"连"节点:将两个思维节点连接起来,构成一个思维环节。开发时,要强调连接的内在机制:是通过学科联想还是惯常联想?

②"连"环节:将几个思维环节连接起来,梳理出相对独立的思路。开发时,注意要有明确的目标,围绕知识建构或问题解决进行连接。同时,还要强调连接的内在逻辑:是严密的推理以寻求必然的因果,是习惯的联系以发现思维的定势,是有意的拓展以丰富必要的联想,还是刻意的连接以发掘新的联系?

③"连"思路:将两条或几条相对独立的思路连接起来,梳理它们之间的联系,确立衔接点,将它们有机地联系起来,以形成知识建构和问题解决的有效思路。与连环节一样,连思路也要遵循内在的逻辑:是根据因果关系进行推理连接,是根据认知惯常进行合并连接,还是根据大胆想象进行拓展连接及打破常规进行刻意连接?

这里要指出的是,为了提高思维的创新性,开发课程时,要特别突出"连"的灵活性与跳跃性。可以顺着连:根据某一内在机制,可以按某一顺序从头到尾,一个节点一个节点、一个环节一个环节、一条思路一条思路连接起来。可以逆着连:根据某一内在机制,可以逆着某一顺序从尾到头,一个节点一个节点、一个环节一个环节、一条思路一条思路连接起来。可以依次连:根据某一逻辑,一个节点接一个节点、一个环节接一个环节、一条思路接一条思路连。也可以跳着连:根据某一逻辑,忽略相邻的某些节点、环节和思路,从某一节点、环节和思路直接跳到另一节点、环节和思路。

（6）草图类校本课程

草图是最具个性化的可视化工具。草图根据个体的爱好、天赋、特长来画,随心所欲,不受其他可视化工具的限制。从这个角度看,草图是个体创造性的象征。因此,开发此类校本课程,对训练个体的思维个性、思维特长有较大的作用。

开发此类课程,要侧重于对草图的意义价值、方法策略及注意事项进行必要的说明。由于个性化高,整理草图相对比较困难,有时会失去一些宝贵的成果,造成不必要的损失。因此,草图要与常见的思维导图、思维地图、概念图等可视化工具结合起来,这样个体才能更好地通过草图来发动思维、激发联想、创造灵感,进而找到知识建构或问题解决的路径。这是开发此类校本课程要特别注意的。

第十三章　中学思维可视化教学的师生培训

无论如何优良,教学模式如果没有被师生所熟练掌握,便不能顺利加以应用和推广,也就不能发挥出应有的效益。因此,对于一个新型的教学模式,首要的任务是让教师与学生学习它,掌握它,积极使用它,并在自己的教学实践与学习中不断改良和完善。

当一个模式与传统的模式有着较大的不同时,培训便起了极其重要的作用。没有培训,教师与学生便不能真正理解新型模式的内涵、意义和价值;没有充分到位的培训,教师与学生便不能真正掌握新的教学模式的操作方式、运用策略和注意事项,也就无法取得相应的效果。

第一节　教师培训

比起传统的教学,思维可视化教学有着截然不同的教学理念、教学模式、教学方式、教学策略和基本技能。要真正掌握思维可视化教学,首先要对教师进行全面、系统、深入的培训。

一、培训的主要内容

教师培训要"以当前最新的心理学理论为指导……而不是仅凭研究者的主观经验"(林崇德 等,1996)。中国式现代化要求新时代的高质量教师培训现代化,这需要从教师内在出发,关注教师自身的认知水平与能力现状是否符合中国式现代化要求,同时也要明晰教师培训的外部环境即培训的内容、机制、保障等能否支撑起中国式现代化的要求(马早明,2024)。只有这样,才能提高培训的效益。思维可视化教学首先需要对教育理念、教学模式、教学原则、教学方式及基本技能等各方面进行全面系统的培训。

(一)教育理念培训

1. 价值观

学习思维可视化教学相应的教育价值观,树立起相应的教学理念:培养高阶思维能力强、富有创新能力的完整的人,在观念上与传统教学的价值观做出明确的区分,从本质上把握思维可视化教学的精髓。

2. 教学观

学习相应的教学观,致力于培养个体的高阶思维和创新思维,使之与传统的侧重知识传授与灌输的教学观做出明确的区分,正确处理教与学的关系,克服以教师为中心、传授为中心和知识为中心的旧的教学观。

3. 学生的学习观

学习相应的学习观,全面树立学生的主体地位,注重学生的学习经验,培养个体主动学习、发现问题和解决问题的能力;实施分层教学,致力于因材施教,使每个人都得到充分的应有的发展。努力克服传统教学为了追求片面升学率,不顾学习规律、不注重学习力培养的讲解灌输的一刀切的做法。

(二)教学模式培训

思维可视化教学是种新型教学。与传统教学相比,思维可视化教学具有不同的内涵、方式和执行策略,这些都需要进行培训。

1. "1 体化"的教学设计模式

培训教师掌握从课前筹划、课堂执行和课后配套的系统的"1 体化"教学模式。这是思维可视化教学的核心。教师只有掌握了这一完整的模式,才能真正实现思维可视化教学。

2. 课堂教学模式:3 段·8 环

不论是采用了什么理念、什么模式进行教学,课堂都是教学的关键。掌握"3 段·8 环"的教学模式,是思维可视化教学的重中之重。对"3 段·8 环"模式掌握的优劣直接影响到课堂教学效果。

(三)教学原则培训

与传统教学不同,思维可视化教学有着特殊的教学原则,需要进行相应的培训。其中,侧重思维原则及全建构原则尤为重要,要侧重进行培训。

1. 把握侧重思维原则

培训教师要侧重思维培养的意识,掌握证据思维、实践思维、结构化思维和创新思维等各种思维的内涵、培养方式以及实施途径,让教师能够在教学中加以实施,以培养学生的证据思维、实践思维、结构化思维和创新思维,提高个体的高阶思维能力和创造性水平。

2. 把握全建构原则

传统的传授法一个较大的缺陷就是常将个体作为一个接受知识的容器,而不是把个体当成知识建构的主体,无法引导个体历经知识建构的全程。培训教师把握全建构原则就是要培训教师树立起正确的学生观与学习观,在教学中引导学生展开全程、全面、全方位的建构探究,以知识探究者的身份来展开学习。其中,尤为重要的是学习目标建构、学习方法策略建构、问题情境建构及研究对象建构等内容的培训。

(四)教学方式培训

"三画高阶思维"是一种全新的教学方式,与传统知识传授的教学方式有着巨大的不同。要使思维可视化教学取得良好的效益,必须对教学方式展开培训,让教师能够熟练掌握、有效运用。

1. 掌握内涵与方法

教师要熟练掌握"独画高阶思维、共画高阶思维与创画高阶思维"的目的、意义、内涵、方法,能在课堂上熟练地运用。

2. 掌握时机与注意点

培训教师要熟练地掌握"独画高阶思维、共画高阶思维与创画高阶思维"应用的时机和注意事项,能够在适当的时候,用合适的策略推动个体展开深度学习。

(五)基本技能培训

思维可视化教学需要相应的诸如"画""连""联想""记""模型运用""产生式推理""倾听""意义咨询""追问""评价""鉴赏""批判""质疑"等教与学的基本技能,教师只有掌握这些技能,才能培养学生相应的技能,才能提高教与学的效益,进而保障课堂应有的成果。在传统教学中,这些技能往往不被重视,甚至被有意无意忽略。因此,需要全面培训。同时,我们希望思维可视化教学能在更大的范围得到推广,就需要对思维可视化的工具进行必要的规范。因此,培训可以从以下两个方面展开。

1. 系统性:对必备的专业实用技能展开全方位培训

这里的"必备技能"指的是中学思维可视化教学一定要具备的、不可或缺的教学技能。"专业"指的是思维可视化教学。"专业技能"指的是思维可视化教学所应该具备的教与学技能。"实用技能"有两个方面的含义:一是指这些技能在课堂中能够得到实际使用;二是指运用这些技能可以取得应有的效果。

前面所列举的技能在思维可视化课堂中必须经常运用,而一旦认真运用这些技能,便能取得较好的成绩。因此,注重这些技能的培养,是非常必要的。但诚如上面所言,在传统教学中,这些技能往往被边缘化,不受重视,甚至是被完全忽略的。同时,这些技能又有着内在的专业要求,难以在学习中自然形成,没有系统细致的培训,个体很难掌握。因此,必须设计系统性的培训课程,一项又一项针对性地进行专题培训,让个体逐一掌握各项技能,保障个体胜任思维可视化教学。

2. 规范性:对必备的专业实用技能进行必要的规范

这里的"规范性"指的是对思维可视化使用的可视化工具,要进行必要的规范,以形成相对统一的标准。这样,才能便于交流、管理和推广。

可视化的手段众多、工具也较为丰富。这些手段、工具各有各的特性,没有一个统一的规范,也没有一个完全一致的画法,再加上思维可视化教学致力于个性化学习,努力寻找每一个体的独特个性,这就使得每个人的思维画像呈现出千姿百态的风貌,很难统一,甚至有时让人难以理解。这样,既不方便交流,更难以推广。

因此,必须制定一个相对统一的标准,对可视化手段和工具进行规范,将它们纳入统一的表达体系。这样,同一工具有着同一使用准则,同一图形有着同一内涵意义,较好地提高了成果的理解性与推广性。

二、培训的常用策略

对教师进行思维可视化教学培训,可以本着"以知促行,先知后行"、"以行促知,先慢后快"及"以评促校,先小后大"的策略,要"注重培养教师在具体情境中解决问题的能力"(钟启泉,胡惠闵,2005)。

(一)以知促行,先知后行

1. 进行理论专题培训,学习内化新观念

进行专题培训,要求教师认真学习教学理念(包括价值观、教学观、学生学习观等新的理念),学习思维可视化教学的教学模式、教学原则、教学方式、教学策略及教学技能等相关的基本理论,厘清其内涵与外延,把握其核心,真正理解理念的实质和精髓,并形成牢固记忆,直到能够自由灵活地提取。

2. 对旧观念进行批判,逐步抛弃旧观念

对新旧观念进行辨析区分,认真评估两者的优劣短长。仔细分析旧观念产生的原因,解剖其产生的机制,深切体会其不合理要素及产生的不良后果,并有意识地展开针对性的批判,不断用所学的思维可视化基本理论来改造代替旧观念,进而自然而然地抛弃旧观念。

3. 侧重进行操作培训,改变教学模式和技能

(1)操作细化

其一,系统学习。教师要充分系统地学习教学模式与相关的操作技能,特别要学习模式与技能总体组成结构,学习模式与技能的组成环节或要素。

其二,环节学习。认真把握模式与技能的每一环节要素,知道每一环节要素在整个模式、教学技能里所处的位置,掌握每一环节要素在相应模式、技能中的作用功能。

(2)操作内化

其一,操作细节化。对每个环节要素展开深入研究,认真把握其关键节点、核心要件和重要细节,使环节细节化。越是关键节点和核心要素,越要关注其重要细节。

其二,操作执行化。将模式技能与以往的类似的做法或经验挂钩起来,尝试将模式或技能转化成实际行为的方案,关注转化过程的重点、难点,提炼其注意事项,确保模式技能可操作、可执行。

(3)模式优化

其一,操作自动化。逐步提高模式及技能操作的熟练程度,只有达到自动化操作时,个体才真正掌握了该模式。

其二,操作个性化。当个体充分掌握模式与技能后,可用个性化的成分对模式与技能中相应的因素进行调整、改良和完善,使其更好地适应实际的教学。

(二)以行促知,先慢后快

通过对模式与技能的掌握和实施,个体加深了对思维可视化教学理念、内涵、模式、教学原则与方式策略等相关理论的理解。一个模式与技能的掌握,往往需要一个"刻意套用先,先慢后快"的过程。

1. 刻意套用

在使用初期,个体不能熟练运用模式与技能,只有刻意套用,才能保证模式与技能实施运用的正确性,以取得应有的效果。这里的刻意套用指的是根据模式与技能内在的环节,

逐一对照,逐一进行,逐步推进,不要发生偏离,更不要擅自改动。

2. 先慢后快

为了教师能够正确熟练地应用模式与技能,必须树立"慢就是快"的理念,遵循"先慢后快"的规律进行培训。特别是在培训的初期,要做到有效地"慢"下来,等教师正确掌握之后,再逐步加快进度。

这里的"慢"是指不过分追求培训容量,不过分追求培训进度,让教师有充足的时间掌握教学模式及技能。因此,在初期阶段,要放慢进度,放缓节奏,一个要素一个要素加以过关,一个环节一个环节加以把握,一个模型一个模型加以推进,直至模式及技能完全被掌握。一旦师生掌握模式与技能,便可以较快的速度推进,以提高培训效益。

(三)以评促效,先小后大

为了提升效果,对培训要及时展开评价,通过评价促进个体学习的进一步提升。这可以本着"先小后大"的策略。

1. 及时评价

及时评价可以给个体提供快捷的反馈信息,帮助个体对自己的学习效果及进展有明确的判断,促使个体及早做出纠正、调整与完善,有助于提升培训的效果。

2. 先小后大

先小后大包含两个含义:

其一,先要素后整体。对培训效果的评价,从环节或要素开始。对教学模式与技能实施的每一个环节、每一个要素开始展开评价,判断该环节、该要素是否取得应有的成效。然后再对整个教学模式展开评价,判断该模式是否取得应有的成效。这样做的好处是容易入手。

其二,先当下后阶段。对培训效果的评价,从当下的训练开始。先对每一次的训练效果进行评价,判断其是否达到预期的目的。然后再从培训的一阶段及全程进行评价,判断个体是否取得了预期的培训成效。

三、培训的注意事项

对教师进行思维可视化教学培训,要注意以下几点。

(一)明确培训目的,学以致用

对教师进行思维可视化教学培训,目的只有一个:就是让教师全面、系统、深入地掌握思维可视化教学的内涵理念、价值意义、教学模式、教学原则、教学策略与教学技能,能有效地开展思维可视化教学。因此,培训要紧扣此目的展开,学以致用,让教师喜欢学、学得好、愿意用、用得好。

(二)进行顶层设计,有序推进

思维可视化教学的培训,要做好顶层设计,进行系统安排:主题设计要全面突出,不能挂一漏万,既突出重点,又促进全面理解;培训师要专业,从理论、模式和实践各方面给教师加以针对性的指导;时间安排要合理充分,可以利用集中主题培训与个体分散学习相结合的方法,循序渐进,逐步加以落实。

(三)注重培训效果,先准后活

要特别关注培训效果,对教师培训所取得的成效,要及时展开评估,以巩固效益,免得沦为为培训而培训。这里有一条重要的评估原则就是"先准后活"。

没有最好的模式,只有最适合自己的模式。学习的目的是能够超越,找到最适合自己的教学方式方法,因此对模式进行有效改良和完善,不仅是应当的,而且是必需的。但这需要一个过程,就是先入模后出模。

1. 先准:入模

让教师按照培训主题内容,无论是思维可视化教学理论、模式、原则、方式、策略还是基本技能的培训,都要严格按照思维可视化教学的相关标准、要求展开,不要偏离,更不能随心所欲,让教师准确无误地掌握。

2. 后活:出模

在实施时,要采取开放的态度,对其中的疑难之处保持足够的警觉,及时记录下来,并写下理由;对其不合理之处,保持足够的质疑,及时记录下来,并写下依据。教师要认真做好这些事,为以后的模式改良打下基础。一旦个体有了较好的素养,可以进行必要的调整改良和创造时,对其进行个性化的改造,形成自己独特的思维可视化教学模式。

第二节　学生培训

对于学生而言,思维可视化教学也是新生事物,在以往的学习中较少接触。因此,对学生进行全面、系统、深入的思维可视化培训,让学生学习掌握思维可视化教学的相关理念、内涵、学习方式、策略以及基本学习技能也是非常必要的。我们知道,对于成年人,培训时只有让个体明白学习的目的、学习的现实或迫切的学习需要、感到学习的实用和有效,能调动已有经验,同时还要创设一种轻松、愉悦的学习环境,并控制好节奏和进度(颜世富,2007),才能取得良好的效益。其实,对于学生,同样如此。

一、培训的主要内容

对学生进行思维可视化教学的培训主要包括以下内容。

(一)价值观

孩子是祖国的未来,中学生又是处在快速成长中的个体。与传统教学一样,思维可视化教学同样要重视对学生价值观的培养。培养孩子的民族认同、爱国情怀、社会道义,培养孩子的道德伦理、健全人格和独立精神,让个体成为德智体美劳全面发展的社会主义接班人和建设者。

（二）学习观

培养个体正确的学习观。培养个体的主体意识，让学生理解自己是学习的主人，有责任有义务完成应有的学业。让个体明白，学习必须是一个主动建构的过程，要通过独立思考、努力探究、分工合作等多种形式，克服困难，亲历知识建构的过程，发展自己的高阶思维能力和创新能力，使自己能解决富有挑战性的真实问题。

（三）学习方式

在传统的教学中，学生主要的学习形式是听讲——学生听老师讲课。这与思维可视化教学有着巨大的不同。思维可视化教学要求个体通过"三画高阶思维"的方式展开深度学习。主要的学习方式是个体"独画思维"与"创画思维"等自主学习，辅以"小组共画"、"班级展画"与"师生评画"等合作学习与教师启发式教学。无论以上的哪一种方式，在传统的教学中都较为少见，都需要经过专题的培训学生才能够掌握。

（四）学习技能

思维可视化教学对学生的学习技能提出了极高的要求。在思维可视化教学中，学生常用的学习技能有画图、标、注、圈定、联想、思维建模、推理、观点咨询、评价、意义协商、质疑与反质疑、批判与反批判、欣赏、借鉴、创造等。在传统教学中，这些技能都不太经常使用甚至不被重视的，学生掌握得不好，因此要特别进行培训。

二、培训的基本策略

（一）告知相关方法，准确示范

首先要告诉个体各种学习基本技能的功能、用途及价值，使个体清楚地认识到这些学习基本技能的重要意义，让个体对它们有初步的认识，由此激起学生的学习欲望。其次，再告知各种学习基本技能所蕴含的原理、模式结构、操作流程、使用方法、使用范围和相关注意事项，让个体对这些学习基本技能有较充分的认知，明了其学习的方法与途径，便于开展针对性的专题培训。再次，告知学生学习基本技能都是属于程序性知识，是一种高级的智力动作技能，哪怕已经知道其功能、原理、模式结构、操作方法、操作流程和注意点，没有进行针对性的训练，也是很难掌握的——这些学习基本技能只有通过操作，在具体的实践中不断进行实实在在的行为操作、不断进行动作纠偏，才能准确习得、熟练掌握，并达到自动化的程度，以引起学生足够的重视，进而全身心地投入专题训练中。

（二）进行专题训练，强调效果

要快速掌握学习基本技能，最佳的训练方式就是进行专项训练，即将每一个技能设为一个专题，逐一进行专项训练，直到个体一一熟练掌握为止。

1. 正确性训练：按模套用

按模套用，是学习技能训练的第一步。实际上，这也是训练最重要和最有效的一步，因为其保证了个体学习技能掌握的正确性。然后,在此基础上再进行熟练程度训练,使其达到自动化水平。这样,个体才能完全掌握该学习技能。

(1)套模练习

训练时,要求个体依据该技能固有的模式结构,按照内在的程序和步骤展开。这是一种程序性知识训练的必经阶段,教师要求个体必须严格遵行,不要随意偏离,更不能凭主观想象。

(2)正确使用

当个体偏离原有模式程序时,教师必须及时进行矫正,让个体回到正确的模式结构、程序和步骤上,按照正确的操作方式进行练习,直到个体正确掌握该学习技能,并能够在新情境中运用。

2. 熟练性训练:自动跳跃

当个体完成了正确性训练后,教师可以对个体进行熟练性训练,通过缩短时间或有意跳跃等方式,促进个体学习技能及早达到自动化水平。

熟练性训练包括以下 4 个方面。

(1)熟练

对个体继续进行训练,增加训练的次数,提升其对技能使用的熟悉程度,增大动作的稳定性;在相同的训练情境中,缩短操作时间,迫使个体在较少的时间内能够完成相同数量的动作,提高个体动作的敏捷性;创设不同的类似的学习情境,训练个体选择使用同一种学习技能,提高动作的指向性,进而进一步提高学习技能的熟练度。

(2)自动化

在此基础上加大训练力度,或进行间歇训练,使个体的动作越来越熟练,直到能达到不假思索、下意识使用的程度,完成技能的自动化。

(3)跳跃

有意忽略,跳跃使用。当个体动作达到自动化之后,技能操作的正确性和熟练性都达到了较高层次。此时,教师可以提醒个体忽略掉某些明显的环节,跳过某些环节,使自己的操作更加凝练,进一步提高学习效益。

(4)变通

个体的各种技能到得到充分训练后,教师就要着手对学生进行变通性训练。变通是指个体能够在不同的情境中选择正确的技能展开学习的能力。教师要创设复杂的不同的教学情境,训练个体分析判断能力,提高个体的应变水平,使其能够准确地选择某种学习基本技能进行学习。

三、培训的注意事项

(一)策划好训练时间

训练时间包括课堂与课外时间。

1. 课堂专题训练

教师可以在课堂上专门安排时间进行学习技能训练。教师要认真对待课堂训练,认真备课,仔细撰写教案,设计活动,展开训练,在课堂上及时进行反馈和矫正,使学生在课堂上便能基本掌握相关的学习技能,能较为熟练地进行应用。教师还要在课堂上进行生成性和终结性评价,以检验学生对学习技能的掌握水平,并提供针对性的辅导,使那些进度较慢的人也能够基本上掌握。同时,教师还要布置针对性的课后巩固作业和迁移性作业,促进学习技能的巩固与迁移。

2. 利用课堂小结进行培训

每一节课都需要学生使用相关学习技能进行学习。因此,在课堂小结阶段,教师应该对使用的学习技能进行巩固、小结和提炼,并进行必要的训练。教师要不断引导学生进行提炼巩固,并配上相应的练习加以强化,以确保技能的熟练掌握,及时促成自动化。

新课教学是学科的主体。因此,在新课教学中有机结合知识建构进行学习技能训练是一个行之有效的方法。这不仅能够使知识建构和学习技能培养取得事半功倍的作用,而且能够将知识学习与学习技能融合起来,真正培养学生的学习能力、高阶思维与创造性。

这里特别要指出的是,常见的新课教学往往是缺了一条腿的教学。也就是说,在新课教学时,教师往往注重的是知识建构本身,即学到了什么知识,这些知识与以前的知识有何关系。较好的教师也能对相关的知识展开辨析追问。而更好的教师甚至能将所学的知识整合到相应的大概念框架以形成学科观念。但很少有人关注到包括联想、思维、推理、创新等学习技能的培养。课堂也往往只进行知识建构的小结巩固而很少对思维模式或创新进行总结和巩固。这不仅使高阶思维与创新能力的培养失去了大量的机会,更反映出教师知识教学观的严重问题——教师不明白,知识的建构过程实际上也是高阶思维与创新能力培养的过程,而将高阶思维能力与创新能力沉淀成为学科的本质、方法和思想,正是学科教育的重要组成部分。

3. 课外专题训练

现阶段,课堂的主要时间用于新课教学,在课上用较多的时间进行学习技能培训难度较大。因此,教师要充分利用课余时间展开培训。在课外,教师可以进行专题培训,可以通过课外作业进行延伸训练,也可以通过学习兴趣小组或社团来进行训练。

(二)做好两个必要转化

1. 从经验到理性

在传统的教学模式中,虽然没有刻意强调,但有的教师还是会对个体学习基本技能做些指导。思维可视化教学要求教师必须对个体的学习技能进行全面、系统、深入的培训。教师必须做好从经验到理性的转化,牢固建立起这样的理念:有意识、有目的、有策略、有步骤地对学生的基本学习技能进行培训是教学的基本要求,须纳入日常的教学筹划中,在课堂上有条不紊地实施,非靠单纯的经验进行随机补充。

2. 从刻意到自觉

由于传统教学习惯的作用,教师对学生基本技能的培训要经历一个从刻意计划到自觉实施的过程。在初始阶段,教师要有意将对学生基本学习技能的培训纳入自己的教学计划中,纳入自己的每一节课的设计中,在教学中有意对学生进行培训;一旦形成习惯,那么,教师便会在教学计划、教学设计和教学实践中自觉进行思考、提炼、探究,掌握培训学生基本学习技能的方法、策略、培训方式、时间,甚至主动地开发相应的校本课程,进而完成了一种从刻意使用到自觉应用的转变。

参考文献

朱智贤.心理学大词典[M].北京:北京师范大学出版社,1989:634.

张春兴.现代心理学[M].上海:上海人民出版社,1994:322.

汪安圣.思维心理学[M].上海:华东师范大学出版社,1992:4,410.

KANTOWITZ B H, ROEDIGER H L, ELMES D G. Experimental psychology:understanding psychological research[M]. 6th ed. Beverly, MA:Wadsworth, a division of Thomson Learning, Inc., 2001.

罗伯特·索尔所,奥托·麦克林,金伯利·麦克林.认知心理学[M].8版.邵志芳,李林,徐媛,等译.上海:上海人民出版社,2019.

GUILFORD J P. Traits of creativity[M]//ANDERSON H H. Creativity and its cultivation. NY:Harper and Row, 1959.

汪馥郁.对思维活动的三种基本类型的探讨[J].北京师范大学学报(哲学社会科学版),1982(1):64-72.

朱智贤,林崇德.思维发展心理学[M].北京:北京师范大学出版社,1986:6,7,20-29,38,178.

张大松.科学思维的艺术:科学思维方法论导论[M].北京:科学出版社,2008:2.

米广春.科学思维培养的实证研究——MBD教学模式的建构及其影响[D].上海:华东师范大学,2011.

RESNICK L B. Education and learning to think[M]. Washington, DC:National Academy Press, 1987.

余炳元.日常思维初探[J].哈尔滨职业技术学院学报,2005(3):76-78.

王国有.日常思维与非日常思维[M].北京:人民出版社,2005:15-30,104.

布卢姆,等.教育目标分类学:第一分册 认知领域[M].罗黎辉,丁证霖,石伟平,等译.上海:华东师范大学出版社,1986.

衣俊卿.现代化与日常生活批判[M].北京:人民出版社,2005:168.

夏凤琴,姜淑梅.教育心理学[M].北京:清华大学出版社,2015:213.

陶国富.马克思主义创新思维之非逻辑思维[J].马克思主义研究,2010(6):88.

林崇德.教育与发展[M].北京:北京师范大学出版社,2013.

WALLAS G. The art of thought[M]. London:Jonathan Cape, 1926.

GUILFORD J P. Creativity[J]. American Psychologist, 1950, 5(9):444-454.

刘卫平.论思维创新的抽象逻辑思维形态[J].辽宁师范大学学报(社会科学版),2007(4):8-11.

王跃新.创新思维学[M].长春:吉林人民出版社,2010:4-5,11,225.

吉尔福特.创造性才能[M].施良方,沈剑平,唐晓杰,译.北京:人民教育出版社,1990:129.

GAZZANIGA M S, IVRY R B, MANGUN G R.认知神经科学:关于心智的生物学[M].周晓林,高定国,译.北京:中国轻工业出版社,2020:180.

中国社会科学院语言研究所词典编辑室.现代汉语词典[M].7版.北京:商务印书馆,2016:1673,1676.

叶一舵.公共心理学[M].福州:福建师范大学出版社,2002:60.

NORMAN D A. Cognition in the head and in the word:an introduction to the special issue on situated action[J]. Cognitive Science, 1993, 17(1):4.

德里斯科尔.学习心理学:面向教学的取向[M].3 版.王小明,等译.上海:华东师范大学出版社,2008:101,102,131,132,184,317.

唐孝威,等.思维研究[M].杭州:浙江大学出版社,2014:109.

联合国教科文组织国际教育发展委员会.学会生存:教育世界的今天和明天[M].北京:教育科学出版社,1996:166,194,200,263.

张国学.感悟书喻[J].青年科学,2002(2):10-11.

余文森.论"读思达"教学法[J].课程·教材·教法,2021,41(4):50-57.

安德森.认知心理学及其启示[M].7 版.秦裕林,程瑶,周海燕,等译.北京:人民邮电出版社,2012:260-261.

FLAVELL J H. Metacognitive aspects of problem solving[M]//RESNICK L B. The nature of intelligence. Hillsdale, NJ: Erlbaum, 1976: 231-236.

宗正.同伴互评学习者知识反馈的影响机制及绩效提升路径研究[D].哈尔滨:哈尔滨工业大学,2021.

CHO K, SCHUNN C D, WILSON R W. Validity and reliability of scaffolded peer assessment of writing from instructor and student perspectives[J]. Journal of Educational Psychology, 2006, 98(4): 891-901.

施良方.学习论[M].北京:人民教育出版社,2001:222,342,384-385.

莫雷.教育心理学[M].北京:教育科学出版社,2007:116-117,186,192.

吴红耘,皮连生.学与教的心理学[M].6 版.上海:华东师范大学出版社,2020:142,144.

崔成林.课堂教学改革的 10 大追问[N].中国教师报,2015-05-06(006).

索尔所,麦克林,麦克林.认知心理学[M].7 版.邵志芳,李林,徐媛,等译.上海:上海人民出版社,2008:247.

康德.纯粹理性批判[M].邓晓芒,译.北京:人民出版社,2017:3.

杜威.民主主义与教育[M].王承绪,译.北京:人民教育出版社,1990:82.

中共中央马克思恩格斯列宁斯大林著作编译局.马克思恩格斯选集:第 4 卷[M].2 版.北京:人民出版社,1995:169,506.

苗东升.模糊学导论[M].北京:中国人民大学出版社,1987:93.

孙连仲,朱志勇,田盛静,等.模糊思维[M].西安:三秦出版社,1994:35.

洛仑兹.混沌的本质[M].刘式达,刘式适,严中伟,译.北京:气象出版社,1997:158.

莫兰.复杂思想导论(法文版)[M].陈一壮,译.上海:华东师范大学出版社,2008.

钱学森.创建系统学[C].太原:山西科学技术出版社,2001:456,541.

车永洙.论模糊性思维及其现实意义[D].延吉:延边大学,2006:10-11.

赫尔巴特.普通教育学讲授纲要[M].李其龙,译.北京:人民教育出版社,1989:9-10.

王跃新.遵循自然与自觉统一的创造性思维发生逻辑[J].吉林大学社会科学学报,2010(6):150-154.

李鸽.创新思维的脑生理、心理协同发生机制探析[D].长春:吉林大学,2021.

马斯洛,等.人的潜能和价值[M].林方,译.北京:华夏出版社,1987:223.

马克思.1844 年经济学:哲学手稿[M].北京:人民出版社,1979:50.

中共中央马克思恩格斯列宁斯大林著作编译局.马克思恩格斯全集:第 1 卷[M].2 版.北京:人民出版社,1995:16,56.

劳丹.进步及其问题[M].刘新民,译.北京:华夏出版社,1990:116.

哈贝马斯.认识与兴趣[M].郭官义,李黎,译.上海:学林出版社,1999:130.

海德格尔.存在与时间(修订译本)[M].陈嘉映,王庆节,译.北京:生活·读书·新知三联书店,2006:138.

郭湛.主体性哲学:人的存在及其意义(修订版)[M].北京:中国人民大学出版社,2010:32.

HUSSERL E. The crisis of European sciences and transcendental phenomenology［M］. Chicago：Northwestern University Press，1970：172.

王晓东,刘松.人类生存关系的诗意反思——论马丁·布伯的"我—你"哲学对近代主体哲学的批判［J］.求是学刊,2002(4):38-42.

孟伟.如何理解涉身认知？［J］.自然辩证法研究,2007,23(12):75-80.

马丁·海德格尔.存在与时间［M］.陈嘉映,王庆节,译.北京:生活·读书·新知三联书店,2017.

佐藤正夫.教学论原理［M］.钟启泉,译.北京:人民教育出版社,1998:145.

布鲁克·诺埃尔·摩尔,理查德·帕克.批判性思维［M］.10版.朱素梅,译.北京:机械工业出版社,2015:3.

中共中央马克思恩格斯列宁斯大林著作编译局.马克思恩格斯选集:第1卷［M］.北京:人民出版社,1972:112.

鲁道夫·阿恩海姆.视觉思维［M］.滕守尧,译.四川:四川人民出版社,2019:27,47-68,290.

邓铸,余嘉元.问题解决中对问题的外部表征和内部表征［J］.心理学动态,2001(3):193-200.

布里奇特·罗宾逊-瑞格勒,格雷戈里·罗宾逊-瑞格勒.认知心理学［M］.凌春秀,译.北京:人民邮电出版社,2020:440.

赫根汉,马修·奥尔森,离本禹.学习理论导论［M］.7版.崔光辉,等译.上海:上海教育出版社,2011:227.

李子逸,张泽,张莹,等.创造性思维的酝酿效应［J］.心理科学进展,2022(2):291-307.

张之沧.当代科技创新中的非理性思维和方法［J］.自然辩证法研究,2008(10):98-102.

冯国瑞.灵感思维论［J］.北京行政学院院报,2015(4):105-109.

卢家楣.学习心理与教学:论和实践［M］.3版.上海:上海教育出版社,2016:182.

乔治·赫伯特·米德.心灵、自我与社会［M］.霍桂恒,译.南京:译林出版社,2014:149-246.

雷雳,张雷.青少年心理发展［M］.北京:北京大学出版社,2003:85-107.

BUISJ T D. Imaginary audience and personal fable：a brief review［J］. Adolescenee，1989，24(96)：773-781.

BELL J H, BROMNIEK R D. The social reality of the imaginary audience：a grounded theory approach［J］. Adolescent，2003，38(150)：205-219.

费孝通.社会学概论［M］.天津:天津人民出版社,1984.

默顿.社会研究与社会政策［M］.林聚任,等译.北京:三联书店,2000.

佐藤学.学习的快乐:走向对话［M］.钟启泉,译.北京:教育科学出版社,2004:39.

联合国教科文组织.教育:财富蕴藏其中［M］.2版.联合国教科文组织总部中文科,译.北京:教育科学出版社,2014:55-56.

张天宝.主体性教育［M］.北京:教育科学出版社,2002:43.

KNOWLES M. Self-directed learning：a guide for learners and teachers［M］. New York：Association Press，1975.

蒂姆·奥布赖恩,丹尼斯·吉内.因材施教的艺术［M］.陈立,译.北京:北京师范大学出版社,2006:59.

安妮塔·伍尔福克.教育心理学［M］.12版.伍新春,董琼,程亚华,译.北京:机械工业出版社,2019:125-126.王炳照,阎国华.中国教育思想通史(第二卷)［M］.长沙:湖南教育出版社,1994:163.

钟启泉."课堂互动"研究:意蕴与课题［J］.教育研究,2010,31(10):73-80.

BURBULES N C, BRUCE B C. Theory and research on teaching as dialogue［M］//RICHARDSON V. Handbook of research on teaching. 4th ed. Washington，DC：American Educational Research Association，

2001：1112-1113.

陈奎熹.教育社会学研究[M].台北：师大书苑有限公司,1992：155-156.

汉纳·杜蒙,戴维·艾斯坦斯,弗朗西斯科·贝纳维德.学习的本质：以研究启迪实践[M].杨刚,等译.北京：教育科学出版社,2020：54-61.

舒炜光,邱仁宗.西方科学哲学述评[M].北京：人民出版社,1987：244.

郭桥,资建民.大学逻辑导论[M].北京：人民出版社,2003：200-201.

DEL MASCHIO N, FEDELI D, GAROFALO G, et al. Evidence for the concreteness of abstract language：a meta-analysis of neuroimaging studies[J]. Brain sciences, 2021, 12(1)：32.

梁建宁.当代认知心理学：修订版[M].上海：上海教育出版社,2014：314-315.

中共中央马克思恩格斯列宁斯大林.马克思恩格斯文集 第1卷 马克思恩格斯文集 1843—1848 年[M].北京：人民出版社,2009：501.

王干才.实践思维导论(第4卷)[M].北京：中央编译出版社,2007：38.

高清海.马克思对"本体思维方式"的历史变革[J].现代哲学,2002(2)：1.

胡贵英.结构化思维：学科素养的高阶思维[J].中学政治教学参考,2019(25)：17-18.

约翰·G.吉克.教育神经科学在课堂[M].周加仙,译.上海：上海教育出版社,2020：98.

单中惠.杜威的反思性思维与教学理论浅析[J].清华大学教育研究,2002(1)：55-62.

王春阳,王后雄.指向核心素养的高阶思维研究[J].教学与管理,2021(6)：5.

张广君.教学存在的发生学考察：一个新的视角[J].教育研究,2002(2)：63-67,96.

联合国教科文组织国际教育发展委员会.教育——财富蕴藏其中：国际21世纪教育委员会报告[M].联合国教科文组织总部中文科.北京：教育科学出版社,1996：85.

叶浩生.心智具身性：来自不同学科的证据[J].社会科学,2013(5)：117-128.

朱高正.康德批判哲学的启蒙意义——谈文化主体意识的重建[J].哲学研究,1999(7)：51-56.

本杰明·S.布卢姆,等.布卢姆掌握学习论文集[C].王钢,等译.福州：福建教育出版社,1986：43.

田云光.费耶阿本德的科学哲学[J].自然辩证法通讯,1986(2)：15.

何华.认知心理学的理论和研究[M].上海：上海交通大学出版社,2017：193-196.

詹森.适于脑的教学[M].北京师范大学"认知神经科学与学习"国家重点实验室脑科学与教育应用研究中心,译.北京：中国轻工业出版社,2005：43.

佐藤学.教师的挑战：宁静的课堂革命[M].钟启泉,陈静静,译.上海：华东师范大学出版社,2012：55-60.

朱绍禹.中学语文教学法[M].北京：高等教育出版社,1988：45.

吕星宇.出声思考在教学中的应用[J].中国教育学刊,2008(8)：54-56.

贾英健.认同的哲学意蕴与价值认同的本质[J].山东师范大学学报(人文社科版),2006(1)：10-16.

STIGGINS R J.促进学习的学生参与式课堂评价[M].4版.国家基础教育课程改革"促进教师发展与学生成长的评价研究"项目组,译.北京：中国轻工业出版社,2005.

索耶.剑桥学习科学手册[M].徐晓东,等译.北京：教育科学出版社,2010：502.

冯克诚,西尔枭.实用课堂教学模式与方法改革全书[M].北京：中央编译出版社,1994：4.

徐继存,王传金.教学模式研究：何去何从[J].克山师范专科学校学报,2000(2)：75-83.

布鲁斯·乔伊斯,玛莎·韦尔,艾米莉·卡尔霍恩.教学模式[M].8版.兰英,等译.北京：中国人民大学出版社,2014：3.

崔允潮.课程实施的新取向：基于课程标准的教学内[M].教育研究,2009(1)：74-79.

王溢然,张耀久.类比[M].郑州：河南教育出版社,1993.

陈宗成.初中物理概念建构思维可视化策略——以浮力概念的建构为例[J].教学与管理,2019(31)：

72-75.

曲茜美,秦红斌.重新审视项目学习[J].中小学信息技术教育,2016(8):48-51.

陈宗成.初中物理项目学习的堂本化策略[J].教学与管理,2020(31):70-72.

夏雪梅.项目化学习设计:学习素养视角下的国际与本土实践[M].北京:教育科学出版社,2018:21-25.

张华.课程与教学论[M].上海:上海教育出版社,2000:153-181.

克努兹·伊龙雷斯.我们如何学习:全视角学习理论[M].北京:教育科学出版社,2014:97.

麦克泰格,威金斯.让教师学会提问:以基本问题打开学生的理解之门[M].俎媛媛,译.北京:中国轻工业出版社,2015.

裴娣娜.现代教学论基础[M].北京:人民教育出版社,2015:163.

吴刚平.课程与教学论[M].上海:华东师范大学出版社,2023:186.

荷烈治.教学策略:有效教学指南[M].8版.牛志奎,译.北京:中国人民大学出版社,2011:54.

顾明远.教育大辞典(增订合卷本)[M].上海:上海教育出版社,1998:712-713.

马宏佳,周志华.中外科学教育教学策略比较[J].课程·教材·教法,2005,25(1):91-96.

闫承利.课堂教学的策略、模式与艺术闭[J].教育研究,2001(4):43.

陈小异.学习心理学[M].重庆:西南师范大学出版社,2015:183.

马佩.逻辑学原理[M].郑州:河南大学出版社,1987:263.

郭庆光.传播学教程[M].2版.北京:中国人民大学出版社,2011:71.

黎岳庭,刘力.社会认知:了解自己和他人[M].北京:北京师范大学出版社,2010:223.

KRUIT P, OOSTDAM R, BERG E V D, et al. Performance assessment as a diagnostic tool for science teachers[J]. Research in Science Education, 2018(357): 1-25.

霍力岩,黄爽.表现性评价内涵及其相关概念辨析[J].西北师范大学学报(社会科学版),2015(3):76-81.

王小明.表现性评价:一种高级学习的评价方法[J].全球教育展,2003,32(11):47-51.

周文叶.超越纸笔测试:表现性评价的应用[J].当代教育科学,2011(20):12-16.

陈瑞生.表现性评价的任务开发:特征、原则与步骤[J].教育测量与评价,2010(4):4-7.

WU Y, SCHUNN C D. From plans to actions: a process model for why feedback features influence feedback implementation[J]. Instructional Science, 2021: 1-30.

崔允漷.有效教学[M].上海:华东师范大学出版社,2009.

魏朋娟,肖龙海.表现性评价的量规设计[J].教育测量与评价,2016(11):15-20.

威金斯.教育性评价[M].国家基础教育课程改革"促进教师发展与学生成长的评价研究"项目组,译.北京:中国轻工业出版社,2005:前言.

张嘉育.学校本位课程发展[M].台北:师大书苑有限公司,1999:47.

靳玉乐.校本课程开发的理念与策略[M].成都:四川教育出版社,2006:17.

吴刚平.校本课程开发[M].成都:四川教育出版社,2002:40.

房林玉.作为场域存在的学校课程规划研究[D].济南:山东师范大学,2010.

肖庆顺.校本课程开发的知识选择研究[D].重庆:西南大学,2016:42,77,82.

陈建华.学校应该有自己的教育哲学追求[J].教育科学研究,2007(1):22-26.

林崇德,申继亮,辛涛.教师素质的构成及其培养途径[J].中国教育学刊,1996(6):16-22.

马早明.中国式现代化视域下高质量教师培训体系建设——国际视野与本土观照[J].教师发展研究,2024(1):17-25.

钟启泉,胡惠闵.我国教师教育课程标准的建构[J].全球教育展望,2005(1):39.

颜世富.培训与开发[M].北京:北京师范大学出版社,2007:191-194.

附　录

附录 1　中学思维可视化教学模式

中学思维可视化教学模式

附录2　"流体压强"3段·8环课堂教学模式

"流体压强"3段·8环课堂教学模式

教学环节		教学行为	说　明
环节 1 出示 目标	教师 展示 目标	能通过观察现象独立(合作)提出相关问题(思考发现) 能通过实验探究独立(合作)解决问题,建构新知识,并能(较好)解释相关现象进行独立(合作)小制作	通过目标展示:以思考能力,探究能力,解释能力及制作能力,形成了 13 个目标层次(见附表),给个体无分的学习目标定位,如发现,探究能力强,制作能力不强,解释不强的学生,可选择方案 3 进行学习。可以看出,这是按照上所说明的 4 个维度二分法进行简单划分。学习能力远非穷尽,而是有点众多的中间过渡态;考也远非非强即弱的特点,加上不同知识的特点,由此来制定目标显示,其丰富性可想而知。通过可视化目标层次显示,个体可以找到适合自己的目标,选择合理的学习方式与策略
	学生	朗读目标	
环节 2 引入 情境		[教师演示、播放] 1. 演示:①人造雪:甩动塑料管,在塑料管的底部纸屑被扬起来,四散开来。②硬币跳高:用吸管在硬币上方吹气,硬币跳过立起来的直尺。③机翼上升:用电吹风吹机翼模型,机翼上升。④乒乓球悬停:电吹风向上吹气,乒乓球悬停在电吹风上方。 2. 播放视频:人被卷入火车 3. 讲故事:两舰并排行驶,突然相撞	
环节 3 探画 问题		教师提问:从以上情境可得出什么问题? 学生提出问题: 1. 纸屑如何被扬上去? 2. 硬币为什么跳起来? 3. 船为什么会相撞? 4. 是什么力量把人吸向火车? 教师追问:有什么共同特点? 学生确定问题:物体都动起来,似乎跟流动有关	

续表

教学环节	教学行为	说　明
	[学生探究] **1. 探：**探究观察。做4个小实验，并记录现象。 | 编号	探究实验	现　象
①	向两纸张中间吹气	两纸张向内靠
②	用吸管向两乒乓球中吹气	两乒乓球向内靠
③	用吸管在硬币上方吹气	硬币跳起
④	往两小船里注水	两小船靠近 | **2. 画：** （1）个个体独画：通过巡视发现，小组主要画出以下3种图形： 学生独画思维图样式1 吹乒乓球：两球靠近 吹纸张：两纸张靠近 } 吹纸张：两纸靠近 学生独画思维图样式2 吹乒乓球：两球靠近 吹纸张：两纸靠近 吹硬币：硬币跳起 } 吹气使物体运动 学生独画思维图样式3 吹、注→两物靠近 吹 球：两球｜靠近 吹 纸：两纸｜靠近 注 水：两船｜靠近	可以看出，学生的思维虽然不同，从样式1到样式3可以发现，通过可视化手段，归纳能力越来越强，推理过程也越来越明确，但都没有将4种现象全部归纳进来，靠个体独画没有形成完整的视域
环节4 **构画** **本质**		

311

续表

教学环节	教学行为	说明
	(2)共画思维:通过小组讨论,小组画出如下图形: 学生共画思维图绘图样式 吹乒乓球:两球靠近 吹纸张:两纸靠近 注水:两船靠近 ⇒ 吹、注使两物靠近 → 往吹气、注水那一侧动 ⇒ 吹气注水使物体内侧动 吹硬币:硬币跳起 ⇒ 往吹气那一侧动	通过小组讨论,学生终于把4种现象都归纳进来,发展了抽象思维能力,但还没有跟牛顿第一定律挂起来。比起样式3,学生抓住了共同的现象"靠近"而忽略了共同的动作"吹"。至此,学生将运动与力联系起来,但此视域只停留在现象的归纳上,并没有形成了共同视域,但此视域只停留在现象的归纳上,并没有进行"规律产生"的探寻,说明此视域不够深入,需要进一步进行建构
环节4 构画 本质	(3)班级展画: 师:动是指什么?那一侧是指哪一侧? 生:是指动起来,物体由静到动→状态改变→$F_合 \neq 0$。 (4)师生评画: 师:为什么$F_合 \neq 0$?请以实验①的一张纸为研究对象说明。 生:纸张动起来→$F_内 < F_外$→$F_合 \neq 0$,纸张向内动→$p_内 \downarrow$。 师:这是由向内动→$F_合 \neq 0$且向内动造成的? 生:流速增大。可以得到的本质是:吹气(注水)→流速增大→使物体靠近→运动的气体流速增大,压强减小。 $F_合 \neq 0$且方向向内$F_内 < F_外$→$p_内 \downarrow$→$p_内 \downarrow$。 状态改变→向内动→$F_合 \neq 0$且向内动→$F_内 \uparrow$→$p_流 \downarrow$→$v_流 \uparrow$,即流动的气	通过班级展画,学生将思考重心放在"朝内侧动"上,发现了共性现象。教师点拨:引导学生将看到的现象与物理观念联系起来,建构出共同体的物理视域。通过教师追问,全班级围绕"内侧"与"动"思考,较为深刻地建构班级共同视域,发挥了展画的最大价值 教师引导某一组学生通过物理观念(牛一定律),尝试解释现象,逐步探究事物本质,同时让大家对此进行评价,进一步建构班级共同视域,使观念更加明晰。此视域不仅是公共视域,而且灵学习物理视域,突显了学科性。 教师追问,发挥比学生高明之处,直指本质,是什么改变造成了以上现象,让学生将目光聚焦在对原因的探寻上,完成班级共同视域的建构,而本节课的核心内容已呼之欲出,可以看出,通过独画、共画、展画和评画,个体逐步掌握了事物的本质。

续表

教学环节	教学行为	说 明
	[得出相关概念及规律]	界定了内涵,无论是气体还是液体,此处与引起变化的都是由
	1. 流体:内涵:流动的气体或液体;外延——适用于流动气体、流动液体,不适用于静止的液体或气体	于"流动起来",与前两节中静止的液体和气体有着本质的区
	2. 流体流速与压强的规律:流体流速增大,压强减小	别,因此由此未进行界定:流体。同时,探究出规律得到了
	[辨析]与液体压强里的液体,与流体压强里的液体	学科新视域得到了正确的建构
	[强化练习]	
	解释:给船注水,为何向两船靠近?	
	[学生画思维]	
	注水→$v_{流}$↑→$P_{内}$↓<$P_{外}$→$F_{内}$<$F_{外}$→$F_{合}$≠0且向内→靠近	
	[规律应用]	
环节5	**3. 升力概念**	用刚刚建构的物理规律解释引入的实验,不仅使教学进行了
共画	**[教师提问]**用电吹风吹机翼模型,可见机翼上升?为什么?	及时的回应,满足了学生的求知欲,而且及时巩固了新知,并
定义	**[学生]**迟疑。	顺利地过渡"升力"概念的建构
	[教师再次演示]用电吹风吹机翼模型,机翼上升。	
	[教师点拨]	教师点拨,"上升"将学生引入牛一大观念,"什么使上升"将
	上升说明什么?是什么使其上升?	学生引入"流速"与刚学知识形成联系
	[学生解释]	
	机翼上升→压力差,朝上→压力上小下大→压强上小下大→流速上大下小→$v_上$>$v_下$。	即用新学知识来解释看到的现象,由此未建构"升力"的概念。既是对新学内容的应用,又自然完成对新概念的建构。
	[学生提问]可以推导出机翼上方流速较大,但为什么呢?	完成了两种功能,通过解释新现象,初步诊断对刚学知识的
	[教师解释]	运用与建构新知识。(此部分委安排充足的时间,要求学生
	机翼形状上凸下平→在同一时间飞行,$t_上 = t_下$,机翼上方的气流走过更长的路程	通过独画画的方式完成)
	$s_上>s_下→v_上>v_下$。	

313

教学环节	教学行为	说　明
环节 6 **练画** **测评**	[教师出示题目] 1. 回答问题：在安全线以内，人为什么容易被卷向火车？ 2. 为什么航母护航舰队前后行驶？ 3. 如何让硬币更快速地跳高？（实践性作业） [个体独画] 火车开来→人与火车之间空气流速 $v_气$ ↑→两者之间压强 $p_内$ ↓→人内侧受到的压力 F ↓→ $F_合 \neq 0$ 且方向向内→运动状态改变→被火车吸入 [班级展画] 火车开来→ $v_气$ ↑→ $p_内$ ↓→ $F_内 < F_外$ → $F_内 → F_合 \neq 0$ 且向内→运动状态改变→向内动起来→被火车吸入 [师生评画] 教师：是吸？还是压？ 学生：压力差，施力体是空气。吸是日常言，以火车为主体，符合日常认知，但只是表面现象。压才是本质，人运动状态改变是由压力造成的，即人是被压进去的。	通过练习，进行内涵问题，前提问题和规范问题诊断；通过个体独画，班级展画和师生评画，突破最后"由生活到物理"的转化："吸"是以火车为主体，是生活经验与日常语言范畴；而"压"则是以车自"压"力差，是物理概念与学科专业范畴
环节 7 **再画** **应用**	[教师出示题目] 1. 实践性应用：乒乓球悬停眼睛随——手持电吹风走动，乒乓球为什么跟着走动？ 2. 巩固性应用：请解释人造雪的原理。（回扣情境引入） 3. 挑战性应用：比赛能把置乒乓球向上吹气，看谁能把乒乓球吹掉。 [个体独画] 1. 沿纸杯上方吹乒乓球→增大球上方空气流速→压强减小→产生向上压力差→球运动状态改变→向上动起来→跳入相邻纸杯 2. 甩动软管→管内及上方气体流速 $v_气$ ↑→ $p_内$ ↓ $< p_外$， $p_上$ ↓ $< p_下$， $F_内 < F_外$ ， $F_上 <$ $F_下$ →纸屑从底部被压进管内，再压向管上端甩出。 [班级展画]乒乓球无法被吹起→受到向下吹气。 [师生评画] 向上吹乒乓球→流速增大（漏斗到乒乓球下半部分气体的流速大于乒乓球上部分，即漏斗口气流速度）→大气压强下小上大→产生向下压力差→将球在漏斗底部→吹不动。	进一步运用知识解决挑战性问题，这里表现为实现迁移，如解释乒乓球悬停问解读与实践运用的练习，如甩动塑料管制作"空气流动"（由"动"到"不动"的迁移），如甩动塑料管制作"空气流动"（由主动"吹、涩"到被动"甩"的迁移），为下一步的创画迁移环节打下基础

续表

教学环节	教学行为	说　明
	[总结提炼] 本节课紧扣牛一定律这一大观念展开,无论是现象解释还是应用都是如此。因此,要据此进行创新。 [借鉴学习] 正向迁移:从吹气想到注水;从注水使两纸船靠近联想到两艘巨轮并排行驶的隐患;给纸张吹气想到动车前的安全距离。 [方案优化] 让机翼平稳上升(用双铁线穿机翼,改善单铁线穿机翼模型) [尝试创新] 1.如何让机翼产生抓力(逆向迁移,与升力相反)→汽车尾翼 2.设计:用风扇做吸尘器	围绕课堂创新的4个要点进行创新: ①总结提炼,紧扣大概念展开,将迁移创新与主干知识挂钩,这是创新的基础。 ②借鉴学习:从吹气到注水这是近距离的迁移;从注水使两纸船靠近并排行驶联想到两艘巨轮的驶来可能将人卷入,迁移是较远距离的迁移;从吹气让纸张靠近联想到动车的驶来是可能将人卷入,迁移是远距离的迁移。 ③方案优化:用双铁线穿机翼代替单铁线穿机翼模型以保持水平平衡,这是一种优化。 ④尝试创新:让机翼产生抓力是一种逆向迁移;用风扇做吸尘器是个小项目的实践创新。 通过以上4个要点进行创作,在课堂上培养了学生的迁移能力、创新意识、创新能力,并使学生积累了一定的创新经验
环节8 创画 迁移		

附表 "流体压强"教学的 13 种学习方案

编 号	学习能力维度				主要学习方案
	思考能力	探究能力	解释能力	制作能力	
1	强	强	强	强	自主学习,侧重于最强项训练,使其得到充分发展
2	强	强	强	弱	自主学习为主,侧重训练制作能力,制作时可与人合作讨论
3	强	强	弱	强	自主学习为主,侧重训练应用性表达,注意解释前提的正确性,可参阅资料,但少与人讨论
4	强	强	弱	弱	自主学习为主,课堂侧重阐释能力培养(以自主为主),课外侧重动手培养(可与人合作)
5	强	弱	强	强	自主学习为主,可与人合作,侧重培养实验设计能力
6	强	弱	强	弱	自主学习为主,可与人合作,课堂侧重于实验设计的合作,课外侧重于阐释能力的培养,制订计划培养动手能力
7	弱	强	强	强	自主学习为主,课堂上侧重于培养独画思维能力,课外主要训练独立思考能力
8	弱	强	强	弱	合作学习为主,课堂培养独立思考能力,可借鉴他人思路
9	弱	强	弱	强	合作自主并重,课堂培养独立思考能力,给出足够思考时间
10	弱	强	弱	弱	合作学习为主,发挥探究能力强的特长,课堂侧重于独立思维能力培养,课外注重制作能力培养
11	弱	弱	强	强	合作学习为主,课堂培养独立思考能力,课外侧重发挥制作能力的长处
12	弱	弱	强	弱	合作学习为主,课堂培养独立思考能力,注意发挥阐述能力的强项
13	弱	弱	弱	弱	合作学习为主,通过模仿学习、听讲学习,掌握基本知识技能

附录 3　跨学科联想：由水想到什么

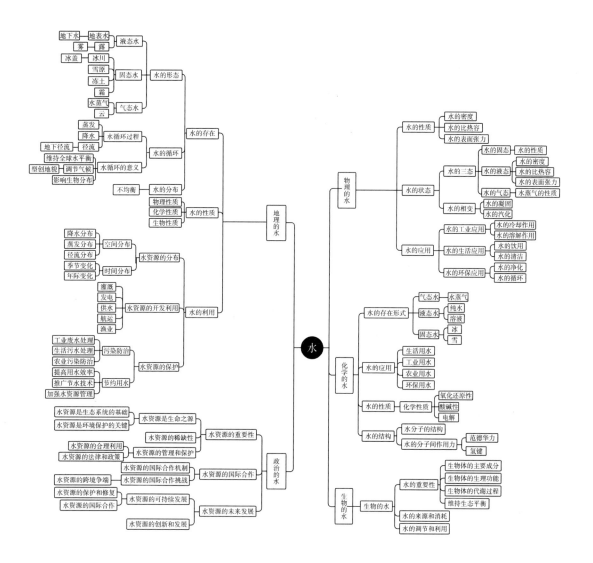